Par ici

Echanges intermédiaires

Par ici

Echanges intermédiaires

Robert Ariew

University of Arizona

Anne Nerenz

Eastern Michigan University

D. C. Heath and Company

Lexington, Massachusetts   Toronto

Address editorial correspondence to:

D. C. Heath and Company
125 Spring Street
Lexington, MA 02173

Acquisitions Editor: Denise St. Jean
Developmental Editor: Joan Schoellner
Production Editor: Jennifer Raymond
Designer: Cornelia Boynton
Photo Researcher: Toni Michaels
Art Editor: Gary Crespo
Production Coordinator: Lisa Merrill
Permissions Editor: Margaret Roll
Cover: Leslie Concannon, illustration; Cornelia Boynton, design

Published simultaneously in Canada.

Printed in the United States of America.

International Standard Book Number: 0–669–35185–7 (Teacher's Edition)

0–669–35183–0 (Student's Edition)

10 9 8 7 6 5 4 3 2

Preface

Par ici is a complete intermediate-level French program. The text addresses all four skills—listening, speaking, reading, and writing—and also expands students' knowledge of francophone culture. Except for the grammar explanations and the reading strategies, it is written entirely in French.

Par ici is based on a functional approach; that is, it is designed to enable students to execute a variety of high-frequency, communicative tasks. To reach this goal, each chapter is organized around specific language functions. The expressions needed to carry out these functions, or communicative tasks, are highlighted at the beginning of each chapter; language structures are taught as needed in order to fulfill these functional goals. In other words, in *Par ici* communication skills are not subordinated to grammar structures; rather, the text presents a natural, cohesive linguistic unit through which language structures and cultural contexts are each addressed as appropriate.

A set of ancillaries that are closely integrated with the student text reinforces this cohesiveness; icons in the text indicate where these ancillaries may be used most effectively.

Organization of the Text

Par ici comprises six units, each dealing with a set of functions and related themes. Each unit contains two chapters, and each chapter is divided into three sections. The chapters and sections are organized as follows.

Chapter opener

Each chapter opens with a list of the chapter functions, as well as its themes and reading and writing strategies. A photograph accompanied by questions helps students focus on the topics, contexts, and functions that are developed in the chapter.

Tout d'abord

This warm-up portion of each chapter's three sections contains one or two activities that serve to introduce the new context using previously learned material.

Par ici

This portion of each chapter's three sections focuses on the chapter functions. In Sections 1 and 2, it consists of a four-step learning process:

- The first step is a language sample that first exemplifies the functions. In Section 1, this sample is a lively conversational exchange that introduces the functions; it is both recorded on the student cassette and printed in the student text. Section 2 extends the functions through a shorter dialogue that is recorded on the student cassette but not printed in the student text. This in-text listening also helps students to develop their higher-level listening skills.

- The second step, *Vérifiez le sens général,* focuses on understanding the main ideas and significant details of the language sample.

- The third step, *Cherchez les expressions,* then challenges students to identify in the language sample the functions, their related expressions, and certain structural features.

- Finally, *Allez plus loin* provides activities for practice and expansion.

Section 3 focuses on reading. It extends the chapter functions through one or more authentic literary, cultural, or journalistic selections from a variety of francophone sources. These are preceded by a pre-reading segment (*Avant la lecture*) that presents a reading skill or strategy, followed by activities that both reinforce that skill and prepare students for the selection by focusing on brainstorming, establishing expectations, and imagining circumstances. Background information on the author is also provided. Following the reading passage, activities in the *Après la lecture* segment help students to comprehend and analyze the selection; they elicit the main idea, focus on significant details, and provide questions that aid students in interpreting the passage and discovering its broader meanings.

Structure

Although its approach is a functional one, *Par ici* nevertheless includes all grammar topics appropriate to an intermediate-level program. Like the *Par ici* segment, the *Structure* segment in each chapter's three sections also comprises a four-step process, consisting of the following elements:

- *Identifiez la structure* illustrates the grammar topic in a contextualized mini-dialogue.

- *Vérifiez les détails* includes comprehension questions and global activities on the targeted grammar structure.

- *Analysez les exemples* provides examples and explanations. Where appropriate, a *Coin du spécialiste* presents additional detail on the grammar topic.

- *Elaborez* contains two to four activities in which students practice the grammar structures in both guided and more open-ended communicative tasks.
    Here as throughout the entire text, these creative activities emphasize communication, pair- and group-work, and learning in context. All are contextualized; many are culture-based or art-based.

Aperçu culturel   *(Sections 1 and 2)*

This cultural segment contains excerpts from authentic materials and current statistical data that are thematically related to contexts developed in the chapter. A follow-up *Analysez et discutez* section contains related questions for discussion and cross-cultural analysis.

Comment écrire   *(Section 3)*

This portion of Section 3 presents guidelines and strategies to develop students' writing skills in French. Reinforcing activities in the *A écrire* section provide opportunities to practice these strategies, while the *Sujets de composition* section suggests varied, open-ended topics for creative writing.

Expressions essentielles

Each chapter concludes with a list of the chapter's active functional phrases and thematic vocabulary. The final *N'oubliez pas!* box serves as a reminder of the structural topics covered in the chapter and includes page references.

Verb charts, Vocabulary, Indices, Map

The appendix contains conjugation charts of regular and irregular verbs. The French-English vocabulary contains all words used in *Par ici* except for pronouns, possessive adjectives, and numbers. Complete grammatical and functional indices are provided, and a map of the francophone world is included as well.

The Student Cassette

Recorded by native speakers of French, this sixty-minute cassette contains all of the dialogues for both Sections 1 and 2 of the student text, presented sequentially by chapter. The Section 1 dialogues appear in the student text, while the Section 2 dialogues are recorded only; a cassette icon in the student text marks both locations. The scripts of the Section 2 dialogues are printed in the front matter of the Teacher's Annotated Edition.

The Workbook/Laboratory Manual and Cassette Program

The *Cahier d'activités: à l'écoute et par écrit* that accompanies *Par ici* corresponds by chapter and section to the student text. The workbook portion (*Au travail*) provides both structured and open-ended activities that reinforce the chapter functions and structures; it also includes an explanation and review of essential, related first-year grammar topics, with self-check exercises whose answers are found at the back of the workbook/laboratory manual.   A workbook icon below the *Structure* title in the text reminds students to complete these review sections before proceeding with the grammar presented in the student text. The lab manual portion (*A l'écoute*) and cassette program further develop students' listening skills. Together they provide additional listening passages from authentic francophone sources, a variety of oral and written activities, and a phonetics explanation with recorded follow-up exercises for pronunciation practice. A tapescript with a complete transcription of the cassette program is available.

Instructor's Annotated Edition

The Instructor's Annotated Edition of *Par ici* contains a complete description and explanation of the *Par ici* program, with suggestions for its implementation. For easy reference, the complete transcripts of the Section 2 dialogues are also included. In the annotated version of the student text that follows, specific suggestions for implementing and supplementing the features of each chapter are provided on the appropriate text pages.

The Resource Manual

The Resource Manual contains three important teaching tools:

• A complete testing program includes chapter quizzes, quarterly and semester exams, scoring guidelines, and suggestions for oral interviews.

• An answer key provides answers for the workbook activities that reinforce the chapters' functions and structures and for the lab manual activities with discrete written answers.

• A set of overhead transparency masters offers illustrations designed to reinforce the functional phrases and grammar explanations of selected chapters and to stimulate further oral communication.

The Videocassette

This sixty-minute videocassette illustrates the major topics covered in *Par ici*, providing authentic footage for each chapter of the student text. Icons in the text indicate that video materials are available, and a videoscript provides a complete transcription of the video's contents.

Acknowledgments

We wish to express our appreciation to Isabelle Constant and Ariel Glusman for their help in acquiring realia. We would also like to thank our families for their patience, understanding, and enthusiastic support: David Nerenz, Rob Nerenz, Jeffrey Nerenz, and Denise Ariew. Particular thanks go to to Denise Ariew for her help with the end vocabulary.

In addition, we would like to thank the following colleagues who reviewed this manuscript at various stages of its development:

Elizabeth Anglin, University of Southern Mississippi
Marie G. Arnold, University of California at Santa Barbara
Judith Aydt, Southern Illinois University
John T. Booker, University of Kansas
Jacques Buttin, Oklahoma City University
Richard Carr, Indiana University
Madeleine Cottenet-Hage, University of Maryland at College Park
Elaine Detwiller, Wellesley College
Jacques DuBois, University of Northern Iowa
Raymond Eichmann, University of Arkansas at Fayetteville
Rosalee Gentile, University of Illinois at Chicago
Elizabeth Guthrie, University of California at Irvine
Susan Jackson, Boston University
Anna Lambros, Georgia State University
Diane Lindblad, University of Washington
Brenda McCoullough, Oregon State University
Josy McGinn, Syracuse University
René Merkur, Grambling State University
Lydie Meunier-Cinko, University of Arizona
Daniel Moors, University of Florida at Gainesville
Elaine Phillips, Southwestern University
Daniele Rodamar, American University
Stephen Sacco, Michigan Technical University
Virginia Scott, Vanderbilt University
Rosalie Vermette, Indiana University at Indianapolis

Robert Ariew
Anne Nerenz

To the Student

Communicating in French

Welcome to *Par ici*, an intermediate-level program designed to help you learn to carry out a variety of common communication tasks in French. These tasks—like greeting someone, introducing yourself, telling a joke, or stalling for time—are called *fonctions communicatives*. Look over the following themes and the *fonctions communicatives* for each unit in *Par ici*, then identify the tasks in each set that you find most interesting or important.

Unit 1   (Chapters 1 and 2)

Themes: Small talk: Do you engage in social conventions or meaning-ful conversations?

Functions: Greet friends and acquaintances
Conclude a conversation and say good-bye
Make informal and formal introductions
Ask for and state opinions, preferences, and information
Indicate interest in what someone is saying
Report on an event that took place in the past
Reminisce about old times
Tell jokes and stories

Unit 2   (Chapters 3 and 4)

Themes: Identities: Physical appearances, nationality and ethnic heritage, *la francophonie*
Stereotypes: What are they? How conformist are you?

Functions: Describe someone's physical appearance
Identify someone's nationality
Point out someone
Repeat and report what was said
Maintain and encourage a conversation
Stall for time

Unit 3   (Chapters 5 and 6)

Themes: Character and personality, human nature and heroism
Politics and bureaucracy

Functions: Describe someone's character and temperament
React to a description
Interrupt someone, resume speaking when interrupted
Verify and rephrase what was said

Unit 4   (Chapters 7 and 8)

Themes: Quality of life: Possessions and materialism, ecology, technology

Functions: Describe and compare possessions
Describe an item for which the name is not known
Point out objects
Ask for, state, and comment on prices
Express emotions, necessity, and doubt
Request and offer advice

Unit 5   (Chapters 9 and 10)

Themes: Self-definition, careers and goals, happiness, responsibility, and values: Who am I?

Functions: Express intentions and hopes
Request, offer, or refuse help
Describe your capabilities
Reproach someone
Make hypotheses
Link ideas

Unit 6   (Chapters 11 and 12)

Themes: Lifestyles and cultures: fundamental human similarities and cultural differences; immigration; the arts

Functions: Explain opinions
Verify whether someone understood
Recommend something to someone
Persuade and convince
Indicate agreement or disagreement

Carrying out a language task

Take a minute and write a list in English of the different expressions you might use to greet someone. Think especially of phrases you would use to greet a family member, a close friend, a professor, or another adult, as well as any greetings you might use on holidays or other special occasions.

You can see from your list that there are many different ways to carry out a particular language task. This diversity also exists in French. In *Par ici* you will find sets of expressions that native speakers use to carry out each *fonction communicative*. In each chapter you will learn and practice these expressions; the following activities will then provide opportunities to role-play the communication tasks in a variety of common social situations and to use them in a more personal way.

Remember that learning to function in another language takes time, practice, and a willingness to try out new roles and become involved in different kinds of interactions. Make the most of your opportunities to work with and learn from your partners in small-group and role-play activities. Participate actively, and don't hesitate to express your own ideas as you continue to practice and perfect your French using *Par ici.*

Contents

Deuxième unité   *Parler de qui vous êtes*   **75**

Chapitre 3   *Faire un portrait*   76

Chapitre 4   *Parler du bon vieux temps*   110

Chapitre 10   *Faire des suppositions et des hypothèses*   321

Appendice   **421**

Première unité

Parler de ce qui est important

Faire connaissance

Fonctions communicatives

Rôle 1*	Rôle 2
Commencer une conversation	Réagir
Présenter quelqu'un et se présenter	Répondre quand on vous présente quelqu'un
Donner de l'intérêt à la conversation	Indiquer son intérêt
Demander des renseignements et des opinions	Donner des renseignements et des opinions
Terminer une conversation	

Thèmes
Les présentations et les opinions

Stratégies de lecture
Comment lire un texte

Stratégies de composition
Organiser un paragraphe
Varier les phrases

? Qu'est-ce que vous voyez sur la photo? Qu'est-ce que les gens font?

? Quelles expressions typiques est-ce qu'on emploie quand on salue quelqu'un? quand on présente quelqu'un? Quels gestes typiques est-ce qu'on utilise? Est-ce que ces expressions et ces gestes sont pareils en France et aux Etats-Unis?

Enchanté(e) de vous connaître!

Fonctions communicatives

Rôle 1

Saluer
Donner de l'intérêt à une conversation
Présenter quelqu'un et se présenter
Terminer la conversation

Rôle 2

Dire bonjour
Indiquer son intérêt
Répondre quand on vous présente quelqu'un
Dire au revoir

Tout d'abord

ACTIVITE 1: Dites si on emploie les expressions suivantes pour

1. commencer ou terminer une conversation.

2. continuer une conversation.

3. présenter quelqu'un ou répondre quand on vous présente quelqu'un.

Bonjour.	On m'a beaucoup parlé de vous.
Je te présente...	C'est mon (ma) collègue,...
Au revoir, Monsieur.	C'est mon ami(e)...
Je m'appelle...	Je suis content(e) de vous connaître.
Salut,... !	Très bien, merci. Et vous?
Comment allez-vous?	Bonsoir, Madame.
Comme ci, comme ça.	Enchanté(e) de faire votre connaissance!
A tout à l'heure!	Comment vous appelez-vous?
Comment t'appelles-tu?	Pas mal, et toi?
Ça va?	Pardon, j'ai l'impression que je vous connais.
Je suis enchanté(e).	Permettez-moi de vous présenter…
A bientôt!	Je suis heureux (-euse) de vous présenter…

Présentez-vous à trois ou quatre camarades de classe. Maintenant, dites bonjour.

Par ici

1. Lisez le dialogue

UNE RENCONTRE

Henri rencontre une jeune fille, Marguerite, devant l'ascenseur. Henri a une guitare en main. Ils attendent tous les deux.

HENRI: Vous avez du feu?

MARGUERITE: Non, je ne fume pas.

HENRI: Vous habitez dans l'immeuble?

MARGUERITE: C'est ça.

HENRI: Vous aimez la musique?

MARGUERITE: Oui. Mais pourquoi me posez-vous ces questions?

HENRI: Comme ça, pour discuter... Je suis guitariste comme vous voyez.

MARGUERITE: Oui, je vois.

HENRI: Oui. Je fais un disque en ce moment. Du jazz classique.

MARGUERITE: Oh… oui?

HENRI: Qu'est-ce que vous pensez du jazz? Vous aimez le jazz?

MARGUERITE: J'aime beaucoup le jazz.

HENRI: Eh bien, moi, je joue avec Wynton Marsalis.

MARGUERITE: Ah, bon?

HENRI: Nous sommes à Paris pour faire un disque.

MARGUERITE: Vraiment?

HENRI: Il a tellement de talent, Wynton! C'est un type sensas! Mais qu'est-ce qui arrive à l'ascenseur? Il est en panne?

MARGUERITE: Non, il est lent. Il faut attendre.

HENRI: Vous prenez un café avec moi? Il y a un café au coin...

A ce moment, Gérard, un ami d'Henri, arrive.

GÉRARD: Tiens! Bonjour! Ça va, Henri?

HENRI: Oui, ça va.

GÉRARD: Mais... Marguerite! Salut! Je ne t'avais pas remarquée! Vous vous connaissez?

HENRI: Euh, c'est-à-dire que non.

GÉRARD: Alors je vous présente. Marguerite, c'est mon ami Henri Duras. Henri, voici Marguerite Troudelle.

MARGUERITE: Bonjour, Henri.

HENRI: Enchanté.

GÉRARD: Alors, Henri, comment vont les leçons de guitare? Ça avance?

HENRI: C'est que...

GÉRARD: Ça prend du temps, la guitare. Tu as fait combien de leçons à présent? Deux? Trois?

HENRI: *(Il rougit.)* Deux, je crois. Excusez-moi, mais je suis très pressé. J'ai un rendez-vous urgent. Au revoir, Mademoiselle. Au revoir, Gérard.

GÉRARD: Mais, pourquoi est-ce que tu nous quittes si vite? Henri? Henri!

Henri s'en va à toute vitesse. Marguerite éclate de rire.

2. *Vérifiez le sens général*

ACTIVITE 2: Choisissez le meilleur résumé du dialogue. Expliquez votre choix.

1. Henri rencontre une ancienne amie, Marguerite, et ils parlent de professions et de passe-temps préférés.

2. Marguerite reconnaît Henri qui est un musicien célèbre. Il l'invite à prendre quelque chose avec lui au café.

3. Henri exagère ses talents pour impressionner une jeune fille qu'il vient de rencontrer.

ACTIVITE 3: Vérifiez les détails.

1. Où est-ce qu'Henri rencontre Marguerite?

2. Où croyez-vous qu'elle va?

3. Henri est-il guitariste professionnel? Comment le savez-vous?

4. Qui est Gérard et quel rôle joue-t-il dans cette rencontre?

5. Pourquoi Henri est-il pressé de quitter Marguerite et Gérard?

6. Marguerite pourquoi éclate-t-elle de rire?

7. Connaissez-vous quelqu'un comme Henri? Décrivez-le.

3. *Cherchez les expressions*

ACTIVITE 4: Relisez le dialogue. Trouvez et écrivez dans des listes

1. plusieurs façons de saluer quelqu'un ou de commencer une conversation avec un(e) ami(e) et avec quelqu'un que vous ne connaissez pas.

2. au moins trois expressions qui servent à se présenter ou à présenter quelqu'un.

3. deux façons différentes de répondre à une présentation.

4. les deux façons de demander à quelqu'un son opinion.

5. plusieurs façons d'indiquer son intérêt ou son manque d'intérêt.

6. deux façons de terminer rapidement une conversation.

4. *Allez plus loin*

ACTIVITE 5: Avec un(e) partenaire, inventez et jouez deux ou trois petits dialogues. Employez le modèle suivant avec les expressions des activités 1 et 4. Essayez de créer un dialogue familier et un dialogue formel.

1. Commencez la conversation par une salutation ou une question.

2. Présentez-vous.

3. Posez plusieurs questions.

4. Terminez la conversation.

ACTIVITE 6: Qui voulez-vous rencontrer? Imaginez qu'on va vous présenter un personnage célèbre que vous aimez beaucoup. Préparez des questions intéressantes à lui poser.

Structure   *Le Présent des verbes La Négation*

Avant de commencer l'étude de la structure, faites les activités de préparation dans votre cahier d'exercices.

1. *Identifiez la structure*

The small talk that follows greetings and introductions often revolves around one's preferences, opinions, and activities. Most verbs used in small talk follow regular conjugation patterns. Skim **Vérifiez les détails** before reading the following mini-dialogue; then read the mini-dialogue and do the exercises.

—Qu'est-ce que tu penses de ce concert de jazz?

—J'attends l'opinion des critiques.

—Tu n'as pas d'opinion personnelle?

—Si, mais je préfère l'avis des professionnels. Je choisis tout de cette façon.

—Est-ce que tu demandes l'avis des professionnels pour choisir tes amis?

2. *Vérifiez les détails*

A. 1. Le mini-dialogue traite ⎯⎯ des salutations.   ⎯⎯ des présentations.
⎯⎯ de l'expression d'opinions.
  2. Il emploie un langage   ⎯⎯ formel.   ⎯⎯ familier.
  3. Un des personnages se base sur l'avis de qui?

B. Complétez la phrase suivante avec vos propres mots.

J'ai toujours mon opinion personnelle en ce qui concerne... mais je demande l'avis des professionnels pour...

C. Combien de verbes en **-er, -ir,** et **-re** trouvez-vous dans le mini-dialogue? Donnez-en les infinitifs.

3. *Analysez les exemples*

Les Verbes réguliers au présent

Study the following regular verbs from the dialogue and the mini-dialogue.

-er verbs: aimer	*-ir verbs: choisir*	*-re verbs: attendre*
j'aim**e**	je chois**is**	j'attend**s**
tu aim**es**	tu chois**is**	tu attend**s**
il/elle/on aim**e**	il/elle/on chois**it**	il/elle/on attend
nous aim**ons**	nous chois**issons**	nous attend**ons**
vous aim**ez**	vous chois**issez**	vous attend**ez**
ils/elles aim**ent**	ils/elles chois**issent**	ils/elles attend**ent**

aimer	Vous **aimez** le jazz?
penser	Qu'est-ce que tu **penses** de ce concert de jazz?
choisir	Je **choisis** tout de cette façon.
rougir	Quand Gérard arrive, Henri **rougit**.
attendre	Henri et Marguerite **attendent** tous les deux.
attendre	J'**attends** toujours l'opinion des critiques.

Les Verbes réguliers avec changements d'orthographe

Some **-er** verbs are regular in the present tense except for some spelling changes in their stems.

- Verbs like **acheter (amener, élever, lever, mener, promener, peser):**
The **e** in the stem changes to **è** before a final syllable containing a mute **e** (**-e, -es, -ent**).

  tu achètes *but* nous achetons   ils se promènent *but* vous vous promenez

- Verbs like **préférer (considérer, espérer, exagérer, posséder, répéter, suggérer):** The **é** in the stem changes to **è** before a final syllable containing a mute **e.**

  je préfère *but* nous préférons   tu exagères *but* vous exagérez

- Verbs ending in **-cer** like **commencer (avancer, divorcer, placer, lancer):** The **c** in the stem changes to **ç** before the ending **-ons.**

  nous commençons *but* vous commencez   nous lançons *but* vous lancez

- Verbs ending in **-ger** like **manger (changer, nager, partager, ranger, voyager):** The **g** in the stem changes to **ge** before the ending **-ons.**

  nous mangeons *but* vous mangez   nous changeons *but* vous changez

- Verbs ending in **-yer** like **payer (essuyer, employer, envoyer, nettoyer):** The **y** in the stem changes to **i** before endings that contain a mute **e (-e, -es, -ent).**

  j'envoie *but* nous envoyons   elles emploient *but* vous employez

  Note that **payer** and **essayer** may retain the **y: il paie/il paye; j'essaie/j'essaye.**

- Verbs like **appeler** and **jeter (s'appeler, se rappeler, rejeter):** The **l** or **t** is doubled before endings that contain a mute **e (-e, -es, -ent).**

  je m'appelle *but* vous vous appelez   il jette *but* nous jetons

Quelques Verbes irréguliers au présent

Study the following irregular verbs from this section.

aller	je vais, tu vas, elle va, nous allons, vous allez, ils vont (same pattern: **s'en aller**)
avoir	j'ai, tu as, elle a, nous avons, vous avez, ils ont
connaître	je connais, tu connais, elle connaît, nous connaissons, vous connaissez, ils connaissent (same pattern: **reconnaître**)
croire	je crois, tu crois, elle croit, nous croyons, vous croyez, ils croient
être	je suis, tu es, elle est, nous sommes, vous êtes, ils sont
faire	je fais, tu fais, elle fait, nous faisons, vous faites, ils font
pouvoir	je peux, tu peux, elle peut, nous pouvons, vous pouvez, ils peuvent
prendre	je prends, tu prends, elle prend, nous prenons, vous prenez, ils prennent (same pattern: **apprendre, comprendre**)
savoir	je sais, tu sais, elle sait, nous savons, vous savez, ils savent
sortir	je sors, tu sors, elle sort, nous sortons, vous sortez, ils sortent
voir	je vois, tu vois, elle voit, nous voyons, vous voyez, ils voient

La Négation

- To make a statement negative, the word **ne (n')** is placed before the verb and **pas** is placed after it.

  Je **ne** fume **pas.**   Je **ne** connais **pas** Marguerite.

- When there is an auxiliary verb and a past participle, **ne** and **pas** surround the auxiliary verb.

  Non, je ne connais pas Marguerite. Je **n'**ai **pas** eu le plaisir de faire sa connaissance.

- When there is more than one verb, such as a verb followed by an infinitive, **ne** and **pas** surround the conjugated verb.

  Il **n'**aime **pas** choisir ses amis de cette façon.

- To emphasize the negation, the expressions **ne... pas du tout** (*not at all*) or **ne... absolument pas** (*absolutely not*) may be used.

  Non, je **n'**aime **pas du tout** Miles Davis.
  D'ailleurs je **n'**aime **absolument pas** le jazz. Je préfère l'opera.

- The expressions **ne... plus** (*not any more*), **ne... pas encore** (*not yet*), and **ne... jamais** (*never*) convey both negation and a sense of time. **Ne... jamais** is the negation of **toujours, souvent, parfois,** and other expressions of frequency.

  Non, je **n'**aime **plus** Miles Davis; j'ai changé d'avis.
  Nous **n'**écoutons **jamais** Wagner.

- The expression **ne... que** (*only*) conveys a sense of limitation.

  Non, je **n'**aime **que** le jazz classique.

- To negate two nouns or two actions, use the expression **ne... ni... ni...** (*neither . . . nor . . .*).

  Je **n'**aime **ni** le jazz **ni** la musique classique.
  Elle **n'**aime **ni** regarder les films à la télé **ni** écouter des disques.

- **Ne... rien** (*nothing*) and **ne... personne** (*no one*) are the negation of **quelque chose** and **quelqu'un,** respectively.

  Tu as trouvé quelque chose dans le journal?   Non, je **n'**ai **rien** trouvé.
  Il parle à quelqu'un?   Non, il **ne** parle à **personne.**
  Il a parlé à quelqu'un?   Non, il **n'**a parlé à **personne.**

- **Ne... aucun** (*no*) is the negation of an expression of quantity such as **plusieurs** or **quelques.**

  Tu as quelques disques de Wagner?   Non, je **n'**ai **aucun** disque de Wagner.

4. *Elaborez*

ACTIVITE 6: Complétez les notes suivantes sur Wynton Marsalis avec la forme correcte d'un verbe dans la liste. Ensuite, choisissez les cinq détails les plus intéressants et écrivez un petit paragraphe d'introduction.

adorer	obéir
avoir	pratiquer
donner	présenter
entendre	reconnaître
être	rendre
faire	réussir
habiter	saisir
jouer	voyager

1. Je vous / Wynton Marsalis, célèbre musicien américain

2. Il nous / visite ce soir

3. Il / aux Etats-Unis

4. Il / souvent

5. Il / des concerts partout dans le monde

6. On / sa musique souvent à la radio

7. On / son style inimitable

8. Il / de la trompette

9. Wynton n' / pas toujours aux règles[1] du jazz traditionnel

10. Il / toujours l'occasion d'aller plus loin dans l'expression de ses idées musicales

11. C' / un grand innovateur

12. Il / à changer la définition du jazz

---

1. la règle   *rule*

ACTIVITE 7: Complétez l'entrevue de Vanessa Paradis, jeune chanteuse française, avec la forme correcte du verbe entre parenthèses. Ensuite, soyez prêt(e) à dire si vous trouvez que Vanessa Paradis est une personne plutôt sympathique ou antipathique et pourquoi.

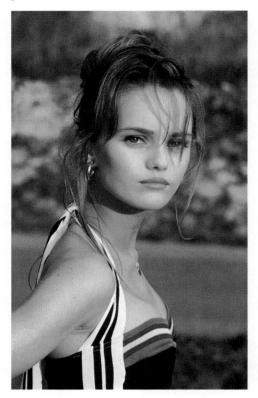

Q : A 17 ans, tu (1. être) une star. Comment (2. vivre) -tu ce statut?

V: En fait je (3. ne pas, se considérer) comme une star... Des gens comme Marilyn (4. être) des stars, je (5. être) loin d'être arrivée là! Je suis même un peu gênée[1] par cette overdose de «moi» qu'il y a depuis quelque temps dans la presse.

Q: Pourtant, on (6. ne pas, hésiter) à te comparer déjà à des mythes comme Brigitte Bardot.

V: Quelque part, cela me (7. faire) un peu peur, car je (8. ne pas, avoir) l'impression d'atteindre un tel niveau. J'ai encore beaucoup de progrès à faire, de travail à effectuer...

Q: Et toi, quel regard (9. porter)- tu sur Vanessa Paradis?

V: En fait, je (10. ne jamais, être) satisfaite. Parfois, c'est vraiment énervant[2] car j'aimerais être contente de ce que je suis, de ce que je (11. faire). Alors que je suis tout le temps en train de me critiquer.

Q: T'(12. arriver)-t-il parfois de rêver d'anonymat?

V: Quand je suis dans la rue, dans une boîte,[3] quand je (13. sortir) d'un plateau télé,[4] je ne suis pas du genre à râler[5] quand on me (14. demander) un autographe. C'est grâce à eux que j'(15. exister). Mais quand tu es chez toi tranquille, effondrée[6] en peignoir sur ton canapé[7] et qu'une fille (16. rentrer) pour te solliciter, là tu (17. avoir) envie d'exploser. [...] Je (18. ne pas, pouvoir) être méchante, mais je (19. craquer) car j'ai quand même besoin d'avoir quelque chose à moi, une intimité!

Q: Vanessa Paradis est-elle heureuse?

V: Oui, je suis heureuse. Je (20. ne pas, savoir) comment tout cela (21. aller) évoluer. Je (22. aller) essayer de rester heureuse sinon[8] je (23. croire) que j'arrêterai tout.

(Podium Hit)

---

1. gêné   *bothered, ill at ease*   2. énervant   *annoying*   3. la boîte: boîte de nuit   *nightclub*
4. le plateau télé   *television stage*   5. râler   *to complain*   6. effondré   *tired*
7. le canapé   *sofa*   8. sinon   *otherwise*

ACTIVITE 8: Mettez ces phrases-ci à la forme négative en employant les expressions entre parenthèses. Ensuite, choisissez deux phrases de l'entrevue (activité 7) et récrivez-les au négatif.

1. Je me considère une star. (ne... pas du tout; ne... pas encore)

2. On hésite à te comparer déjà à des mythes comme Brigitte Bardot. (ne... jamais; ne... absolument pas)

3. Je suis satisfaite et contente. (ne... jamais; ne... ni... ni...)

4. Je peux être méchante. (ne... plus; ne... absolument pas)

5. Je sais comment tout cela va évoluer et ce que je vais devenir. (ne... pas encore; ne... ni... ni...)

ACTIVITE 9: Travaillez avec un(e) camarade. Faites semblant d'être un reporter qui va interviewer une vedette célèbre (votre camarade). Echangez les rôles.

1. Saluez la vedette et présentez-vous.

2. Expliquez pourquoi vous voulez lui parler.

3. Donnez de l'intérêt à la conversation en lui posant trois ou quatre questions générales.

4. Posez au moins cinq questions spécifiques, par exemple, sur sa musique.

5. Demandez-lui de décrire ce qu'il (elle) aime faire pendant son temps libre.

6. Remerciez-la et terminez la conversation d'une façon gentille.

ACTIVITE 10: Dans les activités 6 et 7 on a présenté deux musiciens célèbres, Wynton Marsalis et Vanessa Paradis. Lequel des deux portraits est, d'après vous, le plus intéressant? Pourquoi? Quel passage est le plus révélateur? Le plus superficiel?

D'après ces deux modèles, écrivez deux versions d'un petit paragraphe dont le sujet est vous-même. Dans chaque version, n'oubliez pas de donner votre nom et trois ou quatre détails. Dites aussi ce que vous aimez, ce que vous aimez faire, et ce que vous ne faites jamais.

1. La première version doit être moins personnelle et plus superficielle.

2. La deuxième version doit être plus intime et doit donner des renseignements plus personnels.

Aperçu culturel   Les Formules de politesse

Lisez la bande dessinée, ensuite discutez les questions qui suivent.

Analysez et discutez

1. Pourquoi cette bande dessinée est-elle amusante?

2. Cherchez les expressions que ces femmes emploient pour être polies.

3. Quelles formules de politesse emploie-t-on en anglais pour être poli?

4. Quand vous dites bonjour à quelqu'un, est-ce que vos questions sont toujours sincères? Dans quelle mesure est-ce que les formules que vous employez en français sont fixes et sans originalité? Et en anglais?

5. Quels sont les sujets de conversation qu'on aborde quand on n'a rien à dire?

6. Ecrivez cinq questions qui mènent à une conversation superficielle et cinq questions qui provoquent une conversation plus intéressante. Soyez prêt(e) à poser vos questions à un(e) camarade. Est-ce qu'il y a des différences entre les conversations superficielles et personnelles? Lesquelles?

SECTION 2

Qu'est-ce que vous pensez de ça?

Fonctions communicatives

Rôle 1

Présenter quelqu'un et se présenter
Demander l'opinion de quelqu'un

Rôle 2

Répondre à une présentation
Donner une opinion positive, neutre ou négative

Tout d'abord

ACTIVITE 1: Associez les phrases de la colonne A avec les phrases synonymes de la colonne B. Pouvez-vous penser à d'autres expressions pareilles?

A	*B*
1. Vous avez déjà fait connaissance?	a. Il faut que je m'en aille.
	b. Oui, à lundi!
2. Heureux(-euse) de faire votre connaissance!	c. Enchanté(e) de vous connaître.
	d. Pardon, mais je suis en retard.
3. Excusez-moi, mais je suis pressé(e).	e. Je suis content(e) de vous voir!
	f. Oui, à la prochaine!
4. A demain!	g. Vous vous connaissez?

ACTIVITE 2: Tracez les lignes dans les conversations suivantes pour créer au moins deux conversations complètes. Ensuite, saluez et commencez une conversation similaire avec des camarades de classe.

1. Est-ce que je vous connais?

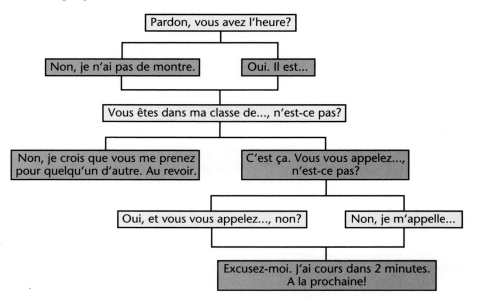

2. On s'est vu l'autre jour, n'est-ce pas?

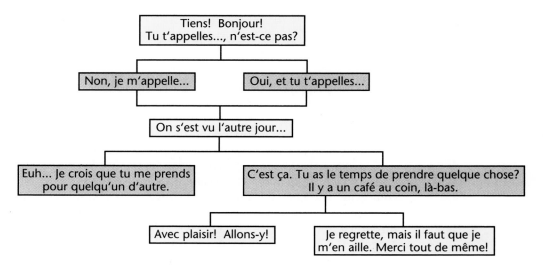

Par ici

1. *E*coutez la scène

 TOI ET TES GOÛTS!

Lisez les résumés de l'activité 3 et ensuite écoutez la scène entre Martine et Jean.

Deux amis sortent du cinéma. Ils discutent un film qu'ils viennent de voir.

2. *V*érifiez le sens général

ACTIVITE 3: Quelle phrase décrit le mieux l'idée principale de la scène?

1. Jean change son opinion pour la rendre conforme à celle d'un expert.

2. Jean donne l'impression de savoir plus qu'il ne sait.

3. A la fin de la scène, on ne sait pas l'opinion de Jean sur ce film.

ACTIVITE 4: Répondez aux questions suivantes. Basez vos réponses sur la scène.

1. Quelle est l'opinion de Jean au début de la scène?

2. Comment savez-vous que Martine n'est pas d'accord?

3. Pourquoi est-ce que Jean change d'opinion sur le film?

4. Martine emploie **tu** et **vous** dans cette conversation. Pourquoi?

5. Est-ce que vous trouvez cette scène amusante? Pourquoi? Pourquoi pas?

3. *Cherchez les expressions*

ACTIVITE 5: Ecoutez la scène encore une fois, puis indiquez les expressions que vous avez entendues.

1. Les expressions que Martine emploie pour commencer la conversation avec Jean.
   —— a. Tu sais ce qui m'est arrivé ce matin?
   —— b. Tu aimes ce genre de film?
   —— c. Tu as du feu?
   —— d. Qu'est-ce que tu penses du film?

2. Les expressions que Martine emploie pour commencer la conversation avec le professeur Chalmain.
   —— a. Salut!
   —— b. Il est formidable, n'est-ce pas?
   —— c. Monsieur Chalmain! Bonsoir!
   —— d. Qu'est-ce que vous pensez du film?
   —— e. Bonjour, Monsieur.

3. Plusieurs façons de présenter quelqu'un. Quelles expressions sont formelles? Familières?
   —— a. Viens que je te présente.
   —— b. Voici mon ami Jean Félix.
   —— c. Je voudrais vous présenter mon ami Jean Félix.
   —— d. Jean, c'est le professeur Chalmain.

4. Plusieurs façons de répondre à une présentation.
   —— a. Bonjour.
   —— b. Heureux de faire votre connaissance.
   —— c. Bonsoir.
   —— d. Enchanté(e).

ACTIVITE 6: Ecoutez la scène encore une fois, puis indiquez les expressions que vous avez entendues.

1. Les expressions que Martine utilise pour demander l'opinion de Jean.
   ___ a Tu aimes ce genre de film?
   ___ b. Vous avez aimé le film?
   ___ c. Qu'est-ce que vous pensez du film?
   ___ d. Qu'est-ce que tu penses du film?
   ___ e. C'est un très bon film, n'est-ce pas?

2. Les expressions qu'on utilise pour donner son opinion. Lesquelles sont positives? Lesquelles sont négatives? Y a-t-il des expressions neutres?
   ___ a. C'est un bon film.
   ___ b. C'est à prendre ou à laisser.
   ___ c. C'est absolument passionnant.
   ___ d. Je trouve ça un peu enfantin.
   ___ e. Ce n'est rien de spécial.
   ___ f. C'est un film assez amusant, mais superficiel.
   ___ g. Il est formidable.
   ___ h. C'est un film extraordinaire.

4. *Allez plus loin*

ACTIVITE 7: Avec un(e) partenaire, discutez de vos opinions sur la musique, le cinéma et la télé. Employez les questions et les expressions d'opinion de la liste suivante.

La musique: la musique classique, populaire, folklorique; le jazz, le rock, le reggae, l'opéra

Le cinéma: les films d'amour, d'aventure, d'épouvante (d'horreur), de science-fiction; les westerns, les policiers, les comédies

La télé: les sports télévisés, les jeux, les informations, les films, les dessins animés, les feuilletons

Questions
Qu'est-ce que tu penses du (de la, des)... ?
Tu aimes le (la, les)... ?
Comment trouves-tu le (la, les)... ?
Pour comparer: Aimes-tu mieux le (la, les)... ou le (la, les)... ?
Qu'est-ce que tu préfères, le (la, les)... ou le (la, les)... ?

VIVEMENT DIMANCHE

de François TRUFFAUT
avec Fanny ARDANT
    Jean-Louis TRINTIGNANT

Durée : 110 minutes

En hommage à François Truffaut. Comédie policière mais aussi belle variation sur l'amour, tournée en noir et blanc, ce qui confère au film le charme des séries noires des années 50.

MINUIT

0.00	**La5** JOURNAL DE MINUIT ➡ 0.10
0.00	**M6** SIX MINUTES ➡ 0.05
0.05	**M6** DAZIBAO ➡ 0.10
0.10	**La5** LES FLEAUX CAPITAUX ➡ 0.40
	Reprise.
0.10	**M6** BOULVROCK'HARD ➡ 1.00
0.20	**TF1** JOURNAL ➡ 0.40
0.30	**FR3** CARNET DE NOTES ➡ 0.40 et fin
	Kenneth Gilbert, clavecin : «A new ground», de **François Couperin,** et «Les petites crémières de Bagnolet», de **Frank Purcell.**
0.40	**TF1** INTRIGUES ➡ 1.05
	Série française.
0.40	**La5** LE RENARD ➡ 1.45
	Reprise.
0.50	**C+** LES ALLUMES... ➡ 2.40 et fin
	Documentaire. **Les dauphins devenus stars.** Reprise de l'émission de 16.30.

Opinions positives

J'adore...
J'aime (bien, beaucoup)...
Ça me plaît (beaucoup)...
Je m'intéresse à (à la, au, aux)...
Je trouve (pense) que c'est extraordinaire (sensationnel, passionnant, amusant, formidable).
Pour comparer: J'aime mieux..., Je préfère le (la, les)... au (à la, aux)...

Opinions neutres

Je ne peux rien dire.
Je ne sais pas.
Je n'ai pas d'opinion.
Ça dépend.
A mon avis, c'est assez bien (pas mal [du tout]), ordinaire, à prendre ou à laisser).

Opinions négatives

Je n'aime pas (beaucoup, tellement)...
Je déteste...
J'ai horreur de...
Je trouve ça désagréable (révoltant, ennuyeux, enfantin, insupportable, superficiel).
Pour comparer: Je n'aime ni... ni...

Structure

La Construction *verbe + préposition + infinitif*

Avant de commencer l'étude de la structure, faites les activités de préparation dans votre cahier d'exercices.

1. *I*dentifiez la structure

When asking for, stating, and discussing opinions and preferences, it is common to use sentences containing two verbs. The first verb conveys an opinion or a preference about an activity and is conjugated. The second verb states the activity itself and uses the infinitive form.

In sentences containing two verbs, the conjugated verb is often connected to the infinitive by a preposition. Skim **Vérifiez les détails** before reading the following mini-dialogue; then read the mini-dialogue and do the exercises.

—Tu **aimes jouer** au tennis?
—C'est-à-dire que...
—Allons, il ne faut pas **refuser de jouer**... tu n'as rien à craindre de moi.
—C'est que...
—Mais, il ne faut pas **avoir peur de jouer**. Je ne suis pas très fort en tennis.
—J'**hésite à accepter.**
—**Cesse de faire** le bébé. Tu veux jouer ou non?
—J'ai gagné la médaille d'or du championnat de tennis de Paris... je **crains de te battre** de beaucoup.
—Ah, bon.

2. *V*érifiez les détails

A. 1. Le mini-dialogue traite —— des salutations. —— des présentations. —— de l'expression d'opinions.
   2. Il emploie un langage —— formel. —— familier.
   3. Pourquoi est-ce qu'un des personnages hésite à accepter l'invitation?

B. Complétez la phrase suivante avec vos propres mots.

   J'hésite à accepter de... parce que...

C. Trouvez dans le mini-dialogue
   1. les verbes qui n'emploient pas de préposition entre le verbe et l'infinitif.
   2. les verbes qui emploient la préposition **à** entre le verbe et l'infinitif.
   3. les verbes qui emploient la préposition **de** entre le verbe et l'infinitif.

3. *Analysez les exemples*

A. The following verbs take **à** + *infinitive* and can be used to express preferences and opinions.

s'amuser à	*to have fun (at)*	hésiter à	*to hesitate to*
arriver à	*to succeed in*	inviter à	*to invite to*
commencer à	*to begin to*	prendre plaisir à	*to find pleasure in*
consentir à	*to consent to*	réussir à	*to succeed in*

Je **m'amuse à** jouer au football mais j'**hésite à** jouer avec toi. D'ailleurs je **prends plaisir à** jouer avec toi. Je vais **réussir à** marquer un but.[1]

Je t'**invite à** aller au match. Je **consens à** aller au match. J'**arrive à** apprécier ce jeu. Je **commence à** comprendre les règles du jeu.

Here are some other common verbs that take **à** + *infinitive*.

avoir à	*to have to*	enseigner à	*to teach to*
apprendre à	*to learn to*	s'habituer à	*to get used to*
(re)commencer à	*to begin (again) to*	se mettre à	*to begin to*
continuer à	*to continue to*	songer à	*to dream of, to think about*
encourager à	*to encourage to*	tarder à	*to delay, put off*

B. The following verbs take **de (d')** + *infinitive* and can be used to express preferences and opinions.

avoir horreur de	*to dislike*	plaire de (**il** form only: **il me plaît de...**)	*to please*
avoir peur de	*to be afraid of*	refuser de	*to refuse to*
décider de	*to decide to*	regretter de	*to regret*

Ça ne **me plaît** pas d'aller au cinéma car j'**ai horreur de** voir ce genre de film. A vrai dire, je **refuse de** voir les films de guerre. J'**ai toujours peur de** voir un film d'épouvante. C'est pourquoi j'ai **décidé d'**aller voir un western.

Je **regrette de** te le dire… je déteste les westerns aussi.

Here are some other common verbs that take **de** + *infinitive*.

cesser de	*to cease to*	finir de	*to finish*
choisir de	*to choose to*	oublier de	*to forget to*
(re)commencer de	*to begin to*	remercier de	*to thank for*
continuer de	*to continue to*	s'agir de (**il** form only: **il s'agit de...**) *to be about. . . , to be a question of. . .*	
se dépêcher de	*to hurry to*		
craindre de	*to fear*	tâcher de	*to try, attempt to*
essayer de	*to try to*		

---

1. marquer un but   *to score a goal*

4. *Elaborez*

ACTIVITE 8: Employez la légende d'abord pour décrire les préférences des étudiants nommés dans le sondage et ensuite pour exprimer vos préférences (à la dernière ligne de la table suivante). Attention! Certains verbes n'emploient pas de préposition; d'autres emploient **à** ou **de** devant l'infinitif.

MODELE: Jean aime bien aller au concert et il s'amuse à regarder les matchs de foot. Il déteste écouter l'opéra et rester à la maison. Il refuse de travailler. Il a horreur de lire.

Sondage d'étudiants, du 10 au 25 septembre, 1993	Jean	Marianne	Philippe	Danielle	Sophie	Robert	Et vous?
aller au concert	2	2	5	3	2	3	
regarder les matchs de foot	1	1	6	8	3	8	
écouter l'opéra	7	4	1	8	8	4	
travailler	8	3	3	1	6	6	
rester à la maison	7	5	4	4	4	5	
lire	6	7	1	6	1	1	

Légende:

1	Je m'amuse.
2	J'aime bien.
3	J'y prends plaisir.
4	Ça me plaît.
5	Je n'aime pas beaucoup.
6	J'en ai horreur.
7	Je déteste.
8	Je refuse.

ACTIVITE 9: Analysez les réponses de l'activité 8. Répondez aux questions suivantes.

1. Combien de gens ont une opinion positive en ce qui concerne l'opéra? Les matchs de foot? Le travail? La lecture? Combien ont une opinion neutre?

2. Quelle activité est la plus populaire? La moins populaire?

3. Quelles activités est-ce que Marianne préfère? Qu'est-ce que Philippe aime faire le plus? Et Sophie?

4. Quelles personnes ont les goûts les plus similaires?

5. Qui a presque les mêmes goûts que vous?

6. Vous invitez Marianne à l'opéra. Croyez-vous qu'elle accepte? Et Danielle? Et Robert?

7. On vous invite à un match de foot. Est-ce que vous allez accepter? Et à un concert?

ACTIVITE 10: Complétez les phrases suivantes pour expliquer vos préférences. Attention aux prépositions. Suivez le modèle.

MODELE: Quand je suis fatigué(e),
    a. je préfère…   b. je n'aime pas tellement…   c. je m'amuse…

Quand je suis fatigué(e), je préfère rester à la maison. Je n'aime pas tellement travailler, alors je m'amuse à regarder la télé.

1. Quand je sors avec des amis,
  a. je choisis toujours…
  b. j'oublie…
  c. je prends plaisir…
  d. j'ai peur…
  e. je refuse…

2. Quand je n'ai pas d'argent,
  a. je préfère…
  b. j'invite mes amis…
  c. je décide…
  d. je songe…
  e. je consens…

3. Pendant le week-end,
  a. je me dépêche…
  b. je n'aime pas du tout…
  c. je réussis…
  d. j'arrive…
  e. j'essaie…

4. Quand je suis en vacances,
  a. je tâche…
  b. je n'aime ni… ni…
  c. j'apprends…
  d. je cesse…
  e. j'aime mieux…

Aperçu culturel

Les Conversations acceptables

Les conversations de tous les jours entre des personnes qui se connaissent à peine[1] sont à peu près pareilles partout dans le monde. On parle géné-ralement du temps qu'il fait, de comment on se porte[2]; si on se connaît assez bien, on demande et on donne des nouvelles des membres de la famille. Quand on discute entre amis, les Français donnent, en général, leur opinion plus facilement que d'autres. On peut toujours compter sur l'expression d'une opinion sur les arts, la politique, etc. La politique, en particulier, est un des sujets favoris pendant les rencontres aux cafés. Il y a des sujets de conversa-tion qui sont plus acceptables que d'autres. Par exemple, on ne parle à la pre-mière rencontre ni de sa situation économique ni de son poste. Par contre, on

a tendance à décrire les cours, les leçons qu'on suit pour «s'enrichir», des projets pour l'avenir. Par exemple, on discute très souvent de projets de vacances.

Que représente, pour les Français, la conversation? On dit, en français, qu'une conversation doit être «engagée»,[3] «soutenue»,[4] «alimentée» et, au besoin, «ranimée»[5] si elle est «languissante»,[6] «détournée» si elle est «dangereuse». Dès que nous permettons à une conversation de naître, nous nous devons de ne pas la laisser mourir, mais d'en prendre soin, de la guider, de la nourrir, de la mener et de veiller à[7] son développement, tout comme s'il s'agissait d'un être vivant. [...] Les Français [...] se plaignent souvent que les conversations américaines sont «ennuyeuses», que les Américains «répondent à la moindre question par une conférence», qu'ils «remontent à Adam et Eve»[8] et qu'ils «ignorent tout de l'art de la conversation».

(deuxième paragraphe de *Evidences invisibles,* Raymonde Carroll)

1. à peine *very little*   2. comment on se porte   *about one's health, how one is*   3. engagé *started, set to go*   4. soutenu *sustained*   5. ranimé *revived*   6. languissant *listless*   7. veiller à   *to watch over*   8. remonter à Adam et Eve   *to go back to Adam and Eve*

Analysez et discutez

1. Comparez les conversations acceptables en France et aux Etats-Unis. Y a-t-il des sujets préférés dans les conversations entre des étrangers? De quoi parlez-vous avec des gens que vous venez de rencontrer? Et entre amis?

2. Quelles différences existent entre les conversations françaises et américaines?

3. A votre avis, est-ce que la politique est un sujet de conversation acceptable aux Etats-Unis?

4. Quels sujets de discussion sont à éviter aux Etats-Unis? Quels sujets est-ce qu'on aborde facilement?

SECTION 3   *Vous connaissez-vous déjà?*

Fonctions communicatives

Rôle 1

Présenter quelqu'un et se présenter
Donner de l'intérêt à une conversation
Demander des détails de la vie quotidienne

Rôle 2

Répondre à une présentation
Indiquer son intérêt
Continuer la conversation

Stratégies de lecture
Comment lire un texte

Stratégies de composition
Organiser un paragraphe
Varier les phrases

Tout d'abord

ACTIVITE 1: Mettez-vous en groupes de trois avec des gens que vous ne connaissez pas bien et faites connaissance. N'oubliez pas que vous avez le choix
de poser des questions superficielles ou bien de parler de sujets plus personnels et plus intéressants.

1. Dites bonjour. Demandez comment ça va.

2. Posez des questions. Demandez
   a. l'adresse.
   b. les cours qu'on suit, quand, où et ce qu'on aime étudier.
   c. le genre de musique qu'on préfère et pourquoi.
   d. si on aime les sports et lesquels.
   e. si on va souvent au théâtre ou au cinéma et son opinion sur un
      film récent.
   f. ce qu'on espère faire dans la vie.
   g. ...

3. Employez des expressions variées pour terminer la conversation.

Avant la lecture

Applying Reading Processes

In their native language, people read different texts in different ways. They might scan a play schedule for specific dates or times; skim a newspaper article to get the gist, or main idea; or carefully read a passage on a subject that really interests them for a close and detailed understanding of the information provided.

These same techniques can be applied when reading in a second language. As you read the text in this section and do the supporting activities, follow these steps:

- **Prepare to read.** Look over the title and any photographs or headings. Think about what you already know about the topic, and use your background knowledge to make predictions about what you will be reading.

- **Read for the main idea.** Read the passage once quickly to get the gist, or main idea.

- **Read for important details.** Read the passage again slowly to get a more detailed understanding of the material.

- **Reflect on what you have read.** Follow up your reading by thinking about the message of the text and how that message relates to what you already know about the topic and about everyday life.

ACTIVITE 2: Imaginez-vous en train de lire un passage intitulé *Faire la connaissance de quelqu'un: Les Règles de l'etiquette.* Avant de lire, qu'est-ce que vous savez déjà du passage? Qu'est-ce qui va vous aider à comprendre l'idée principale du passage? Imaginez un autre passage intitulé *Faire la connaissance de quelqu'un: Une Expérience amusante.* A quoi vous attendez-vous dans ce cas-là? Quelles expériences amusantes pouvez-vous imaginer?

ACTIVITE 3: Dans le passage qui suit, tiré de *La Cantatrice chauve* de Ionesco, deux personnages se recontrent dans un salon. Imaginez-vous dans la situation suivante: vous êtes dans une salle d'attente avec une autre personne que vous ne connaissez pas. Préparez une liste de choses à dire pour commencer la conversation avec une personne.

Lecture

Eugène Ionesco est né en 1912 en Roumanie de mère française. Il a grandi en France et il est retourné à l'âge de treize ans dans son pays d'origine, où il a fréquenté l'Université de Bucarest et où il a enseigné le français. En 1938 il est rentré à Paris pour écrire une thèse qu'il n'a jamais terminée. Il a écrit *La Cantatrice chauve* en 1950, son premier grand succès théâtral. La pièce a été interprétée pendant plus de vingt ans sans interruption. Ses œuvres mettent en relief l'absurdité de l'existence et cette pièce s'adresse en particulier à l'absurdité des rapports interpersonnels.

Avant de lire la scène, lisez les résumés de l'activité 4. Ensuite lisez le passage et faites les activités qui suivent.

LA CANTATRICE CHAUVE

SCENE IV

M̲me et M. Martin s'assoient l'un en face de l'autre, sans se parler. Ils se sourient, avec timidité.

M. MARTIN: Mes excuses, Madame, mais il me semble, si je ne me trompe, que je vous ai déjà rencontrée quelque part.   5

MME MARTIN: A moi aussi, Monsieur, il me semble que je vous ai déjà rencontré quelque part.

M. MARTIN: Ne vous aurais-je pas déjà aperçue, Madame, à Manchester, par hasard?

MME MARTIN: C'est très possible. Moi, je suis originaire de la ville de   10
Manchester! Mais je ne me souviens pas très bien, Monsieur, je ne pourrais pas dire si je vous y ai aperçu, ou non!

M. MARTIN: Mon Dieu, comme c'est curieux! Moi aussi je suis originaire de la ville de Manchester, Madame!

MME MARTIN: Comme c'est curieux!   15

M. MARTIN: Comme c'est curieux!... Seulement, moi, Madame, j'ai quitté la ville de Manchester, il y a cinq semaines, environ.

MME MARTIN: Comme c'est curieux! quelle bizarre coïncidence! Moi aussi, Monsieur, j'ai quitté la ville de Manchester, il y a cinq semaines, environ.

M. MARTIN: J'ai pris le train d'une demie après huit le matin, qui arrive   20
à Londres à un quart avant cinq, Madame.*

MME MARTIN: Comme c'est curieux! comme c'est bizarre! et quelle coïncidence! J'ai pris le même train, Monsieur, moi aussi!

---

* Remarquez que l'heure est exprimée d'une façon anglaise.

M. MARTIN: Mon Dieu, comme c'est curieux! peut-être bien alors, Madame, que je vous ai vue dans le train?

MME MARTIN: C'est bien possible, ce n'est pas exclu, c'est plausible, et, après tout, pourquoi pas!... Mais je n'en ai aucun souvenir, Monsieur!   25

[...]

Un moment de silence. La pendule sonne 2-1.

M. MARTIN: Depuis que je suis arrivé à Londres, j'habite rue Bromfield, chère Madame.

MME MARTIN: Comme c'est curieux, comme c'est bizarre! moi aussi, depuis mon arrivée à Londres j'habite rue Bromfield, cher Monsieur.   30

M. MARTIN: Comme c'est curieux, mais alors, mais alors, nous nous sommes peut-être rencontrés rue Bromfield, chère Madame.

MME MARTIN: Comme c'est curieux; comme c'est bizarre! c'est bien possible, après tout! Mais je ne m'en souviens pas, cher Monsieur.   35

M. MARTIN: Je demeure au n° 19, chère Madame.

MME MARTIN: Comme c'est curieux, moi aussi j'habite au n° 19, cher Monsieur.

M. MARTIN: Mais alors, mais alors, mais alors, mais alors, mais alors, nous nous sommes peut-être vus dans cette maison, chère Madame?   40

MME MARTIN: C'est bien possible, mais je ne m'en souviens pas, cher Monsieur.

M. MARTIN: Mon appartement est au cinquième étage, c'est le n° 8, chère Madame.

MME MARTIN: Comme c'est curieux, mon Dieu, comme c'est bizarre! et 45
quelle coïncidence! moi aussi j'habite au cinquième étage, dans l'appartement n° 8, cher Monsieur!

[...]

M. MARTIN: Comme c'est bizarre, curieux, étrange! alors, Madame, nous habitons dans la même chambre et nous dormons dans le même lit, chère Madame. C'est peut-être là que nous nous sommes rencontrés! 50

MME MARTIN: Comme c'est curieux et quelle coïncidence! C'est bien possible que nous nous y soyons rencontrés, et peut-être même la nuit dernière. Mais je ne m'en souviens pas, cher Monsieur!

M. MARTIN: J'ai une petite fille, ma petite fille, elle habite avec moi, chère Madame. Elle a deux ans, elle est blonde, elle a un œil blanc et 55
un œil rouge, elle est très jolie, elle s'appelle Alice, chère Madame.

MME MARTIN: Quelle bizarre coïncidence! moi aussi j'ai une petite fille, elle a deux ans, un œil blanc et un œil rouge, elle est très jolie et s'appelle aussi Alice, cher Monsieur!

M. MARTIN: Comme c'est curieux et quelle coïncidence! et bizarre! c'est 60
peut-être la même, chère Madame!

MME MARTIN: Comme c'est curieux! c'est bien possible, cher Monsieur.

Un assez long moment de silence... La pendule sonne vingt-neuf fois.

[...]

M. MARTIN: Alors, chère Madame, je crois qu'il n'y a pas de doute, nous nous sommes déjà vus et vous êtes ma propre épouse... Elisabeth, je 65
t'ai retrouvée!

[...]

MME MARTIN: Donald, c'est toi, darling!

*A*près la lecture

ACTIVITE 4: Choisissez la phrase (ou les phrases) qui donne (ou donnent) le résumé le plus exact de la lecture.

1. Deux personnes qui ne se connaissent pas se rencontrent et commencent une conversation à propos de leur domicile, de leurs familles et de leurs voyages.

2. Deux étrangers se rencontrent par accident. Ils sont très contents de leur rencontre et commencent une conversation animée.

3. Deux personnes qui se connaissent se trouvent dans une situation étrange: ils ne se reconnaissent pas du tout.

4. Il y a trop de coïncidences dans cette scène. Elle n'est ni possible ni probable.

ACTIVITE 5: Vérifiez quelques détails.

1. Où sont les deux personnages?

2. Comment s'appellent-ils?

3. Dans quelle ville habitent-ils depuis cinq semaines? Quelle est leur adresse?

4. Décrivez la jeune fille, Alice Martin, et ses parents.

ACTIVITE 6: Relisez le passage, puis répondez aux questions.

1. De quoi est-ce que M. et Mme Martin parlent?

les loisirs	où ils habitent	leur destination
la profession	la politique	leur nationalité
la famille	le climat	ce qu'ils aiment manger

2. Relisez vos réponses à l'activité 2 (page 27). Ensuite, comparez les sujets de conversation dans le passage d'Ionesco avec votre liste d'expressions employées pour commencer une conversation. En quelle mesure est-ce que les deux listes sont similaires?

3. Cherchez dans le passage des expressions pour commencer une conversation; présenter, se présenter, ou répondre à une présentation; demander et donner des détails de la vie quotidienne; indiquer son intérêt.

4. M. et Mme Martin répètent souvent les expressions *c'est curieux* et *c'est possible*. Faites une liste d'expressions synonymes ou similaires à celles-ci. A votre avis, pourquoi est-ce qu'Ionesco répète ces expressions au lieu de les varier?

ACTIVITE 7: Qu'est-ce que le passage implique? Répondez aux questions suivantes.

1. Est-ce que vous croyez que M. et Mme Martin se rencontrent par hasard? Pourquoi? Pourquoi pas? Si ce n'est pas une coïncidence, comment expliquez-vous les circonstances?

2. Est-ce que M. et Mme Martin sont un couple «normal»? Pourquoi? Pourquoi pas?

3. Les déclarations suivantes se rapportent à la vie en général. Dites pourquoi vous êtes d'accord ou pas avec chaque déclaration.
   a. La plupart de ce qu'on dit tous les jours est superficiel.
   b. Vue objectivement, la vie quotidienne est absurde.
   c. Quand je demande à quelqu'un comment il (elle) va, je suis sincère.
   d. Je pense toujours à ce que je dis.

Structure   *L'Interrogation*

Avant de commencer l'étude de la structure, faites les activités de préparation dans votre cahier d'exercices.

1. *Identifiez la structure*

Questions and answers are the substance of most small talk. Skim **Vérifiez les détails** before reading the following mini-dialogue; then read the mini-dialogue and do the exercises.

—Vous vous connaissez déjà?

—Oui, ça fait longtemps.

—Où est-ce que vous vous êtes rencontrés?

—Dans un restaurant chinois; nous étions assis à des tables adjacentes.

—Comment est-ce que vous avez fait connaissance?

—Il s'est levé brusquement et il a renversé un grand plateau sur mon nouveau pantalon.

2. *Vérifiez les détails*

A. Le mini-dialogue traite —— des salutations. —— des présentations. —— de l'expression d'opinions.

B. Jouez les rôles du mini-dialogue avec un(e) camarade. Changez cinq détails.

C. Quelles répliques du mini-dialogue sont déclaratives? Interrogatives? Affirmatives? Négatives?

3. *Analysez les exemples*

There are several ways to ask a yes/no question:

- Raise the pitch of the voice at the end of a statement.

  Il s'appelle Jean-Marc Fantou?

- Insert **est-ce que** in front of the statement.

  Est-ce qu'il s'appelle Jean-Marc Fantou?

POURQUOI
ET
POUR QUI?

- Add **n'est-ce pas?** as a way of verifying what has been said.

  Il s'appelle Jean-Marc Fantou, **n'est-ce pas?**

- Invert the subject pronoun and the verb as a more formal way to ask yes/no questions. Note the use of the hyphen between the verb and the subject pronoun.

  Connaissez-vous Jean-Marc Fantou?

  a. In the third-person singular, when the verb ends in a vowel, **-t-** is inserted between the verb and the subject pronoun.

  Aime-**t-**il le jazz?   Aime-**t-**elle ce film?

  b. When the subject is a noun, it is not inverted with the verb. Instead, a corresponding third-person pronoun is added and inverted.

  Henri **aime-t-il** le jazz?   Martine **aime-t-elle** ce film?

  c. With the subject pronoun **je,** inversion occurs very rarely in daily conversation. Intonation, **est-ce que,** and **n'est-ce pas** are usually preferred.

  Je peux te demander ton opinion sur ce concert?

  Est-ce que je pourrais vous demander votre opinion sur ce concert?

  Inversion with **je** is sometimes seen in very formal, literary, or affected language.

To ask information questions, use an interrogative adverb (**où, quand, comment, combien,** or **pourquoi**) with **est-ce que** or with inversion.

Où est-ce que vous vous êtes rencontrés?	**Où** vous êtes-vous rencontrés?
Quand est-ce que vous avez fait connaissance?	**Quand** avez-vous fait connaissance?
Pourquoi est-ce qu'ils sont dans cette salle?	**Pourquoi** les Martin ne se reconnaissent-ils pas?

In most short sentences, you may invert the subject and the verb directly.

Comment va Henriette?   **Où** vont les Martin?

4. *Elaborez*

ACTIVITE 8: Pendant une réunion, vous entendez les éléments de plusieurs conversations. Pour chaque réponse, imaginez deux questions. Variez la forme de vos questions.

1. Ça dépend. En principe, j'aime mieux la musique classique.

2. J'essaie de m'occuper de ma santé mais je n'aime faire ni de l'exercice ni du sport.

3. Absolument! C'est ma passion.

4. Quand j'ai le temps, mais je suis très occupé(e) ces jours-ci.

5. Je ne sais pas. C'est une question difficile.

6. D'habitude on s'y rencontre vers 8 h 30.

7. Parce que je ne m'y intéresse plus.

8. Je le connais depuis mon enfance, je peux lui parler de n'importe quoi.

ACTIVITE 9: Choisissez une photo ou un autre objet personnel. Montrez l'objet à un(e) partenaire qui vous posera plusieurs questions du genre **où, quand, comment, combien** et **pourquoi** pour deviner les circonstances et l'importance de l'objet. Ensuite échangez les rôles.

Comment écrire

Organiser un paragraphe
Varier les phrases

Ecrire un paragraphe intéressant n'est pas difficile. Il faut choisir un sujet qui vous intéresse, organiser vos idées et varier la structure de vos phrases.

• Commencez par une phrase qui décrit le thème de votre paragraphe.

Je suis très difficile; il y a beaucoup de choses que j'aime et d'autres choses que je n'aime pas.

• Ensuite, donnez des exemples et organisez-les sous forme de paragraphe. Soyez certain(e) de varier la structure de vos phrases. Observez les stratégies dans les cinq modèles suivants.

a. Donnez un simple fait.

J'aime nager. Je préfère regarder le football à la télé.
Je n'aime pas nager. Je n'aime pas regarder le football à la télé.

b. Enchaînez deux faits avec *et* ou *ne... ni... ni...* .

J'aime le football **et** le basketball.
Je n'aime **ni** le ski **ni** la course automobile.

c. Enchaînez plusieurs faits.

J'aime le surf, le basketball, la course automobile,...

    d. Qualifiez un fait.

       J'aime beaucoup (assez, un peu) le ski alpin.
       Je n'aime pas (pas du tout, absolument pas) jouer au golf.

    e. Faites un contraste entre deux faits.

       J'adore le tennis **mais** je n'aime pas le jogging.

- Finalement, écrivez une phrase qui donne une conclusion à votre paragraphe.

À écrire

ACTIVITE 10: Ecrivez un paragraphe utilisant les stratégies présentées ci-dessus. Commencez avec une phrase principale et puis donnez-en des exemples. N'oubliez pas de varier la structure de vos phrases pour rendre votre paragraphe plus intéressant. Voici quelques sujets possibles.

1. les sports et les loisirs que vous aimez et que vous n'aimez pas

2. les genres de musique que vous aimez et que vous n'aimez pas

3. les acteurs/actrices et les films que vous aimez et que vous n'aimez pas

Sujets de composition

1. Imaginez qu'un artiste que vous aimez beaucoup va donner un concert dans votre ville. Ecrivez-lui une lettre pour lui demander une entrevue. Dans votre lettre, présentez-vous, dites que vous aimez beaucoup sa musique et dites pourquoi vous voulez une entrevue avec lui (elle).

   Pour écrire une lettre sur un ton formel, employez les formules suivantes: *Monsieur (Madame, Mademoiselle); Veuillez agréer, Monsieur (Madame, Mademoiselle), l'expression de mes sentiments les meilleurs.* (Signature.)

   Pour écrire une lettre sur un ton familier, employez les formules suivantes: *Cher/Chère* (nom); *Bien à vous,* (signature) ou *Amicalement,* (signature).

2. Ecrivez une lettre à un(e) correspondant(e) dans un pays francophone. Dans votre lettre, présentez-vous, parlez de vos goûts et de vos intentions dans la vie. Evitez de donner des détails superficiels; soyez plutôt amical et personnel. N'oubliez pas de lui poser des questions intéressantes.

Expressions essentielles

Saluer quelqu'un

Bonjour (Bonsoir), Monsieur (Messieurs),
Madame (Mesdames), Mademoiselle (Mesdemoiselles), Messieurs-dames, tout le
monde.

Salut!

Tiens!

Commencer une conversation

Vous avez du feu (l'heure)?

Vous prenez un café avec moi?

Excusez-moi (Pardon). J'ai l'impression que
je vous connais.

Vous êtes dans ma classe de..., n'est-ce
pas?

Vous vous appelez…, n'est-ce pas?

On s'est vu l'autre jour… ?

On m'a beaucoup parlé de vous.

Comment vous appelez-vous?

Comment allez-vous? Ça va?

Vous aimez... ?

Vous habitez... ?

Indiquer son intérêt

Ah, bon?

Oh, oui?

Oui, je vois.

Vraiment?

Se présenter

Je m'appelle...

Je suis…

Présenter quelqu'un

Je suis heureux (-euse) (content[e]) de vous
présenter...

J'ai le très grand plaisir de vous présenter...

Je voudrais vous présenter…

Permettez-moi de vous présenter...

Je vous présente...

Vous avez déjà fait connaissance?

Vous vous connaissez (déjà)?

C'est mon ami(e) (mon [ma] collègue, mon
[ma] voisin[e])...

Voici mes ami(e)s.

Viens que je te présente.

Répondre quand on vous présente quelqu'un

Je suis enchanté(e) (heureux [-euse]) de
vous connaître.

Je suis content(e) de vous voir (de faire votre
connaissance).

Heureux (-euse) de faire votre connaissance.

Enchanté(e).

Bonjour.

Demander une opinion

Qu'est-ce que vous pensez du (de la, des)... ?

Comment trouvez-vous le (la, les)... ? C'est
très..., n'est-ce pas?

Vous aimez le (la, les)... ?

Vous aimez ce genre de... ?

Vous n'avez pas d'opinion?

Pour comparer

Aimez-vous mieux le (la, les)... ou le (la, les)... ?

Qu'est-ce que vous préférez, le (la, les)... ou le (la, les)... ?

Donner une opinion

Opinions positives

J'adore..., J'aime (bien, beaucoup)...

Je m'intéresse à (à la, au, aux)...

Ça me plaît (beaucoup)...

Je trouve (pense) que c'est extraordinaire (sensationnel, amusant, formidable).

Pour comparer: J'aime mieux..., Je préfère le (la, les)... au (à la, aux)...

Opinions neutres

Je ne sais pas.

Je ne peux rien dire.

Je n'ai pas d'opinion.

Ça dépend.

C'est assez bien, pas mal (du tout), ordinaire, à prendre ou à laisser.

Opinions négatives

Je n'aime pas (beaucoup, tellement)...

Je déteste...

J'ai horreur de...

Je trouve ça désagréable (révoltant, enfantin, ennuyeux, insupportable, superficiel).

Pour comparer: Je n'aime ni... ni...

Terminer une conversation

Au revoir (Bonsoir), Madame (Mesdames), Monsieur (Messieurs), Mademoiselle (Mesdemoiselles), Messieurs/dames, tout le monde.

A tout à l'heure! (A bientôt! A demain! A demain soir! A lundi! A la prochaine! A ce soir!)

Bonne journée! (Bon après-midi!)

Excusez-moi.

Je suis (très) pressé(e).

Je suis en retard.

J'ai un rendez-vous (très urgent).

(Je regrette mais) il faut que je m'en aille.

Pour décrire les opinions

l'avis (*m.*) des professionnels *professional advice*

l'opinion (*f.*) des critiques *critics' opinion*

le sondage *survey*

avoir une opinion personnelle *to have a personal opinion*

faire une critique *to critique*

critiquer *to critique*

Pour parler des stars

la star *star*

la vedette *star, famous person*

demander un autographe *to ask for an autograph*

interviewer une vedette *to interview a star*

Adjectifs pour décrire un style

enfantin(e) *childish*

extraordinaire *extraordinary*

formidable *great*

inimitable *inimitable*

innovateur (-trice) *innovative*

sensationnel(le) *sensational*

superficiel(le) *superficial*

traditionnel(le) *traditional*

Les genres de musique

la musique classique *classical music*

la musique folklorique *folk music*
la musique populaire *popular music*
le jazz *jazz*
l'opéra (*m.*) *opera*
le reggae *reggae*
le rock *rock*

Les genres de cinéma

les films (*m.*) d'amour *love stories (films)*
les films d'aventure *adventure films*
les films d'épouvante (d'horreur) *horror films*
les films policiers *police dramas*

les films de science-fiction *science fiction films*
les comédies (*f.*) *comedies*
les westerns (*m.*) *westerns*

Les genres d'émission à la télé

les jeux télévisés *game shows*
les sports télévisés *televised sports*
les dessins animés *cartoons*
les feuilletons (*m.*) *soap operas*
les films (*m.*) *movies*
les informations (*f.*) *news*

N'OUBLIEZ PAS!

Le Présent des verbes réguliers et
  irréguliers, p. 7
La Négation, p. 7
La Construction verbe + préposition +
  infinitif, p. 20
L'Interrogation, p. 31

Fonctions communicatives

Rôle 1

Donner de l'intérêt à une conversation

Soutenir l'intérêt de quelqu'un

Rapporter une suite d'événements

Raconter une histoire

Rôle 2

Indiquer son intérêt

Demander des renseignements

Thèmes

Les anecdotes et les histoires

Stratégies de lecture

Employer ses connaissances pour comprendre le texte
Deviner le sujet d'un texte

Stratégies de composition

Raconter une histoire
Exprimer les relations de temps

2

Raconter une histoire

? Combien de différents magazines et de journaux comptez-vous? Classifiez-les autant que possible par catégories, comme par exemple, les journaux, les magazines de mode, les magazines de nouvelles, les bandes dessinées etc.

? Faites un inventaire mental des journaux et des magazines aux Etats-Unis. Ensuite écrivez une liste classifiée par genres. Pensez aux magazines de sports, d'informatique, de mode etc. Lesquels aimez-vous lire? Expliquez pourquoi.

39

Vous n'allez pas croire cette histoire!

Fonctions communicatives

Rôle 1

Donner de l'intérêt à la conversation
Soutenir l'intérêt de quelqu'un
Rapporter une suite d'événements

Rôle 2

Indiquer son intérêt

Demander des renseignements

Tout d'abord

ACTIVITE 1: Il y a plusieurs genres d'articles dans un journal. Mettez ensemble les catégories de la colonne A avec les manchettes de la colonne B.

MODELE: Sous la catégorie «sports», on trouve «L'Allemagne gagne la Coupe du monde de football».

A	B
1. actualités locales et nationales	a. Demandes/offres d'emploi
2. actualités internationales	b. Relations étrangères
3. loisirs	c. Les performances de Renault
4. météo	d. Centres postaux touchés par la grève
5. éditorial	e. Mots croisés
6. santé	f. Les Français et le racisme: Point de vue
7. finances et économie	g. Baisse du franc par rapport au dollar
8. sports	h. Des températures mondiales
9. petites annonces	i. L'Allemagne gagne la Coupe du monde de football
	j. Nouveau régime pour maigrir

ACTIVITE 2: Avec un(e) partenaire, discutez de votre opinion sur les catégories et les manchettes de l'activité 1.

MODELE: —Aimez-vous mieux lire les actualités internationales ou l'éditorial?

—Moi, je préfère lire l'éditorial.

Par ici

1. Lisez le dialogue

🔲 LA MAISON A EXPLOSÉ

Serge parle avec Colette. Ils sont tous les deux au café.

SERGE: Tu ne vas pas croire cette histoire! Je viens de lire une histoire incroyable.

COLETTE: Raconte-la, si elle est si merveilleuse que ça.

SERGE: Bon. Alors, c'est l'histoire d'un représentant de produits de beauté. Il fait du porte à porte et c'est son premier jour de travail. Forcément[1] il est un peu nerveux. Il veut faire une bonne impression sur son patron.

COLETTE: Oui, je vois. Vas-y, raconte... tu ne fais que broder.[2]

SERGE: Patience... Tu vas voir, elle est merveilleuse, cette histoire. Ce jour-là, après avoir bien ciré[3] ses chaussures, il a mis son plus beau costume et il est descendu de bonne heure... Puis, il est arrivé chez sa première cliente. Avant de sonner à la porte, il a ajusté sa cravate. Malheureusement, il n'y avait personne à la maison.

COLETTE: Jusqu'à présent, elle n'a rien d'extraordinaire, ton histoire.

SERGE: Attends un peu. Ensuite, il a rendu visite à deux autres clients. Pas une vente. Après avoir rendu visite à deux clients de plus, il a commencé à s'impatienter. Toujours rien. Il s'est dit: «A la prochaine maison, je dois faire ma première vente.»

COLETTE: Et alors, il est allé à la maison suivante et il a sonné à la porte.

SERGE: C'est ça. Il a sonné à la porte, mais pour se donner du courage, il a appuyé[4] extra-fort sur le bouton de la sonnerie. Et tu sais ce qui est arrivé?

COLETTE: Non, quoi?

SERGE: La maison a explosé.

COLETTE: Comment explosé?

SERGE: Il y a eu une grande conflagration... les fenêtres se sont brisées... et toute la baraque[5] a pris feu.

COLETTE: Pas possible!

SERGE: Ma parole!

COLETTE: Mais comment... ?

SERGE: Plus tard, il a appris comment. Mais pendant deux bonnes minutes il a cru que c'était lui le coupable, qu'il avait appuyé trop fort sur le bouton de la sonnerie.

COLETTE: C'est impossible! Quelle est l'explication? Des terroristes?

SERGE: C'était beaucoup plus simple que ça. La police lui a expliqué qu'il y avait une fuite[6] de gaz dans la maison, mais on ne s'en était pas aperçu. Et quand notre représentant a appuyé sur le bouton, il y a eu une petite étincelle[7] qui a allumé[8] le gaz et qui a causé l'explosion.

COLETTE: Qu'est-ce qui est arrivé au représentant et aux propriétaires?

SERGE: Heureusement, il n'y a pas eu de morts ni de blessés. Les propriétaires étaient en vacances et notre représentant n'a souffert que d'une peur bleue.[9]

COLETTE: Ça c'est ce que j'appelle une histoire à tout casser!

SERGE: Oh, toi et tes jeux de mots!

---

1. forcément *naturally*   2. broder *to embellish*   3. cirer *to shine (shoes)*
4. appuyer *to push*   5. la baraque *house (colloquial)*   6. la fuite *leak*
7. l'étincelle *(f.)* *spark*   8. allumer *to light*   9. la peur bleue *big fright*

2. *Vérifiez le sens général*

ACTIVITE 3: Choisissez le meilleur résumé du dialogue.

1. Un représentant qui ne vendait pas assez pour contenter son patron, a dynamité la maison du patron.

2. C'est une simple histoire de terrorisme comme celles qu'on raconte tous les jours dans les journaux.

3. Il s'agit des coïncidences de la vie quotidienne qui sont aussi bizarres que celles qu'on trouve dans les romans policiers.

ACTIVITE 4: Tout d'abord, numérotez les scènes selon l'ordre de l'histoire. Ensuite, trouvez la phrase du dialogue qui correspond à chaque scène et racontez brièvement l'histoire à votre partenaire. Indiquez l'ordre des événements avec les expressions suivantes.

d'abord	puis	finalement	tout d'abord
premièrement	après ça	enfin	deuxièmement
au début	ensuite	à la fin	pour finir

3. *Cherchez les expressions*

ACTIVITE 5: Trouvez dans le dialogue

1. des exemples de l'expression équivalente à l'expression en anglais *after having done something.*

2. des mots qui indiquent l'ordre des événements dans le dialogue. Quelles expressions du dialogue commencent un récit? Quelles expressions continuent une histoire? Quelles expressions terminent une suite d'événements?

ACTIVITE 6: Relisez le dialogue pour trouver d'autres expressions essentielles.

1. Dans le chapitre 1, vous avez appris à commencer une conversation avec quelqu'un que vous ne connaissez pas. Quelles expressions avez-vous apprises? Maintenant, trouvez les expressions que Serge emploie pour commencer sa conversation avec Colette et l'intéresser à son histoire.

2. Trouvez les expressions que Serge emploie pour soutenir l'intérêt de Colette pendant qu'il raconte son histoire.

3. Vous avez déjà appris à indiquer votre intérêt dans le chapitre 1. Quelles expressions avez-vous apprises? Trouvez les expressions que Colette emploie pour indiquer son intérêt ou son manque d'intérêt. Est-ce qu'elle s'intéresse au récit de plus en plus ou de moins en moins?

4. *Allez plus loin*

ACTIVITE 7: Employez les expressions essentielles que vous avez identifiées dans les activités 5 et 6 pour raconter une histoire à un(e) camarade. Utilisez le schéma de l'histoire et le vocabulaire suggéré. Votre partenaire va indiquer son intérêt ou son manque d'intérêt. Echangez les rôles.

Schéma de l'histoire: Vous êtes en vacances. Vous visitez Paris, les monuments. Vous perdez votre passeport. Vous cherchez partout, sans succès. Vous rentrez à l'hôtel et vous trouvez votre passeport. Un(e) Américain(e) l'a trouvé et vous le rend.

Vocabulaire: Les monuments: la tour Eiffel, le Louvre, la cathédrale de Notre-Dame, le Centre Beaubourg. Les endroits: le bureau de renseignements, le bureau des objets trouvés. Les verbes: perdre, demander, chercher dans l'ascenseur, retracer les pas, rentrer à l'hôtel, retrouver le passeport.

Structure   *Le Passé composé*
L'Infinitif passé

Avant de commencer l'étude de la structure, faites les activités de préparation dans votre cahier d'exercices.

1. *Identifiez la structure*

When someone is reporting sequences of actions or events that have already taken place, use of the **passé composé** is common. Sequences of events may be more efficiently reported by combining two actions into a single sentence. Skim **Vérifiez les détails** before reading the following mini-dialogue; then read the mini-dialogue and do the exercises.

—Tu l'as vu, ce film-là, dans le journal, le dernier film de James Bond?

—Non.

—Tu dois le voir! La scène principale est formidable. C'est là où James Bond a visé,[1] puis il a actionné une manette[2] dans la voiture et la roquette est partie. Et figure-toi qu'il a si bien visé qu'elle a manqué la voiture pleine de touristes, elle est passée entre les roues[3] d'un camion[4] et elle a explosé en plein milieu de l'usine!

—Oh, là! Ça c'est du cinéma!

---

1. viser *to aim*   2. actionner une manette *to move a lever*   3. la roue *wheel*
4. le camion *truck*

2. *Vérifiez les détails*

A. 1. Le mini-dialogue traite ___ d'une compétition de sport.   ___ d'un film.
   ___ d'une manœuvre militaire.
2. Qui est le personnage principal?

B. Sur une feuille de papier, dessinez les personnages et les choses qui sont mentionnés dans le mini-dialogue. Indiquez le parcours de la roquette. Finalement, racontez l'histoire et nommez les objets à votre partenaire.

C. Le mini-dialogue se sert du passé composé pour raconter l'histoire. Cherchez des exemples de l'emploi du passé composé avec les verbes **être** et **avoir**.

Cinéma
Nastassja Kinski et Robert Mitchum

Série
Policier du dimanche soir

Série
Garcia Lorca rencontre Dali

Cinéma
James Bond contre le Spectre

3. *Analysez les exemples*

La Formation du passé composé

- The **passé composé** is composed of two parts, an auxiliary verb and a past participle. Study the following examples.

avoir + *past participle*	**être** + *past participle*
J'ai vu le film.	Je **suis allé(e)** au cinéma avec Martin.
Tu **n'as pas vu** le film.	Tu **n'es pas venu(e)** avec nous.
Elle **a aimé** le film.	Elle **est venue** avec nous.
Il **n'a pas aimé** le film.	Il **est venu mais il est parti** avant la fin.
Nous **avons aimé** le film.	Nous **sommes parti(e)s** avant la fin.
Vous **avez manqué** la fin.	Vous **êtes resté(e)s** jusqu'à la fin.
Ils **ont acheté** les billets.	Ils **sont sortis** du cinéma.
Elles **ont discuté** le film.	Elles **sont rentrées** chez elles.

- With the auxiliary verb **être,** the past participle agrees in number and in gender with the subject. With the auxiliary verb **avoir,** there is no agreement unless there is a preceding direct object.

  Vous **avez manqué** la fin.   Vous **l'avez manquée.**

  Ils **ont acheté** les billets.   Ils **les ont achetés.**

- Note that the verbs **descendre, monter, passer, rentrer, retourner,** and **sortir** may take a direct object; in such cases they are transitive verbs, which use **avoir** rather than **être** in the **passé composé.**

  Il **est** descendu.   Il **a** descendu l'escalier.

  Elle **est** sortie seule.   Elle **a** sorti le chien.

L'Emploi du passé composé

- The **passé composé** is used to report completed, isolated actions or events that
  a. have occurred a specified number of times or at a specified period of time in the past.
  b. advance the story line by telling what happened or reporting what someone or something did.

Study the following examples from the dialogue.

—Et alors, il **est allé** à la maison suivante et il **a sonné** à la porte?

—C'est ça. Il **a sonné** à la porte, mais pour se donner du courage, il **a appuyé** extra-fort sur le bouton. Et soudainement, la maison **a explosé.**

—... quand notre représentant **a appuyé** sur le bouton, il y **a eu** une petite étincelle qui **a allumé** le gaz et qui **a causé** l'explosion.

* Past and completed actions and events are often cued by expressions that indicate suddenness or abruptness.

soudain   tout d'un coup   au bout d'un moment

L'Infinitif passé

Like the **passé composé,** the past infinitive is composed of an auxiliary verb **(avoir** or **être)** and a past participle.

> **après** + *auxiliary verb* + *past participle*

* Notice in the following examples that the auxiliary verb is not conjugated; it remains in the infinitive. With the auxiliary verb **être,** the past participle agrees in number and in gender with the object described. The equivalent English expression is *after having done (something).*

Après avoir visé, James Bond a actionné une manette dans la voiture et la roquette est partie. Mais il a si bien visé qu'**après avoir manqué** la voiture pleine de touristes et **après être passée** entre les roues d'un camion, la roquette a explosé en plein milieu de l'usine!

Après avoir bien ciré ses chaussures et **(après avoir) ajusté** sa cravate, il est descendu.

Après avoir rendu visite à deux clients de plus, il a commencé à s'impatienter.

* In the negative, place **ne... pas** together before the auxiliary verb.

Après ne pas avoir ciré ses chaussures, le vendeur...

Après ne pas être passée entre les roues d'un camion, elle...

4. *Elaborez*

ACTIVITE 8: Sur la page suivante, vous allez trouvez neuf rapports sur des cambriolages dans la ville de Lyon. Travaillez avec un(e) partenaire qui va choisir en secret un des rapports. Vous devez deviner le rapport qu'il (elle) a choisi en lui posant des questions au passé composé.

MODELE: —Le voleur, où est-il entré?

—Il est entré dans la bijouterie.

[...]

—Alors, est-ce qu'il a demandé des bijoux?

—Oui, il a demandé des bijoux.

—C'est le rapport numéro 4.

Rapport Nº 1
entrer dans la banque
prendre des bijoux de la
    caisse
demander de l'argent
sortir par la porte de
    derrière
	Rapport Nº 2
	entrer dans la bijouterie
	    par la porte de derrière
	arriver à la bijouterie
	    vers 9 h
	demander de l'argent
	sortir par la porte de
	    devant
		Rapport Nº 3
		arriver chez le concession-
		    naire Renault
		demander les clés de
		    trois voitures
		prendre de l'argent
		partir dans une Renault 18

Rapport Nº 4
arriver à la bijouterie vers
    9 h
entrer par la porte de
    derrière
demander des bijoux
prendre de l'or
	Rapport Nº 5
	prendre les clés de
	    cinq voitures
	demander de l'argent
	aller chez le concession-
	    naire Renault
	partir dans une Renault
	    blanche
		Rapport Nº 6
		viser une femme
		demander de l'argent
		sortir par la porte de
		    devant
		entrer dans la banque

Rapport Nº 7
prendre les clés de
    trois voitures
aller chez le concession-
    naire Renault
demander de l'argent
partir avec un vendeur
    comme hôtage
	Rapport Nº 8
	viser une femme
	entrer dans la banque
	prendre des bijoux de la
	    caisse
	sortir par la porte de
	    devant
		Rapport Nº 9
		prendre des bijoux
		demander de l'argent
		arriver à la bijouterie vers
		    9 h
		sortir par la porte de
		    derrière

ACTIVITE 9: Racontez les événements d'un des rapports de l'activité 8. Utilisez des expressions pour commencer votre histoire, pour indiquer l'ordre des événements et pour soutenir l'intérêt de la personne qui vous écoute. Votre partenaire va indiquer son intérêt et va vous demander davantage de renseignements.

> MODELE: —On a cambriolé la bijouterie!
>
> —Pas possible! Raconte!
>
> —Premièrement, un voleur est entré dans la bijouterie par la porte de derrière.
>
> —Ah, bon?
>
> —...

ACTIVITE 10: Racontez un film que vous avez vu récemment à un(e) partenaire. Employez les expressions pour donner votre opinion et pour rapporter une suite d'événements. N'oubliez pas d'employer le passé composé.

ACTIVITE 11: Voici une liste d'activités du mois passé faite par le président de la République française. Choisissez cinq activités du président et mettez-les en ordre chronologique. Ne montrez pas vos choix à votre partenaire. Ensuite chacun de vous doit poser des questions à l'autre afin de(d'):

1. identifier les activités que vous avez choisies.
2. déterminer l'ordre des activités.

inviter la Chine aux jeux Olympiques
discuter des rapports économiques avec l'ambassadeur d'Argentine
négocier un traité sur la réduction d'armes
parler avec le président du Zaïre au sujet du développement agricole
signer un accord gouvernant l'importation des produits japonais
proposer un pacte d'aide économique aux pays africains
annoncer un nouveau programme d'exploration planétaire

MODELE: —Est-ce qu'il a proposé un traité sur la réduction d'armes?

—Non.

—Est-ce qu'il a proposé un pacte d'aide économique aux pays africains?

—Oui.

—Alors, il a proposé ce pacte **après avoir parlé** avec le président du Zaïre.

—C'est ça.

ACTIVITE 12: Soyez prêt(e) à raconter à votre partenaire cette histoire de la célèbre bande dessinée *Gaston* et à y réagir avec des expressions pour indiquer votre intérêt.

1. Récrivez les phrases de l'histoire au passé composé.

2. Mettez ensemble plusieurs paires de phrases avec l'infinitif passé et l'expression **avant de** + *infinitif.*

3. Ajoutez aussi à l'histoire des expressions pour indiquer l'ordre des événements.

Histoire

Gaston et son ami Jules transportent un énorme cactus au bureau de Gaston. Ils mettent le cactus dans l'ascenseur. Ils font très attention de ne pas se piquer avec les épines. Ils emploient un bâton pour fermer la porte de l'ascenseur. Le cactus est trop grand et il n'y a plus de place dans l'ascenseur pour eux, alors ils montent à pied au sixième étage d'où ils vont appeler l'ascenseur. Juste à ce moment, le patron arrive, ouvre la porte de l'ascenseur et reçoit une branche de cactus dans la figure. Il est plein d'épines et il est en colère.

Aperçu culturel   *Le Point de vue politique*

Lisez la conversation qui suit. Choisissez les phrases qui expliquent le mieux la situation. Discutez avec vos camarades pour justifier vos réponses.

Jerry, un Américain résidant à Paris pendant l'été, est en train de lire un journal au café du coin. Il parle avec des amis, Josette et Hervé.

JERRY: Mais c'est incroyable, ce n'est pas possible!

JOSETTE: Qu'est-ce qu'il y a?

JERRY: Je viens de lire un article dans ce journal... ce n'est pas du tout objectif! Il ne donne qu'un point de vue. Ce n'est pas juste!

HERVÉ: Mais à quoi est-ce que tu t'attends?

JERRY: Eh bien, je voudrais les deux points de vue sur le problème; je voudrais l'opinion de la droite aussi bien que celle de la gauche.

JOSETTE: Mais alors, l'article n'aurait pas de sens.

JERRY: Pas du tout, on aurait les deux points de vue et on pourrait choisir pour se faire une opinion. Ce journal ne donne qu'un seul point de vue. Le reportage n'est pas du tout objectif.

JOSETTE: Pour avoir deux points de vue, il faudrait lire deux journaux.

JERRY: C'est ridicule. Regardez, ce n'est que le point de vue de gauche.

HERVÉ: Si ce n'est pas cela que tu veux, mon ami, il ne faudrait pas lire *Libération*.

Analysez et discutez

1. Jerry apprend que
    a. tous les journaux français donnent uniquement un point de vue de gauche.
    b. *Libération* est un journal de gauche qui fait des reportages des nouvelles internationales avec un point de vue très particulier.

     c. Josette a raison: les journaux français ne donnent qu'un point de vue. Pour avoir deux points de vue différents, il faut lire deux journaux.

     d. la presse française est sous le contrôle du gouvernement et comme la politique générale en France aujourd'hui est de gauche, *Libération* ne donne que ce point de vue.

2. Avec qui discutez-vous la politique? Avec vos amis? Avec les membres de votre famille? En classe uniquement? Est-ce que vous aimez discuter la politique? Dites pourquoi ou pourquoi pas à votre partenaire.

3. Préparez une liste de journaux et de magazines américains. Dites s'ils sont plutôt conservateurs (de droite), libéraux (de gauche) ou modérés (du centre).

SECTION 2

Je me souviens...

Fonctions communicatives

Rôle 1

Parler de ses souvenirs
Raconter une histoire

Rôle 2

Indiquer son intérêt
Demander davantage de renseignements

Tout d'abord

ACTIVITE 1: Racontez une histoire à un(e) partenaire. Employez les grands traits de l'histoire suivante et choisissez l'événement *a, b* ou *c.* Votre partenaire doit réagir à l'histoire avec des expressions indiquant son intérêt.

VOUS: Il faut que je te raconte ce qui est arrivé hier soir!

UN(E) AMI(E): *(Indiquez votre intérêt.)*

VOUS: Après (avoir / être)...
     a. jouer au tennis au club hier soir
     b. rentrer du bureau
     c. terminer mon grand projet pour le patron (la patronne) j'ai rencontré des amis et nous...

VOUS: Nous...
     a. aller au restaurant *Au Pied de Cochon*
     b. aller acheter des disques
     c. aller voir une pièce de théâtre et...

VOUS: ...tu ne vas pas croire ce qui nous est arrivé!

UN(E) AMI(E): *(Indiquez votre intérêt.)*

VOUS: Une fois à destination, nous...
- a. voir Isabelle Adjani, l'actrice
- b. rencontrer Gilbert Bécaud, le chanteur
- c. parler avec Guy Forget, le joueur de tennis

UN(E) AMI(E): *(Indiquez votre intérêt.)*

VOUS: qui était justement en ville pour négocier un nouveau contrat. Alors, je lui...
- a. demander son autographe
- b. dire que j'ai beaucoup aimé son (dernier film, disque, match)
- c. poser plusieurs questions personnelles

UN(E) AMI(E): *(Indiquez votre intérêt.)*

VOUS: Et finalement, il (elle) nous...
- a. donner deux billets à chacun pour son (nouveau film, prochain concert, prochain match)
- b. inviter à prendre un verre avec lui (elle)
- c. raconter de très belles histoires

UN(E) AMI(E): *(Indiquez votre intérêt.)*

Par ici

1. Ecoutez la scène

 ## LA FERME HANTÉE

Lisez les résumés de l'activité 2 et ensuite écoutez la scène.

Odile et Daniel racontent des histoires de leur jeunesse.

2. *Vérifiez le sens général*

ACTIVITE 2: Quelle phrase représente le mieux l'idée principale de la scène? Soyez prêt(e) à expliquer votre choix.

1. Il s'agit tout simplement d'une histoire drôle.

2. L'histoire montre que l'imagination peut l'emporter sur l'esprit rationnel.

3. D'après l'histoire il est clair que les fantômes n'existent pas.

4. Les aventures qui ont lieu entre amis font souvent les meilleures histoires.

ACTIVITE 3: Numérotez les tirets pour remettre en ordre les événements de l'histoire de la ferme hantée. Ensuite, utilisez des expressions telles que **d'abord, ensuite, après, finalement...** pour raconter l'histoire à un(e) partenaire.

___ Après être arrivé à la ferme, Georges a commencé à raconter des histoires.

___ Après avoir entendu des hurlements, nous avions très peur.

___ Avant de proposer l'excursion, Georges et Pierre sont allés à la ferme pour y installer des radio-téléphones.

___ Nous avons visité la grange.

___ Georges a tout expliqué.

___ Après être rentrés à la pension, les deux jeunes hommes ont proposé une excursion amusante.

___ Là, nous avons entendu un bruit étrange.

___ Après avoir visité la grange, nous sommes entrés dans la cuisine.

___ Nous avons tous couru le plus vite possible à la voiture.

___ Tout le monde a décidé d'accepter parce que nous n'avions rien d'autre à faire.

ACTIVITE 4: Répondez aux questions suivantes.

1. Où en France est-ce que cette histoire a eu lieu? Que savez-vous de cette province?

2. Où habitaient Odile et ses amis pendant les vacances? Quand vous voyagez, préférez-vous les grands hôtels de luxe, les petits hôtels de famille, les pensions, les auberges, les auberges de jeunesse, ou aimez-vous faire du camping?

3. Y avait-il une maison hantée dans le quartier où vous habitiez quand vous étiez jeune? Décrivez-la. Qu'est-ce qu'on racontait de cette maison?

3. *Cherchez les expressions*

ACTIVITE 5: Ecoutez la scène encore une fois et puis indiquez les expressions employées pour

1. indiquer son intérêt.
   —— a. Et alors?
   —— b. Raconte!
   —— c. Vraiment?
   —— d. C'était sans doute...
   —— e. Moi, j'aurais...

2. obtenir davantage de renseignements.
   —— a. Pourquoi... ?
   —— b. Euh... quel(le)... ?
   —— c. Où ça?
   —— d. C'est quand, ça?
   —— e. Comme quoi?
   —— f. ..., tu dis?
   —— g. Qu'est-ce qui s'est passé ensuite?

ACTIVITE 6: Racontez à votre partenaire l'histoire de la ferme hantée ou bien l'histoire d'un film que vous avez vu récemment. Votre partenaire va interrompre pour obtenir davantage de renseignements. Ensuite échangez les rôles.

MODELE: —Le héros du film prenait des vacances à la plage...

—Quand ça?

—Il avait vingt ans...

—Où ça?

—...

4. *Allez plus loin*

ACTIVITE 7: **Employez le vocabulaire et les expressions qui suivent pour décrire vos vacances. Travaillez avec un(e) partenaire qui va vous demander davantage de détails. Chacun(e) d'entre vous va décrire un genre de vacances.**

Pour décrire des vacances à la plage
prendre des bains de mer, aller en bateau, faire de la pêche sous-marine, se promener sur la plage, ramasser des coquillages, se bronzer sur la plage, acheter des lunettes de soleil, manger des fruits de mer.

Pour décrire des vacances de ski
louer des skis et des chaussures de ski (de l'équipement), aller sur les pistes, faire du ski, prendre des leçons de ski, se bronzer sur les pistes, avoir un accident, se fouler la cheville, se casser la jambe, s'asseoir près du feu. **Pour décrire les conditions:** une neige poudreuse, de la glace, des conditions idéales (pas très bonnes, mauvaises).

ACTIVITE 8: Travaillez avec un(e) partenaire. Vous avez reçu un coup de téléphone de votre ami(e) qui vous dit qu'il (elle) est en vacances en Provence. Demandez-lui davantage de détails, par exemple, de préciser le

lieu, les dates de ses vacances, le nom de la personne qui l'accompagne, le temps qu'il fait, ce qu'il (elle) fait tous les jours. Finalement, demandez-lui de vous raconter une anecdote. Ensuite échangez les rôles.

Structure

L'imparfait
L'imparfait et le passé composé

Avant de commencer l'étude de la structure, faites les activités de préparation dans votre cahier d'exercices.

1. *Identifiez la structure*

When people describe past actions, reminisce, and tell stories, they frequently use the imperfect as well as the **passé composé.** Skim **Vérifiez les détails** before reading the following mini-dialogue; then read the mini-dialogue and do the exercises.

—Qu'est-ce que **tu faisais** dans les années 60?

—Oh, pas grand-chose. **J'étais** étudiant.

—Est-ce que **tu participais** aux manifs[1]?

—Bien sûr, **nous voulions** changer le monde. Tous les quelques jours **on allait** dans les rues pour revendiquer quelque chose.

—Est-ce que **c'était** dangereux?

—Quelquefois, oui. Surtout quand **on avait** à faire avec les CRS[2]. **On devait** courir plus vite qu'eux!

---

1. la manif (manifestation) *demonstration*   2. CRS (Compagnies républicaines de sécurité), la police anti-émeute française. Similaire à la *National Guard* aux Etats-Unis.

2. *Vérifiez les détails*

A. 1. De quelle période historique est-ce qu'on parle dans le mini-dialogue? Quels événements ont eu lieu pendant ce temps?
   2. Qu'est-ce que les étudiants faisaient pendant ce temps? Pourquoi?

B. Complétez le paragraphe suivant avec vos propres mots.

   Dans les années... ? Moi, j'avais... (âge exact ou approximatif). J'habitais avec... (qui) à... (ville). J'aimais... (activités) mais je n'aimais pas... (activités) et j'allais souvent... (endroit). Voilà ce que je faisais!

C. Pour chaque phrase du mini-dialogue, choisissez dans la liste suivante une justification de l'emploi de l'imparfait. Le verbe décrit

   la période de temps.
   le milieu, la scène, le temps qu'il fait.
   l'apparence physique ou les conditions physiques (comme la santé ou la profession).
   un état psychologique ou mental ou bien une émotion.
   une action habituelle ou répétée.

3. *Analysez les exemples*

La Formation de l'imparfait

The **imparfait** is conjugated with the stem of the **nous** form of the present tense (minus the **-ons** ending) plus the following endings: **-ais, -ais, -ait, -ions, -iez, -aient.**

Je **faisais** la guerre.	Nous **voulions** changer le monde.
Tu **participais** aux manifs?	Vous vous **promeniez** tous les jours?
Elle (Il/On) **jouait** à la balle.	Ils (Elles) **parlaient** souvent à Pierre.

Note that the only irregular imperfect stem is for the verb **être: ét-.**

J'**étais** étudiant.	Nous **étions** aux manifs.

Les Changements d'orthographe

Only two categories of verbs undergo spelling changes in the **imparfait.**

- For verbs ending in **-cer** like **commencer (agacer, avancer, divorcer, lancer, placer, remplacer),** the **c** in the stem changes to **ç** before the endings **-ais, -ait, -aient.**

  Il commençait à faire froid.

- For verbs ending in **-ger** like **manger (changer, nager, partager, ranger, voyager),** the **g** in the stem changes to **ge** before the endings **-ais, -ait, -aient.**

  Ils voyageaient tous les ans.

L'Emploi de l'imparfait

The imperfect is used to describe several types of ongoing events or conditions. Study these examples.

A background state or condition

- the time frame

  Qu'est-ce que **tu faisais** dans les années 60?   C'etait un après-midi où **nous n'avions** rien à faire.

- the location, the setting, the weather

  Il faisait nuit.   **C'était** en hiver et **il faisait** très froid.

- a physical appearance or condition including health and profession

  J'étais étudiant.   **Elle portait** un vieux manteau.

- an emotional or psychological state of mind, often with the following verbs

  aimer   connaître   croire   détester   penser
  pouvoir   préférer   savoir   vouloir

  Nous voulions changer le monde.   **Nous étions** tous figés de peur.

A past action or event

- a continuous, repeated, or habitual action in the past, often cued by one of the following expressions of frequency:

toujours	quelquefois	autrefois
tous les jours	parfois	d'habitude
tout le temps	souvent	dans le temps
chaque jour (semaine, mois, année)	de temps en temps	il y a (ça fait) dix ans que ...

  Tous les quelques jours on allait dans les rues pour revendiquer quelque chose.

Bon, alors, **nous passions toujours** nos vacances en Bretagne.

* an action that began in the past and continued until another time in the past, often used with **depuis** and **il y avait... que**

    Il y avait plusieurs années **que nous prenions** des vacances avec les mêmes amis.

    Nous prenions nos vacances avec les mêmes amis **depuis** 15 ans.

* an action that is interrupted by or coincides with another event, often in the following constructions:

    quand... être en train de + *infinitive*
    quand... être sur le point de + *infinitive*
    pendant que...
    venir de + *infinitive*

    Nous venions de visiter la grange quand nous avons entendu un bruit.

    Quand nous étions en train de visiter la grange, nous avons entendu un bruit.

    Pendant que j'étais étudiante, je travaillais comme serveuse.

L'Imparfait et le passé composé

As you just learned, the **imparfait** is used to indicate background conditions or states, repeated or habitual past actions, and ongoing past actions. Use of the **passé composé,** on the other hand, indicates completed, isolated actions, actions that occurred a definite number of times, or a series of events. The **imparfait** tells *what was going on* at a certain time; the **passé composé** tells *what happened.* Compare the following examples:

> **Il avait** l'habitude de passer quelques mois en Bretagne. Cette année-là **il est allé** en Provence.

The first action is a habitual or repetitive action. The second is a completed, isolated action.

> **Il faisait** très beau tout le mois de juillet. **Nous sommes allés** à la plage vingt fois.

The first action is a description of a condition or state. The second action is one that occurred a definite number of times.

> **Nous étions** à la plage quand, tout à coup, **nous avons entendu** un grand bruit.

The first action is a continuing action. The second is an interruption.

> **Il a commencé** à pleuvoir; **nous avons ramassé** nos affaires, **nous avons couru** vers le parking, **nous sommes rentrés** à la maison.

These actions are a series of events.

4. *Élaborez*

ACTIVITÉ 9: Lisez l'interview avec François Feldman, chanteur français. Complétez le paragraphe avec le passé composé ou l'imparfait des verbes entre parenthèses.

Q : Aujourd'hui nous rencontrons François Feldman pour parler avec lui de son enfance et de son adolescence.

F: «C'est toi qui m'as fait» (1. être) une chanson dédiée à ma mère... Comme j'ai trois frères qui sont plus vieux que moi, ma mère, pendant des années, (2. attendre) une petite fille... Elle (3. avoir) tout préparé: le papier rose, les petites robes, le prénom Françoise... Et c'est François qui (4. arriver)! Je (5. trouver) ce thème drôle pour en faire une chanson... Je (6. passer) mon enfance à Clichy-sous-Bois dans un immeuble en pierre que l'on (7. construire) dans les années 50. Mes parents (8. divorcer) quand je (9. avoir) dix ans et je (10. vivre) moitié chez ma mère, moitié chez mon père. Ma mère (11. être) infirmière à l'école où je (12. être) élève et mon père (13. être) fourreur.[1]

(Podium Hit)

---

1. le fourreur *furrier*

ACTIVITÉ 10: Relisez l'interview de l'activité 9, puis préparez cinq questions basées sur l'interview. Employez le passé composé et l'imparfait. Posez vos questions à votre partenaire qui va jouer le rôle du chanteur.

ACTIVITÉ 11: Vous êtes écrivain et vous commencez votre nouveau roman. Vous avez dans vos notes deux idées. Essayez de développer chacune.

1. Récrivez les notes au passé composé ou à l'imparfait.

2. Insérez des mots qui indiquent l'ordre des événements.

3. Continuez l'histoire avec trois ou quatre bonnes phrases.

4. Racontez votre histoire à un agent littéraire (votre partenaire), qui va ajouter des expressions qui indiquent son intérêt et qui vous demande davantage de renseignements.

Les Notes

Les frères Salonius travaillent dans une banque. Ils ont l'air très honnête... petits de taille; ils portent des lunettes, une petite barbe, un costume noir à rayures, des chaussures bien cirées. Le jour où on découvre le cambriolage, ils ont l'air bizarre. Le lendemain on ne les retrouve plus.

Un beau jour d'été. Linette joue avec ses enfants. Son mari lit un roman, assis sur un banc dans le jardin. Le facteur arrive. Il sonne à la porte. Linette répond. Il y a un colis, pas très grand, enveloppé d'un papier brun. Il vient de Dakar. Linette l'ouvre et elle est très étonnée de ce qu'il y a dedans.

ACTIVITE 12: Travaillez en groupes de quatre ou cinq pour raconter une histoire. Commencez avec la phrase suivante: «C'était minuit et il y avait un grand orage dehors.» Chaque membre du groupe doit ajouter une phrase à son tour. L'histoire doit avoir au moins seize phrases. Ensuite présentez votre histoire à la classe entière qui va voter pour la meilleure histoire.

Aperçu culturel   *Une Tradition littéraire*

Les Français aiment raconter des histoires; c'est une tradition qui date depuis le Moyen Age. Les troubadours et les trouvères racontaient des histoires, chantaient des chansons pour amuser leurs spectateurs et leurs auditeurs. Cette même tradition continue aujourd'hui, mais ce sont les grands-parents qui prennent le rôle de raconteurs pour les enfants. Ils leur racontent des histoires traditionnelles comme les contes de Perrault, les fables de La Fontaine, les contes de la mère l'Oie et les histoires plus modernes de Babar l'éléphant.

Plus tard, les enfants liront des romans classiques comme ceux de Victor Hugo ou d'Alexandre Dumas. Ce goût de la lecture va rester avec eux, car la France est l'un des pays où l'on publie le plus et où

l'on compte le plus de petites maisons d'édition. Bien que la télévision occupe de plus en plus de leur temps, les Français lisent toujours et la télé n'a pas totalement détrôné le livre.

Que lisent-ils? Voici les résultats d'un sondage récent:

34,6%	des Français lisent avant tout des œuvres littéraires.
20,9%	s'intéressent à des livres techniques ou aux encyclopédies.
14,5%	dévorent des essais.
12,7%	confessent lire régulièrement des bandes dessinées.
11,7%	préfèrent les ouvrages historiques.
6,8%	préfèrent les essais scientifiques.
3,8%	aiment lire les livres d'art.

(Adapted from *Journal français d'Amérique,* volume 12, nº 24 (30 novembre–13 décembre, 1990), p.3. Reprinted by permission of Journal français d'Amérique.)

Analysez et discutez

1. Quelles sont les traditions américaines en ce qui concerne les contes d'enfants? Quels contes est-ce qu'on raconte? Qui les raconte?

2. Qu'est-ce que vous lisez aujourd'hui? Décrivez le genre de lecture que vous faites.

3. Comparez ce que vous lisez avec ce que lisent les Français. Y a-t-il des différences? Lesquelles?

4. Est-ce que la télé a complètement remplacé la lecture aux Etats-Unis?

5. A votre avis, est-ce qu'il y a de bonnes raisons de lire, ou est-ce qu'il s'agit simplement d'un vieux passe-temps, sans raison d'être aujourd'hui? Quelles justifications pouvez-vous donner pour la lecture? Pour la télé?

SECTION 3

Voilà ce qui s'est passé

Fonctions communicatives

Rôle 1

Donner de l'intérêt à une conversation
Soutenir l'intérêt de quelqu'un
Raconter une histoire

Rôle 2

Indiquer son intérêt

Demander davantage de renseignements

Stratégies de lecture

Employer ses connaissances pour comprendre le texte
Deviner le sujet d'un texte

Stratégies de composition

Raconter une histoire
Exprimer les relations de temps

Tout d'abord

ACTIVITE 1: Discutez vos réponses aux questions suivantes dans un groupe de trois ou quatre.

1. Aimez-vous lire pendant vos heures de loisir?

2. Donnez votre opinion sur chaque genre de lecture de la liste suivante.
   a. les romans policiers (de science-fiction, d'amour, d'aventure, d'espionnage)
   b. les classiques (les romans, les pièces de théâtre, les contes, les poèmes, les essais)
   c. les magazines ou les revues spécialisés
   d. les journaux ou les bandes dessinées

3. Donnez un exemple d'au moins trois genres de lecture.

   MODELE: *Les Aventures de Sherlock Holmes* est un roman policier.

   Walden est une collection d'essais.

4. Dites quel(s) genre(s) de lecture vous préférez et pourquoi.

Par ici

Avant la lecture

Using Background Knowledge to Make Predictions

Before reading, think about how you usually approach a written text. Do you begin directly with the title and first paragraph, or do you spend a few moments first getting ready to read and understand the text?

The following two strategies, which have been shown to be successful, will help you when you approach a written text.

• Review what you already know about the topic.

• Use this background knowledge to predict what the passage will be about.

ACTIVITE 2: Imaginez que vous lisez un roman policier. Il raconte l'histoire d'une série de meurtres. Quels genres de renseignements est-ce que vous lirez dans ce roman? Qui sera le personnage principal? Quel caractère aura-t-il (elle)? Qui sera le coupable?

ACTIVITE 3: Le roman *Carte vermeil,* de Pierre Boileau et Thomas Narcejac, raconte l'histoire de Michel Herboise qui habite une maison de retraite, Les Hibiscus. Là, Michel rencontre Lucile Rouvre, une autre pensionnaire, et il tombe amoureux d'elle. Tout va bien jusqu'au moment où trois autres pensionnaires meurent dans des circonstances suspectes. Michel entreprend une investigation.

1. Imaginez ce couple et faites une description de Michel et de Lucile.

2. Devinez les événements du roman d'après la courte introduction. Imaginez ce qui va se passer.

Lecture

Pierre Boileau, né en 1906 à Paris, a remporté le Prix du roman d'aventures en 1938 avec son roman *Le Repos de Bacchus.* Thomas Narcejac, né en 1908 à Rochefort-sur-Mer, a remporté ce même prix en 1948 pour *La Mort est du voyage* et en cette même année a rencontré Pierre Boileau. C'était le début d'une association qui a donné naissance à une quarantaine de romans. Boileau-Narcejac est aujourd'hui l'un des plus grands tandems de la littérature policière française.

Avant de lire le passage, lisez les résumés dans l'activité 4. Ensuite lisez le passage et faites les activités qui suivent.

On a touché à mes affaires

On a touché à mes affaires. Quelqu'un s'est introduit chez moi. J'en suis à peu près sûr. On a fouillé[1] dans le tiroir de mon bureau. On a lu mes notes. La preuve?[2] Les premières pages sont mélangées, le feuillet 6 avant le feuillet 4. Le feuillet 25 à la place du feuillet 22. Je suis trop amoureux de l'ordre pour être l'auteur de cette pagaille.[3] Dans mon ancien appartement, j'avais pris la précaution de cacher mon classeur avant de partir. Ici, j'ai oublié de me méfier. Je me contente de le ranger dans le tiroir, et la clef est toujours sur la serrure. Mais, en revanche,[4] je ferme soigneusement la porte de l'appartement. Alors? Il a fallu qu'on utilise un passe. Facile de s'en procurer un. Ce ne sont pas les passes qui manquent ici. Qui donc était curieux de lire mon journal? Qui? Eh bien Lucile, évidemment! 5

Elle sait que je note mes réflexions, au jour le jour. Elle a pensé qu'elle trouverait, noir sur blanc, l'histoire de nos relations et peut-être les vraies raisons qui ont amené notre rupture. Pardi![5] C'est clair comme le jour. Elle a mis à profit l'une de mes longues absences. Et, pendant qu'elle y était, elle a lu tout le manuscrit. Et elle sait, maintenant, de quoi je la soupçonne.[6] Il y a de quoi être consterné. Comment va-t-elle réagir? Innocente ou coupable, elle doit me détester à mort. Je ne peux plus rien tenter.[7] Le mal est fait. Je me sens nu[8] et sans défense. Mais attention! Se sentant démasquée, me laisserait-elle partir? 20

(*Carte vermeil*, Pierre Boileau et Thomas Narcejac)

---

1. fouiller *to search*   2. la preuve *proof*   3. la pagaille *mess*   4. en revanche *on the other hand*   5. pardi *familiar, mild swearing, equivalent to "of course, naturally"*   6. soupçonner *to suspect*   7. tenter *to try, attempt*   8. nu *naked*

Après la lecture

ACTIVITE 4: Choisissez la phrase qui représente le mieux l'idée principale du passage.

1. Ce passage vient d'un roman d'espionnage et il s'agit d'importants documents politiques.

2. Il s'agit d'un roman policier. Le personnage principal, Michel, soupçonne son ancienne amie Lucile d'un crime.

3. Il s'agit d'un roman policier dans lequel Lucile a lu quelques documents et elle demande l'aide de son ancien ami Michel.

4. **Le passage raconte l'histoire d'une grande jalousie entre Michel et Lucile.**

ACTIVITE 5: Lisez encore une fois le passage et donnez les détails suivants.

1. Qui nous raconte l'histoire?
   a. Est-ce un homme ou une femme?
   b. Comment le savez-vous?

2. De quoi parle-t-il (elle)?
   a. Quelle nouvelle est-ce qu'on nous annonce?
   b. Quelles observations mènent à cette conclusion?

3. Quels sont les mobiles?
   a. Qui est-ce que l'auteur soupçonne?
   b. Pourquoi pense-t-il qu'on a lu son journal?
   c. Qu'est-ce que Lucile a appris en lisant le manuscrit?

4. Quelles en sont les conséquences?
   a. Imaginez de quoi l'auteur pourrait la soupçonner.
   b. Ayant ces soupçons, comment l'auteur se sent-il? A quoi est-ce qu'il pense?
   c. Sachant que l'auteur la soupçonne de quelque mal, comment Lucile se sent-elle? A quoi pense-t-elle?
   d. D'après vous, qu'est-ce qu'elle va essayer de faire?

ACTIVITE 6: Parcourez le passage afin de trouver

1. les verbes et les expressions qui décrivent la scène.
2. les verbes et les expressions qui racontent les événements.

ACTIVITE 7: Réfléchissez au passage et à vos propres expériences. Discutez en groupes de trois ou quatre.

1. Qu'est-ce que vous pensez de quelqu'un qui touche à vos affaires?

2. Votre meilleur(e) ami(e) est arrêté(e) pour avoir volé quelque chose. La personne en qui vous aviez confiance ne mérite plus cette confiance. Quelle est votre réaction?

3. Trouvez-vous ce récit plutôt personnel ou superficiel? Soyez prêt(e) à justifier votre décision. Comment changeriez-vous le passage pour le rendre plus intime et significatif? Plus superficiel?

Structure   *Les Pronoms interrogatifs*

 Avant de commencer l'étude de la structure, faites les activités de préparation dans votre cahier d'exercices.

1. *Identifiez la structure*

When listening to stories or reports of activities, the listener often interacts with the speaker, asking questions to clarify facts and events. Interrogative adverbs and pronouns are useful in forming such questions. Skim **Vérifiez les détails** before reading the following mini-dialogue; then read the mini-dialogue and do the exercises.

—Qu'est-ce qui est arrivé?

—Il s'agit d'un accident, ou bien d'un meurtre.

—Qu'est-ce que vous dites?

—Ceci m'a l'air d'un meurtre.

—Pourquoi est-ce un meurtre, d'après vous?

—J'ai mes raisons de le croire.

—Et qui a découvert le cadavre?

—Marinette, la bonne.

—Où se trouve le cadavre à présent?

—Dans la chambre à coucher.

2. *Vérifiez les détails*

A. 1. Le mini-dialogue traite ___ d'une investigation. ___ d'un souvenir. ___ d'une réaction.
    2. Il révèle ____ le lieu du crime. ____ l'état de la victime. ____ la cause de l'incident. ____ les personnes à interroger.

B. Complétez la phrase suivante avec vos propres mots.

On ne sait pas..., mais on sait...

C. Trouvez les expressions interrogatives dans le mini-dialogue. Ensuite identifiez dans la liste suivante la fonction de chaque expression interrogative.

le lieu, l'endroit   le sujet
la personne   une clarification

3. *Analysez les exemples*

Interrogative pronouns ask *who, whom, what, with what,* and so forth. The choice of the interrogative pronoun depends on whether it refers to people or things and whether it refers to a subject, a direct object, or the object of a preposition.

	Referring to People	*Referring to Things*
Subject	**Qui** *or* **Qui est-ce qui**	**Qu'est-ce qui**
Uses intonation to form the question.	**Qui** a découvert la mort? **Qui est-ce qui** a découvert la mort?	**Qu'est-ce qui** est arrivé?
Direct Object	**Qui**	**Que**
Uses inversion or **est-ce que** to form the question. Short questions with a noun use **que** + *verb + subject.*	**Qui** avez-vous vu près du cadavre? **Qui est-ce que** vous avez vu?	**Que** dites-vous? **Qu'est-ce que** vous dites? **Que** disait Lucie?
Object of a Preposition	**Qui**	**Quoi**
Must use inversion or **est-ce que** to form the question.	**Avec qui** avez-vous discuté le cas? **Avec qui est-ce que** tu as parlé?	**Avec quoi** a-t-il commis le meurtre? **Avec quoi est-ce qu'**il l'a tué?

Le Coin du spécialiste

To request a definition or explanation, the expression **qu'est-ce que...** is used in literary or formal contexts. The expression **qu'est-ce que c'est que...** is used in more colloquial contexts. Both expressions are invariable.

> **Qu'est-ce que** le meurtre?
> **Qu'est-ce que c'est que** le meurtre?

The expressions **qu'est-ce que c'est?** and **qu'est-ce que c'est que ça?** also are used to request a definition or an explanation, especially in spoken language.

> **Qu'est-ce que c'est?** C'est l'instrument du meurtre.
> **Qu'est-ce que c'est que ça?** C'est sans doute un indice.

4. *Elaborez*

ACTIVITE 8: Lisez la continuation de l'histoire de Michel et Lucile. Puis, répondez aux questions. Ensuite, décidez pourquoi on a utilisé chaque expression interrogative. Dites s'il s'agit d'un sujet, d'un objet direct ou de l'objet d'une préposition.

C'est vrai. Lucile, avant de partir, a essayé de me tuer. Mais cela, je le garde pour moi. Les drogues dont ils m'ont imbibé ont détruit en moi toute combativité. Mais ma lucidité est restée intacte. Et je vais le prouver. Pas à eux. A moi!

Un fait est sûr: il y avait du poison dans ma tisane. Et pas n'importe quel poison, mais celui-là même que j'avais mis de côté pour me suicider. Si j'avais vidé le pot d'anis, je serais mort en quelques instants. Mais, engourdi par le somnifère, je n'ai bu que quelques gorgées, ce qui a quand même suffi à me terrasser.

(*Carte vermeil,* Pierre Boileau et Thomas Narcejac)

1. *Qui est-ce que* Michel soupçonne?
2. *Qu'est-ce que* Lucile a essayé de faire?
3. *Qu'est-ce que* les médecins ont donné à Michel? Pourquoi?
4. *Qu'est-ce qui* est toujours resté intact?
5. *A qui* est-ce que Michel veut prouver qu'il a toujours sa lucidité?
6. *Avec quoi* a-t-elle essayé de le tuer? Où l'a-t-elle mis?

7. *A qui* a-t-elle volé ce produit? Pourquoi est-ce qu'il en avait? Est-ce que le poison était fort ou faible?

8. *Qu'est-ce que* Michel a pris avant de se coucher? Quel en était l'effet?

9. A cause de cela, *de quoi* n'a-t-il bu qu'une très petite partie?

10. Puisqu'il n'avait bu qu'une petite partie, *qu'est-ce qui* n'est pas arrivé? Quel était l'effet de ces quelques gorgées?

ACTIVITE 9: Lisez la continuation de l'histoire, ensuite complétez les questions avec **qui/qui est-ce qui, qu'est-ce qui, qui est-ce que, que/qu'est-ce que** ou *une préposition* + **qui/quoi.**

Je suis tombé et c'est Françoise qui m'a trouvé le lendemain matin. Elle a donné l'alarme. Tout le monde me croyait mort. Pratiquement plus de pouls. L'apparence d'un cadavre. On a eu beaucoup de mal, paraît-il, à me récupérer. Et, dès que j'ai été en état de parler, les questions ont commencé à s'abattre sur moi: «Pourquoi vous êtes-vous empoisonné?... Est-ce vraiment par lassitude, comme vous l'avez écrit?... Etiez-vous donc si malheureux?..., etc.» Et comme je n'avais pas l'air de comprendre, on m'a mis sous le nez les trente premières pages de mon manuscrit.

—C'est bien vous qui avez écrit cela? m'a demandé le docteur.

—Oui... Mais il y a une suite.

—Quelle suite?

Et alors, j'ai vu clairement dans quel piège[1] j'étais tombé. On avait volé mes notes, toutes mes notes, à l'exception des premiers feuillets où je manifestais mon dégoût de la vie et ma décision d'en finir.

(*Carte vermeil*, Pierre Boileau et Thomas Narcejac)

---

1. le piège *trap*

1. ___ est tombé?

2. ___ l'a trouvé? Quand?

3. ___ elle lui a donné?

4. ___ tout le monde croyait mort? Pourquoi?

5. ___ avait-on beaucoup de mal?

6. ___ a commencé dès qu'il était en état de parler? Quelles questions lui ont-ils posées?

7. ___ on lui a mis sous le nez?

8. ___ le docteur lui a demandé?

9. ___ manquait au manuscrit?

10. ___ est-ce qu'il parlait dans les trente premières pages du manuscrit qu'on lui avait montrées?

ACTIVITE 10: Vous êtes reporter et vous êtes en train de faire l'enquête d'un crime: on a volé les papiers de Michel (Michèle) Herboise. Interviewez Michel (Michèle) (votre partenaire). Posez-lui au moins sept questions et prenez des notes. Employez des adverbes et des pronoms interrogatifs pour poser vos questions.

Comment écrire

Raconter une histoire
Exprimer les relations de temps

Vous avez déjà vu l'emploi du passé composé et de l'imparfait et leur rôle dans une histoire. Quand on raconte une histoire, on exprime des relations de temps entre les événements. L'emploi de certains mots et expressions rend le récit plus clair.

- Pour indiquer l'ordre des événements, utilisez

d'abord	(et) puis	enfin
au début	ensuite	finalement
avant	après	à la fin
premièrement	alors	
	plus tard	

- Pour indiquer un temps passé et l'habitude, utilisez

dans le temps	de temps en temps	chaque semaine
il y a dix (deux, etc.) ans	quelquefois	d'habitude
autrefois	souvent	tous les jours

- Pour indiquer un temps passé et un événement défini, utilisez

soudain	au bout d'un moment	tout d'un coup

Remarquez que ces expressions ont le sens de surprise.

À écrire

ACTIVITE 11: Soulignez les verbes conjugués du passage qui suit. (Ne soulignez pas les infinitifs ni le verbe **ait décidé.**) Ensuite récrivez le paragraphe au passé. Employez le passé composé et l'imparfait. Attention, seuls les verbes conjugués vont changer. Ajoutez plusieurs expressions de temps pour indiquer l'ordre des événements.

Je le regarde enflammer une longue allumette de cuisine, l'approcher de son cigare, allumer méticuleusement celui-ci en le faisant tourner au-dessus de la flamme, **puis,** l'allumette toujours flambante au bout des doigts, l'écarter du cigare et tirer de longues bouffées jusqu'à ce qu'il ait décidé qu'il est convenablement pris. **Alors** il secoue l'allumette pour l'éteindre et la dépose sur le verre de la table à cocktails, à côté de la cellophane chiffonnée. **Finalement** il se laisse aller en arrière, tire sur une jambe de son pantalon et se met à fumer béatement.

(*La Grande Fenêtre,* Raymond Chandler)

Sujets de composition

Utilisez le passé composé et l'imparfait. Décrivez les personnages et la scène; indiquez les premières actions et n'oubliez pas d'employer plusieurs termes pour indiquer l'ordre des événements.

1. Ecrivez les deux ou trois premiers paragraphes d'un roman policier.

2. Aimez-vous faire des farces? Racontez une farce que vous avez faite à quelqu'un ou une farce qu'on vous a faite.

3. Lisez-vous le journal ou écoutez-vous les nouvelles à la télévision ou à la radio? Racontez l'événement le plus important ou le plus intéressant de la semaine passée.

Expressions essentielles

Donner de l'intérêt à une conversation

Vous n'allez pas croire cette histoire!

Vous n'allez pas croire ce qui (m')est arrivé!

J'ai quelque chose (d'intéressant, de formidable, d'incroyable) à vous raconter!

Je viens de lire... dans le journal (entendre à la radio).

L'histoire de…, je vous l'ai (déjà) racontée? Ecoutez ça! Voilà ce qui s'est passé…

Soutenir l'intérêt de quelqu'un

Attendez un peu.

C'est ça.

Patience.

Figurez-vous que...

Vous allez beaucoup aimer l'histoire!

Vous allez voir qu'elle est merveilleuse, cette histoire.

Indiquer son intérêt

Allez-y, racontez.

Racontez l'histoire (si elle est si merveilleuse que ça)!

Jusqu'à présent, elle n'a rien d'extraordinaire, votre histoire.

Et alors?

Et ensuite? Continue.

Vraiment?

Quelle est l'explication?

Ma parole! (*expression familière*)

Tu rigoles! (*expression familière*)

Vous êtes sûr(e) de vos nouvelles? Vous en êtes sûr(e)?

C'est incroyable (impossible).

Mais ce n'est pas (ça ne peut pas être) vrai (possible).

Oui, je vois (comprends).

C'était sans doute...

Moi, j'aurais...

Demander davantage de renseignements

..., vous dites?

Avec qui (quoi)... ?

Comme quoi? Par exemple... ?

Comment? (Mais) comment ça?

Où (ça)?

Pourquoi?

Quand (ça)? C'était quand?

Que (Qu'est-ce que...)? Qui est-ce que... ?

Qu'est-ce qu'il y a?

Qui (Qui est-ce qui) est arrivé?

Qu'est-ce qui s'est passé?

Qu'est-ce que vous faisiez?

Rapporter une suite d'événements

Commencer: au début, d'abord, premièrement, tout d'abord

Continuer: deuxièmement, encore, ensuite, (et) après (ça), (et) alors, plus tard, puis

Terminer: à la fin, enfin, finalement, on a fini par, pour finir

Parler du rapport entre deux événements: après (ne pas) avoir..., après (ne pas) être..., avant de..., être en train de... quand... ; être sûr le point de... quand..., pendant que..., venir de...

Indiquer un temps passé et l'habitude

autrefois

chaque jour (mois, semaine, année)

dans le temps

depuis

d'habitude

de temps en temps

il y a (ça fait) dix ans que...
parfois
quelquefois
souvent
toujours
tous les jours
tout le temps

Indiquer un temps passé et un événement défini

au bout d'un moment
ce jour-là
soudain
tout d'un coup

Pour parler de vacances

être en vacances   *to be on vacation*
faire une excursion   *to go on an excursion*
prendre des vacances   *to take a vacation*
visiter les monuments   *to visit monuments*
aller à la plage   *to go to the beach*
aller en bateau   *to go boating*
faire des bains de mer   *to go swimming (in the sea)*
faire de la pêche   *to go fishing*
ramasser des coquillages   *to gather seashells*
se bronzer   *to tan*
se promener sur la plage   *to stroll on the beach*
faire du ski   *to go skiing*
les conditions de ski   *skiing conditions*
des conditions idéales (mauvaises)   *ideal (bad) conditions*
la glace   *ice*
la neige poudreuse   *powder snow*
louer des skis (m.) et des chaussures (f.) de ski   *to rent skis and boots*
prendre des leçons de ski   *to take ski lessons*
se casser la jambe   *to break one's leg*
se fouler la cheville   *to sprain one's ankle*

Pour parler des rubriques du journal

les actualités (f.)   *news*
l'éditorial (m.)   *editorial*
les finances (f.) et l'économie (f.)   *finance and economy*
les loisirs (m.)   *lifestyles/arts section*
la manchette   *headline*
la météo   *weather*
les petites annonces   *classified ads*
la santé   *health*
les sports (m.)   *sports*

Pour parler de crimes

la bijouterie   *jewelry store*
l'état (m.) de la victime   *condition of the victim*
le lieu du crime   *scene of the crime*
le mobile   *motive*
le mort (la morte)   *deceased*
le poison   *poison*
le somnifère   *sleeping potion*
soupçonner   *to suspect*
le suspect   *suspect*
le vol   *theft*
le voleur, le cambrioleur   *thief*

N'OUBLIEZ PAS!

Le Passé composé, p. 44
L'Infinitif passé, p. 44
L'Imparfait, p. 56
L'Imparfait et le passé compose, p. 56
Les Pronoms interrogatifs, p. 67

Deuxième unité

Parler de qui vous êtes

3

Faire un portrait

Fonctions communicatives

Rôle 1

Demander une description physique

Demander sa nationalité

Désigner quelqu'un

Rôle 2

Faire une description physique

Identifier sa natio-nalité

Confirmer ce que quelqu'un a dit

Thèmes

Les Français et la francophonie

Stratégies de lecture

Analyser les mots apparentés et les faux amis

Stratégies de composition

Faire des comparaisons

? Sur les photos, qui est français? Qu'est-ce que c'est qu'un Français typique? Qu'est-ce que c'est qu'un Américain typique?

? Regardez les photos, ensuite présentez vos partenaires à deux ou trois de ces personnes.

SECTION 1

Identifiez-vous!

Fonctions communicatives

Rôle 1

Demander une description physique
Demander sa nationalité

Rôle 2

Faire une description physique
Identifier sa nationalité

Tout d'abord

ACTIVITE 1: Quand on vous demande de vous identifier, quels renseignements est-ce que vous donnez? Faites cette activité en trois parties.

1. Trouvez un(e) camarade de classe et posez-lui des questions afin de découvrir son nom, son adresse et son numéro de téléphone. Demandez-lui comment épeler son nom. *Notez bien:* Quand vous donnez une adresse exacte, répondez «J'habite **au** 272, rue de la Gare.»

2. Prenez une feuille de papier et en cinq minutes faites une liste d'autres façons de s'identifier. Comparez votre liste avec celles de trois autres partenaires.

3. **Jouez les rôles dans les scènes suivantes.**
   a. **Deux très bon(ne)s ami(e)s se rencontrent.**
   b. **Deux personnes qui se connaissent très peu se rencontrent.**
   c. **Un gendarme rencontre un individu très tard le soir.**

Par ici

1. *Lisez le dialogue*

AU COMMISSARIAT DE POLICE

Une jeune femme est au commissariat de police. Elle porte plainte contre un individu qui lui a volé son sac à dos.

GENDARME: Pouvez-vous décrire cet individu?

JEUNE FEMME: Attendez que je me rappelle... Il était assez petit de taille, environ un mètre soixante, musclé et athlétique. C'était un sportif.

GENDARME: Il avait quel âge?

JEUNE FEMME: Il avait la vingtaine... environ vingt-cinq ans.

GENDARME: Et les cheveux? De quelle couleur étaient ses cheveux?

JEUNE FEMME: Il avait les cheveux bruns.

GENDARME: Brun foncé? Brun clair? Comment était sa coiffure?

JEUNE FEMME: Il avait les cheveux brun foncé, longs et raides.

GENDARME: Son visage, comment était-il? Rond? Ovale? Carré? Avait-il le menton rond ou carré?

JEUNE FEMME: Je crois qu'il avait le visage carré et le menton rond.

GENDARME: Les yeux... Avez-vous remarqué la couleur de ses yeux?

JEUNE FEMME: Non, je ne sais pas.

GENDARME: Portait-il des lunettes?

JEUNE FEMME: Non, je ne crois pas... pas de lunettes.

GENDARME: Nez... rond? Pointu? Long... ?

JEUNE FEMME: Je ne sais pas... un nez normal... ni pointu, ni trop grand.

GENDARME: Signes particuliers: tatouage, cicatrice, barbe, moustache, boucle d'oreille?

JEUNE FEMME: Rien de particulier.

GENDARME: De quelle origine était-il? Européenne, nord-africaine, africaine, vietnamienne... ?

JEUNE FEMME: Cette question de race, est-elle nécessaire?

GENDARME: Nous essayons de faire une description, Mademoiselle, d'établir une identité. Il s'agit simplement de traits physiques.

JEUNE FEMME: Je ne suis pas sûre, c'est arrivé très vite. Il avait l'air européen. J'espère que vous allez trouver le coupable quand même.

GENDARME: Nous allons faire notre possible, Mademoiselle. Votre nom, s'il vous plaît?

JEUNE FEMME: Danielle Dutelle, D-U-T-E-deux L-E.

GENDARME: Votre nationalité?

JEUNE FEMME: Française.

GENDARME: Votre adresse et le numéro de téléphone?

JEUNE FEMME: J'habite au 272, rue de la Paix. Mon numéro de téléphone est le 42-48-78-63[*].

GENDARME: Nous allons vous contacter aussitôt que nous aurons des nouvelles.

JEUNE FEMME: Merci. Au revoir, Monsieur.

GENDARME: Au revoir, Mademoiselle.

2. *Vérifiez le sens général*

ACTIVITE 2: Complétez la phrase suivante avec les détails essentiels du dialogue. Puis, lisez votre phrase à deux partenaires. Travaillez ensemble pour créer une seule phrase contenant le résumé le plus exact que possible.

(Qui?) donne (à qui?) la description (de qui/quoi?).

ACTIVITE 3: Identifiez l'homme qui a volé le sac à dos. Pour chaque phrase répondez **vrai, faux** ou **ce n'est pas indiqué.**

1. la taille:
   a. Le voleur est de taille moyenne.
   b. Il a trois mètres.
   c. Il est athlétique.

2. l'âge:
   a. Il a la trentaine.
   b. Il a à peu près vingt-cinq ans.
   c. Il a exactement vingt-deux ans.

3. les cheveux:
   a. Il a les cheveux brun foncé.
   b. Il a les cheveux longs et ondulés.
   c. Il a les cheveux longs et raides.

4. le visage:
   a. Il a le visage rond.
   b. Il a le menton carré.
   c. Il a le nez long et pointu.

5. les yeux:
   a. Il ne porte pas de lunettes.
   b. Il a les yeux bruns.
   c. Il a les yeux ronds.

---

[*]Les numéros de téléphone en France ont huit chiffres disposés en quatre groupes de deux. Les numéros de la région parisienne commencent par le numéro 4.

6. autres caractéristiques:
    a. Il a une cicatrice au visage.
    b. Il n'a pas de barbe.
    c. Il a une moustache.

3. *Cherchez les expressions*

ACTIVITE 4: Relisez le dialogue. Trouvez et écrivez les mots qui décrivent la nationalité de quelqu'un et l'origine nationale. Ensuite, suivez le modèle pour parler de votre origine.

      MODELE: —De quelle nationalité (origine) êtes-vous?

            —Je suis (d'origine) américain(e), français(e)...

            —Je suis moitié... (... du côté de mon père [ma mère]).

ACTIVITE 5: Dans le dialogue, combien de façons y a-t-il de demander une description physique? Cherchez les adjectifs qui sont utiles pour une description. Classifiez chaque adjectif sous la rubrique qui convient.

1. la taille / le physique   5. les yeux

2. l'âge   6. le nez

3. les cheveux   7. autres caractéristiques

4. le visage

ACTIVITE 6: Remplissez votre carte d'identité ou faites la carte d'identité d'un(e) camarade de classe, un personnage célèbre ou même un personnage historique.

**Gendarmerie de la ville de Paris
Carte d'identité provisoire**

Nom _____ Prénom _____
Nom de jeune fille _____
Situation de famille: ___ marié(e) ___ divorcé(e) _____ veuf (veuve) ___ célibataire
Domicile _____
_____ Code postal _____
Numéro de téléphone _____
Date de naissance _____ Lieu de naissance _____
Nationalité _____ Taille _____ Physique _____
Visage ____ Cheveux _____ Yeux _____ Nez _____ Menton ____
Autres caractéristiques _____

---

4. *A*llez plus loin

ACTIVITÉ 7: Mettez-vous en groupes de trois ou quatre personnes. Votre professeur va donner à chaque groupe la carte d'identité d'un(e) de vos camarades de classe. Lisez les descriptions et essayez de deviner de qui il s'agit.

ACTIVITÉ 8: Imaginez que quelqu'un a volé le sac à dos d'un étudiant et qu'il y a quatre témoins. Le malfaiteur est un de vos camarades. Organisez une enquête policière. Posez des questions aux témoins pour trouver le coupable.

Structure   Le Comparatif et le superlatif

Avant de commencer l'étude de la structure, faites les activités de préparation dans votre cahier d'exercices.

1. *I*dentifiez la structure

Descriptions of one's physical features and appearance often focus on traits that help distinguish that person from others in a group. Such descriptions are often expressed as comparisons using the comparative or superlative construction. Skim **Vérifiez les détails** before reading the following mini-dialogue; then read the mini-dialogue and do the exercises.

—Regarde là-bas! La brune...

—En robe bleue?

—Non, la plus grande... la plus athlétique.

—Tu veux dire celle qui parle avec le jeune homme?

—Oui.

—C'est Fatima Boukra.

—Tu la connais?

—Bien sûr! C'est ma voisine. Elle est d'Algérie. Tu devrais la rencontrer; elle est très sympa.

2. *V*érifiez les détails

A. 1. Le mini-dialogue traite ___ des présentations. ___ des comparaisons.
   2. Qui est Fatima Boukra?

B. Complétez les phrases suivantes avec vos propres mots.
    1. —Regarde là-bas! Le (La)...
    2. —Qui? Le (La)...?
    3. —Non, le (la)... juste là-bas.

C. Trouvez dans le mini-dialogue des exemples de superlatifs.

3. *Analysez les exemples*

Le Comparatif

The comparative construction, as its name implies, is used to make comparisons between groups of people, things, and ideas.

- The comparative of adjectives is formed by combining **plus, aussi,** or **moins** with an adjective plus the word **que.** Comparative adjectives agree in number and gender with the noun described. Study the function and formation of the following comparative constructions.

    a. To show superiority: **plus** + *adjective* + **que**

    L'homme est **plus grand que** le Français typique.

    b. To show equality: **aussi** + *adjective* + **que**

    Il est **aussi athlétique que** cet homme-là.

    c. To show inferiority: **moins** + *adjective* + **que**

    Il a les cheveux **moins frisés que** l'homme sur cette photo.

- The comparative of nouns is formed by combining **plus de, autant de,** or **moins de** with a noun plus the word **que.**

    Il n'a pas **autant de** tatouages **que** son ami.

Le Superlatif

Superlatives are used to point out one person or thing in a group, such as the tallest, the best, or the most beautiful.

- The superlative of adjectives is formed by combining **le, la,** or **les** with a comparative **plus** or **moins.** Superlative adjectives agree in number and gender with the noun described. Study the function and formation of the following superlative constructions.

    a. To show superiority: *article* + **plus** + *adjective*

    Roger est **le plus grand.**   Marthe est **la plus grande.**

    b. To show inferiority: *article* + **moins** + *adjective*

    Marthe et Marianne sont **les moins grandes.**

c. If the adjective normally precedes the noun, the superlative construction also precedes the noun.

> Marthe est une **belle femme.**   Marthe est **la plus belle femme.**

d. If the adjective normally follows the noun, **le, la,** or **les** is used twice: once before the noun and once before the superlative construction.

> Marthe a **les** cheveux **les plus longs.**   Roger est l'homme **le plus animé.**

e. Note that a reference group (stating from among which individuals this person has been selected) may be added at the end of the sentence. This reference is introduced by **de.**

> Marianne est la plus mince **de toutes mes cousines (de toutes, du groupe).**
> Robert est le plus musclé **(de tous les athlètes).**

• The superlative of nouns is formed with the expression **le plus de** or **le moins de.**

> Elle a **le plus de** bagues.

Les Comparatifs et superlatifs irréguliers

Bon and **mauvais** have irregular comparatives and superlatives.

	Comparative	*Superlative*
bon	**meilleur(e)(s)**	**le (la, les) meilleur(e)(s)**
mauvais	**plus mauvais(e)(s)**	**le (la, les) plus mauvais(e)(s)**
	pire(s)	**le (la, les) pire(s)**

> Mahmoud est un **meilleur** ami que David.
> Annie-Claude est une **meilleure** amie que Philippe.
> Hamdi est **le meilleur** ami de tous.
> Fatima est **la meilleure** amie des femmes.
> C'est un **plus mauvais** stéréotype que l'autre.
> C'est un **pire** stéréotype que l'autre.
> C'est **le plus mauvais** stéréotype de tous.
> C'est **le pire** stéréotype de tous!

4. *Elaborez*

ACTIVITE 9: On dit souvent qu'il existe des différences de taille et de poids entre le Français et l'Américain typiques. Est-ce que ces différences sont évidentes du point de vue des statistiques? Complétez les phrases qui précèdent les statistiques sans regarder les statistiques. Ensuite regardez les statistiques et préparez pour chaque groupe au moins trois phrases comparatives.

MODELE: Les hommes français sont plus (moins, aussi) grands que...

1. A mon avis, l'homme français est
   a. plus grand que l'homme américain.
   b. de la même taille.
   c. plus petit.

2. La femme française est
   a. plus grande que la femme américaine.
   b. de la même taille.
   c. plus petite.

Statistiques, taille moyenne

Population française	1,74m hommes (68.5 in.)	1,65m femmes (64.9 in.)
Population américaine	1,75m hommes (68.9 in.)	1,62m femmes (63.5 in.)

3. Les hommes français sont
   a. plus maigres que les Américains.
   b. du même poids.
   c. plus gros.

4. Les femmes françaises sont
   a. plus maigres que les Américaines.
   b. du même poids.
   c. plus grosses.

Statistiques, poids moyen

Population française	72,2kg hommes (159 lb)	60,6kg femmes (133 lb)
Population américaine	77,8kg hommes (171 lb)	65,9kg femmes (145 lb)

5. Il y a plus
   a. d'hommes que de femmes en France.
   b. de femmes que d'hommes en France.
   c. d'hommes que de femmes aux Etats-Unis.
   d. de femmes que d'hommes aux Etats-Unis.

Statistiques, population

France: 56,5 millions	femmes 51,3%	hommes 48,7%
Etats-Unis: 236,6 millions	femmes 51,4%	hommes 48,6%

6. Dans quelle mesure est-ce que vos opinions sur l'apparence physique des Américain(e)s et des Français(e)s sont justes?

ACTIVITE 10: Examinez les résultats des six athlètes suivants. Ensuite faites une description complète de chacun. Employez plusieurs comparatifs et superlatifs dans votre réponse.

MODELE: Voilà Marc, là-bas avec Louise. C'est le sportif, en pantalon blanc. Il est grand et fort mais il n'est ni très athlétique ni très rapide. C'est le plus musclé du groupe, plus musclé même que Luc et Jean.

HOMMES	**LUC**	**MARC**	**JEAN**
TAILLE	1,90m	1,60m	1,80m
POIDS	80kg	89kg	79kg
HALTERES	82kg	105kg	93kg
100M	10,9sec	14,2sec	12,2sec

FEMMES	**CLAIRE**	**LOUISE**	**ANNE**
TAILLE	1,43m	1,68m	1,50m
POIDS	62kg	68kg	53kg
HALTERES	55kg	46kg	40kg
100M	12,6sec	11,2sec	13,0sec

ACTIVITE 11: En groupes de quatre ou cinq, préparez individuellement une description de l'âge et de la taille des autres membres du groupe. Ensuite comparez les résultats. Employez des comparaisons dans vos descriptions.

Aperçu culturel   **L'Expansion coloniale et la francophonie**

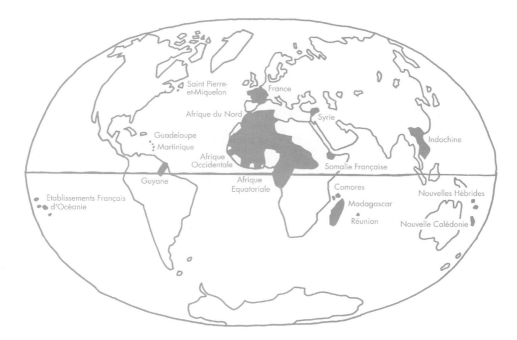

La France avait déjà fondé aux XVIIe et XVIIIe siècles un grand empire colonial. Cependant, celui-ci n'avait pas duré. Pendant le Second Empire (1852-1871), Napoléon III avait établi les bases d'un nouveau domaine colonial. Mais ce n'est qu'avec la IIIe République (1875) que la France s'établit comme puissance coloniale: en Afrique du Nord, protectorat en Tunisie (1881), au Maroc (1912); en Afrique Noire, acquisitions au Soudan, dans le Bassin du Congo et autour du Tchad; dans l'océan Indien, annexion de Madagascar (1896); en Extrême-Orient, l'installation de la tutelle[1] française sur le Tonkin, l'Annam et le Laos. A la veille[2] de la Seconde Guerre mondiale, avec un empire de 10,5 millions de km² peuplé de 48 millions d'habitants, la France était la seconde puissance coloniale dans le monde.

Mais, dans la plupart des territoires, l'équilibre économique et social indigène est rompu au profit d'une économie et d'une société coloniales. La colonisation, éveillant[3] chez les peuples dominés l'aspiration de la liberté, engendre les nationalismes. Après la Seconde Guerre mondiale, en moins de vingt ans, l'empire s'effondrera.[4]

[...]

La réalité du terme *francophonie* est ancienne. La diffusion de la langue française dans le monde tient d'abord du prestige d'une culture, dont l'apogée fut au XVIIIe siècle. Elle a été ensuite amplifiée par la politique coloniale de la France.

La francophonie constitue un espace linguistique qui dépasse considérablement les frontières de l'hexagone. Mais elle constitue également désormais[5] un espace littéraire spécifique. C'est là un fait majeur de l'histoire contemporaine: depuis 1945, et plus encore depuis la décolonialisation, la langue française n'est plus la propriété exclusive des Français; bien plus, cette langue réputée pour son caractère «universel» montre aujourd'hui son aptitude à exprimer des différences, voire,[6] comme au Québec, à affirmer des identités. La francophonie, comprise comme une communauté de cultures diverses unies par la langue, est devenue une réalité.

(*Le Nouveau Guide France*, Guy Michaud et Alain Kimmel)

---

1. la tutelle *protection, protectorate*   2. la veille *eve*   3. éveillant *waking*   4. s'effondrer *to collapse*   5. désormais *henceforth*   6. voire *even, indeed*

Analysez et discutez

1. La France était la seconde puissance coloniale dans le monde. Quelle était la première?

2. Du point de vue de la France, quels étaient les bénéfices de l'expansion coloniale? Et du point de vue des peuples dominés?

3. **Comment les résultats du colonialisme se font-ils sentir aujourd'hui? Pensez-vous que les résultats modernes soient positifs ou négatifs? Pourquoi?**

4. Le français, une langue qui représentait la colonisation dans certains pays, est devenu aujourd'hui une langue qui affirme les identités nationales. Dans quels pays est-ce que l'influence du français diminue? Où est-ce qu'on essaie d'agrandir l'influence du français?

5. Est-ce que l'anglais a eu un même développement linguistique en ce qui concerne l'expansion coloniale? Pouvez-vous donner des exemples?

SECTION 2   *Qu'est-ce que vous pensez de lui?*

Fonctions communicatives

Rôle 1

Désigner quelqu'un

Rôle 2

Confirmer ce que quelqu'un a dit

Tout d'abord

ACTIVITE 1: Réfléchissez aux questions suivantes, puis soyez prêt(e) à y répondre.

1. Qu'est-ce que c'est qu'un préjugé?

2. Y a-t-il des préjugés favorables aussi bien que des préjugés défavorables? Donnez des exemples.

3. Pour chaque catégorie de gens, dites si vous avez des préjugés favorables, si vous êtes neutre ou si vous avez des préjugés défavorables.

L'apparence et l'âge

les grands   les forts
ceux qui ont les yeux bleus   les très minces
les blonds   ceux qui ont plus de 70 ans

La région des Etats-Unis où on habite

les Californiens   les gens du Midwest
ceux qui habitent dans le Sud   les New-Yorkais

Les habitudes

les gens qui fument   ceux qui font régulièrement de
ceux qui ne boivent pas du tout   l'exercice
  d'alcool

La nationalité

les Français   les Anglais
les Allemands   les Japonais
les Algériens   les Canadiens

4. Quelles caractéristiques se trouvent à la base des préjugés les plus communs?

Blanc Bleu®

PATRICK KHAYAT
BOUTIQUES

Par ici

1. Ecoutez la scène

📼 LA RENCONTRE

Lisez les résumés de l'activité 2 et ensuite écoutez la scène.

Dans la rue, Georges désigne une jeune femme qu'il connaît.

2. Vérifiez le sens général

ACTIVITE 2: Choisissez la phrase qui représente le mieux l'idée principale de la scène.

1. Tout le monde a des stéréotypes.

2. Il n'est plus possible d'identifier la nationalité de quelqu'un d'après ses caractéristiques physiques.

3. En désignant quelqu'un, il vaut mieux décrire sa situation, ses vêtements ou son apparence que sa nationalité.

ACTIVITE 3: Ecoutez la scène de nouveau. Répondez aux questions suivantes. Basez vos réponses sur la scène.

1. Donnez une description physique de Marthe et Marianne.

2. Quelles caractéristiques est-ce que Marc associe avec les Canadiens? Est-ce que ce sont des traits favorables ou défavorables?

3. A votre avis, est-ce que Marc a des préjugés? Et Georges?

3. *Cherchez les expressions*

ACTIVITE 4: Ecoutez la scène encore une fois; complétez les expressions qu'on utilise pour désigner quelqu'un.

1. **Désigner quelqu'un d'après l'endroit où il se trouve**
   a. **... Marthe.**
   b. **Danielle Fanou.**
   c. **C'est..., ...-bas.**
   d. **La jeune femme à...**

2. Désigner quelqu'un par ses vêtements
   a. La blonde qui porte...
   b. En... bleu(e)

3. Désigner quelqu'un par son apparence
   a. ... blonde
   b. ... sportive
   c. avec les... frisés
   d. avec les... sur la tête
   e. la... femme...

ACTIVITE 5: Avec un(e) partenaire, désignez un(e) de vos camarades d'abord par sa situation et ensuite par sa description physique. Employez les expressions que vous avez trouvées dans la scène.

4. *Allez plus loin*

ACTIVITE 6: Est-ce qu'il y a des caractéristiques qu'on ne décrit pas par politesse ou pour des raisons politiques? Lesquelles? Faites un sondage de vos camarades. Demandez-leur d'identifier des traits qui décrivent l'âge (jeune, vieux), la taille (grand, petit, gros, mince,...), la race (blanc, noir,...), le genre humain (masculin, féminin), les infirmités (sourd, aveugle, infirme,...), etc.

ACTIVITE 7: Rappelez-vous de quelqu'un d'intéressant ou d'important que vous avez rencontré dans votre enfance. Décrivez-le (la) selon son physique, sa nationalité, etc., à un(e) camarade.

Structure   *Les Pronoms d'objet direct et indirect*
Y et en

 Avant de commencer l'étude de la structure, faites les activités de préparation dans votre cahier d'exercices.

1. *Identifiez la structure*

When you describe or point out someone, the conversation flows more smoothly if you use object pronouns to avoid redundancy. Skim **Vérifiez les détails** before reading the following mini-dialogue; then read the mini-dialogue and do the exercises.

—Tu le connais?

—Oui, c'est Julien Fodébou. Il est d'origine sénégalaise.

—Pas possible, comme moi! De quelle ville est-il?

—Je ne sais pas. Tu veux le rencontrer?

—Bien sûr, je voudrais lui parler. Nous avons peut-être des amis en commun.

2. *Vérifiez les détails*

A. 1. Dans le mini-dialogue, qu'est-ce que le premier personnage et Julien Fodébou ont en commun?
   2. Où se trouve le Sénégal?
   3. Quels renseignements avez-vous sur ce pays francophone?

B. Avec un(e) partenaire, jouez les rôles des deux personnages. Gardez le thème principal et faites au moins cinq répliques.

C. Trouvez dans le mini-dialogue les pronoms objets directs et indirects. Combien y en a-t-il?

3. *Analysez les exemples*

Le Pronom d'objet direct

A direct object pronoun replaces a noun (referring to persons or things) that directly receives the action of the verb. Remember that a direct object is not linked to the verb with a preposition.

me   Attention! Il **me** regarde.

te   Vraiment? Il dit qu'il ne **te** connaît pas.

se   Je t'ai dit qu'ils ne **se** connaissent pas!

le   Pierre LaTour? Oui, je **le** vois.

la   Mais non, Dominique Bourval... tu vas **la** rencontrer ce soir à la fête.

nous   Elle **nous** regarde.

vous   Oui, parce qu'elle veut **vous** rencontrer.

les   Viens, on va **les** rencontrer.

- Note that **me, te, se,** and **le** become **m', t', s', l'** before a word beginning with a vowel.

- Some common verbs that take a preposition in English take a direct object in French, such as **attendre** (*to wait for*), **chercher** (*to look for*), **écouter** (*to listen to*), **payer** (*to pay for*), and **regarder** (*to look at*).

Le Pronom d'objet indirect

An indirect object pronoun replaces a noun (referring to persons, not things) that indirectly receives the action of the verb. Indirect objects are introduced by the preposition **à**.

me   —Regarde, là–bas. C'est Fambella. Elle **m'**a téléphoné pour **me** demander quelque chose l'autre jour et j'ai fait une grande faute.

te   —Comment? Elle **t'**a téléphoné et...

se   —On **se** parlait d'origines et j'ai dit que...

lui   —Qu'est-ce que tu **lui** as dit?

nous   —Alors, voilà pourquoi elle ne **nous** parle plus! Il faudra t'excuser auprès d'elle. Il faudra lui dire:

vous   «Fambella, je **vous** demande pardon.»

leur   —Et à ses parents, faut-il que je **leur** demande pardon?

- Note that **lui** and **leur** refer to males as well as to females.

- Except in the third person **(le, la, les; lui, leur),** the indirect and the direct object pronouns are identical for each person.

- Some common verbs that take a direct object in English are followed by **à** and take an indirect object in French, such as **demander, dire, offrir, parler, plaire,** and **téléphoner.** Refer back to chapter 1, section 2 for additional examples.

Le Pronom *y*

- The pronoun **y** is used to replace an expression indicating location. It generally replaces **à (à la, à l', au, aux)** followed by a place, thing, or idea. In addition, **y** may also replace other prepositional phrases with **chez, sur, dans** followed by a noun describing a place.

  Nous habitions **au Sénégal.**   Nous **y** habitions.
  Ils se rencontrent **sur le court de tennis.**   Ils s'**y** rencontrent.

- The pronoun **y** is also used to replace **à** plus a noun object referring to a thing.

  Il s'intéresse **au tennis.**   Il s'**y** intéresse.
  Nous jouons souvent **au foot.**   Nous **y** jouons souvent.

- Note that **y** cannot replace a person. The pronouns **lui** and **leur** replace the preposition **à** + *a person.*

Le Pronom *en*

- The pronoun **en** replaces a direct object introduced by **du, de la, de l', des,** or **de.**

  Il fait **du judo** le samedi.   Il **en** fait le samedi.

- The pronoun **en** is used if the noun object is a thing or a person that is introduced by the partitive or by the indefinite article.

  Il y a **des Sénégalais** en France.   Il y **en** a en France.

- The pronoun **en** may also replace a direct object modified by an expression of quantity and/or a number. Note that the expression of quantity or the number is retained.

  Elle fait **beaucoup de gymnastique.**   Elle **en** fait **beaucoup.**
  J'ai **deux raquettes de tennis.**   J'**en** ai **deux.**

La Position des pronoms objets

The placement of the direct and indirect object pronouns depends on the construction of the sentence.

- In simple tenses

  Affirmative before the verb:
  Je **le** vois.   Je **lui** parle.   Il **y** va.

  Negative before the verb:
  Elle ne **me** voit pas.   Elle ne **me** téléphone jamais.   Il n'**en** parle pas.

  Interrogative before the verb:
  Me voyez-vous?   **Lui** parlez-vous?   **Y** allez-vous?

- In infinitive constructions

  Affirmative before the infinitive:
  Je vais **la** voir.   Je vais **lui** parler.   Nous allons **en** parler.

  Negative before the infinitive:
  Il ne veut pas **me** voir.   Il ne veut pas **me** parler.   Il ne veut pas **y** aller.

- In compound tenses

  Affirmative before the auxiliary verb:
  Oui, je **vous** ai vus.   Je **leur** ai parlé.   Elle ne m'**en** a pas parlé.

  Negative before the auxiliary verb:
  Non, je ne **vous** ai pas vus.   Je ne **leur** ai pas parlé.   Je n'**y** suis pas allé.

- In the imperative

  Affirmative after the verb:
  Regarde-**le.**   Parle-**lui.**   Vas-**y.**   Prends-**en.**

  Negative before the verb:
  Ne **le** regarde pas.   Ne **lui** parle pas.   N'**en** parle pas!   N'**y** va pas!

L'Accord

The pronoun must always agree in number and gender with the noun it replaces. In compound tenses with verbs conjugated with **avoir,** the past participle agrees with the preceding direct object pronoun. There is never agreement with an indirect object pronoun. No agreement is made with **y** or **en.**

—Tu as vu Sophie?

—Je **l'**ai vu**e,** mais je ne **lui** ai pas parlé.

—Et ses cousines?

—Je **les** ai vu**es** ce soir.

4. *Elaborez*

ACTIVITÉ 8: Complétez le dialogue suivant sans répéter les noms si possible.

1. —Tu vois Hamadi?   —Oui, je...

2. —Tu vois la jeune fille avec lui?   —Oui, je...

3. —Tu connais cette jeune fille?   —Non, je...

4. —Combien d'enfants a-t-elle avec elle?   —Elle...

5. —Est-ce que tu connais les deux enfants avec elle?   —Non, je...

6. —Tu ne les a jamais vus?   —Je ne...

7. —Tu es allé à Alger?   —Oui, je...

8. **—Tu te rappelles nos vacances de l'année dernière?   —Oui, je...**

9. —Et alors! C'est Christine et ses enfants. Nous avons passé une soirée chez eux en vacances à Alger.   —Ah! Maintenant je...

ACTIVITE 9: Regardez bien les noms de famille de cette page de l'annuaire pour la Savoie. On a contacté les personnes indiquées par un • pour leur annoncer la fête du quartier. Suivez le modèle et dites à qui on a téléphoné.

MODELE: Les Hammi? On leur a téléphoné. (On les a déjà contactés.)

1. les Huet

2. M. et Mme Hellmann

3. les gens d'origine espagnole

4. les femmes

5. les Nord-Africains

6. les hommes

•	Habibou, Saidou	(79) 75 01 63 27
•	Hammi, Mohamed	(79) 85 14 55 56
	Hamon, Rose	(79) 85 81 36 38
	Harmand, Nadine	(79) 85 83 38 81
	Hau, Hermann	(79) 10 12 13 88
•	Heckel, Bernard	(79) 33 09 08 40
	Hellmann, Jean	(79) 78 53 24 52
	Hidalgo, Manuel	(79) 70 43 38 96
•	Hidalgo-Navarette, Cristobal	(79) 70 43 44 64
	Hommey, Lucie	(79) 85 79 06 61
•	Huet, Wenceslas	(79) 33 01 23 43
	Hyvoz, Louis	(79) 85 64 57 66

ACTIVITE 10: Travaillez avec un(e) partenaire. Répondez aux questions du reporter (votre partenaire) qui fait une enquête sur les résultats de l'immigration en France. Employez des pronoms dans vos réponses.

D'après le ministère de l'Intérieur, environ 6,8% des Français sont d'origine étrangère. Dans un sondage récent, il y avait 4 500 000 individus en situation légale ou illégale en France dont

859.554	Portugais
777.037	Algériens
519.871	Marocains
426.325	Italiens
380.282	Espagnols
215.957	Tunisiens
144.531	Turcs

Le ministère précise aussi que 18 millions de Français, soit plus du tiers de la population, nés entre 1880 et 1980, descendent d'immigrants à la 1re, 2e ou 3e génération. Depuis les années 50 il y a eu une évolution remarquable du pourcentage de Français d'origine étrangère.

1954	4,12%
1962	4,67%
1968	5,28%
1972	5,39%
1975	6,54%
1982	6,80%

(Quid)

1. Est-ce que cela vous surprend que le nombre d'immigrants soit si élevé?
2. Quelle est votre réaction à ces statistiques?
3. Parlez-vous souvent à vos voisins?
4. Leur avez-vous jamais téléphoné?
5. Connaissez-vous des immigrants qui habitent à côté de chez vous?
6. Est-ce que vous leur avez parlé?
7. Est-ce que vous avez rencontré leurs enfants?
8. Allez-vous les inviter chez vous?

ACTIVITE 11: On dit qu'avant la fin des années 90, un tiers de la population américaine parlera l'espagnol comme langue maternelle. Employez des pronoms et des éléments de la liste suivante pour donner votre opinion.

MODELE: Je crois qu'on doit s'intégrer dans la société.

Vocabulaire utile: expulser, mettre à part, nationaliser, traiter comme des citoyens, intégrer dans la société, essayer d'aider, apprécier leur culture, devenir bilingue

1. Je crois que...
2. On doit... (On ne doit pas...)
3. On devrait... (On ne devrait pas...)
4. A mon avis, il faudrait... (Il ne faudrait pas...)
5. Il est absolument nécessaire de...

Aperçu culturel   S.O.S.-Racisme

S.O.S.-Racisme est une association d'étudiants de la banlieue[1] de Paris. Elle a été fondée en septembre 1984 après une discussion entre copains. Ce jour-là Harlem Désir, 25 ans, de père antillais[2] et de mère alsacienne,[3] étudiant en histoire, devient le président de l'association. «Bizarrement, le racisme on ne l'avait jamais abordé[4] entre nous, raconte Harlem Désir. Ça fait pourtant des années qu'on se connaît, et il y a des Beurs,[5] des Blancs, des Noirs, des Métis[6] dans notre bande... Nous ne voulions pas fonctionner comme les autres associations. Pas de militantisme, pas de manif. Alors on a eu l'idée du badge pour lancer un mouvement d'opinion.»

C'était une idée de génie. La main jaune, orange ou bleue, et le slogan (déjà un classique) ont plus fait pour S.O.S.-Racisme que tous les discours. Les petites mains se vendent comme des petits pains.[7] Heureusement, car S.O.S.-Racisme vit surtout de la vente des badges, des affiches,[8] et des adhésions. A la permanence, rue Martel, à part la secrétaire tout le monde est bénévole.[9] «Touche pas à mon pote»[10] est devenu un phénomène de mode.

(Elle)

------

1. la banlieue *suburbs*   2. antillais *Caribbean*   3. alsacienne *from Alsace, France*   4. aborder *to approach*   5. le Beur *second-generation North African (familiar)*   6. le Métis *of mixed race*   7. se vendre comme des petits pains *to sell like hotcakes*   8. l'affiche *(f.) poster*   9. bénévole *volunteer*   10. «Touche pas à mon pote» *Don't touch (hurt) my buddy*

Analysez et discutez

1. L'association S.O.S.-Racisme n'est pas militante. Qu'est-ce que vous pensez d'une telle stratégie? Est-ce qu'elle a des chances d'être efficace? Pourquoi ou pourquoi pas?

2. Qu'est-ce qu'on peut faire pour combattre le racisme?

SECTION 3 *Quelques portraits*

Fonctions communicatives

Rôle

Faire une description physique

Stratégies de lecture

Analyser les mots apparentés et les faux amis

Stratégies de composition

Faire des comparaisons

Tout d'abord

ACTIVITE 1: Le passage suivant donne une perspective sur les rapports entre certains des pays de la Communauté européenne. Lisez le passage en faisant très attention aux stéréotypes et aux préjugés, puis répondez aux questions qui suivent.

Il ne faut pas grand-chose pour éveiller la xénophobie d'une nation. Les pays d'Europe ne se privent[1] pas de railler[2] les travers supposés ou les coutumes jugées hilarantes des nations voisines. Les Français se régalent[3] à l'écoute d'«histoires belges.» Ils ne manquent pas de se gausser des[4] traditions suisses avec l'accent traînant[5] et la prudence devenue proverbiale. Les Belges ne se privent pas de se moquer des[6] prétentions culturelles des Français et les Suisses en font de même des comportements observés dans les régions frontalières de la Confédération helvétique.

Mais, de l'autre côté de la Manche, ou plutôt du Channel, ce sont tour à tour l'Argentin (surnommé «Argie» depuis la guerre des Malouines),[7] l'Espagnol surtout au moment des départs vers les plages de la Costa Brava, l'Allemand caricaturé comme une brute nazie et le Français («Froggie»), ennemi héréditaire—supposé—arnaqueur[8] et arrogant, qui font régulièrement les frais[9] des éditoriaux vengeurs.

«Nous avons été déclarés sales,[10] alcooliques et bien d'autres choses encore» observe le journaliste français de télévision Bernard Rapp qui fut longtemps en poste à Londres.

Bref, il faudra plus qu'un tunnel sous la Manche pour faire disparaître une inimitié plus épidermique[11] que profonde mais qui remonte à[12] la guerre de Cent Ans, à la mort de Jeanne d'Arc et aux batailles comme Azincourt, Trafalgar et Waterloo.

(Adapted from *Journal français d'Amérique*, volume 12, nº 24 (13 décembre, 1990), pp. 6, 9. Reprinted by permission of *Journal français d'Amérique*.)

---

1. se priver de *to hold back*   2. railler *to mock, make fun of*   3. se régaler *to relish*   4. se gausser de *to mock openly*   5. traînant *drawling, slow*   6. se moquer de *to make fun of*   7. les Malouines *Falkland Islands*   8. arnaqueur *crooked*   9. faire les frais *to be the subject of*   10. sale *dirty*   11. épidermique *superficial*   12. remonter à *to go back to*

1. Qu'est-ce que c'est que la xénophobie?

2. D'après le passage, est-ce que les Suisses et les Belges ont aussi des stéréotypes des Français? Lesquels?

3. Est-ce que les «histoires belges» sont amusantes? Sont-elles flatteuses pour les Belges?

4. Est-ce que les Belges ont aussi des stéréotypes des Suisses? Lesquels?

5. Le tunnel sous la Manche relie la France et l'Angleterre. Est-ce qu'il va résoudre les problèmes culturels? Pourquoi ou pourquoi pas?

6. D'où viennent les préjugés anglais contre les Français (et vice versa)?

Par ici

*A*vant la lecture

Recognizing and Using Cognates

There are several ways to approach unfamiliar vocabulary in a written text in French or any other foreign language. Think about the different strategies you might use to determine what a new word means. One that you might already know is to look for cognates.

Cognates are words that have the same or similar spellings and meanings in different languages. For example, the following words are used in the preceding passage; their English equivalents are the same or nearly the same as the French words.

prudence   tunnel   nations   tradition   proverbiale

région   alcoolique   arrogant   xénophobie

Close cognates are words that are close to being the same in both languages. Examples from the preceding passage might include the following:

coutumes   *customs*   jugées   *judged*

profonde   *profound (deep)*   départs   *departures*

ACTIVITE 2: Cherchez les mots apparentés *(cognates)*

1. dans le passage de l'activité 1.
2. dans *Le Nouveau Petit Ami,* qui suit.

ACTIVITE 3: Cette description tirée du roman *Qui c'est, ce garçon?* de Nicole de Buron, décrit la scène où la mère rencontre pour la première fois l'ami de sa fille. Imaginez les circonstances et devinez le genre de renseignements contenus dans le passage. Faites une liste des sujets qu'on pourra traiter et des expressions qu'on pourra employer dans la description du garçon.

Lecture

Nicole de Buron est l'auteur de la série télévisée des *Saintes Chéries,* de plusieurs comédies cinématographiques et de romans humoristiques dont *Vas-y maman!* et *Dix-jours-de-rêve.* Elle a travaillé aussi comme journaliste.

Avant de lire le passage, lisez les résumés de l'activité 4. Ensuite, lisez le passage et faites les activités.

LE NOUVEAU PETIT AMI

Le dénommé Marc entre. Immense, très maigre, blanc comme un ver de pomme, une curieuse coiffure—des cheveux rasés sur les côtés mais une longue mèche désordonnée lui recouvrant le front et même le nez. Et d'étonnantes petites lunettes noires toutes rondes cerclées de cuir. Est-ce un extra-terrestre ou le dernier de la tribu des Comanches?

(Qui c'est, ce garçon?, Nicole de Buron)

Après la lecture

ACTIVITE 4: Choisissez la phrase qui représente le mieux l'idée principale du passage.

1. La réaction de la mère est plutôt négative que positive.

2. La mère juge le nouveau petit ami d'après son apparence et non pas d'après son caractère.

3. Il faut toujours s'habiller bien quand on rencontre quelqu'un.

ACTIVITE 5: Relisez le passage et cherchez les faits.

1. Quelle phrase fait le résumé de l'opinion générale de la mère?

2. Examinez la liste que vous avez faite dans l'activité 3. Quels sujets et quelles expressions avez-vous devinés? Lesquels n'avez-vous pas devinés?

3. Le passage donne la description de quels quatre traits caractéristiques du jeune homme?

4. Dessinez un portrait du jeune homme selon le passage.

ACTIVITE 6: Qu'est-ce que le passage implique? Répondez aux questions suivantes.

1. Quel est le point de vue de l'auteur?

2. Est-ce que Marc est beau à votre avis? Pourquoi ou pourquoi pas?

3. Pourquoi est-ce que la mode est importante? Est-ce qu'on s'habille pour être différent(e) ou pour être pareil(le) aux autres?

4. Est-ce qu'on devrait juger quelqu'un d'après ses apparences? Est-ce que vous le faites vous-même? Si quelqu'un allait vous juger d'après vos apparences, que dirait-il (elle)?

5. Avez-vous eu l'expérience d'être jugé(e) d'après vos apparences, peut-être par un nouveau (une nouvelle) camarade ou par les parents de votre petit(e) ami(e)?

A vant la lecture

False Cognates (*Les Faux Amis*)

Words with similar spellings in English and French do not always have similar meanings. Consider, for example, the word *pain*. What does this word mean in English? In French? Words that look alike in two languages but have different meanings are called false cognates **(faux amis).** To determine if a word is a true cognate or **un faux ami,** use your background knowledge on the topic as well as your understanding of the other words in the sentence to see which possible meaning makes the most sense.

ACTIVITE 7: Regardez les faux amis tirés du passage suivant, *Je ne suis pas beau.* Mettez ensemble les mots de la colonne de gauche avec les définitions en anglais et en français dans les colonnes de droite.

	Définition en anglais (Faux ami)	*Définition en français*
enfant	*to bomb*	aller vite
lèvres	*leisure-time activities*	une jeune personne
bomber	*tools or machines used to lift and move equipment (levers)*	temps libre à l'école
filer	*to sort and store documents*	parties de la bouche
récréations	*a baby*	faire une protubérance

ACTIVITE 8: Souvent les jeunes croient que leurs parents ont des préjugés contre eux, donc ils veulent se révolter contre leurs parents. Le passage suivant, tiré du roman *Balthazar, fils de famille,* raconte l'histoire de Balthazar, un garçon de quinze ans, qui décide de se révolter et de causer des ennuis à sa famille et à ses amis. Avec un(e) partenaire, discutez ce qu'on pourrait faire pour se révolter ou pour agacer ses parents.

Lecture

François-Marie Banier, l'auteur du roman *Balthazar, fils de famille*, est né à Paris. Il a publié trois autres romans: *Les Résidences secondaires, Le Passé composé* et *La Tête la première*, et deux pièces de théâtre: *Hôtel du Lac* et *Nous ne connaissons pas la même personne*.

Avant de lire le passage, lisez les résumés dans l'activité 9. Ensuite lisez le passage et faites les activités.

JE NE SUIS PAS BEAU

Je ne suis pas beau. Tous les enfants sont blonds, je suis brun, comme un Indien. J'ai les yeux écarquillés[1] comme si j'étais un peu stupide mais je n'ai pas la voix d'un enfant. On m'appelle «grosse voix», ce qui énerve un peu mon père. Ma bouche est trop grande, je sais. Des lèvres trop grosses. On dit que c'est sensuel, je veux bien; en tout cas, c'est pratique pour les grimaces. Mon nez est ridicule. On a beau dire que j'ai le nez de ma grand-mère, qu'elle était ravissante[2]... Elle était ravissante quand? Il y a soixante ans. J'ai un nez d'il y a soixante ans qu'on dit mignon. Il n'a rien de mignon, mon nez. Enfin, je m'en sers pour sentir le vent. C'est mon gouvernail.[3] J'ai une tête trop présente. Dans les photos de classe, on ne voit que moi. Peut-être parce que je m'assois toujours à côté du professeur et que je bombe le torse[4] qui est d'ailleurs plutôt maigrelet mais nerveux. Je ne suis pas sans muscles: je suis le plus fort. Aux récréations, dès qu'on sort de la classe, qu'on file comme des flèches[5] à travers la cour encore déserte, j'arrive le premier aux cabinets.

5

10

15

20

(*Balthazar, fils de famille*, François-Marie Banier)

---

1. écarquillé *wide open*   2. ravissant *pretty*
3. le gouvernail *rudder*   4. bomber le torse
to puff out the chest   5. la flèche *arrow*

Après la lecture

ACTIVITE 9: Choisissez le meilleur résumé du passage.

1. Balthazar est un vieil intellectuel.

2. Balthazar est un enfant gâté et aventureux.

3. Balthazar est fondamentalement méchant.

ACTIVITE 10: Relisez le passage et cherchez les faits.

1. Quelle phrase révèle clairement l'opinion de Balthazar sur lui-même?

2. Quelles sont les qualités positives de Balthazar? Est-ce qu'on pourrait trouver ce garçon aimable?

3. Dites spécifiquement ce que Balthazar fait pour agacer ses parents, ses professeurs et ses camarades de classe.

4. **Soyez prêt(e) à indiquer Balthazar dans le dessin suivant et à expliquer votre choix.**

ACTIVITE 11: Ce passage, qu'est-ce qu'il implique? Répondez aux questions.

1. Pourquoi est-ce que Balthazar fait cet inventaire?

2. Est-ce que Balthazar est sympathique ou antipathique d'après vous? Pourquoi? Est-ce que vous aimeriez le rencontrer?

3. Connaissez-vous quelqu'un comme Balthazar? Qui? Décrivez la personne.

4. Balthazar est un révolté. Quelles raisons expliquent la révolte des jeunes? Est-ce pour se faire remarquer? Pour affirmer son individualité? Pour se sentir plus adulte? Expliquez.

5. D'après vous, est-ce que Balthazar est la victime d'un préjugé? Y a-t-il des préjugés des adultes envers les jeunes? Lesquels?

Structure   *Les Pronoms multiples*

Avant de commencer l'étude de la structure, faites les activités de préparation dans votre cahier d'exercices.

1. *Identifiez la structure*

In many situations—such as when you point out or describe people or things—certain pronouns may occur in combination. Skim **Vérifiez les détails** before reading the following mini-dialogue; then read the mini-dialogue and do the exercises.

—Tu connais Mireille?

—Oui, pourquoi?

—Je voudrais bien la rencontrer. Tu veux me la présenter?

—Non.

—Pourquoi pas?

—Je ne vais pas te le dire.

—J'insiste.

—Bon, alors, je ne vais pas te la présenter parce que j'ai l'impression que tu ne t'entendrais pas bien avec elle. Elle n'hésite pas à critiquer les gens qui s'habillent comme toi.

2. *Vérifiez les détails*

A. 1. Selon les renseignements que nous avons sur Mireille dans le mini-dialogue, quelle est votre réaction envers elle?
    2. Quels traits de sa personnalité aimez-vous ou n'aimez-vous pas?
    3. Voudriez-vous devenir son amie?
    4. Qu'est-ce que cela implique à propos de préjugés et de stéréotypes?

B. Jouez les rôles des trois premières répliques du mini-dialogue avec un(e) camarade. Continuez la scène avec vos propres mots et changez au moins cinq détails.

C. **Trouvez les pronoms d'objet indirect dans le dialogue. Quand on emploie deux pronoms, quel est l'ordre de leur emploi? Lequel est en première position?**

3. *Analysez les exemples*

L'Emploi et l'ordre des pronoms objets multiples

Many verbs such as **apporter, donner, dire,** and **envoyer (quelque chose à quelqu'un)** use direct and indirect objects together. When two pronouns are used together, they appear in the following order:

(ne) +	me te se nous vous	+	le la les	+	lui leur	+ y	+ en	+ *verb*	+ (pas)

Voilà Josette. Tu veux **me la** présenter?

C'est un secret. Je ne vais pas **le leur** dire.

La Position des pronoms objets multiples

- **In simple tenses,** the object pronouns precede the conjugated verb.

  Tu **me la** présentes?
  Je ne **le leur** dirai pas.
  Nous ne **lui en** parlerons pas.

- **In an infinitive construction,** direct and indirect object pronouns usually appear after the conjugated verb and before the infinitive. Their order is the same as with declarative sentences.

  Nous n'allons pas **te le** dire.
  Tu veux **me la** présenter?
  Je ne vais pas **t'en** parler.

- **In compound tenses,** the object pronouns precede the auxiliary verb. Remember that there is agreement between the preceding direct object and the past participle.

  Josette? Tu **me l'**as présentée.
  Je ne **le leur** ai pas dit.
  Nous ne **lui en** avons pas parlé.

- **In the negative imperative,** the placement and order of object pronouns is the same as in declarative sentences.

  Ne **me la** présente pas.
  Ne **le leur** dis pas.
  Ne **lui en** parle pas.

- **In the affirmative imperative, me** changes to **moi** and **te** changes to **toi.** All pronouns must appear after the verb. When writing, a hyphen is inserted between the verb and the pronouns. Direct object pronouns precede indirect object pronouns.

verb +	**le**	+	**moi**	+ y +	**en**
	la		**toi**		
	les		**lui**		
			nous		
			vous		
			leur		

Présente-**la-moi**!   Dites-**le-leur**!

4. *Elaborez*

ACTIVITE 12: Ecrivez six phrases avec les verbes **donner, dire, apporter, envoyer (quelque chose à quelqu'un), présenter (quelqu'un).** Créez

1. deux phrases avec le verbe conjugué au présent.
2. deux phrases avec le verbe conjugué au passé composé.
3. deux phrases avec une construction infinitive.

Ensuite, remplacez les objets directs et indirects par des pronoms.

MODELE: Je vais présenter mon amie à mes parents.
Je vais la leur présenter.

ACTIVITE 13: Donnez des instructions à votre collègue d'après le modèle.

MODELE: Envoyer la brochure à Jeanne.   *Envoyez-la-lui.*

1. Dire les nouvelles à Jean et à Martine.
1. M'apporter les livres sur le colonialisme.
3. Donner les renseignements à Mme Hamez.
4. Ne pas envoyer l'article à Georges aujourd'hui.
5. Présenter les Oumambo aux membres du club.
6. Mettre les notices dans les boîtes aux lettres.
7. Envoyer la lettre à Mahmoud.
8. Ne pas donner le message à Lise.
9. M'envoyer la notice tout de suite.
10. Donner des renseignements à sa femme.

Comment écrire   *Faire des comparaisons*

Dans le paragraphe tiré de *Qui est-ce, ce garçon?*, l'auteur compare le nouveau petit ami à un ver de pomme:

Il était immense, très maigre, **blanc comme un ver de pomme.**

Dans le passage tiré de *Balthazar, fils de famille*, François-Marie Banier fait aussi des comparaisons introduites par le mot **comme:**

Tous les enfants sont blonds, je suis brun, **comme un Indien.**

On file **comme des flèches** à travers la cour...

Ces images s'appellent en français **des comparaisons** (en anglais *similes*). Elles sont très efficaces dans une description parce qu'elles créent une idée forte dans l'esprit du lecteur. Dans les exemples qui suivent, remarquez que chaque comparaison est formée de deux parties jointes par le mot **comme.**

blanc comme la neige	grand comme une montagne
fier comme un lion	têtu comme un âne (une mule)

À écrire

ACTIVITE 14: Essayez de faire au moins cinq comparaisons originales pour décrire une personne dans un paragraphe.

MODELE: Il (Elle) était grand(e) comme..., mince comme... et élégant comme... Il (Elle) avait les cheveux... comme... Il (Elle) avait les yeux... comme... Il (Elle) avait le nez... comme... Il (Elle) portait des vêtements... comme...

Adjectifs utiles: fort, bête, timide, têtu, musclé, gros, blond, mignon, fou

Sujets de composition

1. Décrivez l'aspect physique d'un(e) ancien(ne) ami(e) ou d'un de vos parents.

2. Faites une description physique d'une des personnes sur cette photo, ou bien décrivez une autre photo de quelqu'un qui vous intéresse.

3. Quelle est votre conception du Français (de la Française) typique? Décrivez l'aspect physique de la personne que vous considérez typique.

Expressions essentielles

Demander une description

Pouvez-vous décrire cet individu (cette personne)?

Désigner par son nom, son adresse, son état civil

Votre nom de famille? Votre prénom? Votre nom de jeune fille?

Vous êtes marié(e)? Célibataire? Divorcé(e)? Veuf (-ve)?

Votre adresse? Où habitez-vous? Domicile et code postal? J'habite au 272, rue de la Gare.

Quel est votre numéro de téléphone? C'est le...

La date et le lieu de naissance, s'il vous plaît? (Où [Quand] êtes-vous né[e]?)

Désigner par sa nationalité

De quelle nationalité (origine) êtes-vous? (Quelle est) Votre nationalité (origine)?

Je suis (d'origine) américain(e), français(e)... (moitié... du côté de mon père [ma mère])

Il (Elle) a l'air...

Désigner par son physique

L'âge: la vingtaine (la trentaine, la quarantaine,...), environ... ans, jeune, vieux...

Les cheveux: blonds, bruns, brun clair, brun foncé, courts, longs, frisés, ondulés, raides...

La forme du visage, des yeux, du nez, du menton: carré, grand, long, mignon, normal, ovale, pointu, rond...

Le physique: athlétique, beau (belle), costaud(e), élégant(e), gros(se), joli(e), maigre, mignon(ne), mince, musclé(e), sportif (-ive)...

La taille: (assez, très) petit(e), immense, grand(e) de taille, de taille moyenne, environ un mètre soixante...

Les yeux: bleus, bruns, noirs; porter des lunettes (de soleil)...

Autres caractéristiques: une barbe, une cicatrice, une moustache, un tatouage; aveugle, infirme, sourd(e), rien de particulier...

Désigner par ses vêtements

qui porte... (des blue jeans, des pantalons gris, une (des) boucle(s) d'oreille, le pull-over bleu, les lunettes sur la tête)

Désigner par des comparaisons

Il (Elle) est comme...

Il (Elle) est (beaucoup) plus (moins)... que...

Il (Elle) est aussi... que...

Elle est la jeune femme la plus (moins)... de... (de toutes, de la classe).

Il est le jeune homme le plus (moins)... de... (de tous, du groupe).

Désigner par le nom ou par le lieu

Regardez là-bas, c'est...

Ça, c'est...

C'est lui (elle)!

Le (La) voilà! A côté d'elle (du lui).

Là-bas, avec... Il (Elle) est (juste) là-bas.

Où au juste?

Oui, le (la) voilà!

Qui? Le (La)... ?

Je ne le (la) vois toujours pas.

Je le (la) vois maintenant.

Pour donner la nationalité

africain(e)

algérien(ne)

allemand(e)

américain(e)

anglais(e)

antillais(e)

belge

camerounais(e)

canadien(ne)

espagnol(e)

français(e)

japonais(e)

marocain(e)

nord-africain(e)

sénégalais(e)

suisse

Adjectifs utiles pour une description

bête   *stupid*

blond(e)   *blond*

fier (fière)   *proud*

fort(e)   *strong*

fou (folle)   *crazy, mad*

gros(se)   *fat*

mignon(ne)   *cute*

musclé(e)   *with muscles*

nerveux (-euse)   *nervous*

têtu(e)   *stubborn*

timide   *timid*

N'OUBLIEZ PAS!

Le Comparatif et le superlatif, p. 81

Les Pronoms d'objet direct et indirect, p. 91

Y et *en*, p. 91

Les Pronoms multiples, p. 104

4

Parler du bon vieux temps

Fonctions communicatives

Rôle 1

Rapporter ce que quelqu'un a dit

Raconter une suite d'événements dans le passé

Raconter un passé historique

Gagner du temps

Rôle 2

Confirmer ce que quelqu'un a dit

Encourager la conversation

Réagir aux faits historiques

Soutenir un point de vue

Thèmes

Le conformisme et l'individualisme

Stratégies de lecture

Trouver les familles de mots
Comprendre les préfixes et les suffixes

Stratégies de composition

Faire un brouillon

Louis XIV et sa famille

? Regardez le tableau. Désignez les personnages et décrivez leurs habits. Enfin, donnez votre opinion du tableau.

? Imaginez-vous parmi les personnages sur le tableau. Imaginez une conversation avec eux. Quelles questions voulez-vous leur poser?

? Est-ce que vous croyez que les grands événements historiques influencent la vie moderne? Comment?

SECTION 1

Qu'est-ce qu'ils ont dit?

Fonctions communicatives

Rôle 1

Rapporter ce que quelqu'un a dit
Gagner du temps

Rôle 2

Confirmer ce que quelqu'un a dit
Soutenir un point de vue

Tout d'abord

ACTIVITE 1: Lisez les descriptions historiques qui suivent. Mettez ensemble les images avec leurs descriptions. Ensuite mettez les descriptions dans l'ordre correct.

(a)

(b)

(c)

(d)

(e)

(f)

1. César fait la guerre contre les Gaulois en 59 avant Jésus-Christ. A la défaite du chef de la résistance gauloise, Vercingétorix, en 52 avant Jésus-Christ, l'empire de César comprend tout ce qu'on nomme actuellement l'Italie, l'Espagne, la France, l'Allemagne et la Grande-Bretagne.

2. En 481 après Jésus-Christ, Clovis devient roi des Francs Saliens et après quelques années de la Gaule entière. C'est le fondateur de la monarchie française. En 496 il reçoit la baptême, devenant le premier roi catholique.

3. Des structures en pierre, nommées des mégalithes, datent de l'âge du bronze. Elles étaient construites par les Celtes après la retraite des glaciers.

4. Les premiers hommes du Cro-Magnon habitaient dans des cavernes dans le Massif central. Ils décoraient leurs cavernes avec des dessins des animaux qu'ils chassaient.

5. Le royaume de Clovis est divisé entre ses fils, et ensuite entre leurs fils au point où il ne reste que des petits territoires. En 800 après Jésus-Christ, Charlemagne réunit et élargit le territoire français qui comprend la France, l'Allemagne et l'Italie.

6. En 121 avant Jésus-Christ, Rome annexe la Province romaine. On y fait construire des routes entre les nouvelles villes d'Arles, Narbonne, Nîmes, Vienne, Autun et Lyon avec de très belles arènes, des théâtres et des aqueducs tels que le pont du Gard.

Par ici

1. *Lisez le dialogue*

 ## LE SÉPARATISTE

Pierre discute avec Lise. Ils parlent de leur ami Jean.

PIERRE: Je crois que Jean a finalement perdu la boussole.[1]

LISE: Qu'est-ce que tu veux dire?

PIERRE: Eh bien, ce matin il m'a dit qu'il fait la guerre!

LISE: La guerre? Mais ce n'est pas possible.

PIERRE: Si, c'est possible. Il m'a dit que c'est l'Occitanie* contre la France.

LISE: Comme ça, il veut faire la guerre contre la France? Qu'est-ce qu'il t'a dit, au juste?

PIERRE: Eh bien, je l'ai vu hier soir au café. Il est venu à ma table et il a dit qu'il étudiait l'histoire de l'Occitanie. Il m'a expliqué que je devais me joindre à son groupe séparatiste provençal.

LISE: Explique-moi tout ça. Je ne comprends pas.

---

* L'Occitanie est une région au sud de la France où un mouvement séparatiste existe. On y parle le provençal et l'occitan.

PIERRE: Je crois qu'il veut se rapprocher de ses racines provençales. Il essaie de se distinguer du reste des Français.

LISE: Se rapprocher de ses racines, c'est une bonne idée; mais le séparatisme, ça, je n'avale pas.[2]

PIERRE: Pourquoi pas? Il m'a affirmé que la sécession des provinces telles que la Bretagne, l'Alsace et la Provence était le seul moyen d'établir son identité régionale.

LISE: Pas du tout. Nous, les Français, nous avons une longue histoire—une histoire qui date depuis Charlemagne.

PIERRE: Charlemagne? Mais tu dis n'importe quoi! Qu'est-ce que Charlemagne a à faire avec le mouvement séparatiste provençal?

LISE: Mais c'est lui qui a unifié les peuples disparates et qui a créé un pays commun, la France.

PIERRE: Bien sûr, mais la centralisation a causé du tort aux identités régionales, euh, par exemple, en réduisant leur importance au niveau national. Jean m'a dit qu'il croyait que les grands problèmes comme la pollution, le chômage,[3] et puis... les centrales nucléaires... tout cela serait plus facile à résoudre au niveau régional.

LISE: Ça ne tient pas debout. Il faut absolument travailler ensemble.

PIERRE: En tout cas, tu ferais mieux de parler à Jean toi-même.

---

1. perdre la boussole *to lose one's marbles*   2. je n'avale pas *I won't buy it (familiar)*
3. le chômage *unemployment*

2. *Vérifiez le sens général*

ACTIVITE 2: Choisissez la phrase qui, d'après vous, donne le meilleur résumé du dialogue, puis soyez prêt(e) à expliquer dans quelle mesure vous êtes d'accord avec chacune des trois phrases.

1. Le rôle du gouvernement est de réunir les peuples qui habitent dans une région tout en respectant leurs différences.

2. Il y a tant de problèmes qu'on devrait coopérer afin de les résoudre au niveau mondial plutôt qu'au niveau national.

3. Chaque pays peut tracer ses racines à des hommes ou des femmes de grande vision. En France, un de ces hommes est Charlemagne.

ACTIVITE 3: Relisez le dialogue et puis vérifiez ces détails.

1. A quelle province est-ce que Jean peut tracer ses origines?

2. A votre avis, est-ce que Lise est pour ou contre le mouvement séparatiste? Faites une liste de ses arguments.

3. Est-ce que Jean est pour ou contre le mouvement séparatiste? Quelles sont ses idées là-dessus?

4. A votre avis, lesquels des arguments sont les plus valables? Avec qui êtes-vous d'accord?

5. Vous considérez-vous engagé(e) ou plutôt passif (-ive)? Et les étudiants de votre âge, sont-ils en général plus ou moins engagés que ceux des années 60? Expliquez votre réponse.

3. *Cherchez les expressions*

ACTIVITE 4: Relisez le dialogue et cherchez les expressions suivantes.

1. Quand on discute avec quelqu'un, on emploie souvent des mots et des expressions qui n'ont pas, en réalité, beaucoup de sens, mais qui servent à gagner du temps pour réfléchir à ce qu'on va dire. Etudiez la liste ci-dessous. Ajoutez à cette liste au moins trois expressions pour gagner du temps tirées du dialogue.

Pour gagner du temps

Euh...	Alors (euh)...	Bon (alors)...
Voilà...	Eh bien... (Ben...)	Eh bien, voilà...
Bien, euh...	Bien sûr...	Je ne vois pas...
C'est-à-dire que...	A mon avis...	Je voulais dire que... euh...
Tu sais...	Tu vois...	

2. Trouvez au moins cinq phrases dans le dialogue où on rapporte ce qu'une autre personne a dit.

ACTIVITE 5: Lisez la blague suivante. Répondez aux questions avec un(e) partenaire. Utilisez au moins cinq expressions pour gagner du temps.

D ans les autobus urbains, au-dessus de la place du conducteur, il y a toujours une petite pancarte. En Allemagne, on peut lire: «Il est strictement interdit[1] de parler au chauffeur.» En Italie: «Il vaut mieux[2] ne pas parler au chauffeur.» En Israël: «Il n'y a aucun intérêt[3] à parler au chauffeur.» Et à Marseille: «Il est défendu[4] de répondre au chauffeur.»

(NRJ Vacances)

---

1. interdire *to forbid*   2. il vaut mieux *it is better*   3. il n'y a aucun intérêt *there is no reason to*   4. défendre *to forbid*

1. Expliquez ce que la description veut dire des Allemands, des Italiens, des Israéliens ou des Marseillais.

2. Dites si vous êtes d'accord avec cette description.

3. Expliquez si vous trouvez la blague drôle ou pas. Justifiez votre opinion.

4. *Allez plus loin*

ACTIVITE 6: Etes-vous fier (fière) de votre origine? Comparez votre opinion avec celle des jeunes Français, rapportée dans *L'Express*.

Est-ce que tu es fier d'être français?
Oui = 79%
Non = 4%
N'est pas français = 9%
Sans opinion = 8%

1. Pouvez-vous expliquer pourquoi les jeunes Français sont fiers de leur origine et de leur pays? (Considérez leur langue, leurs monuments, leurs œuvres artistiques, leur style individuel, leur cuisine, leurs industries, leur rôle dans les affaires internationales,...)

2. Expliquez vos idées à vos camarades de classe. Utilisez des expressions pour gagner du temps. Vos collègues vont réagir et vous demander davantage de renseignements; ils (elles) vont également donner leur opinion de ce que vous dites.

ACTIVITE 7: Vous allez monter un débat dans votre classe. Discutez les propositions suivantes. Un groupe doit donner le pour tandis qu'un autre doit donner le contre. Il faudra aussi des secrétaires pour préparer les notes du débat. Une personne sera le maître de la cérémonie.

Propositions

1. La solution régionale d'un problème national n'a aucun sens.

2. Les grands problèmes comme l'économie, l'éducation et l'écologie seraient plus faciles à résoudre au niveau régional.

3. Il n'y a pas d'avancement possible. On ne fait que répéter les mêmes erreurs à chaque époque.

Structure   Le Discours indirect

Avant de commencer l'étude de la structure, faites les activités de préparation dans votre cahier d'exercices.

1. *Identifiez la structure*

It is often necessary to report what someone said in addition to what he or she did. This important reporting function is called *indirect speech*, or **discours indirect.** Skim **Vérifiez les détails** before reading the following mini-dialogue; then read the mini-dialogue and do the exercises.

—Tu viens?

—Je ne peux pas.

—Comment ça, tu ne peux pas? Tu as dit que tu allais venir à la manif.

—Quand ça?

—Hier soir, à table. Tu as dit à tout le monde que tu voulais venir. Tu nous as juré que tu étais contre la bombe atomique... et c'est là que tu m'as promis que tu allais venir.

—Eh bien, aujourd'hui je dis que je ne peux pas venir. J'ai un rapport très important à terminer.

2. *Vérifiez les détails*

A. 1. Le mini-dialogue traite de ___ faire les plans d'une soirée. ___ rapporter ce qu'on a dit la nuit précédente. ___ demander de clarifier ou de répéter. ___ s'excuser.

2. Pourquoi est-ce que le groupe se réunit?

3. Pourquoi est-ce que la seconde personne ne peut pas venir?

4. Le ton de cette conversation est ___ léger, amical. ___ tendu. ___ formel.

5. Comment le savez-vous?

B. Jouez les rôles de cette invitation trois ou quatre fois. A chaque fois, répondez à l'invitation d'une manière différente.

—*Tu viens à la manifestation ce soir? Non,...*

C. Trouvez dans le mini-dialogue quatre phrases où quelqu'un rapporte ce que quelqu'un d'autre a dit.

3. *Analysez les exemples*

Indirect discourse is used to report both statements and questions. Notice which verbs introduce reported speech in these examples.

affirmer	Il m'a affirmé que la sécession des provinces était le seul moyen d'établir une identité régionale.
annoncer	Il m'a annoncé que c'était l'Occitanie contre la France.
dire	Il m'a dit qu'il faisait la guerre!
expliquer	Il m'a expliqué que je devais me joindre à son groupe...
jurer	Tu nous as juré que tu étais contre la bombe atomique...
promettre	C'est là que tu m'as promis que tu allais venir.

Rapporter les déclarations

Que (qu') links an introductory verb such as **dire** with a reported statement, whether it is affirmative or negative. Note the resulting change in the personal pronoun in the following example: **Je** becomes **elle.**

Elle dit: «Je (ne) viens (pas) ce soir.»	Elle dit **qu'elle (ne) vient (pas)** ce soir.

- If the introductory verb is in the present tense, the tense of the verb(s) in the reported statement does not change.

Ils disent: «Nous venons à la manif.»	Ils disent **qu'ils viennent** à la manif.
Elle dit: «Je vais venir ce soir.»	Elle dit **qu'elle va venir** ce soir.
Il dit: «Je n'ai pas promis de venir.»	Il dit **qu'il n'a pas promis** de venir.

- If the introductory verb is in the past tense, the tense of the verb(s) in the reported statement changes as follows.

présent	→	*imparfait*
Elle a dit: «Je viens ce soir.»		Elle a dit **qu'elle venait** ce soir.

*futur (**aller** + verbe)*	→	*imparfait*
Elle a dit: «Je vais venir ce soir.»		Elle a dit **qu'elle venait** ce soir.

passé composé	→	*plus-que-parfait*
Il a dit: «Je n'ai pas promis de venir.»		Il a dit **qu'il n'avait pas promis** de venir.
imparfait	→	*imparfait (no change)*
J'ai dit: «J'avais trop de travail.»		J'ai dit **que j'avais** trop de travail.

Rapporter les questions

- **When reporting yes/no questions,** use **si (s')** in place of **que (qu').**

Elles demandent: «Vous venez ce soir?»	Elles demandent **si vous venez** ce soir.
Il voulait savoir: «Elle arrive à l'heure?»	Il voulait savoir **si elle arrivait** à l'heure.

- **When reporting information questions,** retain only the interrogative pronouns. Do not use **est-ce que** or inversion.

Il m'a demandé: «Quand est-ce que le roi est mort?»	Il m'a demandé **quand** le roi était mort.

a. **Qui est-ce qui** and **qui est-ce que** become **qui.**

Elle m'a demandé: «Qui est-ce qui est devenu roi?»	Elle m'a demandé **qui** était devenu roi.
Il m'a demandé: «Qui est-ce que tu as vu?»	Il m'a demandé **qui** j'ai vu.

b. **Qu'est-ce qui** becomes **ce qui.**

Ils ont demandé: «Qu'est-ce qui s'est passé ensuite?»	Ils ont demandé **ce qui** s'était passé ensuite.

c. **Qu'est-ce que** becomes **ce que.**

Il a demandé: «Qu'est-ce que tu as dit?»	Il a demandé **ce que** j'avais dit.

4. *Elaborez*

ACTIVITÉ 8: Employez le style indirect pour rapporter ce qu'on pourrait dire concernant la guerre gauloise entreprise par Jules César dans cette scène de la bande dessinée *Le Bouclier arverne.*

1. César annonce: «Je pars en Gaule.»

2. César insiste: «Nous allons revenir victorieux.»

3. César affirme: «Je vais révolutionner la société rurale et unifier les peuples gaulois.»

4. César jure: «Je vais implanter le Latin et éliminer la langue celtique.»

© 1992 LES ÉDITIONS ALBERT RENÉ / GOSCINNY-UDERZO

5. César a expliqué: «Je vais faire construire de grands centres urbains et des routes.»

6. César a promis à tout le monde: «Je vais instaurer la paix romaine.»

7. Les consuls à Rome ont demandé: «Vous allez imposer des taxes?»

8. Les centurions ont demandé: «Vous allez recruter des troupes parmi les Gaulois?»

ACTIVITE 9: Imaginez que vous étiez l'ami(e) d'un homme qui s'appelait Eginhard, qui vivait à la cour de Charlemagne. Le texte suivant décrit les observations d'Eginhard. Rapportez au moins dix de ces observations en employant le style indirect.

MODELE: Il était large et solide, grand...
Eginhard m'a dit que Charlemagne était large et solide, grand...

Il était large et solide, grand, sans passer la mesure, puisqu'on s'accorde à dire que sa taille égalait sept fois la longueur de son pied. Il avait le sommet du crâne rond, les yeux grands et vifs, le nez un peu plus grand que la moyenne, une belle chevelure blanche, l'air gai et de bonne humeur; tout cela lui donnait, tant assis que debout, beaucoup d'autorité et de dignité; bien qu'il eût le cou gros et un peu court, le ventre quelque peu proéminent, la juste proportion du reste du corps dissimulait ces défauts.

Il pratiquait de façon suivie l'équitation et la chasse, et il tenait cela de sa race, car il n'y a pas au monde de nation qui puisse rivaliser avec les Francs dans ces exercices. Il aimait aussi la chaleur des eaux thermales, il y nageait souvent et si bien que nul ne pouvait l'égaler.

(*Les Grandes Etapes de la civilisation française,* Jean Thoraval)

ACTIVITE 10: Considérez-vous le Moyen Age moins civilisé que l'âge de l'occupation romaine? Administrateur habile et guerrier redoutable, Charlemagne a doublé les dimensions de son royaume; il a encouragé les prêtres à poursuivre des études et il a établi des écoles pour la formation politique, intellectuelle et religieuse des jeunes. Rapportez cette leçon de philosophie entre le deuxième fils de Charlemagne, Pépin, et son maître, Alcuin, en employant le style indirect.

MODELE: Qu'est-ce que la vie?
Pépin a demandé ce qu'est la vie. Alcuin a répondu que...

PÉPIN: Qu'est-ce que la vie?

ALCUIN: Une jouissance pour les heureux, une douleur pour les misérables. L'attente de la mort.

PÉPIN: Qu'est-ce que la mort?

ALCUIN: Un événement inévitable, un voyage incertain, un sujet de pleurs[1] pour les vivants, la confirmation des testaments, le larron[2] des hommes.

PÉPIN: Qu'est-ce que l'homme?

ALCUIN: L'esclave[3] de la mort, un voyageur passager, hôte dans sa demeure.

PÉPIN: Comment l'homme est-il placé?

ALCUIN: Comme une lanterne exposée au vent...

(*Les Grandes Etapes de la civilisation française,* Jean Thoraval)

---

1. les pleurs (*m.*) *tears*   2. le larron *thief*   3. l'esclave *slave*

Aperçu culturel   *L'Identité nationale et régionale*

La mentalité collective est, avec la langue, le substrat d'une civilisation. La mentalité française s'est constituée lentement au cours des siècles et n'avait pas sensiblement évolué jusqu'à la Deuxième Guerre mondiale. D'où la persistance d'un certain nombre de traits et de comportements à partir desquels s'est élaborée une image du Français souvent simplifiée et réduite à un stéréotype. Une image pourtant plus complexe qu'elle ne paraît, et qui peut aider à comprendre certaines contradictions de l'histoire.

Certains ont essayé de retrouver, à travers la mentalité française, ce qui revient à chaque peuple: les Français devraient aux Celtes leur individualisme, aux Romains leur amour du droit et de l'ordre formel, aux Germains leur génie constructif, aux Normands leur esprit d'initiative.

Il existe dans certaines régions des populations d'un caractère ethnique particulier: Bretons, Alsaciens, Flamands, Basques, Catalans. Ces populations essayent récemment de maintenir leur identité régionale en soulignant leur

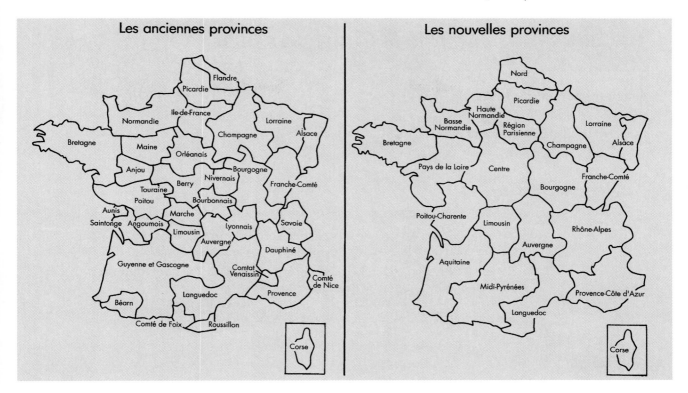

Les anciennes provinces

Flandre
Picardie
Ile-de-France
Normandie
Lorraine
Alsace
Champagne
Bretagne
Maine
Orléanais
Anjou
Bourgogne
Touraine
Berry
Nivernais
Franche-Comté
Poitou
Bourbonnais
Aunis
Marche
Saintonge
Angoumois
Lyonnais
Savoie
Limousin
Auvergne
Dauphiné
Guyenne et Gascogne
Comtat
Venaissin
Comté
de Nice
Provence
Béarn
Languedoc
Comté de Foix
Roussillon
Corse

Les nouvelles provinces

Nord
Picardie
Haute
Normandie
Basse
Normandie
Région
Parisienne
Lorraine
Bretagne
Champagne
Alsace
Pays de la Loire
Centre
Franche-Comté
Bourgogne
Poitou-Charente
Limousin
Rhône-Alpes
Auvergne
Aquitaine
Midi-Pyrénées
Provence-Côte d'Azur
Languedoc
Corse

caractère et leur langue: en Bretagne l'influence celtique et la langue bretonne; en Alsace l'influence germanique et l'allemand; en Flandre le flamand; en Gascogne le basque; en Languedoc et Roussillon le catalan. Divers mouvements régionaux mettent l'accent non seulement sur la diversité ethnique et linguistique, mais aussi sur certaines notions politiques régionales.

(deux premiers paragraphes du *Nouveau Guide France,* Guy Michaud et Alain Kimmel)

Analysez et discutez

1. Quelle est la motivation des divers mouvements régionaux? Est-ce que l'identité ethnique est leur seule raison d'être? Considérez d'autres raisons. A votre avis, est-ce que ces raisons sont importantes?

2. Quels sont les avantages et les désavantages des mouvements ethniques régionaux? Considérez l'importance de l'expression ethnique aussi bien que le besoin d'une identité nationale.

3. Connaissez-vous des mouvements politiques régionaux en Amérique du Nord? Considérez par exemple le français au Québec. Existe-t-il des mouvements politiques ethniques aux Etats-Unis?

SECTION 2   *Moi, je le trouve très bien*

Fonctions communicatives

Rôle 1

Rapporter une suite d'événements dans le passé

Rôle 2

Encourager la conversation

Tout d'abord

ACTIVITE 1: Réfléchissez aux questions suivantes.

1. A votre avis, qu'est-ce que c'est que le conformisme? Préparez une définition et comparez-la avec celle de quelques camarades de classe.

2. Et vous? Vous considérez-vous plutôt conformiste ou non-conformiste? Comment êtes-vous en ce qui concerne
   a. vos habits?   b. vos études?   c. vos idées politiques?
   d. votre carrière idéale?   e. votre style de vie?

Par ici

1. *Ecoutez la scène*

🎧 LE NOUVEAU CHAPEAU

Lisez les résumés de l'activité 2 et ensuite écoutez la scène.

Philippe arrive avec un nouveau chapeau.

2. *Vérifiez le sens général*

ACTIVITE 2: Choisissez la phrase qui représente le mieux l'idée principale de la scène.

1. Philippe est moins conformiste qu'André.
2. Les Français ont un style qui leur permet d'exprimer leur identité individuelle.
3. Il ne faut jamais discuter des goûts individuels.

ACTIVITE 3: Répondez aux questions suivantes.

1. Est-ce que Philippe a décidé quand même de porter ce chapeau?
2. Comment est-ce qu'il explique son choix?
3. Est-ce que vous porteriez un chapeau extravagant? Pourquoi ou pourquoi pas?

3. *Cherchez les expressions*

ACTIVITE 4: Lisez la liste d'expressions pour encourager quelqu'un à parler. Ensuite écoutez la scène encore une fois et indiquez celles que vous avez entendues.

—— 1. Tu veux dire quelque chose?   —— 6. Ne sois pas timide!
—— 2. Tu n'es pas d'accord avec moi? —— 7. Et toi, tu ne dis rien?
—— 3. Dis ce que tu as à dire!   —— 8. Tu n'as rien d'autre à dire?
—— 4. Et vous, votre avis?   —— 9. Comment ça?
—— 5. C'est à vous!   —— 10. Qu'est-ce que tu voulais me dire?

ACTIVITE 5: Décrivez à votre partenaire le conformisme ou l'individualisme que vous observez chez votre meilleur(e) ami(e). Employez des expressions pour gagner du temps. Votre partenaire emploiera des expressions pour encourager la conversation.

MODELE: *(Commencer la conversation)*   —Moi, je trouve mon ami(e) plutôt conformiste/indivi-dualiste.

(Encourager la conversation)   —Comment ça?

(Gagner du temps)   —Par exemple, il (elle) fait les choses comme tout le monde/d'une façon indivi-duelle.

(Encourager la conversation)   —Vous avez quelque chose à
ajouter?

(Gagner du temps)   — ...

4. *Allez plus loin*

ACTIVITE 6: Regardez autour de vous et notez ce que tout le monde porte.

1. Est-ce que vos camarades de classe s'habillent de la même façon ou est-ce que leurs vêtements expriment un style personnel?

2. D'après ce que vous avez remarqué, est-ce que vos camarades de classe vous semblent plutôt conformistes ou non conformistes?

3. Est-ce que vous aimez porter des vêtements qui sont plutôt comme ceux de tout le monde? Pourquoi?

4. Y a-t-il des jours ou des occasions où vous préférez vous habiller d'une façon distincte pour exprimer votre caractère individuel? Quand? Qu'est-ce que vous aimez porter dans ces cas-là? Pourquoi?

ACTIVITE 7: Lisez les opinions du magazine *Star Club* en ce qui concerne la mode et le style personnel, puis choisissez quelques phrases de la liste et parlez-en à un(e) partenaire. Quand vous discutez, n'oubliez pas d'employer des expressions pour gagner du temps et pour encourager votre partenaire à s'expliquer davantage.

IN ou OUT? Les années passent et ne se ressemblent pas. Les modes, elles, suivent le courant des inspirations de ceux qui les créent. A l'aube des années 90, nous avons essayé de savoir ce qui, sur les plages, dans les villes ou dans les campagnes, marquerait les grandes tendances de cet été. A vous de juger.

IN   Tout ce qui brille n'est pas or: les teintes or, argent, les vêtements en lurex

IN   Les maillots de bain une pièce forme short en lycra

IN   Les shorts courts, à porter superposés sur un autre pantalon ou sur un collant[1] opaque.

OUT   Le fluo,[2] sous toutes ses formes

OUT   Le mono-kini

IN   Les sweats ou T shirts à capuche[3]

IN   Les imprimés fleuris

IN   Les lunettes de soleil rondes

OUT   Les cheveux gominés[4]

OUT   L'instabilité amoureuse

OUT   Le bronzing forcené sur les plages

IN   Les robes en lycra ou en stretch, très près du corps

IN	Les sacs à dos en nylon
IN	Les baskets «Reebok» ou «Adidas»
OUT	L'aérobic
OUT	Le Funk
OUT	Le racisme
OUT	Jeter papiers, sacs plastiques ou autres détritus sur les plages ou dans les campagnes
IN	Les parfums Chanel, Guerlain, Saint-Laurent

(Star Club)

1. le collant *tights, pantyhose*   2. le fluo *fluorescent items*   3. à capuche *hooded*
4. gominé *plastered down*

Structure   Le Plus-que-parfait

📖 Avant de commencer l'étude de la structure, faites les activités de préparation dans votre cahier d'exercices.

1. *Identifiez la structure*

The process of recounting a series of events usually requires a clear sense of the time relationships among the events. A common way to report a past action that precedes other past actions is to use the **plus-que-parfait** (pluperfect tense). Skim **Vérifiez les détails** before reading the following mini-dialogue; then read the mini-dialogue and do the exercises.

—Vous les avez retrouvées?

—De quoi parlez-vous?

—Des lettres. Je vous ai demandé de chercher les lettres dont vous m'aviez parlé.

—**Je regrette mais je ne me souviens pas de ces lettres.**

—Mais si, il s'agit de lettres de votre grand-père qui décrivait sa vie pendant la guerre. Vous avez dit que vous les aviez rangées quelque part.

—Oh, oui, que je suis bête! Les lettres de grand-père, bien sûr. Malheureusement je ne les ai pas trouvées.

2. *Vérifiez les détails*

A. 1. Dans le mini-dialogue, de quoi parlent ces gens?
   2. Pourquoi est-ce que la personne essaie d'obtenir ces documents?
   3. Est-ce que vous voudriez les lire? Dites pourquoi.

B. Avec un(e) partenaire, jouez les rôles des deux personnages. Gardez le thème principal et faites au moins cinq répliques, commençant avec «Je vous ai demandé de...».

C. Trouvez deux phrases dans le mini-dialogue qui contiennent une action qui précède une autre. Identifiez les deux actions dans chaque phrase.

3. *Analysez les exemples*

La Formation du plus-que-parfait

Like the **passé composé,** the pluperfect tense is formed with two verbs. The pluperfect tense uses the imperfect form of the auxiliary verb **avoir** or **être** plus a past participle. Note that the pluperfect tense follows the same rules for agreement and patterns for negation/interrogation as the **passé composé.**

avoir + *past participle*	*être* + *past participle*
J'avais porté un chapeau Bogart.	**J'étais allé(e)** faire les magasins pour le trouver.
Tu avais gagné le prix du plus beau costume.	**Tu étais venu(e)** avec moi faire les courses.
Il (On) avait cherché de vieux habits.	**Il (On) était arrivé** en retard.
Elle avait acheté un vieux chapeau.	**Elle était partie** chercher des accessoires.
Nous avions cherché dans ses films.	**Nous étions rentré(e)s** chez nous.
Vous aviez consulté des photographies.	**Vous étiez sorti(e)(s)** ce soir en costume.
Ils avaient regardé les vieux films.	**Ils étaient devenus** célèbres pour leur style.
Elles avaient aimé le spectacle.	**Elles étaient devenues** riches aussi.

L'Emploi du plus-que-parfait

The pluperfect tense is used to report a past action which already had taken place before another action in the past. Notice these examples from the scene and from the mini-dialogue. Which action(s) occurred first in each sentence?

Bogart avait déjà gagné plusieurs prix et **il avait atteint** une grande renommée **quand il portait** ce chapeau.

Je vous **ai demandé** de chercher les lettres dont **vous m'aviez parlé.**
Vous m'**avez dit** que **vous** les **aviez rangées** quelque part.

4. *Elaborez*

ACTIVITE 8: Décrivez ce qui est arrivé à l'occasion d'un voyage en famille.
Faites une seule phrase avec chaque paire d'actions, selon le modèle.

> MODELE: Tu voyages en France / acheter ta voiture
> *Tu avais voyagé en France avant d'acheter ta voiture.*

1. Mon père gagne un grand prix / aller à Hollywood
2. Je trouve la lettre annonçant la nouvelle / déjeuner
3. Tu téléphones à Luc / apprendre la nouvelle
4. Vous annoncez la nouvelle à vos amis / partir
5. Nous visitons l'Arizona / aller en Californie
6. Martine écrit des lettres chaque soir / se coucher

ACTIVITE 9: Répondez aux questions suivantes d'après votre expérience
personnelle.

1. Quelles sont les origines de votre famille? Dans quels pays est-ce que vos
   grands-parents avaient habité autrefois? Et vos arrière-grands-parents?
2. Qu'est-ce qui est arrivé à votre famille avant de venir aux Etats-Unis?
   Décrivez leur vie quotidienne si vous en connaissez des détails.
3. Qu'est-ce que vos grands-parents faisaient avant de donner naissance à
   vos parents?
4. Qu'est-ce que vos parents faisaient avant de se rencontrer?
5. Où habitiez-vous avant de venir ici?

Aperçu culturel   Le Conformisme et l'individualisme

La façon de vivre des Français fut pendant très longtemps conditionnée
par leur attachement à des valeurs acquises dès la naissance et rarement
mises en question. Le sens de la patrie, la pratique religieuse, l'enracinement culturel à l'histoire, à la région, à la nation constituaient le cadre
général à l'intérieur duquel se déroulait la vie. Tous ces grands sentiments
d'appartenance à un pays, une religion, une culture, une classe sociale sont

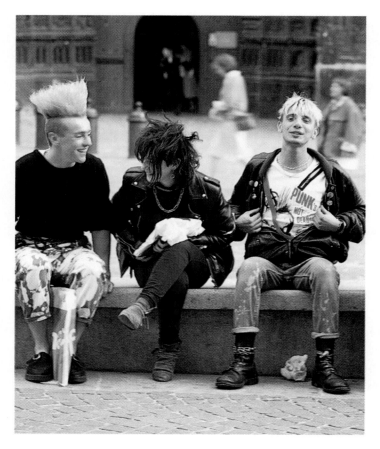

aujourd'hui en déclin. Il s'ensuit une déstabilisation mentale qui se traduit par un néoconservatisme semblable à celui qui s'est développé aux Etats-Unis.

Elevés dans l'idée que les intérêts particuliers doivent s'effacer devant l'intérêt général, beaucoup de Français n'en sont plus aujourd'hui aussi convaincus. Partant du principe qu'on ne vit qu'une fois, ils souhaitent que cette vie soit heureuse et conforme à leur personnalité profonde. D'où le refus croissant de toute contrainte, qu'elle soit imposée par l'Etat, la religion, le travail ou la famille.

Alors les énergies individuelles, jusqu'ici au service des grandes causes, se mobilisent aujourd'hui pour que triomphe le «moi». Pour remplacer les anciennes références, les Français sont donc en train de se créer de nouveaux ports d'attache. Ces nouvelles appartenances se décrivent beaucoup mieux en termes de modes de vie et de pensée qu'en termes d'adhésion à une classe sociale, un mouvement politique ou religieux. Le résultat est que l'on trouve aujourd'hui plus d'individualisme que de solidarité.

(*Francoscopie*, Gérard Mermet)

Analysez et discutez

1. L'auteur du texte, Gérard Mermet, remarque un mouvement vers l'individualisme chez les Français. Quelles en sont les causes d'après Mermet?

2. D'après ce que vous savez du caractère français, vous semble-t-il que les Américains sont plus ou moins conformistes que les Français? Et les Américains de votre âge? Et les plus âgés que vous? Et les moins âgés que vous? Justifiez votre opinion avec des exemples.

3. Est-ce qu'il y a un caractère ou un style national américain? Y a-t-il des caractères régionaux américains? Lesquels? Décrivez-les. Pouvez-vous citer des exemples du conformisme et de l'individualisme dans la société américaine? Quel rôle jouent les médias aux Etats-Unis en ce qui concerne le conformisme?

4. Dans quelle mesure est-il essentiel que les membres d'une société acceptent la conformité? Quel est le rôle de l'individualisme dans la société?

SECTION 3 — *On parle de révolution*

Fonctions communicatives

Rôle 1

Raconter un passé historique

Rôle 2

Réagir aux faits historiques

Stratégies de lecture

Trouver les familles de mots
Comprendre les préfixes et les suffixes

Stratégies de composition

Faire un brouillon

Tout d'abord

ACTIVITE 1: Réfléchissez aux questions suivantes.

1. Est-ce que la révolution est une solution aux problèmes politiques? Pourquoi ou pourquoi pas?

2. Est-ce qu'il y a d'autres façons d'effectuer des changements politiques? Lesquels?

3. Est-ce qu'il y a des situations où la révolution est inévitable? Lesquelles?

4. Quelles sont les conséquences possibles d'une révolution?

5. D'après ce que vous savez de la Révolution française, est-ce qu'elle a produit des résultats positifs? Lesquels?

Avant la lecture

Finding Root Words

You can determine the meaning of an unfamiliar word by analyzing its root, or base word. A root word retains its meaning when it appears in other parts of speech or in compound words that are derived from it. Consider the word **nommer** (*to name*). Locate the root or base form in the following members of the same word family.

un nom   une nomination   renommer   innommable

Now find the root and guess the meaning of the word **dénommé** in this sentence from *Le Nouveau Petit Ami* (page 100).

Le dénommé Marc entre.

ACTIVITE 2: Regardez le passage suivant, *La Révolution française*. Identifiez les mots de la même famille et leur racine.

1. Un mot dans la famille **puissance** est employé dans la première phrase. Identifiez les mots suivants de la même famille. Donnez leur catégorie grammaticale (nom, verbe, adjectif, adverbe) et leur définition.

    puissant(e)   puissamment   impuissant

2. Dans la même phrase, l'auteur utilise le verbe **assurer.** Identifiez les mots suivants de la même famille. Donnez leur catégorie grammaticale (nom, verbe, adjectif, adverbe) et leur définition.

    un(e) assuré(e)   un assureur   une assurance
    assuré(e)   assurément   assurable
    assurer

3. Choisissez trois autres mots du même passage. Trouvez la racine de chaque mot. Employez un dictionnaire pour trouver la définition de la racine et pour trouver d'autres mots de la même famille.

ACTIVITE 3: La Révolution marque le point tournant de l'histoire moderne et définit ce que deviendra la France moderne. Le passage suivant, tiré de *Les Grandes Etapes de la civilisation française* par Thoraval, donne les grands traits de cette histoire. Que savez-vous de la Révolution française? Pensez aux circonstances qui précèdent la Révolution et à celles qui la suivent.

Lecture

Avant de lire le passage, lisez les résumés de l'activité 4. Ensuite lisez le passage et faites les activités qui suivent.

LA RÉVOLUTION FRANÇAISE

La mort de Louis XIV, en 1715, marque la fin d'une époque dont sa puissante personnalité assurait l'unité, malgré les revers extérieurs, les mécontentements et les[...] opposants de toutes sortes.[...] Cependant, les institutions et les cadres sociaux sont toujours en place. Louis XV, qui règne à partir de 1723, laisse le cardinal Fleury, vieillard habile[1] et actif, remettre en ordre les finances et pacifier les esprits de 1726 à 1743. Mais la guerre menace un équilibre financier fragile; les inutiles projets de réforme des impôts[2] de Machault d'Arnouville sont abandonnés en 1751, après une âpre[3] lutte[4] contre les privilégiés. Les insuffisances de la politique étrangère et les échecs[5] militaires aggravent le mécontentement.

Le milieu du siècle est marqué par une effervescence générale et les sciences progressent rapidement.[...] Le prestige de Paris n'a jamais été plus éclatant et la société mondaine plus raffinée.[...] Mais les dernières années de Louis XV voient les nuages sombres s'amonceler[6].[...] Quand le roi meurt, son impopularité s'est étendue à la monarchie elle-même. Comment Louis XVI, qui n'a guère d'autorité, pourrait-il soutenir le programme intelligent[...] d'économies,

Exécution de Louis XVI

réforme fiscale, libération du commerce et appel à l'opinion publique? Les privilégiés bloquent tout. Aussi la crise financière toujours plus aiguë[7] rend nécessaire la convocation des Etats généraux. Cependant, la lutte philosophique devient plus âpre et les écrivains se montrent de plus en plus agressifs contre les traditions religieuses ou politiques, plus audacieux contre les institutions sociales. Ils s'autorisent de l'accélération du progrès scientifique, et des découvertes... pour diffuser leurs idées et s'imposer. Un autre ennemi de l'ordre établi apparaît: Jean-Jacques Rousseau, au nom du cœur, de la sensibilité, de la nature, vitupère à son tour la société hypocrite et immorale de son temps.

 A partir de 1787, les événements se précipitent: les Etats généraux sont convoqués à Versailles le 5 mai 1789 et le processus irréversible est déclenché:[8] l'assemblée renverse bientôt l'ancien régime et instaure, par la Constitution de 1791, une monarchie constitutionnelle. L'insurrection du 10 août 1792 aboutit à un gouvernement républicain qui prend en 1795 la forme d'un Directoire, jusqu'au coup d'Etat du 18 brumaire* (9 novembre 1799), qui met fin à la Révolution en instituant la dictature de Bonaparte.

40
45
50

(Les Grandes Etapes de la civilisation française, Jean Thoraval)

---

1. habile *clever* 2. les impôts (*m.*) *taxes* 3. âpre *bitter* 4. la lutte *struggle, fight*
5. l'échec (*m.*) *defeat, loss* 6. s'amonceler *to gather* 7. aigu *steep, sharp*
8. déclencher *to set off*

Après la lecture

ACTIVITE 4: Lisez les quatre résumés ci-dessous. Choisissez les phrases qui donnent le résumé le plus exact du passage.

1. On décrit les événements qui précèdent et qui suivent la Révolution française.

2. On justifie l'existence de la monarchie française, et on donne les raisons pour et contre ce genre de gouvernement.

3. On fait le portrait de trois grands rois français: Louis XIV, Louis XV et Louis XVI.

4. On explique pourquoi le peuple français s'est révolté contre la monarchie.

ACTIVITE 5: Relisez le passage et vérifiez les détails.

1. Qu'a signifié la mort de Louis XIV?

2. Qu'est-ce qui caractérisait le règne de Louis XVI?

3. En quoi est-ce que les écrivains ont contribué à la Révolution?

4. Quelles étaient les étapes principales de la Révolution?

5. Quel événement a mis fin à la Révolution?

---

* Il s'agit du deuxième mois du calendrier républicain (23 oct.–21 nov.). Les révolutionnaires ont même voulu changer le calendrier!

Avant la lecture

Recognizing Suffixes and Prefixes

Roots words may be transformed from one part of speech or from one meaning to another by adding a prefix at the beginning of the root or a suffix to the
end. For example, look at the following chart of a few common suffixes and
prefixes.

Prefix		Suffix	
re-	*again*	**-ment**	*-ly (adverb)*
in-/im-	*un-, not*	**-eur**	*-or, one that does*
ir-	*ir-, negative*	**-é(e)**	*past participle/adjective, entire*

ACTIVITE 6: Identifiez les préfixes et suffixes suivants.

1. Quel est le préfixe dans le mot **renommer**? Qu'est-ce qu'il veut dire?
   Trouvez un autre préfixe en **re-** dans le premier paragraphe de *La
   Révolution française.*

2. Identifiez le préfixe et le suffixe dans le mot **innommable.** Que veut-il
   dire? Trouvez un autre mot avec le préfixe **in-** ou **im-** dans le premier
   paragraphe de *La Révolution française.* Le mot **utile** est employé dans le
   paragraphe. Quel est le contraire de ce mot? Quel préfixe pouvez-vous
   employer pour former ce mot?

3. Les préfixes **mé-** et **ir-** se trouvent aussi dans *La Révolution française.*
   Trouvez les mots dans lesquels ils se trouvent. Que veulent dire ces préfixes?

4. Le suffixe **-ée** se trouve deux fois dans le premier paragraphe de l'article,
   L'Escarpin de Marie-Antoinette, qui suit. Trouvez les mots dans lesquels ils se
   trouvent. Quelle est la définition des mots qui emploient ce suffixe?

ACTIVITE 7: Identifiez Marie-Antoinette dans le portrait au début du
chapitre. Décrivez son apparence physique et ajoutez autant que possible ce
que vous savez déjà de son caractère.

ACTIVITE 8: Lisez rapidement l'article suivant, tiré de *Paris Match.* D'après le
titre et la photo, pouvez-vous deviner ce que veut dire le mot **escarpin**? Si
vous n'êtes pas sûr(e), lisez les quatre premières lignes de l'article. De quoi
s'agit-il?

Lecture

L'ESCARPIN DE MARIE-ANTOINETTE

Cet escarpin a franchi[1] l'Histoire. Il avait disparu dans la matinée du 16 octobre 1793. Ce jour-là, date tragique, la reine de France passait par la Concorde. Mais en triste équipage: une chemise blanche et un petit bonnet. On était loin des grands tralalas[2] des soirées versaillaises de la décennie précédente. Seul petit détail élégant: 5
Marie-Antoinette avait conservé une paire de chaussures en soie bleue et taffetas crème avec un petit talon et une pointe vers le haut, «à la turque». Et là, sinistre et délicieux incident, elle en a perdu une. Montant la dernière marche de l'échafaud, elle trébucha[3] contre le bourreau[4] et s'en excusa ainsi: «Je vous demande bien le pardon, 10
monsieur.» On n'était pas mieux élevé, mais, dans ce déséquilibre, un de ses souliers glissa. Récupéré sous la guillotine, il fut sauvé par des nostalgiques de l'Ancien Régime. Puis acquis par le musée de Caen. Qui le prête aujourd'hui au Metropolitan Museum de New York à l'occasion de son exposition sur les costumes français de l'ère napolé- 15
onienne. Et là-bas, sur les bords de l'Hudson, c'est la folie: les gens se précipitent sur le dernier escarpin capétien du XVIIIe siècle. C'est simple, à leur tour, ils en perdent la tête.

(Paris Match)

---

1. franchir *to span*   2. le tralala *fuss*   3. trébucher *to trip*   4. le bourreau *executioner*

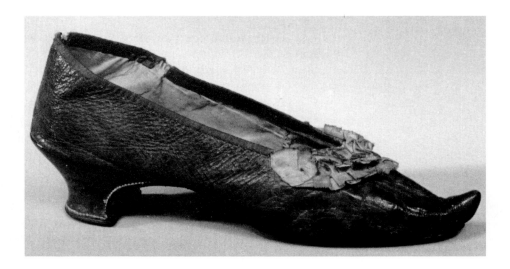

Après la lecture

ACTIVITE 9: Relisez rapidement le passage.

1. Ecrivez une phrase pour expliquer l'idée principale du passage.

2. Après avoir écrit votre phrase, mettez-vous en groupes de trois ou quatre et lisez vos phrases à haute voix. Comparez-les.

3. Mettez ensemble les meilleures parties de chaque phrase pour former une phrase plus longue qui précise le sujet du passage.

ACTIVITE 10: Relisez le passage et vérifiez les détails.

1. Comment est-ce que Marie-Antoinette s'était habillée le 16 octobre 1793? Pourquoi pensez-vous qu'on lui a fait porter de tels vêtements? Pourquoi a-t-elle gardé cette paire de chaussures?

2. Pourquoi s'est-elle excusée auprès du bourreau? Trouvez-vous étrange qu'elle s'excuse devant cet homme?

3. Racontez en trois ou quatre phrases comment la chaussure est arrivée au musée à New York.

4. Pourquoi pensez-vous que tout le monde voudrait aller voir ce soulier célèbre? Voudriez-vous aller le voir?

5. On emploie l'expression **perdre la tête** pour décrire la réaction des gens à New York. Que veut dire cette expression au sens littéral et au sens figuré? La trouvez-vous drôle?

ACTIVITE 11: Répondez aux questions suivantes.

1. Les deux passages donnent chacun une vue différente de la Révolution française. Lequel préférez-vous? Pourquoi?

2. D'après le premier passage, il y a eu au moins quatre gouvernements français différents en dix ans. Pouvez-vous expliquer pourquoi? Y avait-il une période semblable dans l'histoire de votre pays? Quand? Qu'est-ce qui s'est passé?

3. D'après ce que vous savez de cette période de l'histoire de France, auriez-vous aimé vivre pendant cette période? Soyez prêt(e) à expliquer votre réponse.

Structure   Le Passé simple
                   Le Passé antérieur

Avant de commencer l'étude de la structure, faites les activités de préparation dans votre cahier d'exercices.

1. *Identifiez la structure*

The **passé simple** is used to narrate past events, replacing the **passé composé** in formal, historical, or literary texts. You may not need to speak or write using the **passé simple,** but you will need to recognize it when reading in French. Skim **Vérifiez les détails** before reading the following passage; then read the passage and do the exercises.

Louis XIV représente certaines caractéristiques des Français. Dans le passage qui suit, tiré du roman *L'Enfant noir* par Camara Laye, l'auteur propose que le serpent représente sa propre culture.

La nuit suivante, je revis le serpent en rêve. «Je suis venu comme je t'en avais averti, dit-il, et toi, tu ne m'as fait nul accueil; et même je te voyais sur le point de me faire mauvais accueil: je lisais dans tes yeux. Pourquoi me repousses-tu? Je suis le génie de ta race, et c'est en tant que génie de ta race que je me présente à toi comme au plus digne. Cesse donc de me craindre et prends garde de me repousser, car je t'apporte le succès.» Dès lors, j'accueillis le serpent quand, pour la seconde fois, il se présenta; je l'accueillis sans crainte, je l'accueillis avec amitié, et lui ne me fit jamais que du bien.

(*L'Enfant noir,* Camara Laye)

2. *Vérifiez les détails*

A. 1. Dans le passage, le narrateur rapporte des événements qui ont eu lieu où?
   2. Faites un résumé de ce que dit le narrateur.
   3. Quand il a entendu le message, qu'est-ce que le narrateur a fait? Quels ont été les résultats?

B. Le narrateur et le serpent emploient deux temps différents.
   1. Quel(s) temps emploie le serpent? Pourquoi?
      ___ imparfait.   ___ passé composé.   ___ passé simple.
   2. Quel(s) temps emploie le narrateur? Pourquoi?
      ___ imparfait.   ___ passé composé.   ___ passé simple.

3. *Analysez les exemples*

La Formation du passé simple: les verbes réguliers

The **passé simple,** as the name implies, is a simple tense; that is, it does not use an auxiliary verb. Regular verbs add the following endings to the verb stem. Note that an **accent circonflexe** is used in the **nous** and **vous** forms.

-er *penser* (stem = *pens-*)	-ir *réfléchir* (stem = *réfléch-*)	-re *attendre* (stem = *attend-*)
je pens**ai**	je réfléch**is**	j'attend**is**
tu pens**as**	tu réfléch**is**	tu attend**is**
il/elle/on pens**a**	il/elle/on réfléch**it**	il/elle/on attend**it**
nous pens**âmes**	nous réfléch**îmes**	nous attend**îmes**
vous pens**âtes**	vous réfléch**îtes**	vous attend**îtes**
ils/elles pens**èrent**	ils/elles réfléch**irent**	ils/elles attend**irent**

La Formation du passé simple: les verbes irréguliers

Irregular verbs add the endings **-s, -s, -t, -^mes, -^tes, -rent** to the stem to form the **passé simple.** For many irregular verbs, the past participle is used as the stem. Again, note the **accent circonflexe** in the **nous** and **vous** forms.

Infinitive	*Stem*	*Il form*	*Elles form*
avoir	eu-	il **eut**	elles **eurent**
boire	bu-	il **but**	elles **burent**
conduire	conduisi-	il **conduisit**	elles **conduisirent**
connaître	connu-	il **connut**	elles **connurent**
craindre	craigni-	il **craignit**	elles **craignirent**
croire	cru-	il **crut**	elles **crurent**
devenir	devin-	il **devint**	elles **devinrent**
devoir	du-	il **dut**	elles **durent**
dire	di-	il **dit**	elles **dirent**
écrire	écrivi-	il **écrivit**	elles **écrivirent**
être	fu-	il **fut**	elles **furent**
faire	fi-	il **fit**	elles **firent**
lire	lu-	il **lut**	elles **lurent**
mettre	mi-	il **mit**	elles **mirent**
mourir	mouru-	il **mourut**	elles **moururent**
naître	naqui-	il **naquit**	elles **naquirent**
ouvrir	ouvri-	il **ouvrit**	elles **ouvrirent**
paraître	paru-	il **parut**	elles **parurent**

Infinitive	Stem	Il form	Elles form
prendre	pri-	il **prit**	elles **prirent**
recevoir	reçu-	il **reçut**	elles **reçurent**
rire	ri-	il **rit**	elles **rirent**
savoir	su-	il **sut**	elles **surent**
tenir	tin-	il **tint**	elles **tinrent**
venir	vin-	il **vint**	elles **vinrent**
vivre	vécu-	il **vécut**	elles **vécurent**
voir	vi-	il **vit**	elles **virent**
vouloir	voulu-	il **voulut**	elles **voulurent**

La Formation du passé antérieur

The **passé antérieur** is another literary tense; it is equivalent to the **plus-que-parfait.** In formal writing, the **passé antérieur** is used to report an action which took place before another action in the past. The **passé antérieur** is a compound tense, formed by combining the **passé simple** of the auxiliary verb **avoir** or **être** with the past participle of the main verb.

avoir + past participle	*être* + past participle
j'**eus parlé**	je **fus allé(e)**
tu **eus parlé**	tu **fus allé(e)**
il/elle/on **eut parlé**	il/elle/on **fut allé(e)**
nous **eûmes parlé**	nous **fûmes allé(e)s**
vous **eûtes parlé**	vous **fûtes allé(e)(s)**
ils/elles **eurent parlé**	ils/elles **furent allé(e)s**

L'Emploi du passé simple et du passé antérieur

The uses of the literary tenses, the **passé simple** and the **passé antérieur,** correspond to the uses of the less formal **passé composé** and **plus-que-parfait** for narrating events in the past. Compare the French translations of the following English sentence.

> As soon as one of the shoes slipped out, a nostalgic adherent to the Old Regime saved it.

For conversation and most types of writing: **passé composé** and **plus-que-parfait** would be used.

> Dès qu'un des souliers **avait glissé,** un nostalgique de l'Ancien Régime l'**a sauvé.**

For classic literary, historical, or formal writing: **passé simple** and **passé antérieur** would be used.

> Dès qu'un des souliers **eut glissé,** un nostalgique de l'Ancien Régime le **sauva.**

The imperfect may be used with either the **passé simple** or the **passé antérieur,** as in the following examples.

> La première fois que je le **vis** (*passé simple*) réellement, je **pris** (*passé simple*) peur. Je le **tenais** (*imparfait*) pour un serpent comme les autres.[...] J'aurais pu facilement le rattraper: **il eût suffi** (*passé antérieur*)de quelques enjambées; mais une sorte de paralysie m'**immobilisait** (*imparfait*).

> (*L'Enfant noir*, Camara Laye)

4. *Elaborez*

ACTIVITE 12: Lisez le passage suivant. Ensuite identifiez le temps de chaque verbe. Soyez prêt(e) à donner un résumé du passage.

> Le 14 juillet, les masses populaires parisiennes attaquèrent et pillèrent un dépôt d'armes aux Invalides[*]. Elles se ruèrent[1] ensuite sur la Bastille. La vieille forteresse ne se défendit pas. Après un semblant de résistance, elle capitula à des conditions que le peuple ne respecta pas. Et le massacre du gouverneur de Launay fut le premier crime de la Révolution.
>
> La prise de la Bastille n'a été, en somme, qu'une émeute[2] à la suite de beaucoup d'autres, et qui tenait avant tout à l'état d'inquiétude où était plongée la France, émeute qui avait pris néanmoins[3] des proportions considérables et qui s'était tournée contre un vieux symbole de l'Ancien Régime. Mais ses conséquences furent incalculables.
> [...]
> En France, tout croula[4] en six semaines. [...] L'Ancien Régime qui reposait sur le pouvoir monarchique tomba, alors que le roi restera debout trois ans encore. [...] La chute[5] se produisit avec une rapidité vertigineuse et en pleine paix.

> (*Les Deux Révolutions françaises*, Guglielmo Ferrerro)

---

1. se ruer *to rush*   2. l'émeute (*f.*) *riot*   3. néanmoins *nevertheless*   4. crouler *to crumble*
5. la chute *fall*

ACTIVITE 13: **Relisez le passage «L'Escarpin de Marie-Antoinette» (page 134) et identifiez le temps de chaque verbe. Ensuite, si le verbe est au passé simple, mettez-le au passé composé.**

---

[*] *Les Invalides* is a building that once housed a military school.

ACTIVITE 14: Le passé simple n'est pas utilisé exclusivement pour les textes historiques. On trouve des textes de la littérature populaire écrits au passé simple, par exemple, l'extrait suivant d'un roman policier. Lisez-le et identifiez le temps des verbes. Attention, il y en a plusieurs.

Quand on apprit, par les journaux, que Raphaël Dorchain venait d'être arrêté, l'émotion fut considérable. Sa vie privée fut étalée[1] sans pudeur. Les photographies ornant sa chambre furent reproduites en première page. On avait évidemment affaire à un obsédé qui cherchait à se consoler en contemplant les catastrophes dont les autres étaient victimes. Et bientôt une polémique s'engagea: Raphaël Dorchain était-il vraiment le coupable, ou bien n'était-ce pas plutôt le «boiteux[2]», dont la police semblait avoir renoncé à trouver la trace?

(*La Justice d'Arsène Lupin*, Pierre Boileau et Thomas Narcejac)

_____

1. étalé *spread out*   2. le boiteux *man with a limp*

Comment écrire   *Faire un brouillon*

Quand on commence à écrire un paragraphe, on a souvent l'impression qu'on n'a pas d'idée en tête. La page blanche bloque les idées et il devient impossible d'écrire. Pour vous débloquer, écrivez tout ce qui vous vient en tête, même si cela n'a aucun rapport avec le sujet de votre composition. Ecrivez tout et ne vous arrêtez pas.

Si vous écrivez avec du papier, écrivez pendant trois minutes. Si vous écrivez avec un ordinateur, tapez directement sur l'écran sans cesse. Vous pouvez aussi réduire la luminosité à zéro pour ne pas voir ce que vous écrivez. Ecrivez pendant trois minutes. A la fin des trois minutes, lisez ce que vous avez écrit et commencez à organiser votre brouillon.

1. Choisissez une phrase principale (une phrase qui résume votre idée).

2. Trouvez deux ou trois exemples.

3. Choisissez une phrase qui donne une conclusion. Recopiez les phrases et les fragments de phrase utiles et mettez de l'ordre dans votre travail.

A écrire

ACTIVITE 15: Ecrivez pendant trois minutes sur un des sujets suivants, sans vous arrêter et sans vous critiquer. A la fin des trois minutes, regardez ce que vous avez écrit. Y trouvez-vous des idées intéressantes sur votre sujet?

1. la révolution américaine

2. le rôle du gouvernement dans la vie quotidienne

3. le conformisme ou l'individualisme

Sujets de composition

Relisez ce que vous avez écrit et trouvez une phrase qui pourrait servir comme phrase principale de votre paragraphe. Organisez les autres idées pour compléter le paragraphe. Suivez le même système et écrivez un paragraphe d'au moins six phrases sur un de ces sujets.

1. On dit que dès qu'on établit un système démocratique, la révolution devient dépassée. Dans quelle mesure êtes-vous d'accord avec ce concept?
2. La Révolution française a entraîné des changements fondamentaux dans la société et dans la participation de l'individu. C'était une révolution qui a instauré certains concepts démocratiques. Y a-t-il d'autres genres de révolution? Citez un ou deux exemples et décrivez leur rôle dans l'évolution de la société.
3. Tous les pays font hommage à leurs héros politiques tels que Charlemagne en France. Quel homme (ou quelle femme) a une aussi grande importance dans votre pays? Employez au moins trois exemples du discours indirect pour décrire la philosophie et les paroles de cet individu.

25 AOÛT

48e ANNIVERSAIRE DE LA LIBÉRATION

Le 25 Août 1944, le Général LECLERC à la tête de la vaillante 2e D.B., les F.F.I. et Résistants libéraient notre commune de l'occupant.

Les habitants du Bourget ne doivent pas oublier cette date mémorable qui marquait la fin de leurs souffrances, de leurs privations, de leur angoisses...

ET LE RETOUR A LA LIBERTÉ APRÈS 4 ANNÉES D'OPPRESSION.

LA MUNICIPALITÉ DU BOURGET
LE CONSEIL MUNICIPAL - LES ORGANISATION D'ANCIENS COMBATTANTS
invitent la population du Bourget et les Sociétés locales à rendre un digne hommage
à ceux qui ce jour là sont tombés pour nous libérer

RASSEMBLEMENT MARDI 25 AOUT 1992 A 18 HEURES

COUR D'HONNEUR DE L'HÔTEL DE VILLE
DÉPÔT D'UNE GERBE AU MONUMENT DE LA COUR D'HONNEUR
avec la participation de l'ARMÉE et des musiciens de la BOURGETINE

Expressions essentielles

Gagner du temps

Euh...
Alors (euh)...
Bien, euh...
Eh bien... (Ben... [familier])
Eh bien, voilà...
Voilà...
Bon (alors)...
A mon avis...
Bien sûr...
C'est-à-dire que...
(Et) puis...
Je ne vois pas...
Je voulais dire que... euh ...
Vous comprenez...
Vous savez...
Vous voyez...

Rapporter ce que quelqu'un a dit

Il m'a affirmé que...
Il m'a annoncé que...
Il m'a demandé si...
Il m'a dit que...
Il m'a expliqué que...
Il a insisté que...
Il m'a juré que...
Il m'a promis que...

Encourager la conversation

C'est à vous!
Comment ça?
Dites ce que vous avez à dire!
Et vous, votre avis?

Et vous, vous ne dites rien?
Expliquez-moi (tout) ça.
Ne soyez pas timide!
Quand ça?
Qu'est-ce qu'il vous a dit, au juste?
Qu'est-ce que vous vouliez me dire?
Vous n'avez rien à ajouter (dire)?
Vous n'êtes pas d'accord (avec moi)?
Vous n'êtes pas de mon avis?
Vous vouliez dire quelque chose?

Les Structures sociales

l'Ancien Régime *old regime*
s'approcher de ses racines (*f.*) *to come closer to one's roots*
l'aristocratie (*f.*) *aristocracy*
attaquer *to attack*
la bourgeoisie *middle class*
les cadres sociaux *social classes*
le chef *chief, head*
le citoyen (la citoyenne) *citizen*
la démocratie *democracy*
l'émeute (*f.*) *riot*
l'empereur (*m.*) *emperor*
engagé(e) *involved*
l'identité régionale *regional identity, character*
l'individu (*m.*) *individual*
les institutions (*f.*) *institutions*
la manif (la manifestation) *demonstration*
les masses populaires (*f.*) *masses*
la monarchie *monarchy*
passif (-ive) *apathetic, passive*
le pays *country*
piller *to pillage*

le président *president*
le prolétariat *proletariat, working classes*
le régionalisme *regionalism*
revendiquer *to challenge, make demands*
la révolution *revolution*
le roi *king*
la sécession *secession*
le séparatisme *separatism*

Les Problèmes sociaux

l'armement nucléaire (*m.*) *nuclear arms*
la bombe atomique *atomic bomb*
la centrale nucléaire *nuclear power station*
le chômage *unemployment*

le crime *crime*
la crise économique *economic crisis*
la pollution *pollution*

L'Individu

se conformer *to conform*
le conformisme *conformity*
exprimer son individualité *to express one's individuality*
l'individualisme (*m.*) *individualism*
l'intérêt général *general welfare, interest*
le mode de vie *style of living*
le non-conformisme *nonconformity*

N'OUBLIEZ PAS!

Le Discours indirect, p. 116
Le Plus-que-parfait, p. 125
Le Passé simple, p. 136
Le Passé antérieur, p. 136

Troisième unité

Vivre en société

5

Décrire le caractère

Fonctions communicatives

Rôle 1	Rôle 2
Décrire le caractère et le tempérament	*Réagir à la description*
Interrompre quelqu'un	*Reprendre la parole*

Thèmes

La personnalité et le tempérament

Stratégies de lecture

Comprendre les mots d'après le contexte

Identifier les mots clés

Stratégies de composition

Allonger les phrases

? Avec un(e) partenaire, désignez les personnes dans la photo et faites une description physique de plusieurs d'entre eux.

? En groupes de trois ou quatre, cherchez des adjectifs qui décrivent le caractère du Français (de la Française) «typique». Ensuite, cherchez des adjectifs qui décrivent l'Américain(e) typique. Comparez vos listes. Est-ce qu'il y a des différences? Des similarités? Est-ce que vos adjectifs décrivent des Français et des Américains que vous connaissez?

SECTION 1 | *Comment êtes-vous?*

Fonctions communicatives

Rôle 1

Décrire le caractère et le tempérament
Interrompre quelqu'un

Rôle 2

Réagir à la description
Reprendre la parole

Tout d'abord

ACTIVITE 1: Indiquez dans quelle mesure certains des adjectifs suivants décrivent votre personnalité. Ensuite, choisissez les deux ou trois adjectifs qui vous décrivent le mieux et expliquez comment ces traits sont évidents dans vos activités quotidiennes.

MODELE: optimiste / pessimiste
—*Je suis toujours (rarement, souvent, d'habitude, ne... jamais) optimiste. Par exemple, je crois que je vais réussir brillamment dans mes études.*

ou   —*Je suis plus (moins/aussi) optimiste que Philippe. Par exemple...*

ou   —*Je suis le (la) plus (moins) pessimiste du groupe. Par exemple...*

optimiste / pessimiste
réaliste / idéaliste
ouvert / fermé
agréable (gentil) / têtu (obstiné)
drôle (amusant) / sérieux
intéressant / ennuyeux
chaleureux / froid
vaniteux / modeste (humble)
courageux / timide (réservé)

égoïste / altruiste
individualiste / conformiste
énergique / passif
ambitieux / paresseux
réservé / dynamique
généreux / avare
bavard / silencieux
calme / nerveux
heureux / malheureux

Par ici

1. *Lisez le dialogue*

 LES FRÈRES

Christine rencontre quelqu'un dans la rue.

CHRISTINE: Bonjour, Jean-Luc. Ça va?

L'HOMME: Excusez-moi, Mademoiselle. Je suis pressé.

CHRISTINE: Hé! Là! Qu'est-ce qui ne va pas?

L'HOMME: Je n'ai pas le temps, excusez-moi.

CHRISTINE: Ça ne va pas aujourd'hui?

Elle rencontre Pierre, un autre ami.

CHRISTINE: Pierre! Salut! Dis... tu connais Jean-Luc, n'est-ce pas?

PIERRE: Oui, pourquoi?

CHRISTINE: Qu'est-ce que tu penses de lui?

PIERRE: Je ne sais pas, moi. C'est un ami, c'est tout.

CHRISTINE: J'allais dire...

PIERRE: ... c'est un gars[1] que tout le monde trouve aimable.

CHRISTINE: Si tu permets, je veux dire quelque chose... c'est un garçon qui...

PIERRE: De temps en temps il est paresseux, bien sûr, mais en général je le trouve sympa.[2]

CHRISTINE: Attends un peu! Moi, je ne l'ai pas trouvé sympa ce matin: je l'ai rencontré et il ne m'a pas dit bonjour.

PIERRE: Jean-Luc? Pas possible!

CHRISTINE: Je t'assure. Il a dit qu'il n'avait pas le temps et il est parti. Il a refusé de m'adresser la parole!

PIERRE: Il était peut-être préoccupé. Tout le monde a le droit d'être préoccupé de temps en temps. C'est la nature humaine. Tiens! Le voilà! Hé! Jean-Luc! Viens ici. Nous avons à te parler.

JEAN-LUC: Salut! Ça va, Christine? Et toi, Pierre?

CHRISTINE: Ça va bien.

JEAN-LUC: J'ai une grande nouvelle à vous annoncer. Mon frère que je n'ai pas vu depuis longtemps est en ville. Il va passer quelques jours chez moi.

PIERRE: Ton frère, c'est un type qui te ressemble beaucoup et qui est très pressé?

JEAN-LUC: Vous le connaissez, alors?

CHRISTINE: Oh, oui, nous l'avons déjà rencontré.

---

1. gars *person (colloquial)*   2. sympa *abbreviation for* sympathique *(colloquial)*

2. *Vérifiez le sens général*

ACTIVITE 2: Pourquoi est-ce que Pierre et Christine ont des opinions opposées en ce qui concerne Jean-Luc?

1. Pierre pense à Jean-Luc Cartier et Christine décrit Jean-Luc Samuel.
2. L'homme à qui Christine a parlé n'est pas Jean-Luc, mais le frère de Jean-Luc.
3. Jean-Luc souffre de la schizophrénie.
4. Jean-Luc aime Pierre mais il n'aime pas Christine; alors, il ne lui parle pas.

ACTIVITE 3: D'après le dialogue entre Pierre et Christine, qui dirait les choses suivantes?

MODELE: Je le trouve amusant et sympathique.
C'est probablement Pierre qui parle.

1. Je le trouve froid et insincère.
2. C'est un gars que je trouve toujours gentil et très drôle.
3. C'est le genre de type qu'on trouve très amusant.
4. Je le trouve vraiment désagréable.
5. Il est toujours ouvert et franc.
6. A mon avis, il est trop distant et réservé.

3. *Cherchez les expressions*

ACTIVITE 4: Relisez le dialogue et cherchez...

1. à quel point Pierre décide d'écouter ce que Christine a à dire.
2. une façon de demander l'opinion de quelqu'un.
3. plusieurs expressions qui décrivent la personnalité.
4. trois façons de reprendre la parole. Ajoutez-les à la liste suivante.

Pour interrompre ou pour reprendre la parole

Je demande la parole.   Un mot seulement.
J'ai (avais) quelque chose à dire.   J'ai (avais) une question à poser...
Je voudrais (aurais voulu) dire (demander)...

4. *Allez plus loin*

ACTIVITE 5: Demandez à un(e) partenaire son opinion d'un personnage célèbre (politique, artistique, etc.). Pendant qu'il (elle) donne son opinion, vous allez l'interrompre et il (elle) va reprendre la parole au moins trois fois. Employez les expressions de l'activité 4.

MODELE: —Qu'est-ce que tu penses de Michael Jackson?
           —Moi, je trouve que ses chansons sont...
           —Moi, je pense que...
           —Attends. Je voulais dire...

ACTIVITE 6: Dans l'interview suivante avec le chanteur Phil Barney, on parle beaucoup du caractère et de la personnalité idéale. Lisez l'interview, puis posez les mêmes questions à votre partenaire. Pour chaque réponse, interrompez et il (elle) va reprendre la parole.

Q: Quelle est votre principale qualité?
B: La joie de vivre.
Q: Quel est votre principal défaut?
B: Trop bavard et coléreux.
Q: Quelle qualité préférez-vous chez la femme?
B: Celle qui, par un regard, peut te faire croire aux pires mensonges.
Q: Quelle qualité préférez-vous chez l'homme?
B: La franchise.
Q: Pour quelle faute avez-vous le plus d'indulgence?
B: Les fautes qui sont commises en croyant bien faire.
Q: Qui auriez-vous aimé être?
B: Surtout, personne.
Q: En quoi aimeriez-vous être réincarné?

B: Merlin, l'Enchanteur.

Q: Quels sont vos héros de fiction?

B: Les flics de Miami.

Q: Quels sont vos héros de la vie réelle?

B: Ma maman, Stevie Wonder.

Q: Que détestez-vous par-dessus tout?

B: Le racisme.

Q: Quelle est votre façon favorite de dépenser de l'argent?

B: Acheter des instruments de musique pour agrandir mon studio.

Q: Quels sont vos acteurs favoris?

B: Sean Connery, Jack Nicholson, Dustin Hoffman.

Q: Quelles sont vos actrices favorites?

B: Romy Schneider, Isabelle Adjani, Kelly McGillis

Q: Quel est pour vous le comble[1] de la misère?

B: La solitude et la maladie.

Q: Quel est pour vous le comble du bonheur?

B: Faire de la musique, tout en vivant le grand amour.

(Cool Graffiti)

---

1. le comble *the utmost, the greatest*

Structure   *Les Pronoms relatifs **qui, que***

Avant de commencer l'étude de la structure, faites les activités de préparation dans votre cahier d'exercices.

1. *Identifiez la structure*

One way to describe people, objects, or ideas is with adjectives. You can often add greater detail to your description, however, by relating two thoughts within the same sentence. The linking words used to relate one thought to a previously mentioned noun or pronoun are called relative pronouns. The linked thought is called a relative clause. Study the following example.

Main clause	*Relative clause*
Jeanine est une fille	que tout le monde aime.
Jeanine is a girl	*whom everyone likes.*

Skim **Vérifiez les détails** before reading the following mini-dialogue; then read the mini-dialogue and do the exercises.

—Comment trouvez-vous Jean?

—C'est un homme qui est toujours gentil et très poli...

—Pardon... mais si vous voulez savoir ce que je pense, c'est un BCBG[1] qui est égoïste, matérialiste et snob. C'est le genre de personne que je n'aime pas du tout. Je crois que c'est quelqu'un qui aime l'argent.

—Comment ça?

—Il a une énorme voiture et une grosse chaîne stéréo qui doit coûter des milliers de francs et...

—Arrête! Tu n'es pas juste! Il travaille beaucoup. C'est un jeune homme qui va avoir du succès!

---

1. BCBG (bon chic, bon genre) *upwardly mobile young professional, "yuppie"*

2. *Vérifiez les détails*

A. Comment les opinions positives et négatives de Jean sont-elles exprimées? Est-ce qu'on emploie des adjectifs ou bien des pronoms relatifs?

B. Le ton de cette conversation est ⎯⎯ léger, amical. ⎯⎯ tendu. ⎯⎯ formel. Comment le savez-vous?

C. Est-ce que les descriptions de la personnalité de Jean s'appliquent à vous? Cherchez ces descriptions dans le mini-dialogue et faites un commentaire sur chaque trait.

   —*Je suis toujours (souvent, assez souvent, rarement, très rarement)...*

   —*Je ne suis jamais...*

D. Il y a deux genres de pronoms relatifs dans le mini-dialogue: **qui** et **que (qu')**.
   1. Qu'est-ce qui suit le pronom relatif **qui?**
   2. Qu'est-ce qui suit le pronom relatif **que?**

3. *Analysez les exemples*

The choice of whether to use **qui** (*who, that, which*) or **que** (*whom, that, which*) depends on whether the relative pronoun replaces the *subject* (a person or a thing) or the *object* (a person or a thing) in the relative or subordinate clause. The replaced subject or object is known as the *antecedent*.

Qui

The relative pronoun **qui** replaces the subject in the relative clause and is followed by a verb. Notice how two shorter sentences can be combined to make a longer, more descriptive one.

Two sentences	*Sentence with subordinate clause*
C'est un garçon. Le garçon aime rigoler.	C'est un garçon **qui** aime rigoler.
Il a une chaîne stéréo. La chaîne doit coûter cher.	Il a une chaîne stéréo **qui** doit coûter cher.
Ton frère te ressemble. Ton frère est toujours pressé.	Ton frère, **qui** est toujours pressé, te ressemble.

Note that **qui** does not elide:

C'est un garçon **qui** aime rigoler.

Que

The relative pronoun **que** replaces the direct object in the relative clause and is followed by a subject and a verb. Notice how two shorter sentences may be combined into a longer, more descriptive one.

Two sentences	*Sentence with subordinate clause*
Ce sont des actions. Je trouve ces actions insupportables.	Ce sont des actions **que** je trouve insupportables.
C'est un chic type. On trouve le type aimable.	C'est un chic type **qu'**on trouve aimable.
Mon frère est en ville. Je n'ai pas vu mon frère depuis longtemps.	Mon frère, **que** je n'ai pas vu depuis longtemps, est en ville.

Note that **que** does elide:

C'est un chic type **qu'**on trouve aimable.

4. *Elaborez*

ACTIVITE 7: Lisez la conversation. Ensuite complétez-la avec les pronoms relatifs **qui** ou **que.** Jouez les rôles avec votre partenaire.

ELISE: Vous connaissez Christine Cantoise, n'est-ce pas? Elle m'a dit...

FRÉDÉRIC: Vous voulez dire Christine 1. ___ travaille dans l'agence de voyage et 2. ___ j'ai vue l'autre jour à la...

ELISE: Je ne parle pas de Christine Lemieux, mais de Christine Cantoise, la femme 3. ___ vous avez rencontrée à la fête chez Philippe le week-end...

FRÉDÉRIC: Ah oui, la femme 4. ___ aime jouer au tennis avec...

ELISE: Vous savez, la grande brune 5. ___ travaille avec moi à la banque.

FRÉDÉRIC: La femme 6. ___ a reçu une grande promotion?

ELISE: C'est bien elle. Son mari, 7. ___ je connais depuis longtemps, vient d'hériter d'une grosse somme. Bref, elle m'a dit qu'ils vont déménager bientôt.

FRÉDÉRIC: Quelle bonne nouvelle!

ELISE: En plus, ils vont s'installer dans le quartier, dans l'appartement 8. ___ j'ai loué il y a quelques années!

FRÉDÉRIC: Formidable! Il n'y a plus beaucoup de jeunes gens dans le quartier et en plus...

ELISE: Mais attention, n'est-ce pas ceux 9. ___ ont le gros chien, celui 10. ___ aboie sans cesse et 11. ___ les voisins trouvent insupportable?

ACTIVITE 8: Complétez chaque phrase avec votre opinion.

1. J'aime beaucoup les gens (qui/que)...

2. Mon ami(e) est le genre de personne (qui/que)...

3. Je ne parle jamais avec les gens (qui/que)...

4. Je trouve désagréables les gens (qui/que)...

5. Les gens que j'aime le plus sont les gens (qui/que)...

ACTIVITE 9: Travaillez en petits groupes. Une personne va décrire un personnage célèbre, par exemple, Superman, Madonna, Einstein, la reine d'Angleterre; les autres doivent deviner son identité. N'oubliez pas d'utiliser **qui** et **que** dans vos descriptions.

MODELE: Je pense à quelqu'un qui a deux personnalités. C'est un homme qui travaille comme reporter, que tout le monde trouve timide, calme et sensible. Mais quand il y a un désastre, c'est un homme qui change rapidement de vêtements et qui devient fort et courageux. Qui est-ce?

Aperçu culturel   Echanges linguistiques

Lisez la scène et les phrases qui suivent. Choisissez les phrases qui expliquent le mieux la situation. Justifiez vos réponses; ensuite discutez le problème culturel avec vos camarades.

Joseph parle avec son ami Luc.

JOSEPH: Bonjour, Luc. Tiens, j'ai des nouvelles à t'annoncer.

LUC: Salut. Tu as de bonnes nouvelles, j'espère.

JOSEPH: Oh, oui. Patrick, mon ami de Chicago, va venir me rendre visite dans quelques semaines.

LUC: Ça, c'est une bonne nouvelle. Je voudrais bien le rencontrer.

JOSEPH: Oui, mais ce sera un peu difficile... il ne parle pas français.

LUC: Il va suivre des cours avant de venir, j'espère.

JOSEPH: Il dit que non dans sa lettre. Il prétend[1] que tous les Français savent parler anglais et qu'il n'aura donc pas besoin de suivre des cours.

LUC: Il ne va même pas faire un effort?

JOSEPH: Apparemment, non.

LUC: Mais pour qui se prend-il, celui-là? Le conquérant du monde?

---

1. prétendre *to assert, claim (this is a false cognate)*

Luc est mécontent parce que

1. le français ne s'emploie pas comme langue internationale.
2. Patrick devrait faire un petit effort pour apprendre un peu de français.
3. il ne faut pas croire que tous les Français connaissent l'anglais.
4. Patrick fait preuve d'un certain chauvinisme linguistique.
5. les Français sont fiers et protecteurs de leur langue.

Analysez et discutez

1. Que pensez-vous des étrangers qui viennent étudier dans votre communauté? Est-ce qu'ils parlent bien anglais? Est-ce qu'ils font un effort pour apprendre la langue? Est-il important de le faire?

2. Est-ce que vous faites un effort pour parler à ceux qui ne parlent pas bien anglais? Quelles stratégies de conversation employez-vous? Est-ce que vous
   a. parlez plus fort ou plus lentement?
   b. simplifiez votre vocabulaire, la structure de vos phrases, ou vos idées?
   c. faites davantage de gestes?
   d. faites plus souvent des résumés de ce que vous avez dit?

   Donnez des exemples des stratégies de conversation que vous pouvez employer avec quelqu'un qui ne parle pas bien anglais. Jouez les rôles avec votre partenaire.

3. Avez-vous voyagé en France ou dans un autre pays où on ne parle pas anglais? Avez-vous fait l'expérience du chauvinisme linguistique? Expliquez.

Fonctions communicatives

Rôle 1

Décrire le caractère et le tempérament
Interrompre quelqu'un

Rôle 2

Réagir à la description
Reprendre la parole

Tout d'abord

ACTIVITE 1: Avec un(e) partenaire, répondez oui ou non aux questions du test. Suivez les flèches selon vos réponses. Echangez les rôles.

Par ici

1. *Écoutez la scène*

UN EMPLOYÉ MODÈLE

Lisez les résumés de l'activité 2 et ensuite écoutez la scène entre Gérard et Suzette.

Gérard Rimelle et Suzette Dufoix discutent un problème de personnel.

2. *Vérifiez le sens général*

ACTIVITE 2: Choisissez la phrase qui représente le mieux l'idée principale de la scène.

1. Un employé ne fait pas son travail et on pense le renvoyer.

2. On a annoncé un nouveau poste et Georges Latour a posé sa candidature.

3. On ne doit jamais discuter des problèmes de personnel en public.

ACTIVITE 3: Répondez aux questions suivantes.

1. Décrivez la personnalité de Georges.

2. Selon vous, est-ce que les descriptions basées sur les adjectifs ou celles basées sur les actions sont les plus intéressantes?

3. Pourquoi est-ce que Suzette n'aime pas Georges? Est-ce une bonne explication? Pourquoi ou pourquoi pas?

4. Est-ce que vous connaissez quelqu'un comme Georges? Le (la) trouvez-vous intéressant(e) ou ennuyeux (-euse)? Pourquoi?

3. *Cherchez les expressions*

ACTIVITE 4: Lisez la liste d'expressions pour décrire le caractère de quelqu'un. Ecoutez la scène encore une fois et indiquez les expressions employées dans la scène.

—— 1. C'est un employé modèle.

—— 2. On peut lui confier n'importe quel travail.

—— 3. Il est diligent et honnête.

—— 4. Il a un sens de l'humour.

—— 5. Il est responsable.

—— 6. C'est le genre de personne qui aime résoudre les problèmes.

—— 7. C'est le genre d'employé avec qui on ne risque pas d'avoir des problèmes.

—— 8. C'est la personne dont on parle quand on veut citer un bon exemple.

—— 9. Il est trop vertueux.

—— 10. J'ai une grande admiration pour son caractère.

—— 11. Il est trop énergique.

—— 12. Je le trouve ennuyeux.

4. *Allez plus loin*

ACTIVITE 5: Travaillez avec un(e) partenaire et complétez une des phrases suivantes avec des adjectifs selon votre opinion. Employez le schéma suivant dans votre conversation.

VOUS: (*Commencez la conversation.*)

PARTENAIRE: (*Donnez votre opinion.*)

VOUS: (*Interrompez et donnez votre avis.*)

PARTENAIRE: (*Continuez à décrire la personnalité.*)

VOUS: (*Interrompez encore une fois.*)

PARTENAIRE: (*Terminez la conversation.*)

1. Je crois que les gens qui sont toujours amicaux sont...

2. Pour réussir dans la vie, il faut être...

3. Généralement, je suis..., mais de temps en temps je suis...

ACTIVITE 6: Répondez aux questions suivantes et donnez votre point de vue personnel.

1. A qui parlez-vous quand vous voulez vous amuser? A qui parlez-vous quand vous avez un problème ou quand vous voulez l'opinion de quelqu'un?

2. Est-ce que vous croyez qu'on puisse dissimuler sa propre personnalité? Est-il possible que les apparences ne représentent pas la réalité?

3. Comment jugez-vous le caractère de quelqu'un? Par ce qu'il (elle) dit? Par ce qu'il (elle) fait? Par les deux?

Structure   ## Les Prépositions et les pronoms relatifs

Avant de commencer l'étude de la structure, faites les activités de préparation dans votre cahier d'exercices.

1. *Identifiez la structure*

In section 1 you learned that relative pronouns can be used to add more detail to a description by linking two thoughts in a sentence. Relative pronouns can also be combined with prepositions for this same purpose. Skim **Vérifiez les détails** before reading the following mini-dialogue; then read the mini-dialogue and do the exercises.

—Parlez-vous de Paul?

—Non, nous parlons de Charles, avec qui nous avons déjeuné.

—Vous voulez dire Charles Martineau, le nouveau directeur du personnel?

—C'est exactement de lui qu'on parle, et aussi de son frère Henri.

—Qu'est-ce que vous pensez d'eux?

—Je les trouve sympa. Ils sont toujours optimistes et ils sourient tout le temps.

—Ah, mais faites attention, les personnes qui sourient tout le temps sont les gens dont il faut se méfier!

2. *Vérifiez les détails*

A. Dans le mini-dialogue, quels traits de caractère sont associés aux deux frères? Est-ce que ces traits sont considérés positifs ou négatifs? Expliquez.

B. Donnez votre opinion personnelle des gens comme les frères Martineau en complétant la phrase suivante.

—En général, j'aime (je n'aime pas) les gens qui sourient tout le temps parce que...

C. Trouvez les prépositions employées avec les verbes *déjeuner, parler, se méfier* dans le mini-dialogue.

3. *Analysez les exemples*

Les prépositions à, avec, pour, sans, chez + le pronom relatif *qui*

When a relative pronoun is used as the object of a preposition, the relative pronoun **qui** is used in most cases. Note that the preposition immediately precedes the relative pronoun. Study these examples from the dialogues.

à qui

C'est un homme. On peut **se confier à** lui.

C'est un homme **à qui** on peut se confier.

avec qui

C'est un employé. On ne risque pas **d'avoir des problèmes avec** lui.

C'est le genre d'employé **avec qui** on ne risque pas d'avoir des problèmes.

Nous parlons de Charles. Nous **avons déjeuné avec** Charles.

Nous parlons de Charles, **avec qui** nous avons déjeuné.

Le pronom relatif *dont*

When the verb in the relative clause takes the preposition **de,** the word **dont**[*] replaces **de** and the relative pronoun.

C'est la personne. On **parle de** lui quand on veut citer un bon exemple.

C'est la personne **dont** on parle quand on veut citer un bon exemple.

C'est ce genre de nouvelles. Nous **avons besoin de** ce genre de nouvelles.

C'est ce genre de nouvelles **dont** nous avons besoin.

---

[*] **Dont** can be translated as *whose, of (about, from) whom.*

4. *Elaborez*

ACTIVITE 7: Mettez ensemble les paires de phrases **a** et **b** avec le pronom relatif **dont**. Ensuite complétez la phrase **c** avec le nom de la personne préférée.

MODELE: a. Marie est une collègue. Je suis fier (fière) de Marie.

Marie est une collègue dont je suis fier (fière).

b. Par contre, Jean est un homme. Je me méfie de lui.

Par contre, Jean est un homme dont je me méfie.

c. Le (la) collègue préféré(e) est *Marie.*

1. a. Adèle est ma voisine. On dit toujours du mal d'Adèle.
   b. Par contre, Amy est une nouvelle voisine. J'ai envie de faire la connaissance d'Amy.
   c. La voisine préférée est...

2. a. Constance est un professeur. J'ai de très bons souvenirs d'elle.
   b. Par contre, Alex est un professeur. J'ai de très mauvais souvenirs de lui.
   c. Le professeur préféré s'appelle...

3. a. Claudine est une étudiante qui est très gentille. Tout le monde parle d'elle quand on veut citer un bon exemple.
   b. Par contre, Georgette est une fille obstinée et égoïste. Tout le monde parle d'elle quand on veut citer un mauvais exemple.
   c. L'amie préférée s'appelle...

4. a. Georges est le directeur du personnel. Les employés parlent toujours de lui sur un ton négatif.
   b. Par contre, Anne-Lise est la nouvelle directrice du personnel. Tout le monde a de bonnes choses à dire d'elle.
   c. Le directeur (La directrice*) du personnel préféré(e) s'appelle...

5. a. Pourquoi ne pas choisir Jean-Marc? On a une très bonne opinion de lui.
   b. Par contre, ne proposons pas Jean-Philippe. On se méfie de lui.
   c. Le candidat préféré s'appelle...

---

* Certain nouns and adjectives ending in **-teur** form the feminine in **-trice**: **directeur / directrice, acteur / actrice, conservateur / conservatrice, consommateur / consommatrice.**

ACTIVITE 8: Cette description de l'ami(e) idéal(e) est tirée du livre *Evidences invisibles*. Dans ce passage, l'auteur explique les différences entre le concept de l'amitié aux Etats-Unis et en France. Vous trouverez la suite du passage dans la section **Aperçu culturel** qui suit. Complétez le passage avec les prépositions et pronoms relatifs (**à qui, avec qui, dont,**...). Attention, les exemples n'emploient pas toujours des prépositions.* Avec lesquelles des phrases êtes-vous d'accord?

Un ami est quelqu'un...
     ＿＿ j'aime comme un frère ou une sœur,
     ＿＿ j'ai confiance,
     ＿＿ j'aime la compagnie,
     ＿＿ je peux compter,
     ＿＿ me comprend,
     ＿＿ je peux être moi-même et laisser tomber le masque,
     ＿＿ ne me juge pas,
     ＿＿ n'essaie pas de me changer,
     ＿＿ me connaît et m'accepte comme je suis,
     ＿＿ je peux me confier en toute sécurité.

(*Evidences invisibles*, Raymonde Carroll)

ACTIVITE 9: A votre avis, qu'est-ce que c'est qu'un(e) vrai(e) ami(e)? Complétez les phrases suivantes et écrivez un paragraphe de six à huit lignes.

1. C'est quelqu'un de...   3. C'est quelqu'un avec qui...
2. C'est quelqu'un qui...   4. C'est quelqu'un dont...

Aperçu culturel   *L'Amitié*

On dit qu'il existe des différences culturelles entre le concept d'amitié en France et aux Etats-Unis. Les Français déclarent souvent que l'amitié chez les Américains se caractérise par des relations très superficielles. Pour les Français un(e) ami(e) est une personne qui interviendrait dans la vie de l'autre, prendrait la situation en main, proposerait une solution et de l'aide. Raymonde Carroll, dans son livre *Evidences invisibles*, propose l'incident suivant pour illustrer ces différences.

---

* The phrase **avoir confiance** takes the preposition **en** and the verb **compter** takes the preposition **sur**.

Une de mes amies, française et qui vivait aux Etats-Unis depuis deux ans, mais hors de France depuis longtemps, est arrivée un jour chez moi... Je ne l'avais pas vue depuis quelques jours, comme c'est fréquent dans les grandes villes, et l'avais appelée pour avoir de ses nouvelles. J'appris au téléphone qu'elle avait été «très fatiguée», que les gosses[1] l'épuisaient, et qu'elle était «crevée»[2] depuis deux jours. Je proposai aussitôt de garder ses enfants pour qu'elle puisse se reposer, ce qu'elle accepta tout de suite.

Quinze ou vingt minutes après elle était chez moi, pour déposer les enfants et retourner se reposer tout l'après-midi. Mais au lieu de repartir tout de suite pour profiter au maximum du temps libre dont elle disposait ainsi, elle est restée près de deux heures chez moi. Sans m'en rendre compte j'avais, par mon offre qui me semblait des plus naturelles, provoqué un déclic.[3] Elle s'est amèrement plainte, chez moi, du fait que sa voisine, qu'elle considérait comme une bonne copine, une Américaine, ne lui avait justement pas fait la même offre: «Tu crois qu'elle m'a dit je vais te prendre les enfants pour que tu te reposes? Tu crois qu'elle a apporté un plat quelconque pour m'éviter de faire la cuisine? Non, rien. Elle me demande seulement comment je vais, tous les jours... quelle hypocrite... »

(*Evidences invisibles*, Raymonde Carroll)

---

1. le gosse *child (colloquial)*   2. crevé *very tired (colloquial)*   3. provoqué un déclic *caused a reaction*

*A*nalysez et discutez

1. En quelle mesure est-ce que le passage décrit des traits de caractère stéréotypiques? Quels traits est-ce que Carroll attribue aux Américains? Et aux Français?

2. Quelle serait votre réaction si un(e) ami(e) proposait de vous donner de l'aide en prenant charge de la situation? Est-ce que cela vous surprendrait? Est-ce que vous accepteriez?

3. **Quelle est la limite de l'intervention d'un(e) ami(e)? Est-ce qu'un(e) ami(e) (dans le sens américain) a le droit d'intervenir dans votre vie privée? Est-ce que ce serait une intrusion dans votre vie?**

4. Est-ce que vous pouvez raconter une histoire similaire pour illustrer le concept de l'amitié aux Etats-Unis?

SECTION 3
Tempéraments divers

Fonctions communicatives
Décrire le caractère et le tempérament

Stratégies de lecture
Comprendre les mots d'après le contexte
Identifier les mots clés

Stratégies de composition
Allonger les phrases

Tout d'abord

ACTIVITE 1: Dans les deux lectures qui suivent, on vous présente des héros très connus aux Français. Avant de les lire, pensez à vos héros et héroïnes et répondez aux questions suivantes.

1. Avez-vous un héros ou une héroïne? Qui est-ce? Comment est-il (elle)?

2. Dans quelle mesure est-ce que les héros et les héroïnes représentent un caractère idéal? Est-ce que votre héros ou héroïne n'a que des traits de caractère positifs?

3. Est-ce que les héros et les héroïnes sont différents d'une culture à une autre? Pourquoi ou pourquoi pas?

4. Quelles héroïnes françaises connaissez-vous? Quels héros français connaissez-vous?

Par ici

Avant la lecture

Determining Meaning from Context

In chapters 3 and 4 you learned to identify and use cognates and word families to determine meaning. In addition, using the context to guess the meaning of an unknown word can help you to better understand a passage. Use the following strategies to identify context clues that help determine meaning.

First, read the entire sentence. In the material that follows, sometimes the word is defined, either in parentheses or as an appositive set off by commas. Read to the end of the sentence and look for such built-in explanations.

If the definition is not provided in the text, read the phrase in which the word is located and determine the part of speech of the unknown word. It is important to know if the unknown word is a noun, verb, or adjective, or if it is a conjunction (a connector that indicates relationships between two thoughts). Once you have determined the part of speech, you might find it helpful to substitute a generic word like **chose** for nouns, **faire** for verbs, **grand(e)** for adjectives, and **bien** for adverbs as you reread the phrase. Use the following clues to determine the part of speech of an unknown word.

- Nouns are marked by determiners (articles, adjectives).

- Adjectives are found next to the nouns they modify and have recognizable endings.

- Verbs are easily identified by their endings.

- Adverbs usually end in **-ment** and are located next to verbs.

Once you know the part of speech, you may be able to guess the meaning of the word by using the context.

ACTIVITE 2: Relisez la phrase suivante tirée de la bande dessinée *Astérix.* Ensuite expliquez les stratégies que vous avez employées pour comprendre les mots en italique.

> Astérix... Petit *guerrier* à l'*esprit malin,* à l'intelligence *vive,* toutes les missions périlleuses lui sont *confiées* sans hésitation. Astérix *tire* sa force surhumaine de la potion magique du *druide* Panoramix.

ACTIVITE 3: Les livres d'Astérix, une série de bandes dessinées, racontent les aventures d'une tribu de Gaulois du temps de la conquête par les Romains. Les héros sont les seuls Gaulois qui n'ont pas abdiqué aux Romains. Ils ont survécu grâce à une potion magique qui leur donne une force surhumaine. Faites une description de votre personnage de bandes dessinées préféré. Préparez une description de son tempérament aussi bien que de son physique. Ensuite, mettez-vous en groupes de deux ou trois et comparez leurs caractères. Quels traits de caractère sont les plus communs? Comparez les traits de caractère des personnages préférés de toute la classe. Quels personnages sont les plus populaires? Les moins populaires?

Lecture

Cette bande dessinée a un succès phénoménal en France et ailleurs à cause de son humour, de ses jeux de mots et aussi de ses personnages: des individualistes et bagarreurs[1] qui savent ce qu'ils veulent et qui n'ont pas peur de se battre. Chaque livre d'Astérix commence par ces cinq descriptions brèves donnant des renseignements essentiels sur le tempérament des personnages.

---

1. le bagarreur *fighter*

Avant de lire le passage, lisez les résumés de l'activité 4. Ensuite lisez le passage et faites les activités qui suivent.

QUELQUES GAULOIS...

Astérix, le héros de ces aventures. Petit guerrier à l'esprit malin, à l'intelligence vive, toutes les missions périlleuses lui sont confiées sans hésitation. Astérix tire sa force surhumaine de la potion magique du druide Panoramix.

Obélix est l'inséparable ami d'Astérix. Livreur de menhirs[1] de son état, grand amateur[2] de sangliers,[3] Obélix est toujours prêt à tout abandonner pour suivre Astérix dans une nouvelle aventure. Pourvu qu'il y ait des sangliers et de belles bagarres.[4]

Panoramix, le druide vénérable du village, cueille le gui[5] et prépare des potions magiques. Sa plus grande réussite est la potion qui donne une force surhumaine au consommateur. Mais Panoramix a d'autres recettes en réserve.

Assurancetourix, c'est le barde.[6] Les opinions sur son talent sont partagées: lui, il trouve qu'il est génial, tous les autres pensent qu'il est innommable[7]. Mais quand il ne dit rien, c'est un gai compagnon, fort apprécié.

Abraracourcix, enfin, est le chef de la tribu. Majestueux, courageux, ombrageux,[8] le vieux guerrier est respecté par ses hommes, craint par ses ennemis. Abraracourcix ne craint qu'une chose: c'est que le ciel lui tombe sur la tête, mais comme il le dit lui-même: «C'est pas demain la veille!»[9]

(*Le Bouclier arverne*)

---

1. le livreur de menhir *menhir delivery person (a menhir is a large ceremonial stone)*   2. amateur
(*m.*) *person who appreciates*   3. le sanglier *wild boar*   4. la bagarre *fight*   5. cueillir le gui *to
gather mistletoe*   6. le barde *poet, bard*   7. innommable *unspeakable (unspeakably bad)*
8. ombrageux *touchy*   9. la veille *the night before*

Après la lecture

ACTIVITE 4: Lisez les descriptions ci-dessous. Faites correspondre le nom du personnage avec sa description.

1. Astérix   a. le chef de la tribu
2. Obélix   b. le poète et musicien
3. Panoramix   c. le petit guerrier fort et rusé
4. Assurancetourix   d. le vieux druide sage et discret
5. Abraracourcix   e. le gros ami, amateur de sangliers

ACTIVITE 5: Cherchez les phrases dans le texte qui exemplifient les déclarations suivantes.

Astérix

1. Il est intelligent.
2. C'est le personnage principal de cette série de bandes dessinées.
3. Il est fort, musclé et en bonne forme.

Obélix

4. Il aime manger et se battre contre les Romains.
5. C'est un type aventureux.
6. Il est loyal envers son meilleur ami, Astérix.

Panoramix

7. C'est un homme sage et respecté.
8. C'est le chef religieux du village.
9. Il a inventé la potion magique.

Assurancetourix

10. C'est un homme égoïste qui croit avoir du talent pour la musique.
11. On l'aime bien quand il est silencieux.
12. Tout le monde n'est pas d'accord en ce qui concerne son talent musical.

Abraracourcix

13. C'est un brave homme.
14. Il est d'un certain âge.
15. Il est un peu fou.

ACTIVITE 6: Relisez les descriptions des personnages de la bande dessinée, puis répondez aux questions.

1. Quel est le tempérament général des personnages de la bande dessinée *Astérix?*

2. Connaissez-vous une bande dessinée américaine qui décrit le tempérament américain? Comment est-ce que les Américains se voient?

3. Dans ce texte, il n'y a que des héros. Y a-t-il des héroïnes dans les bandes dessinées américaines? Quel rôle les femmes jouent-elles le plus souvent dans ce genre de texte?

4. Dans quelle mesure est-ce que le caractère des héros et des héroïnes est stéréotypique?

5. Quelle est la différence entre les héros et les héroïnes d'une bande dessinée et les vrais héros et héroïnes?

Avant la lecture

Identifying Key Words

In both spoken and written language, certain words are more important to the overall meaning than others.

- Key words are critical to your comprehension of the main ideas or the most significant points of details of the passage. Such words often appear in the title and are usually repeated several times in the passage; they may be found in the opening or topic sentence of the passage, in the topic sentences of each supporting paragraph, and in the conclusion.

- Incidental words provide additional levels of detail and make the text richer and more informative, but they are not critical to understanding the main ideas and significant subpoints.

If you cannot determine the meaning of a word using cognates, root words, and word families, or by analyzing the context in which the word is located, decide whether the word plays a key or an incidental role in the passage. Such sorting will enable you to become a more efficient reader and will help you determine exactly which words you may need to look up in a dictionary.

ACTIVITE 7: Lisez la phrase suivante tirée de l'introduction de l'activité 8. Est-ce que les mots en italique sont des mots clés ou bien est-ce qu'ils jouent un rôle mineur dans le passage?

> Imaginez un homme qui est *laid,* mais qui a un cœur *d'or.* Il aime une jeune fille, mais, *puisqu'*il est laid et qu'il se croit laid, il aide un autre homme à *courtiser* la jeune fille.

ACTIVITE 8: Imaginez un homme qui est laid, mais qui a un cœur d'or. Il aime une jeune fille, mais, puisqu'il est laid et qu'il se croit laid, il aide un autre homme à courtiser la jeune fille. Ces phrases décrivent Cyrano de Bergerac, le héros de la pièce du même titre. Quel caractère imaginez-vous que Cyrano aurait? A quel autre héros ou à quelle héroïne ressemble-t-il le plus? Discutez avec un(e) partenaire.

Lecture

Cyrano de Bergerac est à la fois le nom d'un auteur français et le nom d'une pièce écrite par Edmond de Rostand en 1897. C'est la pièce qui a rendu célèbre son personnage principal, un homme avec un long nez («comme une péninsule») mais qui est généreux et qui aime Roxanne.

Avant de lire le passage, lisez l'activité 9. Ensuite lisez le passage et faites les activités qui suivent.

Cyrano de Bergerac

Aux Etats-Unis, les diplomates et industriels français essaient de renouveler l'image de leur pays. En même temps, les Français, eux, redécouvrent et s'identifient à l'un de leurs héros préférés: Cyrano de Bergerac... l'amant malheureux, l'homme au grand nez mais au cœur pur et à la prose lyrique. 5

Le débat fait rage dans la presse écrite et télévisée, à savoir: quelle personnalité politique contemporaine ressemble le plus à Cyrano? Tristes conclusions: il y a de moins en moins de gens qui ont du panache, «de moins en moins de Cyranos». 10

Le vrai Cyrano de Bergerac est né en 1619 [...] dans la vallée de 15 Chevreuse. Son nez était de taille normale et il ne passait pas son temps à railler[1] ses ennemis de la pointe de son épée ou à 20 écrire des lettres d'amour. C'était certes un auteur, l'auteur d'une comédie satirique,

Le Pédant joue, et d'une tragédie, *La Mort d'Agrippine,* mais surtout l'instiga- 25
teur d'un genre littéraire: la science-fiction.

On pourrait penser que [le Cyrano fictif] c'est un personnage fait pour
plaire aux Français, un être polémiqueur, divisé à l'intérieur de lui-même
et tout avec un goût du panache. Toutefois, le fait que la pièce en tout
pays ait toujours rencontré une audience profonde dans le public, prouve 30
qu'il y a des choses plus profondes touchant à l'art universel. Personnage
littéraire le plus apprécié, Cyrano ne s'est point limité aux frontières
exiguës de l'Hexagone.[2] Depuis son lancement en 1898, la pièce de
Edmond Rostand tient encore le record de fréquentation.

Cyrano est intemporel et universel. Quand on a un nez «comme une 35
péninsule», il est difficile de séduire une belle. Mais quand le cœur est
trop lourd de cette ivresse[3] et que des mots sublimes ne demandent qu'à
être couchés sur le papier, on peut vivre son amour par procuration. C'est
ainsi que Cyrano aidera le séduisant mais timide Christian à courtiser
Roxanne à sa place. 40

Une fièvre «Cyrano» plus tenace que les virus d'hiver balaie[4] la France
et offre aux Français une occasion de s'adonner à une de leurs activités
favorites: l'auto-analyse. La France est fascinée par l'histoire d'un homme
blessé[5] et qui ne s'aime pas. Sans faire de la psychanalyse pour le *Reader's
Digest,* ce thème touche à la névrose N⁰ 1 du siècle, à savoir le dégoût de 45
soi. Dans ce héros-là, on voit un homme qui ne s'aime pas, qui se trouve
laid mais qui a d'immenses qualités cachées, une grande noblesse
intérieure, c'est un personnage réconfortant pour le public.

«Cyrano est notre Don Quichotte»,[6] écrit Pierre Marcabru dans *Le
Point.* «Fierté, générosité, courage, indépendance, désintéressement, 50
pureté de cœur, vivacité d'esprit, le tout caché sous la laideur qui est
l'injustice et la fatalité... Il nous rassure sur nous-mêmes. Nous valons
mieux que ce que nous semblons être», poursuit le critique.

(Adapted from *Journal français d'Amérique,* volume 12, n⁰ 7 (23 mars–7 avril, 1991), p.4 and
from editorial volume 13, n⁰ 1 (14 décembre–janvier 1991). Reprinted by permission of
Journal français d'Amérique.)

---

1. railler *to mock*   2. l'Hexagone *France (since it has the shape of a hexagon)*   3. l'ivresse *(f.)
drunkenness (referring to love)*   4. balayer *to sweep*   5. blessé *hurt, wounded*   6. Don
Quichotte *Don Quijote, the Spanish national hero*

Après la lecture

ACTIVITE 9: Indiquez si les phrases suivantes sont vraies ou fausses d'après le passage. Corrigez celles qui sont fausses.

1. Cyrano de Bergerac est le nom d'un personnage fictif et d'un écrivain.
2. Cyrano représente un certain côté de la personnalité du Français.
3. Il existe d'autres personnages de la littérature française qui sont plus célèbres.
4. *Cyrano* est l'histoire d'un homme laid mais qui a le cœur pur.
5. Cyrano est devenu populaire parce qu'il a le dégoût de soi.

ACTIVITE 10: Répondez aux questions suivantes qui se rapportent aux détails et à l'interprétation de l'article.

1. Quelle est l'histoire de Cyrano? Qui est Roxanne? Qui est Christian?
2. Quel est le thème principal de la pièce?
3. Pourquoi Cyrano est-il important aujourd'hui?
4. Qu'est-ce que le Cyrano fictif représente pour le peuple français? Pourquoi est-il le Don Quichotte français?
5. Quels aspects universels trouvez-vous dans l'histoire de Cyrano? En quoi est-il un héros?
6. Est-ce que Cyrano est un héros important pour vous? Pourquoi ou pourquoi pas?

Structure   *Ce que, ce qui, ce dont, préposition + quoi*

Avant de commencer l'étude de la structure, faites les activités de préparation dans votre cahier d'exercices.

1. *Identifiez la structure*

You have seen that relative pronouns are very useful for elaborating on descriptions and explanations. In sections 1 and 2 you used such pronouns to describe specific persons or things. When sentences and clauses concern an unidentified or indefinite antecedent, however, the relative pronoun takes a special construction. Skim **Vérifiez les détails** before reading the following mini-dialogue; then read the mini-dialogue and do the exercises.

—Je ne comprends pas ce qui t'ennuie.

—J'ai des doutes.

—Qu'est-ce qui ne va pas? Qu'est-ce que je peux faire?

—J'ai peur.

—Dis-moi ce dont tu as peur.

—J'ai peur de mes doutes.

2. *Vérifiez les détails*

A. 1. Dans le mini-dialogue, de quoi parlent ces gens? Est-ce de quelque chose de précis? Qu'est-ce qui ne va pas?
   2. Est-ce qu'ils emploient un langage formel ou familier?
   3. Quel est le ton du mini-dialogue? ___ confus ___ amusant ___ compréhensif

B. Complétez la réplique suivante du mini-dialogue avec vos propres mots.

   —Je ne comprends pas ce qui t'ennuie. Qu'est-ce qui ne va pas?

   —Eh bien,...

C. 1. Trouvez dans le mini-dialogue le mot qui suit l'expression **ce que**. Est-ce un nom, un verbe, un complément, un pronom?
   2. Qu'est-ce qui suit l'expression **ce qui?** Est-ce un nom, un verbe, un complément, un pronom?
   3. Pourquoi est-ce qu'on emploie **ce dont** au lieu de **ce qui** ou **ce que** dans la phrase **Dis-moi ce dont tu as peur**?

3. *Analysez les exemples*

Relatives sans antécédent

When there is no specified antecedent (no reference to a specific person or thing), or when the antecedent is an idea, **ce qui** and **ce que** replace the usual relative pronouns.

• **Ce qui** is used to replace the subject of a relative clause.

  Attends! Dis-moi **ce qui** s'est passé.

• **Ce que** replaces the object of a relative clause.

  Raconte-moi **ce qu'il** a dit.

- When there is a preposition and no specified antecedent, **ce dont** or **ce +** *preposition* + **quoi** are used. **Ce dont** is used when the relative clause is the object of the preposition **de.**

  Bon, alors, dis-moi **ce dont** tu as peur. (avoir peur **de** quelque chose)

- **Ce +** *preposition* + **quoi** is employed when the relative clause is the object of any other preposition.

  C'est précisément **ce à quoi** je pensais. (formel)

Résumé

The following chart summarizes the use of the relative pronouns.

	Specified antecedent	*Unspecified antecedent*
Subject	qui	ce qui
Direct object	que	ce que
Object of *de*	dont	ce dont
Object of other prepositions	preposition + **qui**	**ce** + preposition + **quoi**

4. *Elaborez*

ACTIVITE 11: Voici une liste des héros dont vous avez lu le profil dans les lectures de cette section. Complétez la première phrase de chaque petite conversation par l'expression **ce qui, ce que, ce à quoi** ou **ce dont,** puis lisez la réponse. Lequel des héros est-ce que chaque conversation décrit?

Abraracourcix   Cyrano de Bergerac   les Romains
Obélix   Astérix   Panoramix
Assurancetourix

1. —Montrez-moi ___ vous portez. —Je porte des menhirs, comme toujours.
2. —Dites-moi ___ est beau. —L'opéra est beau!
3. —Dites-moi ___ vous pensez. —Je pense à mon nez qui est trop grand.
4. —Expliquez-moi ___ vous trouvez si intéressant. —Je trouve intéressant qu'il coupe le gui pour ses potions.
5. —Expliquez-moi ___ il est fier. —Il est fier de son intelligence vive.
6. —Parlez-moi de ___ vous pensez de lui. —Je pense qu'il est majestueux, courageux et ombrageux.
7. —Dites-moi ___ ils ont peur. —Ils ont peur des Gaulois, bien sûr!

ACTIVITE 12: Participez à une petite conversation avec votre partenaire. Une personne va dire la première phrase. L'autre va compléter la deuxième phrase et employer un pronom relatif.

> MODELE: —Je l'ai trouvé!
> —Montre-moi *ce que tu as trouvé.*

1. —Ceci me gêne.   —Fais-moi voir...
2. —J'ai peur de cette photo.   —Montre-moi...
3. —Je lis un livre passionnant.   —Montre-moi...
4. —Elle m'a donné ceci.   —Fais-moi voir...
5. —J'ai dit quelque chose d'intéressant.   —Raconte-moi...
6. —Martine m'a donné une chose étrange.   —Montre-moi...
7. —Il s'est passé quelque chose d'extraordinaire.   —Dis-moi...
8. —Je pense à quelque chose.   —Dis-moi...

Comment écrire   *Allonger les phrases*

Ayant écrit deux phrases, on peut les joindre l'une avec l'autre et en faire une phrase plus longue et plus sophistiquée. Il y a plusieurs façons de procéder.

* Employez *l'apposition* pour joindre deux phrases simples.

  Robert est pessimiste. Robert est l'ami de Georges.
  Robert, **l'ami de Georges,** est pessimiste.

  Martine habite près de chez moi. Martine est ma meilleure amie.
  Martine, **ma meilleure amie,** habite près de chez moi.

* Employez *la coordination* avec **mais, ou, et, donc, ni... ni, car.**

  Charles était optimiste. Il ne l'est plus.
  Charles était optimiste, **mais** il ne l'est plus.

  J'aime bien Claude. Je vais l'inviter à la fête.
  J'aime bien Claude, **donc** je vais l'inviter à la fête.

  Claire parle d'une façon négative. Elle est pessimiste.
  Claire parle d'une façon négative **car** elle est pessimiste.

* Employez *la subordination* avec **qui, que, dont.**

  J'ai une amie. Mon amie s'appelle Françoise.
  J'ai une amie **qui** s'appelle Françoise.

  C'est un type. Je connais ce type depuis longtemps.
  C'est un type **que** je connais depuis longtemps.

  Ils ont un grand chien. On parle tout le temps du chien.
  Ils ont un grand chien **dont** on parle tout le temps.

A écrire

ACTIVITE 13: Ecrivez un paragraphe de huit à dix phrases basées sur la phrase principale «J'ai un(e) ami(e).» Commencez avec des phrases courtes et simples et allongez et combinez vos phrases en employant l'apposition, la coordination ou la subordination. Un paragraphe-modèle suit.

> J'ai une amie, Martine, que j'aime beaucoup. Nous étions voisines quand nous étions petites, mais maintenant elle habite dans une autre ville, ce qui ne me plaît pas du tout. Martine m'écrit souvent et elle me donne de ses nouvelles. Je lui téléphone de temps en temps car je n'aime pas écrire. Nous sommes encore très proches...

Sujets de composition

1. Décrivez la personnalité de votre héros (héroïne) personnel(le). Basez votre paragraphe sur la phrase principale «Mon héros (héroïne) est formidable.» Dites qui il (elle) est. Quels sont ses traits de caractère les plus importants pour vous? Pourquoi est-il (elle) devenu(e) votre héros (héroïne)?

2. Est-ce que vous avez assisté à un événement héroïque? Ecrivez un paragraphe basé sur la phrase principale «J'ai assisté à un événement incroyable» pour décrire cet événement. Est-ce que vous étiez le héros (héroïne) de l'événement? Est-ce qu'il a eu lieu il y a longtemps? Où? Vous pouvez inventer votre propre événement si vous voulez.

St Valentin. Les fleurs vont droit au cœur.

Interflora

Expressions essentielles

Interrompre quelqu'un et reprendre la parole

Si vous permettez, ...

J'ai (avais) une question à poser (quelque
chose à dire)...

Je veux (voudrais, aurais voulu) dire
(demander)...

J'allais dire...

Attendez un peu...

Pardon...

Ecoutez...

Un mot seulement.

Je demande la parole.

Arrêtez!

Décrire le caractère et le tempérament

Il (Elle, On) est toujours (souvent, assez souvent, de temps en temps, rarement)...

Il (Elle, On) n'est jamais (pas souvent, pas du
tout)... (Voir la liste d'adjectifs dans le
vocabulaire.)

C'est un homme (un type, un gars, une
femme, un[e] ami[e], un[e] voisin[e],
un[e] collègue, un professeur, un[e]
directeur [-trice]) qui...
(+ *verbe*): C'est un type qui aime
rigoler.

C'est le genre de type que... (+ *sujet* + *verbe*):
C'est le genre de type que tout le monde
aime.

C'est quelqu'un à qui... (+ *sujet* + *verbe* + **à**):
C'est quelqu'un à qui je parle quand j'ai un
problème.

C'est quelqu'un avec qui... (+ *sujet* + *verbe* +
avec): C'est quelqu'un avec qui j'aime discuter.

C'est quelqu'un dont ... (+ *sujet* + *verbe* + **de**):
C'est quelqu'un dont tout le monde parle.

Réagir à la description

C'est exactement (justement) ce que je pense
(ce qu'on m'a dit, ce que je disais).

C'est précisément ce à quoi je pensais.

Exactement (Justement)...

(D'accord) mais...

Moi, je pense (trouve, crois) que...

A mon avis (Selon moi, D'après moi),...

Pour décrire le caractère

aimable *likeable*

ambitieux (-euse) *ambitious*

amusant(e) *fun*

avare *miserly, stingy*

bavard(e) *talkative*

bon(ne) *good*

calme *calm*

chaleureux (-euse) *warm*

consciencieux (-euse) *conscientious*

courageux (-euse) *courageous*

désagréable *unpleasant*

diligent(e) *diligent*

discret (-ète) *discreet*

drôle *funny*

dynamique *dynamic*

ennuyeux (-euse) *boring*

énergique *energetic*

fermé(e) *closed*

fiable *reliable*

fier, fière *proud*

franc, franche *frank*

froid(e) *cold*

généreux (-euse) *generous*

gentil (-ille) *nice*

heureux (-euse) *happy*

honnête *honest*
humble *humble*
idéaliste *idealist*
impatient(e) *impatient*
impulsif (-ive) *impulsive*
indiscret (-ète) *indiscreet*
insupportable *unbearable*
intelligent(e) *intelligent*
intéressant(e) *interesting*
jaloux (-ouse) *jealous*
malheureux (-euse) *unhappy*
malhonnête *dishonest*
modeste *modest*
naïf, naïve *naive*
nerveux (-euse) *nervous*
obstiné(e) *obstinate*
optimiste *optimistic*
ouvert(e) *open*
paresseux (-euse) *lazy*
passif (-ive) *passive*
patient(e) *patient*
pessimiste *pessimistic*

poli(e) *polite*
pressé(e) *in a hurry*
responsable *responsible*
réservé(e) *reserved*
romantique *romantic*
sensationnel(le) *sensational*
sensible *sensitive*
sérieux (-euse) *serious*
silencieux (-euse) *quiet*
sincère *sincere*
snob *snobbish*
spirituel(le) *witty*
sportif (-ive) *athletic*
studieux (-euse) *studious*
stupide *stupid*
sympathique *likeable*
têtu(e) *stubborn*
timide *timid*
vaniteux (-euse) *vain*
vertueux (-euse) *virtuous*
vigoureux (-euse) *athletic, vigorous*

N'OUBLIEZ PAS!

Les Pronoms relatifs **qui, que,**
  p. 151
Les Prépositions et les pronoms
  relatifs, p. 159
Ce qui, ce que, ce dont, préposition + **quoi,** p. 171

6

Parler de politique

Fonctions communicatives

Rôle 1

Interrompre quelqu'un

Vérifier ce que quelqu'un a dit

Résumer ce que quelqu'un a dit

Rôle 2

Reprendre la parole

Répéter ce que vous avez déjà dit

Thèmes

La bureaucratie et la politique

Stratégies de lecture

Comment employer le dictionnaire

Stratégies de composition

Organiser une composition

? Regardez la photo et puis décrivez l'apparence physique de ces personnes.

? Le groupe représente les délégués de pays francophones. Pourquoi se sont-ils réunis?

? Est-ce qu'il existe un caractère national? Est-ce que ce concept est nécessairement un stéréotype?

SECTION 1   *C'est ce que j'allais dire*

Fonctions communicatives

Rôle 1

Interrompre quelqu'un

Rôle 2

Reprendre la parole

Tout d'abord

ACTIVITE 1: Il va sans dire que tout le monde réagit d'une façon différente aux petites difficultés, ou tracasseries, de la vie quotidienne. Comment réagissez-vous aux petites tracasseries? Vos réponses indiquent peut-être votre caractère. Lisez le sondage ci-dessous du magazine *NRJ* et marquez vos réponses, puis interprétez les résultats dans la section **Résultats.**

1. Vous êtes enrhumé(e) au mois d'août.
   a. C'est la faute de votre mère qui a circulé tout l'après-midi la fenêtre ouverte.
   b. Vous accusez votre malchance habituelle.
   c. Vous vous bourrez de vitamine C.

2. Vous arrivez à la caisse d'un grand magasin et vous n'avez pas assez d'argent pour tout ce qui est dans le chariot.
   a. Vous laissez le chariot et vous rentrez chez vous pour demander ou emprunter de l'argent.
   b. Vous rentrez chez vous et vous racontez votre aventure en disant «J'ai eu l'air fin!»
   c. Vous pleurez de honte et vous renoncez aux objets superflus que vous avez voulu acheter.

3. Vous avez la grippe et cela vous oblige à rester couché(e).
   a. Vous exigez d'être installé(e) devant la télé.
   b. Vous en profitez pour dormir et vous faire soigner.
   c. Vous enragez tellement d'être au fond de votre lit alors que les autres s'amusent.

4. Vous perdez l'argent de poche de la semaine.
   a. Vous expliquez votre malheur à tout hasard.
   b. Vous vous dites que la prochaine fois vous le déposerez directement sur votre livret de Caisse d'Epargne.
   c. Vous soupçonnez quelqu'un de vous avoir volé votre argent.

La plus belle radio

5. En boîte, vous ne trouvez aucune fille (aucun garçon) à inviter à danser.
   a. Vous vous dites qu'il n'est pas encore bien tard et qu'elle (il) a encore le temps d'arriver.
   b. Vous vous installez pour écouter la musique en vous disant que ce n'est sans doute pas votre jour.
   c. Vous regrettez le prix que vous avez payé à l'entrée, en pure perte.

Résultats: Marquez vos points selon le système suivant:

   1 point pour chacune des réponses: 1a, 2c, 3c, 4c, 5c
   2 points pour chacune des réponses: 1b, 2b, 3a, 4b, 5b
   3 points pour chacune des réponses: 1c, 2a, 3b, 4a, 5a

Si vous obtenez de 5 à 7 points, il vous faut toujours un responsable quand il vous arrive quelque chose de désagréable dans la vie. La faute en est toujours aux autres.

Si vous obtenez de 8 à 11 points, vous attribuez vos malheurs plutôt à la malchance. C'est votre côté négatif. Prenez-y garde!

Si vous obtenez de 12 à 15 points, votre sens du «sport» a ses limites. Vous avez du mal à accepter vos échecs et chaque fois que vous le pouvez, vous maquillez vos échecs pour les faire passer pour des demi-réussites. Au moins, vous dites que c'est une leçon pour vous.

(NRJ Vacances)

1. *Lisez le dialogue*

LA BUREAUCRATIE

En France, tout téléviseur doit être déclaré et une taxe doit être payée. Sophie a déjà passé la plupart de la journée à la mairie1 pour régulariser son nouveau modèle. En sortant de la mairie elle rencontre Marianne.

MARIANNE: Tiens! Mais c'est Sophie! Bonjour, Sophie. Il faut que je te raconte ce qui m'est arrivé... Je viens de voir Philippe, nous nous sommes rencontrés par hasard...

SOPHIE: Attends! Je suis de mauvaise humeur. Après ce qui m'arrive aujourd'hui, je ne veux plus rien entendre.

MARIANNE: Mais, je veux te raconter une drôle de coïncidence...

Sophie: Arrête!

MARIANNE: Allez, allez, calme-toi! Alors qu'est-ce qui t'arrive?

Mairie d'un village
au Périgord

SOPHIE: J'ai été convoquée[2] à la mairie... question de régulariser l'emploi de
mon téléviseur.

MARIANNE: Et alors?

SOPHIE: Alors, voilà, je me présente au guichet[3] et je fais la queue. J'attends
presque une heure. On me dit ensuite que ce n'est pas le bon guichet et
qu'il faut faire la queue ailleurs.

MARIANNE: Ça arrive. Il faut faire attention...

SOPHIE: Bien sûr que ça arrive. Alors, je me remets en queue au guichet d'à
côté. Et voilà encore une heure de gaspillée.[4] Arrivée à la tête de la queue,
l'employé me ferme le guichet au nez! C'est là que je m'énerve!

MARIANNE: Ça alors! Mais c'est incroyable. Et qu'est-ce qu'il a dit?

SOPHIE: Tout simplement que c'était l'heure du déjeuner et qu'il fallait revenir dans une heure et demie.

MARIANNE: L'heure du déjeuner c'est l'heure du déjeuner; tout le monde doit
déjeuner... on peut comprendre ça...

SOPHIE: Laisse-moi finir. Je sais bien que tout le monde doit déjeuner mais
j'avais gaspillé toute la matinée et je n'avais rien réglé! Alors, forcément, je
me suis énervée. J'ai demandé à l'employé s'il ne s'était pas trompé et s'il
se rendait compte que j'attendais depuis une heure. Il m'a répondu qu'il
n'y avait pas d'erreur et que c'était son heure du déjeuner. Et puis, il m'a
dit que je devais...

MARIANNE: Attends une seconde... tu as pensé à te plaindre auprès du
directeur?

SOPHIE: C'est ce que j'allais dire. Je suis allée au bureau du directeur pour me
plaindre. Nous nous sommes parlé, mais aucun résultat. Il m'a dit qu'il ne

pouvait rien faire. Je dois dire que je n'apprécie pas la bureaucratie en ce moment.

MARIANNE: C'est Napoléon qu'il faut remercier pour tout ça. Il a...

SOPHIE: Napoléon? Napoléon Bonaparte? Tu te moques de moi?

MARIANNE: Je ne rigole pas. Il s'agit bien de Napoléon Bonaparte. C'est lui qui a centralisé le gouvernement et qui a instauré la bureaucratie en France. Certains croient que c'est ce qu'il a fait de mieux.

SOPHIE: En tout cas, moi, je me méfie de cette bureaucratie omniprésente. S'il était en vie, je demanderais à Napoléon de se mettre en queue pour déclarer un téléviseur, d'attendre une heure, pour lui fermer le guichet au nez!

---

1. la mairie *city hall*   2. convoquer *to call in*   3. le guichet *window*
4. gaspiller *to waste*

2. *Vérifiez le sens général*

ACTIVITE 2: Choisissez le meilleur résumé du dialogue. Expliquez votre choix.

1. Cette scène explique que Napoléon a centralisé les services gouvernementaux et a réglementé un grand nombre d'aspects de la vie quotidienne.

2. Marianne rencontre Sophie et elle lui parle de sa rencontre avec Philippe.

3. Il s'agit d'un incident à la mairie qui montre que la bureaucratie française est très compliquée.

4. D'après l'expérience de Sophie, il est clair qu'on ne peut pas éviter la bureaucratie dans un pays moderne.

ACTIVITE 3: Relisez le dialogue et puis vérifiez les détails.

1. Où est-ce que Sophie a passé la journée?

2. Pourquoi y va-t-elle? Y a-t-il des lois similaires concernant les téléviseurs aux Etats-Unis?

3. Y avait-il beaucoup de monde au guichet? Comment le savez-vous?

4. A votre avis, est-ce que l'employé devait aider Marianne avant de prendre son déjeuner?

5. Est-ce qu'elle a finalement réussi à faire ce qu'elle voulait faire?

6. Pouvez-vous penser à d'autres façons de résoudre le problème?

7. D'après la scène, décrivez le caractère de Sophie et de son amie, Marianne.

3. *Cherchez les expressions*

ACTIVITE 4: Relisez le dialogue et cherchez les expressions suivantes.

1. Trouvez trois exemples de style indirect dans le dialogue.

2. Trouvez dans le dialogue quatre manières différentes de réagir au discours de quelqu'un.

3. Quelles expressions sont employées dans le dialogue pour reprendre la parole après que quelqu'un a interrompu?

Laisse-moi finir.	Pour terminer ce que je disais...
S'il vous plaît.	Je n'ai pas terminé.
Je reviens à ce que je disais...	C'est ce que j'allais dire.
Mais, je veux te raconter...	Attends (une seconde, un instant, un peu)...

4. Analysez les expressions pour reprendre la parole: trouvez les expressions formelles, les expressions familières, et celles qui peuvent être employées dans les situations formelles ou familières.

4. *Allez plus loin*

ACTIVITE 5: Imaginez que vous devez régler un des problèmes suivants à l'université. Expliquez ce qui vous est arrivé. Votre partenaire va indiquer son intérêt, demander davantage de renseignements, vous encourager et vous interrompre. Employez les expressions suivantes pour vous aider à construire la scène.

1. Je voulais (devais)
    a. changer mon adresse permanente.
    b. payer une amende.[1]
    c. m'inscrire pour un autre cours.
    d. payer des frais d'inscription.

2. Alors je suis allé(e)
    a. à l'administration.
    b. au guichet des renseignements.
    c. à la caisse.
    d. au secrétariat du doyen[2] (la doyenne).

3. J'ai dû
    a. attendre longtemps (une heure).
    b. faire la queue.
    c. retourner après le déjeuner.
    d. revenir le lendemain.

4. J'ai parlé avec
    a. le directeur registre des cours.
    b. l'agent comptable.[3]
    c. le (la) secrétaire.
    d. l'employé(e).

5. D'habitude je suis   a. calme.
                                            b. patient(e).
                                            c. prudent(e).
                                            d. agréable.

6. Mais cette fois je me suis   a. impatienté(e).
                                            b. énervé(e).

7. Et ensuite,...

8. J'ai appris que   a. la bureaucratie est nécessaire.
                                            b. tout le monde agit de la même façon.
                                            c. c'est la nature humaine.
                                            d. il ne faut pas s'énerver.

---

1. une amende *a fine*   2. le doyen *dean*   3. l'agent comptable *(m.) bursar*

ACTIVITE 6: Etes-vous pour ou contre la bureaucratie? Lisez les points de vue suivants. Trouvez les arguments pour et contre la bureaucratie.

1. La bureaucratie est un gaspillage d'argent. On devrait trouver une solution moins coûteuse et plus pratique.

2. La bureaucratie empêche l'innovation parce qu'elle se limite aux solutions déjà prévues.

3. Les gens qui prennent les décisions bureaucratiques sont trop éloignés de ceux qui doivent vivre avec leurs décisions.

4. La bureaucratie sert à coordonner le travail de plusieurs groupes et rend possible des projets trop grands pour un seul groupe.

5. La bureaucratie est un système efficace qui garantit la juste répartition des ressources gouvernementales.

Maintenant, avec un(e) partenaire, prenez un de ces points de vue. Votre partenaire prendra le point de vue opposé. Expliquez votre point de vue. Votre partenaire va vous interrompre au moins deux fois pour donner ses idées. Essayez de reprendre la parole et de continuer à expliquer votre point de vue.

       MODELE: —A mon avis, la bureaucratie est un gaspillage d'argent...

                     —Attends, j'ai quelque chose à dire.

                     —Je n'ai pas terminé. On devrait trouver une solution moins coûteuse et plus pratique.

Structure   *Les Verbes pronominaux*

Avant de commencer l'étude de la structure, faites les activités de préparation dans votre cahier d'exercices

1. *Identifiez la structure*

Many of the verbs used to describe daily routines and personal relationships are pronominal verbs. Such verbs must be conjugated with a reflexive pronoun. Skim **Vérifiez les détails** before reading the following mini-dialogue; then read the mini-dialogue and do the exercises.

—Tu t'es bien amusé au musée?

—Moi, oui. J'aime regarder les vieilles choses, les collections d'armures, d'uniformes et d'épées. Je trouve le passé très romantique.

—Et Hervé?

—Hervé s'est plaint de tout... naturellement il n'a pas aimé le musée. Il ne s'intéresse pas aux objets de guerre. Je crois qu'il est un peu pacifiste.

—Alors, il s'est ennuyé?

—**Je crois que oui. En tout cas il se plaignait de tout: de la poussière, du militarisme, du gouvernement... C'est de sa nature.**

2. *Vérifiez les détails*

A. 1. Où est-ce que les deux personnages ont passé leur journée? Comment le savez-vous?

___ au musée d'Art moderne   ___ au musée de l'Armée   ___ au Louvre

2. Qu'est-ce qu'on peut voir dans les autres musées?

3. Quels verbes décrivent la réaction d'Hervé? Décrivez son caractère. Comment explique-t-on le point de vue d'Hervé?

B. Complétez cette réplique du mini-dialogue avec vos propres mots.

— *Tu t'es bien amusé?*

— *Moi, oui. J'aime...*

C. Il y a cinq verbes pronominaux dans ce mini-dialogue. Identifiez ceux qui sont au présent, au passé composé et à l'imparfait.

3. *Analysez les exemples*

Pronominal verbs are conjugated as follows in the affirmative and negative.

Je m'intéresse à visiter le musée de l'Armée.

Nous ne nous intéressons pas à étudier les stratégies militaires.

Tu t'intéresses à t'imaginer la vie dans cette période historique?

Vous ne vous intéressez pas aux collections d'armures.

Il s'intéresse à regarder les vieilles choses.

Ils ne s'intéressent pas aux drapeaux militaires.

Elle s'intéresse à lire les documents anciens.

Elles ne s'intéressent pas à l'histoire.

Les Verbes réfléchis

Certain pronominal verbs, called reflexive verbs, are used to describe actions that "reflect" back to the subject: the subject and the object of the verbs are the same person. In the following example, the first sentence describes an action done by the subject to something, while the second sentence describes an action done by the subject to himself.

Il regarde les collections d'armures. *(nonreflexive)*
Il **se regarde** au miroir. *(reflexive)*

Study the following examples from the dialogue and mini-dialogue.

Alors, **je me présente** au guichet.
Alors, **je me remets** en queue au guichet d'à côté.
C'est là que **je m'énerve.**
Il ne s'intéresse pas aux objets de guerre.
Tu t'es bien **amusé** au musée?

Other pronominal verbs which may be used to report reflexive actions include:

s'arrêter de	*to stop*	Il **s'est arrêté de** se plaindre.
se couper	*to cut oneself*	Comment est-ce que tu **t'es coupé(e)**?
se coucher	*to go to bed*	Je **me suis couché(e)** très tôt hier soir.
se détendre	*to unwind*	Je **me suis détendu(e)** au musée.
se fâcher	*to get angry*	Elle **s'est fâchée** contre l'employé.
s'habiller	*to get dressed*	Pierre **s'est habillé** rapidement.
s'inquiéter de	*to worry about*	Il **s'inquiète de** tout.
se lever	*to get up*	Hervé **s'est levé** tôt ce matin.
se rendre à	*to go to a place*	Nous **nous sommes rendus à** la mairie.
se reposer	*to rest*	Vous **reposez-vous** à midi?
se trouver à	*to be located*	Le musée **se trouve à** Paris.

Les Verbes réciproques

Certain pronominal verbs describe reciprocal actions; that is, actions done mutually by two or more people. In the following examples, the first sentence in each pair describes an action done by the subject to someone else, while the second sentence describes the same action done simultaneously by persons to or for one another. Since reciprocal verbs require simultaneous action by two or more people, these verbs always occur in the plural.

> Elles parlent au directeur. *(nonreciprocal)*
> Elles **se parlent (l'une à l'autre)**[*] devant la mairie. *(reciprocal)*
> Napoléon consultait ses chefs d'état. *(nonreciprocal)*
> Les chefs d'état **se consultaient l'un l'autre.** *(reciprocal)*

Study these examples of reciprocal pronominal verbs from the dialogue.

> Je viens de voir Philippe, **nous nous sommes rencontrés** par hasard.
> **Nous nous sommes parlé,** mais aucun résultat.

Other common reciprocal verbs are the following:

s'écrire	*to write to one another*	Nous **nous sommes écrit** quand nous étions en vacances.
se fiancer	*to become engaged*	Ils **se sont fiancés** hier.
se fréquenter	*to keep company*	Vous **vous fréquentez?**
se marier	*to get married*	Ils **se sont mariés** à la mairie.
se parler	*to speak to one another*	Est-ce qu'ils **se parlent?**
se téléphoner	*to telephone each other*	Nous **nous téléphonons** souvent.
se (re)voir	*to see each other (again)*	On **se voit** tous les jours.

Les Expressions idiomatiques

Certain pronominal verbs have lost their pronominal meaning and are considered to be idiomatic expressions.

se débrouiller	*to manage*	Tu **t'es bien débrouillée** à la mairie.
se dépêcher	*to hurry*	Il faut **se dépêcher.** Nous sommes en retard.
s'habituer (à)	*to get used to*	Nous **nous sommes habitués** aux conditions.
se méfier de	*to be wary of*	Je **me méfie de** la bureaucratie.
se moquer de	*to make fun of*	Elle **se moque de** Napoléon.
se rendre compte de	*to realize*	Je **me rends compte de** l'importance de l'histoire.
se soucier de	*to care about, worry about*	Elle **se soucie de** ses petites sœurs.
se souvenir de	*to remember*	Jean **se souvient de** la guerre.
se spécialiser en	*to specialize in*	Il **se spécialise en** histoire.
se taire	*to be quiet*	Voulez-vous **vous taire?**

---

[*] One may use **l'un(e) l'autre** or **l'un(e) à l'autre** in the singular or **les un(e)s les autres** or **les un(e)s aux autres** in the plural to clear up any ambiguity.

Le Coin du spécialiste

Another group of pronominal verbs also exists. Normally, when a regular verb is used in a pronominal construction, the basic meaning of the verb does not change. Some verbs, however, have a different meaning when used in a pronominal construction. Note the changes in the following verbs.

aller	*to go*	s'en aller	*to go away*
amuser	*to amuse*	s'amuser	*to have a good time*
attendre	*to wait*	s'attendre à	*to expect*
demander	*to ask*	se demander	*to wonder*
douter	*to doubt*	se douter de	*to suspect*
ennuyer	*to bother, annoy*	s'ennuyer	*to be bored*
entendre	*to hear*	s'entendre avec	*to get along with*
faire	*to do, to make*	s'en faire	*to be worried*
mettre	*to put*	se mettre à	*to begin*
passer	*to pass*	se passer de	*to do without*
plaindre	*to pity*	se plaindre de	*to complain about*
servir	*to serve*	se servir de	*to use*
tromper	*to deceive*	se tromper	*to err*

4. *Elaborez*

ACTIVITE 7: Que faites-vous quand vous avez affaire à la bureaucratie? Mettez les verbes entre parenthèses à la forme correcte. Ensuite, choisissez la définition qui correspond le mieux au sens des verbes. Finalement, choisissez les phrases qui décrivent le mieux votre avis en ce qui concerne les queues.

1. Je (se lever) tôt et (se dépêcher) pour arriver de bonne heure pour éviter de faire la queue.

   Se dépêcher veut dire: a. aller vite.   b. faire une erreur.

2. Je (s'ennuyer) à faire la queue.

   S'ennuyer veut dire: a. s'intéresser à.   b. ne pas s'amuser.

3. Je (se rendre compte) qu'on fait un effort pour aider les gens en queue devant moi et que ça prend du temps, alors je ne (s'impatienter) jamais en faisant la queue.

   Se rendre compte veut dire: a. comprendre.   b. faire des calculs.

   S'impatienter veut dire: a. aimer beaucoup. b. avoir peu de patience.

4. Quand je (se mettre) en queue, je (se plaindre) toujours aux gens devant et derrière moi.

   Se mettre veut dire: a. se placer.   b. quitter.

   Se plaindre veut dire: a. se lamenter.   b. aimer beaucoup.

5. Je (s'amuser) à faire la queue parce que je (s'entendre) bien avec tout le monde et j'adore parler avec les gens que je ne connais pas.

   S'amuser veut dire: a. aimer faire.   b. détester.

   S'entendre veut dire: a. être d'accord.   b. écouter.

6. Je (se méfier) des queues, surtout quand elles sont longues.

   Se méfier veut dire: a. aimer beaucoup.   b. ne pas avoir confiance.

7. En ce qui concerne les queues, mes amis et moi, nous (se débrouiller): nous trouvons quelqu'un qui a la même course à faire et nous lui demandons de faire notre course en même temps.

   Se débrouiller veut dire: a. se lamenter.   b. trouver une solution.

8. Quand mes amis et moi nous voyons une queue très longue, nous (se demander) si c'est vraiment nécessaire de (s'occuper) de ces courses aujourd'hui et, si ce n'est pas nécessaire, nous (s'en aller).

   Se demander veut dire: a. commencer.   b. questionner.

   S'occuper veut dire: a. donner son temps à.   b. faire une erreur.

   S'en aller veut dire: a. partir.   b. aimer beaucoup.

ACTIVITE 8: Répondez aux questions suivantes.

1. Votre vie quotidienne est-elle intéressante? Décrivez votre routine quotidienne.

2. A quoi vous intéressez-vous particulièrement? Dans quels sujets voulez-vous vous spécialiser?

3. Qu'est-ce qui vous amuse?

4. Qu'est-ce qui vous ennuie?

5. Est-ce que vous vous débrouillez quand vous avez un problème? Donnez un exemple précis.

Jean-Louis David,
Le Sacre de
Napoléon (1805)

ACTIVITE 9: Ecrivez un paragraphe au présent d'au moins dix phrases au présent au sujet de Napoléon. Servez-vous des faits ci-dessous. Faites très attention à la conjugaison des verbes pronominaux.

1. se fiancer et puis se marier avec Joséphine Beauharnais
2. se nommer premier consul de France (1799–1804)
3. réorganiser les codes juridique, pénal et civil
4. se couronner empereur
5. se servir de sa puissance militaire pour dominer le continent
6. se mettre à la conquête de l'Allemagne, l'Italie, l'Espagne
7. divorcer d'avec Joséphine
8. se remarier avec Marie-Louise, la fille de l'empereur d'Autriche
9. se méfier des Anglais
10. se tromper dans la bataille maritime contre Nelson à Trafalgar
11. abdiquer en 1814
12. se rendre aux Anglais le 18 juin 1815
13. s'exiler dans l'île Sainte-Hélène

Aperçu culturel   ## La Bureaucratie et la centralisation

L'Assemblé
nationale à Paris

L'administration française jouit incontestablement d'une meilleure réputation à l'extérieur qu'à l'intérieur des frontières. A l'étranger, son prestige est dû à la qualité de son organisation, à la précision de ses rouages,[1] à sa structure rigoureuse et fortement centralisée. Les usagers au contraire, en France comme ailleurs, déplorent volontiers ses lenteurs, son formalisme, son faible rendement.[2] Les méfaits d'une «bureaucratie» poussiéreuse ont d'ailleurs constitué longtemps une cible[3] pour les chansonniers et les romanciers.

Bien que la plupart des Français soient habitués à la bureaucratie, on se plaint souvent de queues interminables, du temps qu'il faut pour régulariser un petit problème et du grand nombre de règles auxquelles il faut se conformer. Certains ont développé un caractère débrouillard qui veut contourner les règles, trouver un meilleur moyen d'accomplir la même tâche ou même subvertir la bureaucratie omniprésente.

Plus récemment la machine administrative est devenue trop lourde pour faire face à des problèmes de plus en plus nombreux et complexes. En 1969 la France s'est engagée timidement, sous la présidence de G. Pompidou, dans la voie de la régionalisation. La loi du 5 juillet 1972 portant réforme régionale est entrée en application en octobre 1973. On commence à peine à sentir l'effet de ces lois: Paris est toujours le centre administratif de la France. Il faut mentionner tout de même que Lyon et Marseille (les deux villes les plus grandes en France) prennent une importance croissante dans les affaires gouvernementales et culturelles.

(Adapté du *Nouveau Guide France*)

---

1. le rouage *gear*   2. le rendement *performance*   3. la cible *target*

Analysez et discutez

1. Quels sont les deux points de vue en ce qui concerne la bureaucratie? Qu'en pensent les étrangers et qu'en pensent les Français?

2. La centralisation gouvernementale a servi la France depuis 200 ans. Quels en sont les désavantages d'après le texte?

3. En 1973 la France s'est lancée dans la voie de la régionalisation. Pourquoi est-ce que c'était nécessaire? D'après vous, est-ce qu'un tel concept va réussir? Pourquoi ou pourquoi pas?

4. Est-ce que la bureaucratie est universellement considérée d'une façon négative? Est-elle quelquefois utile? Nécessaire? Quand?

SECTION 2   ## *Si je comprends bien, vous voulez dire que...*

Fonctions communicatives

Rôle 1

Vérifier ce que quelqu'un a dit

Rôle 2

Répéter ce que vous avez déjà dit

Tout d'abord

ACTIVITE 1: Etes-vous fort(e) en politique et en géographie? Savez-vous ce que c'est que la Communauté européenne? Faites cette petite épreuve et ensuite discutez vos réponses avec deux ou trois camarades.

1. Choisissez de cette liste les pays qui sont membres de la Communauté européenne.

l'Allemagne	l'Espagne	l'Irlande	le Portugal
la Belgique	la France	l'Italie	la Suisse
le Canada	la Grande-Bretagne	la Grèce	la Suède
le Danemark	le Luxembourg	les Pays-Bas	

2. Dans quels pays est-ce qu'on parle français?

3. On associe souvent aux habitants de chaque pays d'Europe un caractère différent. On peut considérer la conception du caractère au niveau individuel, comme nous l'avons fait dans le chapitre 5, ou au niveau du pays. Choisissez un pays de la liste ci-dessus et répondez aux questions suivantes.
   a. Quel caractère est-ce qu'on associe aux habitants de ce pays?
   b. En quelle mesure est-ce que ce caractère est un stéréotype?

4. Dans dix ans, pensez-vous qu'il existera un caractère européen?

1. *Écoutez la scène*

 LA COMMUNAUTÉ EUROPÉENNE

Lisez les résumés de l'activité 2 et ensuite écoutez la scène.

Catherine et Robert discutent de l'avenir des pays européens, et du caractère et de la nature humaine.

Le Parlement
européen

2. *Vérifiez le sens général*

ACTIVITE 2: Choisissez le meilleur résumé du dialogue.

1. Ces deux amis s'entendent bien parce qu'ils ont la même opinion sur l'avenir de l'Europe.

2. Il s'agit d'un débat sur l'avenir de la Communauté européenne.

3. Les pays d'Europe ont une longue histoire de coexistence paisible.

ACTIVITE 3: Ecoutez la scène encore une fois, puis vérifiez ces détails.

1. D'après ce que vous savez de l'histoire de l'Europe, mettez ensemble les dates et les guerres.

   (1) les guerres de Napoléon   a. 1914 à 1918
   (2) la guerre franco-allemande   b. 1939 à 1945
   (3) la Première Guerre mondiale   c. 1870 à 1871
   (4) la Deuxième Guerre mondiale   d. 1804 à 1812

2. Catherine dit que l'Europe passe par une période pleine de promesses. Comment est-ce qu'elle justifie cette opinion?

3. Est-elle plus, aussi ou moins optimiste que Robert?

4. Quelles raisons est-ce que Robert donne pour justifier son point de vue?

5. Et vous? Etes-vous plutôt d'accord avec Robert ou avec Catherine?

3. *Cherchez les expressions*

ACTIVITE 4: Ecoutez la scène encore une fois; puis indiquez les expressions employées dans la scène pour:

1. Vérifier ce que quelqu'un a dit.

   ____ A ton avis...   ____ Si je comprends bien ce que tu dis...

   ____ Tu dis (veux dire) que...   ____ Il me semble que...

   ____ Tu me comprends à   ____ Oui, je vois ce que tu veux
         merveille!   dire...

2. Répéter ce qu'on a déjà dit.

   ____ Je veux (voulais) dire que...
   ____ Je disais que...
   ____ J'essayais de dire...

4. *Allez plus loin*

ACTIVITE 5: Croyez-vous que la Communauté européenne puisse résoudre tous les problèmes? Travaillez avec un(e) partenaire. Jouez les rôles d'une petite scène où vous allez faire une déclaration de la liste A et votre partenaire va choisir une réplique dans la liste B. Jouez les rôles plusieurs fois.

PERSONNE A: *Déclarations*

1. Nous passons par une période pleine de promesses... Il n'y aura plus de guerre en Europe.

2. L'Europe va changer d'une façon fondamentale. Il y aura davantage de stabilité.

3. La nature humaine n'est pas facile à changer. L'Europe représente plusieurs cultures.

4. Je crois que la guerre est inévitable.

PERSONNE B: *Répliques*

a. L'instabilité fait partie de l'ancienne Europe. Je ne crois pas que cela va changer. Il faut se rappeler son histoire.

b. Je ne suis pas d'accord. Les nouvelles conditions économiques et politiques vont résoudre ces problèmes.

c. Je suis d'accord; il faut toujours tenir compte des différences culturelles entre les pays.

d. Je crois que tu es trop idéaliste. On ne peut pas oublier les guerres; elles font partie de la nature humaine.

ACTIVITE 6: Est-ce qu'il existe un caractère national? Faites un sondage des étudiants de votre classe. Posez-leur les questions suivantes et ensuite faites un résumé des réponses pour toute la classe.

1. Est-ce que vous connaissez un(e) Européen(ne)? Si oui, décrivez son caractère.

2. Décrivez le caractère du pays de votre ami(e) européen(ne).

3. Est-ce que le caractère personnel et le caractère national sont pareils?

4. Est-ce que vous croyez que le concept d'un caractère national soit un stéréotype?

Structure   *L'Impératif des verbes pronominaux*

Avant de commencer l'étude de la structure, faites les activités de préparation dans votre cahier d'exercices.

1. *Identifiez la structure*

The imperative form of a verb is used to express commands, advice, and wishes. Like all verbs, pronominal verbs undergo changes in the imperative form. Skim the questions in **Vérifiez les détails** below before reading the following mini-dialogue, then read the mini-dialogue and do the exercises.

—Dépêche-toi, nous allons être en retard!

—Ne t'impatiente pas... je n'en ai que pour[1] deux minutes.

—Tu ne vas tout de même pas commencer à discuter ton opinion politique...

—Ne t'en fais pas [2]! Je n'ai que deux choses à dire. Nous avons tout le temps.

—Mais non. Nous n'avons pas le temps! Souviens-toi de samedi dernier quand tes deux choses à dire ont duré une demi-heure et nous sommes arrivés en retard chez les Martin!

---

1. je n'en ai que pour... *I only need...*   2. ne t'en fais pas *don't worry*

2. *Vérifiez les détails*

A. 1. Dans le mini-dialogue, le ton de la conversation est

___ léger.   ___ sévère.   ___ critique.   ___ humoristique.

2. Les deux personnages sont probablement

___ d'anciens amis.   ___ de nouveaux amis.

3. Il y a deux sujets de conversation dans ce mini-dialogue. Lesquels? Quel est le problème?

B. Complétez ces répliques du mini-dialogue. Imaginez que vous discutez avec un(e) ami(e) ou un membre de votre famille.

—*Tu ne vas tout de même pas commencer à discuter... !*

—*Ne t'en fais pas! Je n'ai que deux choses à dire. Je veux tout simplement... !*

—*Ah, je vois. Mais je sais aussi que... peut quand même durer au moins... minutes.*

C. Trouvez les quatre exemples de verbes pronominaux à l'impératif dans le mini-dialogue.

3. *Analysez les exemples*

L'Impératif affirmatif des verbes pronominaux

In the affirmative imperative, the reflexive pronoun follows the verb and is linked to the verb by a hyphen. Note that in familiar commands **te** becomes **toi.**

—**Dépêche-toi,** nous allons être en retard!
—**Souviens-toi** de samedi dernier.
—**Rendez-vous compte de** la situation!

L'Impératif négatif des verbes pronominaux

In the negative imperative, the reflexive pronoun precedes the verb.

—**Ne t'impatiente pas.**
—**Ne t'en fais pas!**
—**Ne vous souciez pas** trop de l'histoire.

Les Verbes pronominaux en discours indirect

In indirect discourse, the imperative is expressed by **de** and the infinitive. Note that in familiar commands **te** is used instead of **toi.**

Direct Discourse	Indirect Discourse
Je te dis: «Dépêche-toi!»	Je te dis **de te dépêcher.**
Elle m'a dit: «Souviens-toi de l'histoire.»	Elle m'a dit **de me souvenir** de l'histoire.

4. *Elaborez*

ACTIVITE 7: Quand on s'impatiente à la douane, les douaniers ne sont pas toujours très sympathiques. Transformez le discours indirect en discours direct.

> MODELE: —Il m'a dit de m'arrêter de me plaindre.
>
> —*Il m'a dit: «Arrêtez-vous de vous plaindre.»*

1. Il m'a dit de ne pas me moquer de lui.

2. Il m'a dit de ne pas me fâcher contre les agents et de m'entendre avec les autres qui font la queue.

3. Il m'a dit de ne pas m'inquiéter parce qu'il était le plus rapide des douaniers.

4. Il m'a dit de me détendre, de me reposer et de m'amuser un peu.

5. Il m'a dit de me souvenir que c'était une question de sécurité nationale et de ne pas m'en aller.

6. Il m'a dit de me taire.

7. Il m'a dit de me débrouiller et de ne pas m'ennuyer.

8. Il m'a dit de ne pas me soucier de la bureaucratie car c'était elle qui protégeait le pays.

9. Il m'a dit de m'habituer à faire la queue parce qu'un grand nombre de douaniers faisaient la grève.

10. Il m'a dit de me rendre compte qu'il faisait de son mieux.

ACTIVITE 8: Il y a des jours où rien ne va comme on le veut. Donnez des conseils à un(e) ami(e) qui a les problèmes suivants.

> MODELE: Au moment de traverser la frontière, votre ami(e) ne peut pas trouver son passeport.
>
> a. se dépêcher   *Dépêche-toi! Il faut vite trouver ce passeport!*
>
> b. se calmer   *Calme-toi! Il ne faut pas s'énerver.*
>
> c. s'impatienter   *Ne t'impatiente pas. Il est certainement dans ta poche.*

1. Vous êtes en vacances et il ne cesse pas de pleuvoir.
   a. se détendre   b. s'amuser   c. se souvenir

2. Votre ami(e) attend le train qui n'arrive pas.
   a. se fâcher   b. se plaindre   c. s'inquiéter

3. Votre ami(e) est en Allemagne et n'a pas de monnaie locale.
   a. s'inquiéter   b. se servir   c. se débrouiller

4. Votre ami(e) est en France et il y a une grève de la poste.
   a. s'impatienter   b. se débrouiller   c. s'arrêter

Aperçu culturel   **Les Partis politiques en France**

On dit qu'il y a en France autant de partis politiques que de Français. En effet, une pluralité de partis prend part dans la discussion politique française. Et cette discussion est souvent animée. Car la discussion politique figure comme sujet de conversation pour tous. On discute politique presque autant que les projets de vacances. Et on prend part à cette conversation à tous les âges, dans tous les milieux sociaux et dans toutes les circonstances sociales: au café, pendant les réunions de collègues, au restau-U, tout aussi bien que dans la rue.

Les partis politiques reflètent très précisément le caractère individualiste français. Il y en a pour tous les goûts. Pas satisfaits de s'identifier à «la droite» ou à «la gauche», les Français préfèrent s'associer à une multiplicité de partis politiques ayant une gamme subtile de gradations d'opinions, de tendances, de partis pris et souvent de préjugés. Parmi les partis politiques français, on trouve

La gauche

P.C.F.   le parti communiste français
P.S.   le parti socialiste

Le centre

U.D.F.   l'Union pour la démocratie française

La droite

R.P.R.   le Rassemblement pour la
           République
F.N.   le Front national

De plus, il y a des partis qui représentent les indépendants, les ouvriers, les paysans, des partis féministes, anarchistes, chrétiens, écologistes, etc. Naturellement, chaque parti a son point de vue, son interprétation des événements locaux et internationaux, son journal et ses réunions. Tout cela explique en partie la complexité des élections françaises et la fragilité des accords entre les partis quand ils forment un gouvernement.

Analysez et discutez

1. Comparez le nombre de partis en France et aux Etats-Unis. Quels avantages voyez-vous à un système de deux partis politiques comparé à un système de plusieurs partis politiques? Y a-t-il des désavantages?

2. Est-ce que la politique est un sujet de conversation commun aux Etats-Unis? Pourquoi ou pourquoi pas? Est-ce que la politique est un sujet tabou en Amérique? Dans quelles circonstances est-ce qu'on peut parler de politique?

SECTION 3	*Je résume*

Fonctions communicatives

Résumer ce que quelqu'un a dit

Stratégies de lecture

Comment employer le dictionnaire

Stratégies de composition

Organiser une composition

Tout d'abord

ACTIVITE 1: Chacune de ces nouvelles est un point de départ pour une petite conversation sur le Marché commun. Avec un(e) partenaire, suivez le schéma du modèle.

Nouvelles:

1. Il n'y a plus de Français! Il n'y a que des Européens!
2. Le premier président des Etats-Unis d'Europe a été élu.
3. Les Français ne vendent que le vin; les Allemands la bière.
4. Deux pays collaborent pour créer une nouvelle voiture européenne: Renault et BMW.

MODELE:	VOUS:	*(Annoncez la nouvelle.)*
	PARTENAIRE:	*(Demandez davantage de renseignements.)*
	VOUS:	*(Donnez davantage de renseignements.)*
	PARTENAIRE:	*(Interrompez.)*
	VOUS:	*(Reprenez la parole.)*
	PARTENAIRE:	*(Indiquez votre intérêt, encouragez la conversation.)*
	VOUS:	*(Terminez la conversation.)*

Par ici

Avant la lecture

Using a Dictionary

The previous chapters have focused on a variety of strategies for guessing cognates, identifying word families, and determining the meaning of key words from context. In cases where these strategies might not be effective, you may want to look up the word in a dictionary.

There are two kinds of dictionaries you may find helpful: (1) French-French dictionaries, in which French words are defined in French, often with synonyms, antonyms, and examples, and (2) bilingual dictionaries, in which words in English are translated into French and vice versa. Both types of dictionaries will help you find the meaning of a word. However, you will find your dictionary work more successful and effective if you follow certain simple rules.

- Look up the base form of the word you are seeking.

    a. Look up verbs by their infinitives, not their conjugated forms: look up **être,** not **suis** or **sommes.**

    b. Look up nouns in the singular form.

    c. Look up adjectives in the masculine singular form.

- Know the part of speech of the word you are seeking: a word like **fait** can be both a noun (*a fact*) and a verb (from **faire,** *to do*). Read the dictionary entries carefully to select the proper meaning.

- If more than one possibility is listed, cross-check the meaning in the other half of the bilingual dictionary.

ACTIVITE 2: Devinez le sens des mots en italique qui sont tirés du passage de lecture. Employez le contexte, une analyse grammaticale etc., pour les comprendre. Ensuite, cherchez-les dans un dictionnaire bilingue pour en vérifier le sens.

1. Et voilà qu'avec toute la solennité requise douze chefs d'Etat réunis pendant deux jours à Luxembourg, décident de... *réaliser* un marché commun.

2. Messieurs les douaniers, attention! Les postes frontières entre les pays de la Communauté devront être *supprimés.*

3. Plus de *contrôle,* la liberté.

ACTIVITE 3: **Le passage de lecture, tiré d'un article qui a paru dans** *L'Express*, **un magazine de nouvelles, discute les problèmes possibles de manufacture quand l'Europe sera unie économiquement. Est-ce que vous associez d'habitude une certaine industrie ou un certain produit aux différents pays d'Europe? Quels produits associe-t-on avec la France, l'Allemagne, le Royaume-Uni? Discutez les réponses de ces questions avec un(e) partenaire.**

Lecture

Avant de lire le passage, lisez les résumés de l'activité 4. Ensuite lisez le passage et faites les activités qui suivent.

DEMAIN LE MARCHÉ COMMUN?

[Section 1]

Il y a près de trente ans, six pays européens, dont la France et l'Allemagne, signaient le traité de Rome. Et voilà qu'avec toute la solennité requise douze chefs d'Etat — entre-temps la Communauté a grandit — réunis pendant deux jours, les 2 et 3 décembre 1985 à Luxembourg, décident de... réaliser un marché commun. A n'y rien comprendre. L'ambitieuse entreprise se décrit à présent différemment. «Grand marché intérieur», pour les technocrates de Bruxelles, «Espace sans frontières», pour les idéocrates français ou allemands. «Marché sans frontières», pour les iconoclastes britanniques. En réalité, trente ans plus tard, le Marché commun reste à faire.

[Section 2]

Messieurs les douaniers, attention! La Commission de Bruxelles veut votre peau.[1] D'ici à 1992, les postes frontières entre les pays de la Communauté devront être supprimés. Plus de contrôle, la liberté. Mais, au fait, à quoi servent-ils donc aujourd'hui les douaniers qui stationnent aux frontières de la France et de la Belgique, de l'Allemagne et du   15
Danemark? Après tout, les pays de la Communauté ont depuis longtemps supprimé, entre eux, les droits de douane. Mieux qu'une zone de libre-échange, ils ont réalisé une union douanière: chacun d'entre eux applique les mêmes tarifs aux produits venus de l'extérieur de la Communauté.   20

    Seulement voilà, il ne suffit pas de supprimer les droits de douane entre les pays pour obtenir une liberté complète des échanges. De nombreux obstacles au commerce subsistent à l'intérieur de l'Europe. C'est à eux que les chefs d'Etats se sont attaqués à Luxembourg. Autant de barrières invisibles, mais bien réelles.   25

[Section 3]

Problèmes peu coûteux: Les voitures, en France, sont équipées de phares[2] jaunes; dans les autres pays, de phares blancs. Les Etats de la Communauté n'ont pas tous la même conception de la sécurité routière. Cela oblige les constructeurs d'automobiles à prévoir des jeux[3] de lampes différents. Exemple, peu coûteux celui-là, du caractère disparate des   30
normes existant en Europe.

    Problèmes moins faciles à résoudre: Sous couvert de santé, de sécurité, les Etats de la Communauté ont érigé[4] un arsenal de normes dissemblables comme autant de moyens de protéger leurs industries. Sans même parler de leurs agricultures: les Britanniques n'ont-ils pas invoqué   35
des motifs sanitaires pour refuser les dindes françaises ou le lait? Les Allemands n'exhibent-ils pas un texte médiéval pour repousser l'invasion de la bière française? Protection... Pour les producteurs d'appareils de télévision ou d'électroménager, de matériel électrique, cette diversité d'exigences selon les pays entraîne des surcoûts dont ils se passeraient[5]   40
bien.

[Section 4]

Réaliser un véritable marché intérieur en Europe, c'est aussi lever toute une série de barrières qui s'opposent, encore aujourd'hui, à la liberté des services (banques, assurances...), sans parler des mouvements de capitaux: la France, l'Italie, l'Irlande, la Grèce vivent toujours sous le régime   45
du contrôle des changes.[6]

[Section 5]

En 1992, au moins dans les principaux pays, tous ces verrous[7] devraient donc sauter. Un nouveau traité de Rome, pour réaliser, enfin, les objectifs du traité de Rome... Et exploiter au maximum toutes les potentialités d'un marché intérieur de 320 millions de personnes. Objectifs ambitieux.   50

Car l'Europe toutes frontières ouvertes ne pourra se faire qu'à condition de renforcer plus encore l'harmonisation des politiques économiques et la coopération monétaire. Les Douze accompliront-ils en six ans ce qu'ils ont été incapables de faire en trente ans?

(L'Express)

---

1. la peau *skin*   2. le phare *headlight*   3. le jeu *set of*   4. ériger *to erect*
5. se passer de *to do without*   6. le contrôle des changes *monetary controls*
7. le verrou *lock, padlock*

Après la lecture

ACTIVITE 4: Lisez les cinq titres, puis associez chacun avec la section du texte qui correspond.

Section 1	a. La Douane: frontières invisibles
Section 2	b. D'autres barrières
Section 3	c. Histoire
Section 4	d. Une question de normes
Section 5	e. Quelques conclusions

ACTIVITE 5: Relisez chaque section du texte; ensuite répondez aux questions suivantes.

1. Section 1
   a. Depuis quand un marché commun existe-t-il en Europe?
   b. Combien de pays y appartenaient au moment de la signature du traité de Rome? Combien de pays y appartiennent au moment actuel?
   c. Quelles sont les conceptions du Marché commun d'après les Belges, les Français, les Britanniques?
   d. L'auteur du passage donne son opinion des habitants de divers pays-membres. Comment caractérise-t-il les Français et les Allemands? les Belges? les Anglais?

2. Section 2
   a. Quelles seront les conséquences du Marché commun sur les douaniers?
   b. Comment ont-ils déjà systématisé les douanes?
   c. L'auteur pense-t-il que les douaniers vont avoir de moins en moins de travail?

3. Sections 3 et 4
   a. L'auteur dit que les problèmes les plus graves reposent sur les différentes normes de production. De quels produits s'agit-il? Quelles normes cite-t-il?
   b. L'auteur décrit un autre genre de barrière au libre échange. Lequel?
   c. A votre avis, lequel des deux problèmes est le plus grave?

4. Section 5
   a. Quelles sont les conclusions de l'auteur?
   b. A votre avis, est-ce que l'auteur est plutôt optimiste ou pessimiste en ce qui concerne le marché libre entre les pays de la Communauté économique européenne? Citez des passages du texte pour justifier votre conclusion.

ACTIVITE 6: Selon votre interprétation du texte, répondez aux questions suivantes.

1. Quels sont les avantages d'un marché commun en Europe?

2. Quelles sont les difficultés (culturelles, linguistiques, historiques) que vous envisagez?

3. Quelles similarités et quelles différences trouvez-vous entre la confédération des états en Amérique et celle des états européens?

ACTIVITE 7: Faites un résumé très court de l'article de *L'Express.* Employez les expressions suivantes pour commencer votre résumé.

Pour résumer

En quelques mots...   Je résume en quelques mots...   En bref...

Pour résumer, je dirai que...   En gros...

> MODELE: Pour résumer, je dirai que l'article de *L'Express* traite la situation actuelle...

Structure

Les Verbes pronominaux et l'accord au passé composé

> Avant de commencer l'étude de la structure, faites les activités de préparation dans votre cahier d'exercices

1. *I*dentifiez la structure

As you know, in the **passé composé** the past participle agrees with its subject when the verb **être** is used as the auxiliary. The rules for agreement with the subject of pronominal verbs are more complex. Skim **Vérifiez les détails** before reading the following mini-dialogue; then read the mini-dialogue and do the exercises.

—Roland, qu'est-ce qui s'est passé?

—Grégoire et moi, nous nous sommes disputés il y a trois jours. C'était à la suite d'une discussion politique.

—Et alors?

—Je me suis rendu compte que nous ne nous sommes pas parlé depuis ce jour-là et alors, j'ai pris l'appareil et je lui ai téléphoné.

—Tu as bien fait.

—Je crois que oui, car nous nous sommes réconciliés. Imagine-toi que nous ne nous rappelions même pas le sujet de notre dispute!

2. *Vérifiez les détails*

A. Dans le mini-dialogue, quel est le sujet de la conversation? Qu'est-ce que Roland a fait pour résoudre le problème? A-t-il réussi?

B. Complétez les phrases suivantes adaptées du mini-dialogue avec vos propres mots.

Tu sais que... et moi, nous nous sommes disputés au sujet de... Et nous avons décidé qu'il vaut mieux ne pas parler de... si on veut rester ami(e)s.

C. Trouvez les verbes non-pronominaux et les verbes pronominaux au passé composé. Identifiez ceux qui font l'accord entre le pronom et le participe passé.

3. *Analysez les exemples*

All pronominal verbs are conjugated with the auxiliary verb **être.** The reflexive pronoun always precedes the auxiliary verb in compound tenses.

Le Pronom réfléchi comme objet direct

In compound tenses like the **passé composé,** the past participle agrees with a direct object when it precedes the auxiliary verb. Study these examples.

> **Nous nous sommes disputé(e)s.**
> **Ils se sont rencontrés** dans la rue.

In both these sentences, the reflexive pronoun is the direct object.

Le Pronom réfléchi comme objet indirect

The past participle does not agree with preceding *indirect* object pronouns. Study these examples.

> Nous nous sommes lavé **les mains** après le travail.
> Vous êtes-vous brossé **les dents** ce matin?
> Ils ne se sont pas brossé **les cheveux.**

In these instances, the words **les mains, les dents,** and **les cheveux** are the direct objects and the reflexive pronoun is considered an indirect object.

Some pronominal verbs take only indirect objects. In these cases there is therefore no agreement.

> Nous **ne nous sommes pas parlé** depuis ce jour-là. (parler à quelqu'un)

Other such pronominal verbs are:

se rendre compte de	se rappeler	s'écrire
se téléphoner	se parler	se demander
se dire		

4. *Elaborez*

ACTIVITE 8: Avant de créer la Communauté européenne, on a beaucoup discuté entre les pays-membres. Faites une phrase complète au passé composé; n'oubliez pas de faire l'accord s'il est nécessaire. Ensuite, écrivez une phrase pour résumer les idées du passage.

1. Les pays (se débrouiller) assez mal pour vendre leurs produits à l'étranger.

2. Ils (se rendre compte) qu'il était de plus en plus difficile de rivaliser avec les Japonais et les Américains.

3. On (se servir) de normes dissemblables pour protéger les marchés.

4. Chaque pays (se plaindre) de sa situation économique.

5. Les pays (se disputer) au sujet de tarifs d'importation et de normes de fabrication de produits.

6. Les pays-membres ne (s'entendre) pas en ce qui concerne les règles générales.

7. Mais tout le monde (se dire) qu'il fallait quand même développer un marché commun.

8. Les représentants des pays (se proposer) diverses lois.

9. Le président et la législature de chaque pays (se demander) si elles étaient prudentes.

10. Les ministres de finances (se donner) un mois pour résoudre les différences.

11. Finalement ils (se réunir) pour signer le traité de Rome.

ACTIVITE 9: La France et l'Allemagne sont devenues partenaires. Par conséquent l'enseignement de l'allemand est devenu nécessaire. Dans un petit village près de Lille cinq institutrices ont fait les premiers pas. Lisez le passage suivant et répondez aux questions, puis mettez-le au passé composé et faites attention aux accords.

A Beuvry, un petit village près de Lille, cinq institutrices volontaires se préparent à enseigner à près de 400 enfants les rudiments de la langue allemande. Cet enseignement se fait d'une façon uniquement orale et ludique.[1] Ce ne sont que jeux de rôle, saynètes,[2] chansons et comptines.[3] Les thèmes dont ils se servent concernent la vie des enfants, leur environnement immédiat... On est bien loin des apprentissages systématiques de grammaire d'antan,[4] même si l'approche—dite «communicative»—de ces enseignantes s'accorde bien avec les programmes officiels français des classes correspondantes. L'introduction de la lecture et de l'écriture en allemand s'effectue dès que les enfants ont acquis les bases indispensables en français. Un premier pas est fait vers une Europe de l'éducation vécue au quotidien.

(Adapté de *L'Express*)

---

1. ludique *related to games*   2. la saynète *skit*   3. la comptine *counting rhyme*
4. d'antan *of yesteryear*

1. Dans quelle phrase est-ce qu'on explique l'idée principale du passage? Expliquez-la en vos propres mots.

2. Comment est-ce qu'on compte enseigner l'allemand? Est-ce que vous avez appris le français de cette manière? Donnez votre opinion de cette manière d'enseignement.

3. Est-ce que vous trouvez ces nouvelles remarquables? Pourquoi? Pourquoi pas?

Comment écrire   Organiser une composition

Comme vous l'avez vu dans le chapitre 4, pour organiser un bon paragraphe il faut d'abord faire une phrase-thème. Cette phrase, la phrase principale du paragraphe, explique la raison d'être du paragraphe et décrit son sujet. Ensuite, il faut proposer des exemples (des illustrations) de la phrase-thème. Trois ou quatre illustrations sont suffisantes. Finalement, une conclusion met fin au paragraphe.

Avant d'écrire une composition de plusieurs paragraphes, il faut considérer une structure et une organisation de l'ensemble. Par exemple, le passage intitulé *Demain le Marché commun?* est organisé en cinq parties. Le schéma du passage suit. Remarquez sa structure logique et la progression des paragraphes.

Demain le Marché commun?

I. L'Histoire
    1. Le traité de Rome
    2. Nouveaux vocables

II. La douane: frontières invisibles
    1. La liberté
    2. L'union douanière

III. Une question de normes
    1. Les problèmes peu coûteux
    2. Les problèmes moins faciles à résoudre

IV. D'autres barrières
    1. Les services
    2. Le mouvement de capitaux

V. Quelques conclusions
    1. Réaliser les objectifs du traité de Rome
    2. Exploiter les potentialités du marché

A écrire

ACTIVITE 10: Faites un schéma comme celui du passage de lecture pour organiser une composition de trois à cinq paragraphes sur un des sujets suivants.

1. le pour et le contre du marché commun entre le Canada, le Mexique et les Etats-Unis
2. la bureaucratie à l'université

Sujets de composition

1. Ecrivez la composition dont vous avez déjà préparé le schéma (activité 10).

2. Vous êtes un reporter et vous devez écrire un article sur les débats d'une réunion des membres de la Communauté économique européenne à Luxembourg au sujet d'une monnaie européenne. Imaginez les arguments pour ou contre.

3. Expliquez pourquoi il y aura toujours des guerres ou pourquoi la guerre cessera d'exister.

Expressions essentielles

Interrompre quelqu'un et reprendre la parole

Attends (une seconde, un instant, un peu)...
Laisse-moi finir.
S'il vous plaît.
Je n'ai pas terminé.
Pour terminer ce que je disais...
Je reviens à ce que je disais...
C'est ce que j'allais dire.
Mais, je veux te raconter...

Vérifier ce que quelqu'un a dit

A votre avis...
Il me semble que...
Vous dites (voulez dire) que...
Ah, je vois ce que vous voulez dire...
Si je comprends ce que vous...
Tu me comprends à merveille!

Répéter ce que vous avez déjà dit

Je veux (voulais) dire que...
J'essayais de dire...
Je disais que...

Résumer

Donc...
En bref...
En gros...
En quelques mots...
Je résume en quelques mots...
Pour résumer, je dirai que...

Endroits officiels

l'administration *(f.)*   *administration*
l'agent comptable*(m.)*   *bursar*
la caisse   *cashier, check-out*
le directeur registre des cours   *registrar*
le guichet   *window*

la mairie   *city hall*
le secrétariat   *secretarial pool*

Pour parler de la bureaucratie

changer une adresse   *to change an address*
faire la queue   *to stand in line*
payer des frais d'inscription   *to pay tuition*
payer une amende   *to pay a fine*
régler   *to take care of*
régulariser   *to put in order*
retourner après le déjeuner   *to come back after lunch*
revenir le lendemain   *to come back the next day*
se débrouiller   *to manage, cope*
s'énerver   *to become irritated*
se fâcher   *to become angry*
s'impatienter   *to become impatient*
s'inscrire pour un cours   *to enroll in a course*
se plaindre   *to complain*
se présenter   *to report to*

N'OUBLIEZ PAS!

Les Verbes pronominaux, p. 184
L'Impératif des verbes pronominaux, p. 196
Les Verbes pronominaux et l'accord au passé composé, p. 206

Quatrième unité

Parler de vos possessions

7

Demander ce que c'est

Fonctions communicatives

Rôle 1	Rôle 2
Demander ce que c'est	Identifier, désigner et décrire les objets
Parler de possessions	Décrire la fonction d'un objet
Comparer vos possessions	
Demander le prix	Donner le prix
Réagir aux prix	
Parler d'un objet sans le nommer	

Thèmes

Les possessions et la consommation

Stratégies de lecture

Identifier le point de vue d'un texte

Stratégies de composition

Faire des comparaisons

alimentation au sous-sol
magasin ouvert de 9 h 45 à 24 h
ouvert jusqu'à minuit
ouvert jusqu'à minuit
ouvert jusqu'à minuit
ouvert jusqu'à minuit

? Remarquez-vous des différences entre le magasin sur la photo et les magasins américains? Lesquelles?

SECTION 1

Qu'est-ce que c'est?

Fonctions communicatives

Rôle 1

Demander ce que c'est
Parler de possessions

Rôle 2

Décrire les objets

Tout d'abord

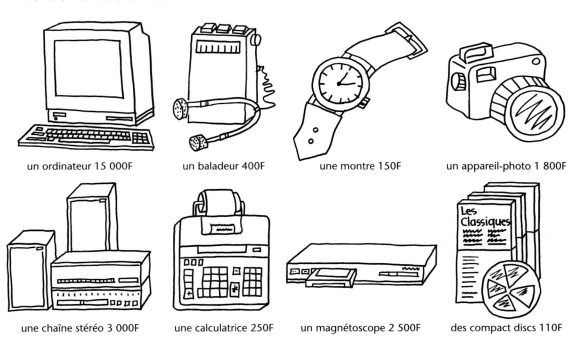

un ordinateur 15 000F   un baladeur 400F   une montre 150F   un appareil-photo 1 800F

une chaîne stéréo 3 000F   une calculatrice 250F   un magnétoscope 2 500F   des compact discs 110F

ACTIVITE 1: Regardez les objets. Ensuite identifiez-les et discutez avec un(e) partenaire. Employez les expressions suivantes.

1. Demandez à un(e) partenaire d'identifier chaque objet:

   Qu'est-ce que c'est?   C'est quoi, ça?
   C'est un(e)..., n'est-ce pas? Tu sais ce que c'est?

2. Identifiez l'objet:

   C'est un(e)...   Ce n'est pas un(e)...
   Ce sont des...   Ce ne sont pas des...
   Je pense que c'est un(e)...   Je crois que ce sont des...

3. Demandez à votre partenaire s'il (si elle) a un objet pareil et s'il (si elle) en est content(e).

Tu as un(e)... ?   Il (elle) marche bien?
Quelle marque de... as-tu?   Tu as eu des réparations à faire?
Tu en es content(e)?

1. *Lisez le dialogue*

🔘 LA SYLPHIDE AU BOIS DORMANT

Marc et Pierre habitent ensemble mais ils n'ont ni le même style de vie ni les mêmes goûts.

MARC: Pierre, tu as vu ma *Sylphide*[1] *au bois dormant*?

PIERRE: Quoi?

MARC: *La Sylphide au bois dormant,* ma sculpture.

PIERRE: Qu'est-ce que c'est? Je ne sais pas de quoi tu parles.

MARC: Si, tu sais ce que c'est. C'est ma sculpture en céramique, un truc[2] moderne.

PIERRE: Elle est comment, ta sculpture?

MARC: C'est un machin[3] carré, rugueux,[4] avec une partie lisse.[5] Il y a un objet cylindrique de côté... c'est la sylphide.

PIERRE: De quelle taille?

MARC: Pas très grand, comme ça. Le tout fait à peu près 20 cm de chaque côté.

PIERRE: Attends, je vois: ce machin brun avec des parties bleues... euh... c'est le tien?

MARC: Oui, c'est le mien. Tu l'as vu, alors?

PIERRE: C'est que...

MARC: C'est que quoi? Qu'est-ce que tu en as fait?

PIERRE: Ne t'énerve pas... ta sculpture, elle est en bon état.

MARC: Mais où est-elle?

PIERRE: Dans le lave-vaisselle. Je l'ai mise à laver. Elle sèche maintenant.

MARC: Pourquoi?

SECTION 1	*Qu'est-ce que c'est?*

Fonctions communicatives

Rôle 1

Demander ce que c'est
Parler de possessions

Rôle 2

Décrire les objets

Tout d'abord

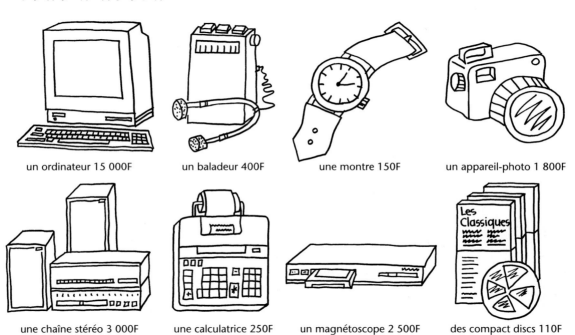

un ordinateur 15 000F   un baladeur 400F   une montre 150F   un appareil-photo 1 800F

une chaîne stéréo 3 000F   une calculatrice 250F   un magnétoscope 2 500F   des compact discs 110F

ACTIVITE 1: Regardez les objets. Ensuite identifiez-les et discutez avec un(e) partenaire. Employez les expressions suivantes.

1. Demandez à un(e) partenaire d'identifier chaque objet:

   Qu'est-ce que c'est?   C'est quoi, ça?
   C'est un(e)..., n'est-ce pas?   Tu sais ce que c'est?

2. Identifiez l'objet:

   C'est un(e)...   Ce n'est pas un(e)...
   Ce sont des...   Ce ne sont pas des...
   Je pense que c'est un(e)...   Je crois que ce sont des...

3. Demandez à votre partenaire s'il (si elle) a un objet pareil et s'il (si elle) en est content(e).

Tu as un(e)... ?   Il (elle) marche bien?
Quelle marque de... as-tu?   Tu as eu des réparations à faire?
Tu en es content(e)?

Par ici

1. *Lisez le dialogue*

◉◉ LA SYLPHIDE AU BOIS DORMANT

Marc et Pierre habitent ensemble mais ils n'ont ni le même style de vie ni les mêmes goûts.

MARC: Pierre, tu as vu ma *Sylphide*[1] *au bois dormant*?

PIERRE: Quoi?

MARC: *La Sylphide au bois dormant,* ma sculpture.

PIERRE: Qu'est-ce que c'est? Je ne sais pas de quoi tu parles.

MARC: Si, tu sais ce que c'est. C'est ma sculpture en céramique, un truc[2] moderne.

PIERRE: Elle est comment, ta sculpture?

MARC: C'est un machin[3] carré, rugueux,[4] avec une partie lisse.[5] Il y a un objet cylindrique de côté... c'est la sylphide.

PIERRE: De quelle taille?

MARC: Pas très grand, comme ça. Le tout fait à peu près 20 cm de chaque côté.

PIERRE: Attends, je vois: ce machin brun avec des parties bleues... euh... c'est le tien?

MARC: Oui, c'est le mien. Tu l'as vu, alors?

PIERRE: C'est que...

MARC: C'est que quoi? Qu'est-ce que tu en as fait?

PIERRE: Ne t'énerve pas... ta sculpture, elle est en bon état.

MARC: Mais où est-elle?

PIERRE: Dans le lave-vaisselle. Je l'ai mise à laver. Elle sèche maintenant.

MARC: Pourquoi?

PIERRE: Quand une chose est sale, on la lave, c'est tout.

MARC: Sale? Comment sale?

PIERRE: Tu sais, sale — des mégots,[6] de la cendre.[7]

MARC: Comment y a-t-il des mégots et de la cendre dans ma *Sylphide au bois dormant*?

PIERRE: Je ne savais pas que c'était une sculpture. Je croyais que c'était un cendrier.[8] Je suis vraiment désolé mais je ne savais vraiment pas que...

MARC: Comment tu ne savais pas! Tu ne comprends jamais rien! Tu n'es qu'un barbare, toi!

PIERRE: Mais moi au moins, j'ai des choses normales: mon lecteur laser, mes disques compacts, mon baladeur, mon téléviseur couleur... ce sont des choses normales. Toi, tu as des choses bizarres.

---

1. la sylphide *wood nymph*   2. le truc *(colloquial) a thing*   3. le machin *(colloquial) a thing* *A more formal word is* une chose.   4. rugueux *rough*   5. lisse *smooth*   6. le mégot *cigarette butt*   7. la cendre *ashes*   8. le cendrier *ashtray*

2. *Vérifiez le sens général*

ACTIVITE 2: Les trois phrases suivantes décrivent le dialogue. A votre avis, quel en est le meilleur résumé? Justifiez votre réponse. Ensuite, expliquez si vous êtes d'accord avec chacune des phrases.

1. La valeur d'un objet dépend de celui qui l'observe.

2. On ne doit pas utiliser les affaires de ses amis sans permission.

3. Les objets peuvent servir à plusieurs choses.

ACTIVITE 3: Relisez le dialogue et puis vérifiez les détails.

1. Complétez les phrases suivantes pour faire un résumé du dialogue.
   a. Marc ne peut pas trouver...
   b. Alors il demande à...
   c. Son camarade de chambre répond que...
   d. Pierre explique que...
   e. Il assure Marc que...
   f. La réaction de Marc est...

2. Parlez des possessions.
   a. Décrivez la différence entre les possessions de Pierre et celles de Marc.
   b. Pierre dit qu'il a des «choses normales». Qu'est-ce qu'il veut dire? A votre avis, quel genre de possessions sont «normales»?
   c. Les possessions de Marc révèlent ses intérêts et son caractère. Quel genre de possessions avez-vous? Sont-elles plutôt comme les possessions de Marc ou comme celles de Pierre? Donnez des exemples. En quoi est-ce qu'elles reflètent vos goûts et votre condition économique?
   d. Comment est-ce que vous réagiriez dans la situation de Marc?

3. *Cherchez les expressions*

ACTIVITE 4: Relisez le dialogue et cherchez les expressions suivantes.

1. Trouvez une façon de demander ce que c'est.
2. Cherchez trois mots qui correspondent au mot anglais *thing*.
3. Trouvez plusieurs façons d'indiquer la possession:
   a. avec des adjectifs possessifs (correspondant aux mots anglais *my, your*).
   b. avec l'expression **être à.**
   c. avec le pronom possessif (correspondant au mot anglais *mine*).
4. Trouvez et écrivez sur une feuille de papier les adjectifs qui décrivent:
   a. la couleur
   b. la sensation au toucher
   c. la dimension
   d. le matériel
   e. la forme
5. Vérifiez vos listes avec celles dans la section **Expressions essentielles** à la fin du chapitre.

4. *Allez plus loin*

ACTIVITE 5: Pour chaque adjectif ou nom dans la liste suivante, dites s'il se rapporte à la couleur, à la dimension, à la forme, à la sensation au toucher ou au matériel de fabrication.

rouge vif	en coton	long	en polyester	élastique
cylindrique	gris	en verre	fragile	en or
jaune pâle	gros	dur	en céramique	lisse

minuscule	rose clair	conique	collant	mince
rond / circulaire	sphérique	en métal	orange	noir
pointu	en plastique	triangulaire	violet	en bois

ACTIVITE 6: Regardez les dessins ci-dessous. Sans nommer les objets, décrivez-en un à un(e) partenaire, qui va essayer de deviner lequel vous décrivez.

> MODELE: C'est une chose carrée, avec une partie ronde. C'est en plastique,...

1.

2.

Structure

Les Adjectifs possessifs
Les Pronoms possessifs

Avant de commencer l'étude de la structure, faites les activités de préparation dans votre cahier d'exercices.

1. *I*dentifiez la structure

Objects may be identified by their physical characteristics as well as by a reference to their owner. Skim **Vérifiez les détails** before reading the following mini-dialogue; then read the mini-dialogue and do the exercises.

—Tu sais où est ma radio?

—La mienne ou la tienne?

—La mienne. Tu sais, la radio sphérique, le cadeau de mon frère.

—Tu veux dire la radio jaune fluorescent en plastique avec mini-casque?

—C'est ça. Alors, tu sais où elle est?

—Oui. Je l'ai prêtée à Robert. La sienne ne marche plus.

—Tu l'as prêtée à Robert? Mais elle est à moi! Cette radio ne t'appartient pas! Tu n'as pas le droit de la prêter!

2. *Vérifiez les détails*

A. Identifiez et nommez l'objet mentionné dans le mini-dialogue. Où se trouve-t-il à présent? Qu'est-ce que cet objet révèle du caractère de son possesseur?

B. Avec un(e) partenaire, jouez les rôles du mini-dialogue, et substituez une de vos possessions.

C. Dans ce mini-dialogue, la possession est indiquée de cinq façons différentes. Trouvez des exemples précis de ces façons d'indiquer la possession:
1. un adjectif possessif
2. un pronom possessif
3. **de** + une personne
4. **être à**
5. **appartenir à**

3. *Analysez les exemples*

Les Adjectifs possessifs

Possessive adjectives agree in number and gender with the noun they modify, that is, with the object that is possessed. Study these examples from the dialogue and from the mini-dialogue.

Tu sais où est **ma radio**?

Elle est comment, **ta sculpture**?

J'ai des choses normales: **mon lecteur laser, mes disques compacts, mon baladeur, mon téléviseur couleur.**

• Review the forms of the possessive adjectives in French.

	Masculine	Feminine	Plural
my	**mon** baladeur	**ma** statue	**mes** disques compacts
your	**ton** baladeur	**ta** statue	**tes** disques compacts
his/her	**son** baladeur	**sa** statue	**ses** disques compacts
our	**notre** baladeur	**notre** statue	**nos** disques compacts
your	**votre** baladeur	**votre** statue	**vos** disques compacts
their	**leur** baladeur	**leur** statue	**leurs** disques compacts

- Feminine singular nouns beginning with a vowel sound require **mon, ton, son.**

  —Cette affiche est à toi?
  —Oui, c'est **mon** affiche.

- Possessive adjectives must be repeated before each noun in a series.

  Tu as vu **mon** baladeur, **mon** casque et **mes** cassettes?

Les Pronoms possessifs

To avoid repetition, the possessive pronouns (**le mien, le tien, le sien,** etc.) can be used; they replace a possessive adjective *and* a noun. Like other pronouns, they agree in number and gender with the noun replaced. Study these examples from the dialogue and the mini-dialogue.

—C'est le tien?   —Tu as vu ma radio?
—Oui, c'est **le mien.**   —**La mienne** ou **la tienne**?
                         —J'ai prêté ta radio à Robert. **La sienne** ne
                          marche plus.

- Study the following forms of the possessive pronouns in French.

	Singular		Plural	
	Masculine *un téléviseur*	Feminine *une statue*	Masculine *des disques compacts*	Feminine *des photographies*
mine	**le mien**	**la mienne**	**les miens**	**les miennes**
yours	**le tien**	**la tienne**	**les tiens**	**les tiennes**
his, hers	**le sien**	**la sienne**	**les siens**	**les siennes**
ours	**le nôtre**	**la nôtre**	**les nôtres**	**les nôtres**
yours	**le vôtre**	**la vôtre**	**les vôtres**	**les vôtres**
theirs	**le leur**	**la leur**	**les leurs**	**les leurs**

- Note that the prepositions **à** and **de** contract with the definite article in the usual manner.

  Je parle de mes choses et tu parles **des tiennes.**

  Martine pense à ses parents et eux, ils pensent **aux leurs.**

- Notice the circumflex accent on the forms **le(s) nôtre(s)** and **le(s) vôtre(s).**

Le Coin du spécialiste

In chapter 5, the relative pronoun **dont** meaning *of which* or *about whom* was used to add detail to descriptions. **Dont** may also be used to indicate possession and is comparable to the English word *whose*.

Nous discutons de **Charles. Le frère de Charles** a une très grande voiture.

Nous discutons de Charles **dont** le frère a une très grande voiture.

Nous parlons de **Christine. Sa nouvelle voiture** a été accidentée.

Nous parlons de Christine **dont** la nouvelle voiture a été accidentée.

---

4. *Elaborez*

ACTIVITE 7: Choisissez une des montres. Votre partenaire va essayer de deviner laquelle vous avez choisie en vous posant des questions sur le matériel de fabrication, la couleur, la dimension etc. Jouez les rôles plusieurs fois. Suivez le modèle. Les montres sont décrites à la page 223.

MODELE: —Ta montre est en plastique?

—Oui, la mienne est en plastique.

—La tienne est carrée?

—Non, la mienne n'est pas carrée.

—La tienne est rectangulaire?

—Oui, la mienne est rectangulaire.

—La tienne est rouge vif?

—Oui, la mienne est rouge vif.

—Alors, c'est le numéro 2!

Montre Nº 1 en plastique carrée bleue et violette	**Montre Nº 2** rouge vif en plastique rectangulaire	**Montre Nº 3** en metal circulaire jaune pâle
Montre Nº 4 rouge vif en métal ronde	**Montre Nº 5** carrée bleue et violette en métal	**Montre Nº 6** carrée en plastique rouge vif
Montre Nº 7 en metal carrée jaune pâle	**Montre Nº 8** ronde jaune pâle en plastique	**Montre Nº 9** bleue et violette en plastique rectangulaire

ACTIVITE 8: Vous allez louer un appartement avec votre partenaire. Comparez vos possessions avec celles de votre partenaire. Ensuite décrivez les caractéristiques de chaque objet et décidez lequel vous allez garder. Suivez le modèle.

MODELE: —Nous n'avons pas besoin de deux ordinateurs.

—Mon ordinateur est le plus sophistiqué. Il a plus de mémoire...

—Gardons le tien alors.

	Vous	*Partenaire*
1. un téléviseur	couleur	noir et blanc
2. une radio	portable	stéréo
3. un ordinateur	avec disque dur	à disquettes
4. un magnétoscope	simple	avec télécommande
5. un appareil-photo	35mm	jetable
6. un baladeur	avec radio	simple
7. une chaîne stéréo	50 watts	200 watts
8. une calculatrice	programmable	avec mémoire
9. des cassettes	de l'année dernière	des années 60
10. des affiches	de chanteurs de rock	d'art

ACTIVITE 9: Lisez l'annonce publicitaire pour la montre Fluo et répondez aux questions qui suivent.

F luo, elle se voit de loin, elle a la couleur de l'espoir, va dans l'eau comme les grenouilles[1] dont elle a le teint frais. Elle donne l'heure, fonctionne à quartz et se laisse réparer. (280 F, Hurrah chez Bathroom Graffiti, 22, rue Madeleine-Michelis, Neuilly-sur-Seine).

(Elle)

_____

1. la grenouille *frog*

1. Quel est le sujet de l'annonce?

2. Pourquoi pensez-vous qu'on a nommé la montre «Fluo»? A quoi est-ce qu'on compare la couleur? De quelle couleur est-elle? Et la vôtre?

3. Est-ce que cette montre est imperméable? Est-ce que la vôtre va dans l'eau?

4. Comment est-ce que la montre fonctionne? Et la vôtre, est-ce que vous devez la remonter chaque jour?

5. Est-ce qu'on peut faire réparer cette montre? Et la vôtre, pouvez-vous la faire réparer? Est-ce que la vôtre avance? Est-ce qu'elle retarde?

6. Combien coûte la montre Fluo en francs? Combien est-ce à peu près en dollars (un dollar vaut à peu près six francs)? Est-ce que la vôtre a coûté plus ou moins cher que la Fluo?

7. Comment s'appelle le magasin où on peut acheter cette montre? Dans quelle ville est-ce que le magasin se trouve? Et vous, où avez-vous acheté la vôtre?

ACTIVITE 10: Apportez un ou deux objets en classe. Mettez vos objets dans un tas au milieu de la classe. Chaque étudiant choisit un objet et circule dans la classe pour trouver la personne à qui il appartient. Employez des expressions variées.

Aperçu culturel   La Consommation

La France est un pays industrialisé et sa population jouit d'un standard de vie très élevé. En général les Français aiment le confort et la consommation. Mais il existe quand même des différences de consommation dans les différentes couches socioprofessionnelles. Par exemple, le pourcentage des foyers qui possèdent des téléviseurs couleur en France est de 81,7%. Mais le pourcentage d'agriculteurs qui en possèdent un n'est que de 64,3%, tandis que chez les patrons d'industrie, il est de 86,0%, une différence appréciable.

	Téléviseur couleur	*Congélateur*	*Vacances d'hiver*
Agriculteurs	64,3	80,2	11,6
Cadres supérieurs et professions libérales	86,0	41,2	64,8
Ouvriers	84,3	46,0	27,7

Analysez et discutez

1. Remarquez la différence de pourcentage de foyers qui possèdent des téléviseurs couleur. Comment expliquez-vous ces différences-ci?

2. Les agriculteurs possèdent davantage de congélateurs que les deux autres catégories. Pouvez-vous expliquer ce phénomène?

3. Finalement les cadres supérieurs et les professions libérales sont ceux qui vont en vacances d'hiver le plus souvent. Pouvez-vous expliquer pourquoi?

4. Est-ce que les cadres ont nécessairement davantage de possessions que les ouvriers et les agriculteurs? Pourquoi ou pourquoi pas?

5. Croyez-vous que la situation soit similaire aux Etats-Unis?

Fonctions communicatives

Rôle 1

Désigner un objet
Demander un prix
Réagir au prix

Rôle 2

Identifier l'objet
Donner un prix

Tout d'abord

ACTIVITE 1: Demandez les prix des objets ci-dessous. Votre partenaire va vous répondre.

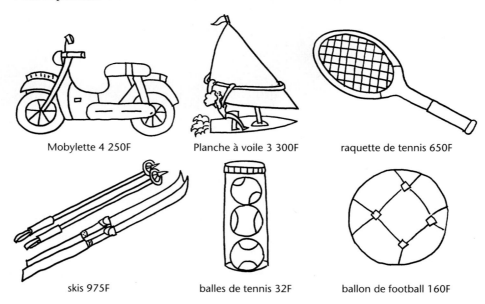

Mobylette 4 250F

Planche à voile 3 300F

raquette de tennis 650F

skis 975F

balles de tennis 32F

ballon de football 160F

MODELE: —Combien coûtent les balles de tennis?

—Elles coûtent 32 francs.

—Ce n'est pas trop cher (C'est trop cher).

ACTIVITE 2: Choisissez parmi les expressions suivantes et jouez les rôles du vendeur (de la vendeuse) et du client (de la cliente) dans un magasin de sport. Achetez un des objets suivants: une mobylette, une planche à voile, une raquette de tennis, des skis.

1. Vendeur (-euse): (Commencez la conversation pour servir le client.)

   Madame?   Vous cherchez?
   Monsieur?   Qu'est-ce que vous cherchez?
   Mademoiselle?   Je pourrais vous aider?
   Vous désirez?

2. Client(e): (Répondez et identifiez la marchandise que vous voulez acheter.)

   Je cherche...   Montrez-moi... s'il vous plaît
   Vous pourriez me montrer... Je voudrais voir...
   Vous avez... ?

3. Vendeur (-euse): (Désignez la marchandise qui intéresse le [la] client[e].)

   Nous avons ces deux...   Le (La, Les) voilà.
   Les... sont là-bas.   Ils (Elles) sont au rayon...
   Voilà nos...

4. Client(e): (Demandez le prix de la marchandise.)

   C'est combien le (la, les...)?   Ça coûte combien?
   Combien coûte(nt) le (la, les)... ?

5. Vendeur (-euse): (Donnez le prix de la marchandise.)

   Ça coûte...   Le (la, les)... coûte(nt)...
   Ça fait...

6. Client(e): (Réagissez au prix.)

   Ce n'est pas trop cher!   C'est bon marché!
   Je trouve ça un peu cher.   A mon avis, c'est trop cher!
   Vous n'avez rien de moins   Vous ne trouvez pas ces prix un peu
     cher?   élevés?
   Merci, Monsieur (Madame).   C'est bien, je le (la, les) prends.

7. Vendeur: (Discutez les modes de paiement avec le [la] client[e].)

   Vous payez comptant[1] (en espèces,[2] à crédit, avec une carte de crédit, avec un chèque)?

---

1. comptant *cash*   2. en espèces *with bills (cash)*

CARTE AMERICAN EXPRESS*
OUI, MERCI

Par ici

1. *Écoutez la scène*

AU MAGASIN DE SPORTS

Lisez les résumés de l'activité 3 et ensuite écoutez la scène entre le vendeur et le client.

Un homme rentre dans un magasin d'articles de sports pour se renseigner à propos de planches à voile.

2. *Vérifiez le sens général*

ACTIVITE 3: Choisissez le(s) meilleur(s) résumé(s) de la scène. Soyez prêt(e) à expliquer votre choix.

1. Le client trouve qu'il ne peut pas acheter la planche à voile de ses rêves.

2. Le client change d'avis et veut acheter un yacht.

3. Le client trouve que les planches à voile ne sont pas de bonne qualité.

4. Le client donne l'impression d'être plus riche qu'il ne l'est.

ACTIVITE 4: Complétez les phrases par les détails qui correspondent.

1. Le modèle bleu...   a. est pratiquement indestructible.
2. Le blanc...   b. coûte environ 8 000 F.

                                                  c. est le modèle 3000X.

                                                  d. est fabriqué aux Etats-Unis.

                                                  e. coûte à peu près 6 000 F.

                                                  f. est de la meilleure qualité.

ACTIVITE 5: **Souvent on peut deviner le caractère d'une personne d'après ce qu'il (elle) dit. Pouvez-vous décrire le caractère du client et du vendeur d'après cette scène?**

    MODELE: —Je trouve le client un peu (plutôt, tout à fait)...

                 —A mon avis, le vendeur (la vendeuse) est un peu (plutôt, tout à fait)...

3. *Cherchez les expressions*

ACTIVITE 6: Ecoutez la scène encore plusieurs fois et indiquez les expressions employées pour

1. décrire la matière dont les planches à voile sont construites.
     ___ a. en bois   ___ d. en aluminium
     ___ b. en métal   ___ e. en laine
     ___ c. en plastique   ___ f. en nylon
2. donner les équivalents de l'expression *this one* ou *that one* en anglais.
     ___ a. celui   ___ c. ceux
     ___ b. celle(s)
3. désigner les planches à voile.
     ___ a. le premier (la première)   ___ e. à gauche
     ___ b. le (la) deuxième   ___ f. à droite
     ___ c. en haut   ___ g. le (la) plus grand(e)
     ___ d. en bas   ___ h. le (la) plus petit(e)
4. demander le prix d'un article.
     ___ a. Combien coûte(nt) le (la, les)... ?   ___ c. Elle fait combien?
     ___ b. C'est combien?   ___ d. Cela coûte combien?
5. donner un prix exact et un prix approximatif.
     ___ a. Ça coûte...   ___ d. Attendez, je calcule...
     ___ b. Le tout fait à peu près 6 000 F.   ___ e. C'est...
     ___ c. Celui-ci vous fera environ..., tout compris.

6. réagir au prix.
   ___ a. 8 000 F tout compris? Absolument pas.
   ___ b. Tant que ça?
   ___ c. Vous ne trouvez pas ces prix un peu élevés?
   ___ d. Vous n'avez rien de moins cher?
   ___ e. C'est très bon marché.

4. *Allez plus loin*

ACTIVITE 7: Vous cherchez le prix de plusieurs articles de sport. Désignez l'article que vous voulez et votre camarade (le vendeur / la vendeuse) va vous dire le prix. Ensuite, vous achetez un des articles et vous payez. Suivez le modèle.

MODELE: —Combien coûte cette paire-là, la deuxième à gauche?

—Elle coûte 120 F.

—Et la bleue, en haut?

—Elle est à 170 F.

—Donnez-moi la paire à 170 F.

—Alors, une paire de chaussures à 170 F. Vous payez comptant ou avec une carte de crédit?

1. une raquette de tennis: 120 F, 170 F / comptant

2. une paire de chaussettes: 12 F la paire, 18 F la paire / carte de crédit

3. un ballon de football: 132 F la pièce, 210 F la pièce / carte de crédit

4. un short: 65 F, 72 F / comptant

ACTIVITE 8: Répondez aux questions suivantes.

1. Quand vous achetez quelque chose, quelles caractéristiques sont les plus importantes?
   a. le prix (les promotions)
   b. l'apparence de l'objet (la taille, la couleur, le matériel de fabrication)
   c. la qualité
   d. la marque
   e. les caractéristiques spécifiques du modèle
   f. l'origine (fabriqué aux Etats-Unis, en France, au Japon, en Corée,...)

   Est-ce que l'importance de la qualité est différente selon l'objet que vous achetez? Expliquez.

3. Pour quelle(s) raison(s) faites-vous des achats? Considérez ces explications et dites pour quels achats elles sont valables.
   a. C'est pour survivre.
   b. C'est pour améliorer la qualité de ma vie.
   c. C'est pour m'amuser.
   d. C'est pour des raisons esthétiques.
   e. C'est pour des raisons sociales (par snobisme, pour faire un effet, pour être comme tout le monde).

Structure   *Les Adjectifs et les pronoms interrogatifs*
Les Adjectifs et les pronoms démonstratifs

Avant de commencer l'étude de la structure, faites les activités de préparation dans votre cahier d'exercices.

1. *Identifiez la structure*

Interrogative and demonstrative adjectives and pronouns are frequently used when asking about and pointing out people and things. Skim **Vérifiez les détails** before reading the following mini-dialogue; then read the mini-dialogue and do the exercises.

—Quels skis préfères-tu?

—J'aime bien ces skis-là.

—Lesquels?

—Ceux-là, les Rossignols juste là-bas à droite!

—Ceux-là... Euh, oui, mais ils sont trop chers. Je ne peux pas me permettre. Je préfère ceux-ci; ils sont plus raisonnables.

—Desquels parles-tu?

—De ceux-ci, juste ici, sous ton nez!

2. *Vérifiez les détails*

A. 1. Dans le mini-dialogue, les deux individus sont probablement ___ un vendeur et un client. ___ deux amis. ___ deux vendeurs.

2. Le niveau de langue est ___ formel. ___ familier.

3. Le ton de la conversation est ___ amical. ___ tendu, impatient.

B. Jouez les rôles de la conversation avec un(e) partenaire, d'abord sur un ton amical, ensuite d'une façon impatiente et finalement en colère. Substituez de différents objets chaque fois.

C. 1. Dans les questions du mini-dialogue,
   a. quel adjectif interrogatif est employé? ___ quel ___ quelle ___ quels ___ quelles
   b. quel nom est-ce qu'il modifie? ___ les skis ___ le jeune homme ___ le nez
   c. quels pronoms interrogatifs sont employés? ___ lequel ___ laquelle ___ lesquels ___ lesquelles
   d. quels noms est-ce qu'ils remplacent? ___ les skis ___ le jeune homme ___ le nez

2. Dans les réponses du mini-dialogue,
   a. quels adjectifs démonstratifs sont employés? ___ ce ___ cette ___ ces ___ cet
   b. quels noms est-ce qu'ils modifient? ___ les skis ___ le jeune homme ___ le nez
   c. quels pronoms démonstratifs sont employés? ___ celui ___ celles ___ ceux
   d. quels noms est-ce qu'ils remplacent? ___ les skis ___ le jeune homme ___ le nez

3. *Analysez les exemples*

Les Adjectifs et les pronoms interrogatifs

- **Quel, quelle, quels, quelles** are forms of the interrogative adjective meaning *which*. They agree in number and gender with the noun they modify. **Lequel, laquelle, lesquels, lesquelles** are interrogative pronouns meaning *which one(s)*. They replace interrogative adjectives and the noun associated with them. As with all pronouns, they agree in number and gender with the nouns they replace. Study these examples from the dialogue and mini-dialogue.

   —Voici nos modèles. **Lequel** *(quel modèle)* vous intéresse?

   —J'aime bien **ces** skis.

   —**Lesquels** *(quels skis)*?

- Review the following forms of the interrogative adjectives and the interrogative pronouns in French. Note the correspondence.

		Interrogative adjectives	Interrogative pronouns
Singular	Masculine	**Quel** modèle?	**Lequel?**
	Feminine	**Quelle** planche à voile?	**Laquelle?**
Plural	Masculine	**Quels** skis?	**Lesquels?**
	Feminine	**Quelles** balles de tennis?	**Lesquelles?**

Les Adjectifs et les pronoms démonstratifs

- **Ce, cet, cette, ces** are forms of the demonstrative adjective meaning *this, that, these, those.* They agree in number and gender with the nouns they modify. **Celui, celle, ceux, celles** are forms of the demonstrative pronoun. They replace the demonstrative adjectives and the noun associated with them. As with all pronouns, they agree in number and gender with the nouns they replace. Study these examples from the dialogue and mini-dialogue.

  —J'achète toujours **celui** *(cet objet)* qui est le meilleur.
  —**Ceux-ci** *(ces deux modèles-ci)*?
  —Non, Monsieur. **Ceux-là** *(ces deux modèles-là)*...
  —Très bien. Et une planche comme **celle-ci** *(cette planche-ci),* elle fait combien?

- Review the following forms of the demonstrative adjectives and the demonstrative pronouns in French. Note the correspondence.

		Demonstrative adjectives	Demonstrative pronouns*
Singular	Masculine	**Ce** lecteur laser-**ci**.	**Celui-ci,** sous ton nez.
		Cet appareil-photo-**ci**.	**Celui-là,** l'automatique.
	Feminine	**Cette** planche à voile-**là,** en bleu.	**Celle-là** en bleu.
Plural	Masculine or	**Ces** skis-**ci,** sur le rayon.	**Ceux-ci,** sur le rayon.
	Feminine	**Ces** cassettes-**là,** sur l'étagère.	**Celles-là,** sur l'étagère.

- The markers of location **-ci** (indicating something relatively near) and **-là** (indicating something farther away) can be used or omitted with any of the forms of the demonstrative adjectives. With the demonstrative pronouns, one of the following structures must be used:

  a. the markers of location **-ci** and **-là**
     Celle-ci, sous ton nez.

  b. a preposition (usually **de**) followed by a noun
     Celui de Jean est le meilleur.

  c. a relative pronoun and a clause
     Celle que nous avons vue dans l'autre magasin est plus belle.

---

* When a demonstrative pronoun is used to designate a person who is not present, it has a pejorative meaning: **Celui-là, il m'énerve!**

4. *Elaborez*

ACTIVITE 9: Avec un(e) partenaire, jouez les rôles de deux amis qui font des achats dans un grand magasin. Une personne va donner son opinion sur un objet, l'autre doit identifier l'objet indiqué avec la forme correcte du pronom interrogatif (**lequel,** etc.) et démonstratif (**celui,** etc.).

MODELE: —Je préfère cette petite télé couleur.
—Laquelle? Celle-ci?

1   J'aime mieux cette grande machine à écrire électrique.

2.   A mon avis, ces skis coûtent trop cher.

3.   Tu aimes ce baladeur?

4.   Moi, je préfère ces cassettes vidéo.

5.   Je n'aime pas du tout ce magnétoscope.

6.   J'aime bien cette calculatrice-ci.

7.   Ces micro-ordinateurs sont très bon marché.

8.   Tu aimes cette chaîne stéréo?

ACTIVITE 10: Jouez le rôle du vendeur (de la vendeuse) qui veut aider le (la) client(e). D'abord, complétez les questions avec la forme correcte de **lequel** et de **celui.** Ensuite, posez des questions à un(e) partenaire. Résumez ses réponses. Suivez le modèle.

MODELE: *Vendeur (-euse)*	*Client(e)*
Vous cherchez des skis? Lesquels préférez-vous?	
Ceux qui coûtent le moins cher?	Oui.
Ceux qui sont fabriqués en France?	Oui.
Ceux qui sont en métal?	Oui.
Quelle marque préférez-vous? Les Rossignols?	Non.
Vous préférez ceux qui coûtent le moins cher, qui sont fabriqués en France et qui sont en métal, mais vous ne voulez pas les Rossignols.	C'est bien ça.

1.   Vous voulez acheter des skis? ___ vous intéressent?
   a.   ___ sont en promotion?   d.   ___ modèles préférez-vous?
   b.   ___ qui sont pour enfants?   e.   ___ de l'année dernière?
   c.   ___ de marque Rossignol?

2.   Vous avez l'intention d'acheter un micro-ordinateur? ___ vous intéresse le plus?
   a.   ___ qui est le plus rapide?   d.   ___ pour lequel il y a une promotion?
   b.   ___ qui est portable?   e.   ___ avec la plus grande capacité?
   c.   ___ qui va avec votre décor?   f.   ___ marque préférez-vous?

3. Vous cherchez une montre? ___ choisissez-vous?
    a. ___ qui coûte le plus cher?   d. ___ qui est imperméable?
    b. ___ qui est de la meilleure qualité?   e. ___ couleur préférez-vous?
    c. ___ qui est en promotion?

4. Vous voulez voir nos baladeurs? ___ vous plaît?
    a. ___ avec radio?   d. ___ en couleurs fluorescentes?
    b. ___ qui est le plus petit?   e. ___ avec le mini-casque?
    c. ___ qui est le moins lourd?

ACTIVITE 11: Sur une feuille de papier, dessinez trois étagères. Sur chaque étagère, dessinez trois versions de deux objets différents de votre choix (trois ballons, trois raquettes de tennis etc). Avec votre partenaire, jouez les rôles suivants.

    MODELE: —Combien coûte celle-là?

              —Laquelle?

              —La deuxième à gauche, sur la première étagère.

              —Ah, celle-là! Elle coûte 120 F.

Aperçu culturel   *Les Différences entre les générations*

Lisez les deux paragraphes suivants qui décrivent les différences entre deux générations. Ensuite répondez aux questions d'analyse et de discussion.

Rose et Pierre se sont mariés en 1940, peu après la défaite.[1] Jusqu'en 1950, ils ont habité chez les parents de Rose; en 1950, ils avaient quatre enfants et leur pouvoir d'achat leur a permis d'acheter par annuités un appartement composé d'une cuisine de 10m^2 et de trois pièces, au total 60m^2, appartement jugé «suffisant» selon les normes de l'époque. Bien entendu, le ménage n'a, en 1950, ni voiture, ni réfrigérateur, ni machine à laver; son équipement est rudimentaire (une cuisinière à charbon, un fer à repasser[2] électrique, un aspirateur[3]...). Rose est maîtresse de maison et mère de famille à plein temps. Pierre est comptable;[4] il se rend à son travail en autobus.

Leur fils aîné, Stéphane, s'est marié en 1970 avec Séverine; dès leur mariage, ils ont loué un studio. Peu après, ils se sont installés dans une petite maison comprenant une cuisine de 10m² et trois pièces, comme leurs parents en 1950; mais la superficie totale est de 80m²; ils n'ont qu'un seul enfant;

la statistique les classe (en 1975) comme étant en état de «peuplement normal». Stéphane et Séverine ont tous deux une profession salariée, les jours ouvrables[5] sont acrobatiques, parce que leurs lieux de travail sont à 10 et 15 km de leur domicile; leur enfant vit la vie usuelle de «l'enfant d'aujourd'hui», de crèche[6] en baby-sitter et d'école en école. Ils ont une voiture, voire de 5CV[7] et la batterie complète de l'équipement ménager.

(Les Trente Glorieuses)

---

1. la défaite *defeat of the French by the Germans in 1940*   2. le fer à repasser *iron*   3. l'aspirateur *(m.) vacuum cleaner*   4. le comptable *accountant*   5. les jours ouvrables *(m.) work days*   6. la crèche *(public) day-care center*   7. voire de 5CV *even though a small car*

Analysez et discutez

1. Le contraste entre les deux générations est remarquable. En quoi consiste-t-il? Croyez-vous que cette différence existe uniquement au niveau des possessions? Y a-t-il d'autres catégories de différences?

2. Pouvez-vous faire la comparaison entre votre mode de vie actuelle et celui de vos parents et de vos grands-parents? Quelles différences pouvez-vous remarquer en ce qui concerne le confort?

3. Est-ce que la vie de l'enfant de Stéphane et de Séverine est meilleure ou pire que celle de leur parents? Pourquoi ou pourquoi pas?

4. A votre avis, est-ce que le confort ou le manque de confort indique un manque de bonheur?

SECTION 3   *C'est un briquet à musique*

Fonctions communicatives
Décrire la fonction d'un objet
Parler d'un objet sans le nommer

Stratégies de lecture
Identifier le point de vue d'un texte

Stratégies de composition
Comparer les objets et les personnes

Tout d'abord

ACTIVITE 1: Pensez à vos possessions, puis répondez aux questions.

1. Lesquelles de vos possessions aimez-vous le plus? Pourquoi?

2. Avez-vous trop de choses? Avez-vous trop peu de choses? Comment le savez-vous?

3. Dans un des passages que vous allez lire, quelqu'un dit qu'il n'a plus envie de rien. Au moment actuel, pouvez-vous dire cela?

4. L'autre passage fait la publicité d'un magnétophone. Est-ce que la publicité a une influence sur votre vie et sur le nombre de vos possessions?

Par ici

Avant la lecture

Point of View

Chapters 1 through 6 have focused on specific skills that enhance your literal understanding of a passage. From this point on, you will begin to analyze the way in which the passages are written. To understand a text, you will often find it useful to determine the author's attitude, or point of view, regarding the characters and events. The author may show no emotion toward the subject at all and take a neutral posture. On the other hand, the author may be negative, critical, sarcastic, angry, bitter, sympathetic, supportive, humorous, or whimsical. For instance, an event such as a kidnapping may be treated seriously (as in a thriller) or in a lighthearted way (as in a comedy). What differences in the passage would you expect from these two points of view? How would the vocabulary, sentence structure, formality or informality of the passage be affected?

ACTIVITE 2: Dans cette scène du film *Tirez sur le pianiste* par François Truffaut (1962), un jeune garçon, Fido, est kidnappé par deux gangsters.

1. Imaginez les différents points de vue que Truffaut pourrait prendre envers son sujet. De quelles façons cette scène pourrait-elle être construite? Quelles attitudes pourrait-il avoir envers les gangsters et Fido?

2. Imaginez les choses que possèdent les gangsters. Faites une liste de leurs possessions. Décrivez la couleur, la taille, le matériel de fabrication et la sensation au toucher de trois des objets.

Lecture

François Truffaut, l'auteur du scénario de *Tirez sur le pianiste,* est un cinéaste très célèbre. Il a participé à la «nouvelle vague», un renouvellement du film français dans les années 60.

Avant de lire le passage, lisez les résumés de l'activité 4. Ensuite lisez le passage et faites les activités qui suivent.

FORCÉMENT, JE N'AI PLUS ENVIE DE RIEN

Edouard Saroyan vient d'une famille pauvre. Il travaille dur et devient pianiste célèbre. Ses frères, par contre, fréquentent des gens de moralité douteuse, des gangsters. Edouard se marie et vit une vie élégante avec sa femme. Il donne des concerts de musique classique partout dans le monde. Sa vie est soudain détruite par le suicide de sa femme. Se sentant coupable de sa mort, il change son identité et devient Charlie Koller, qui joue de la musique populaire dans un bar.

Un jour son frère Chico arrive au bar, poursuivi par des gangsters qui veulent le tuer parce qu'il a triché dans une affaire. Charlie cache son frère et se trouve dorénavant impliqué dans les problèmes de son frère.

Les gangsters, toujours à la poursuite de Chico, essaient de le trouver en kidnappant son petit frère Fido. Dans la scène suivante, deux gangsters se trouvent dans une voiture avec Fido qu'ils ont kidnappé.

Gangster 1 allume une cigarette avec son briquet.

FIDO: Qu'est-ce que c'est?

GANGSTER 1: C'est un briquet à musique.

FIDO: C'est bien!

GANGSTER 2: Fais-lui voir ta montre.

GANGSTER 1: Tiens! Et c'est pas tout. J'ai aussi un truc pour le parking payant. 5

FIDO: C'est tout?

GANGSTER 1: Non, j'ai aussi un stylo, un nouveau snorkel à plume retractable et à remplisseur automatique. Et une ceinture en fibre tahitien, un chapeau melon. Mon costume, il vient de Londres, en tissu mouton australien. Et des chaussures en cuir égyptien climatisées. Alors, forcément, je n'ai plus envie de rien. 10

GANGSTER 2: Et tu as vu mon foulard, tiens, on dirait de la soie, hein? Eh bien, c'est du métal. Seulement, c'est un métal spécial, vachement[1] souple. C'est du métal japonais. Tiens, touche-le.

FIDO: Mais non, ce n'est pas du métal, c'est du tissu. 15

GANGSTER 2: Et je t'assure que c'est du métal japonais.

FIDO: Non, c'en n'est pas, même japonais.

GANGSTER 2: Je t'assure que c'est la vérité. Je te jure[2] sur la tête de ma mère qui meurt à l'instant.

On voit une femme qui tombe et meurt. 20

FIDO: Alors, là, je te crois.

(*Tirez sur le pianiste,* François Truffaut)

---

1. vachement *very (colloquial)*   2. Je te jure *I swear to you (colloquial)*

Après la lecture

ACTIVITE 3: Choisissez la phrase qui donne l'idée principale de la scène. Expliquez votre choix.

1. Les gangsters sont très méchants et vont faire du mal à Fido.
2. Ce sont des gens à qui on peut faire confiance.
3. Les gangsters sont très fiers de leurs possessions.
4. Les gangsters sont tous aimables comme ceux-ci.

ACTIVITE 4: Relisez la scène, puis répondez aux questions suivantes.

1. Est-ce que le langage est formel ou familier? Comment le savez-vous?
2. Laquelle des descriptions de la scène est la plus exacte? Les gens sont ___ fâchés, en colère. ___ drôles. ___ sérieux, solennels. ___ ennuyés.
3. Quelles possessions sont nommées dans la scène? Combien de ces choses sont celles que vous avez identifiées dans l'activité 2?
4. Trouvez dans la scène des exemples de descriptions de matériaux de fabrication. Combien y en a-t-il? Faites une liste des autres caractéristiques de ces possessions.
5. Lesquelles des descriptions sont réalistes et lesquelles sont exagérées et amusantes? Comment le savez-vous?

ACTIVITE 5: Donnez votre opinion.

1. Le gangster dit qu'il n'a plus envie de rien. Pensez-vous qu'il soit vraiment satisfait?
2. A votre avis, pourquoi a-t-il toutes ces possessions bizarres?
3. Connaissez-vous quelqu'un qui aime faire la collection d'objets bizarres? Quels objets est-ce qu'il (elle) collectionne? Faites-vous la collection d'objets spécialisés? Décrivez votre collection.

21 *Câble anti-vol réglable* **VACHETTE**, *pour protection des valises sur la galerie.* 22 *Mini coffre "Bubble-box", fixation à ventouse.* 23 *Coffret de sécurité portable "SAFE BOX", à clef, pour voiture ou caravane.* 24 *Boîte à outils 3 compartiments, 37 x 17 x 18 cm, polypropylène.*

ACTIVITE 6: Lisez l'article suivant qui décrit un objet spécialisé. Ensuite répondez aux questions.

Magnétophone et haut-parleur

Ça ressemble à une sorte de sculpture contemporaine digne de figurer au musée d'Art moderne. En fait, c'est un magnétophone à microcassette, le plus petit du monde. Sa taille est celle d'une carte de crédit. Il est beau et techniquement très sophistiqué: micro incorporé et détachable, double vitesse, pause, enregistrement par touche unique, etc. Cependant sa principale originalité est son haut-parleur séparé sur lequel vient tout simplement se poser la microcassette pour l'écoute d'une bande. Idéal chez soi, comme au bureau. Le RN-Z 36 (c'est digne d'un roman d'espionnage) est livré, en plus, avec des écouteurs, pour les irréductibles[1] du secret. (Panasonic RN-Z 36, 2 700 F env.)

(Elle)

_____

1. les irréductibles *fans*

1. Décrivez le magnétophone.
   a. De quelle taille est-il?
   b. Est-ce qu'il utilise des cassettes de taille ordinaire?
   c. Pourquoi et comment est-il sophistiqué?
   d. Quelle est «sa principale originalité»?

2. Servez-vous de l'article comme modèle pour décrire un objet que vous possédez.

ACTIVITE 7: L'expression «ressembler à» est utile quand on veut décrire un objet dont ne sait pas le nom.

Pour parler d'un objet sans le nommer

Ça ressemble à...	C'est une chose (un	pour...
C'est une espèce de...	machin, un truc)	qui est...
C'est une sorte de...		qu'on utilise pour...
C'est comme...		dont on se sert pour...
		qui sert à...

Utilisez les expressions ci-dessus pour décrire un de ces objets.

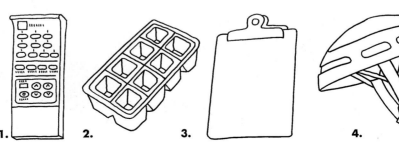

1.   2.   3.   4.

Structure   *Les Prépositions + lequel*

Avant de commencer l'étude de la structure, faites les activités de préparation dans votre cahier d'exercices.

1. *Identifiez la structure*

As you learned in chapter 5, the relative pronouns **qui, que,** and **dont** are used to link one clause with another and are useful in describing both people and things.

> C'est le vendeur **que** je préfère. *(person)*
> C'est un genre de feutre **qu'**on utilise pour écrire sur un tableau blanc. *(thing)*
> C'est l'homme **dont** tout le monde parle. *(person)*
> C'est une espèce de cassette **dont** on se sert pour nettoyer les têtes. *(thing)*

However, after a preposition (other than **de**) different relative pronouns must be used when the antecedent is a thing. Skim **Vérifiez les détails** before reading the following mini-dialogue; then read the mini-dialogue and do the exercises.

> —J'ai besoin d'un outil[1] pour réparer ma voiture.
>
> —Voici ma boîte à outils. Duquel avez-vous besoin?
>
> —C'est un outil avec lequel on peut réparer la chose, là. C'est une espèce de...
>
> —Je ne comprends pas du tout ce que vous voulez. Expliquez-moi ce dont vous avez besoin.
>
> —C'est la chose avec laquelle je pourrais réparer ma voiture.
>
> —Ça alors! Vous vous exprimez mal! Je n'ai rien compris.

1. l'outil *(m.)* tool

235 F

2. *Vérifiez les détails*

A. 1. Dans le mini-dialogue, les deux individus sont ___ un vendeur et un client. ___ deux amis. ___ deux mécaniciens. ___ un mécanicien et un client.

2. Le niveau de langue est ___ formel. ___ familier.

3. Le ton de la conversation est ___ amical. ___ tendu, impatient. ___ irrité. Comment le savez-vous?

B. Jouez les rôles avec un(e) partenaire. Substituez vos propres mots.

—*J'ai besoin de...*

—*Voici... Duquel avez-vous besoin?*

C. Quand on parle d'un objet sans savoir son nom, on décrit d'habitude son utilisation. Trouvez dans le mini-dialogue les expressions équivalentes à *with which*.

3. *Analysez les exemples*

Préposition + *lequel*

When a relative clause refers to a person and includes a verb that takes a preposition, **qui (à qui, avec qui,...**) is used. When the clause refers to things, a form of **lequel** is used. Study these examples from the mini-dialogue.

—**Duquel** avez-vous besoin?

—C'est un outil **avec lequel** on peut tourner la chose, là.

—C'est la chose **avec laquelle** je pourrais réparer ma voiture.

• Prepositions **avec, pour, sans, dans,** etc. + **lequel**

Je voudrais **des feutres.** Je pourrais écrire sur un tableau blanc **avec ces feutres.**

Je voudrais des feutres **avec lesquels** je pourrais écrire sur un tableau blanc.

C'est **un machin** comme une cassette. On met un liquide **dans ce machin.**

C'est un machin comme une cassette **dans lequel** on met un liquide.

• **Où** often replaces a preposition + **lequel** when the antecedent is a time or place.

J'ai vu une étagère **où (sur laquelle)** je peux mettre mes affaires.

C'est un machin comme une cassette **où (dans lequel)** on met un liquide.

- **Où** is also used when no preposition is required.

  C'était le jour **où** j'ai acheté mon magnétoscope.
  Voici l'endroit **où** j'ai trouvé l'objet.

- Preposition **à** + **lequel.** Notice that the preposition **à** contracts with **lequel.**

  à + **le**quel = **auquel**   à + **la**quelle = **à laquelle**
  à + **les**quels = **auxquels**   à + **les**quelles = **auxquelles**

- Preposition **de** + **lequel. Lequel** also contracts with **de.**

  de + **le**quel = **duquel**   **de** + **la**quelle = **de laquelle**
  de + **les**quels = **desquels** **de** + **les**quelles = **desquelles**

L'Emploi d'*auquel* et *duquel*

- **Auquel** may be used as an interrogative pronoun *(to / about which one)* or as a relative pronoun *(to / about which).*

  a. As an interrogative pronoun, **auquel** is used in questions.

     Je pense **à ce lecteur laser. Auquel** pensez-vous?

  b. As a relative pronoun, **auquel** replaces a noun (thing) in linked clauses *(to / about which).*

     Ce sont **les cassettes vidéo** de meilleure qualité. Je pense **à ces cassettes.**

     Ce sont les cassettes vidéo de meilleure qualité **auxquelles** je pense.

- **Duquel** may be used as an interrogative pronoun *(of / from / about which one)* or a relative pronoun *(which).*

  a. As an interrogative pronoun, **duquel** is used in questions.

     Il parle **de ce lecteur laser. Duquel** parle-t-il?

  b. As a relative pronoun, **duquel** replaces a noun (thing) in linked clauses *(which).* It is used after compound prepositions such as **près de, loin de, à côté de.**

     Je parle **de l'objet.** Tu as posé ton sac à dos **près de l'objet.**

     Je parle de l'objet **près duquel** tu as posé ton sac à dos.

  Note that **dont** is also often used to link clauses. It may refer either to persons or to things. See chapter 5.

     C'est la chose **dont** j'ai besoin.

Résumé

The following chart summarizes the use of the relative pronouns when they refer to people and objects:

	Person	*Thing*
Subject	**qui**	**qui**
Direct object	**que**	**que**
Object of *de*	**dont**	**dont (duquel)**
Object of other prepositions	**à qui**	**auquel**
	avec qui	**avec lequel**
	pour qui	**pour lequel** (etc.)
		où (dans lequel, etc.)

4. *Elaborez*

ACTIVITE 8: Vous avec vu un objet qui vous intéresse mais vous ne l'avez pas acheté. Maintenant vous réfléchissez. Travaillez avec un(e) partenaire. Suivez les modèles.

> MODELES: le micro-ordinateur
>
> —Je pense toujours à ce micro-ordinateur.
> —Auquel penses-tu?
> —A cet IBM.
>
> —Je rêve encore de ce micro-ordinateur.
> —Duquel?
> —De ce Macintosh.

1. la planche à voile
2. les affiches politiques
3. l'appareil-photo
4. la voiture
5. le baladeur
6. la raquette de tennis
7. les skis
8. les lunettes de soleil
9. la bicyclette
10. les disques compacts

ACTIVITE 9: Lisez les paires de phrases ci-dessous, puis mettez-les ensemble avec une préposition et une forme de **lequel**. Finalement, identifiez l'objet qui est décrit dans la phrase.

> MODELE: C'est une petite balle. On joue au tennis avec cette balle.
>
> *C'est une balle avec laquelle on joue au tennis.*
>
> *Evidemment, c'est une balle de tennis.*

1. Ce sont des objets de sport. On fait du ski avec ces objets.

2. C'est un moyen de transport sans moteur. On s'assied sur cette chose.

3. Ce sont des choses plates et rondes. On enregistre de la musique sur ces choses.

4. C'est un truc pour la photographie. On met du film dans ce truc.

5. Ce sont de petits messages politiques. On communique ses idées avec ces messages.

6. C'est une chose en papier. On met une lettre dans cette chose.

7. Ce sont des choses sphériques. On joue au basket-ball avec ces choses.

8. C'est une chose électronique. On met des cassettes dans cette chose.

ACTIVITE 10: Vous connaissez quelqu'un qui ne termine jamais ses phrases. Aidez-le (la) à compléter son idée. Employez **qui, que, dont, auquel, duquel,** etc.

1. Je vous parlais d'une personne. Eh bien, voici la personne...

2. C'est bien lui! Je vous dis que c'est l'homme...

3. Je réparais ma voiture avec cet outil. Avez-vous vu l'outil...

4. J'ai mis mes clefs dans une boîte. Avez-vous trouvé la boîte...

5. Je vous parlais de cette femme. Connaissez-vous la femme...

6. J'ai perdu ma cassette. Avez-vous trouvé la cassette...

7. Où sont mes lunettes? Mes lunettes sont les choses sans...

Comment écrire   # Comparer les objets et les personnes

Assez souvent quand on parle d'objets ou de personnes, il est utile de faire des comparaisons entre eux pour mieux les décrire. La méthode la plus simple d'écrire une composition comparative est de la diviser en deux paragraphes. Décrivez le premier objet dans le premier paragraphe et le second dans le deuxième paragraphe. A la fin, ajoutez un troisième paragraphe pour conclure. Les expressions et le vocabulaire qui suivent peuvent vous être utiles dans votre comparaison.

Pour comparer deux choses ou deux personnes
le premier... le deuxième...
celui-ci... celui-là...
l'un... l'autre...
On dirait que l'un... tandis que l'autre...

C'est comme si...
Celui-ci ressemble à (est comparable à, est semblable à, est pareil à)...
Ces deux... sont comparables (différents). En effet,...
D'un côté il y a... . De l'autre côté il y a...

A écrire

ACTIVITE 11: Employez le schéma ci-dessous et écrivez une composition pour comparer la vie de Pierre et Rose et celle de Stéphane et Séverine.

Deux familles
I.   Rose et Pierre, mariage en 1940
    A. Habitation en 1950
        1. cuisine, 3 pièces
        2. petit appartement: $60m^2$
    B. Confort
        1. pas de voiture, pas de réfrigérateur, pas de machine à laver le linge
        2. électroménager: cuisinière à charbon, fer à repasser électrique, aspirateur
    C. Professions
        1. Rose, maîtresse de maison et mère de famille à plein temps
        2. Pierre, comptable
II. Stéphane et Séverine, mariage en 1970
    A. Habitation en 1972
        1. cuisine, 3 pièces
        2. maison: $80m^2$
    B. Confort
        1. une voiture
        2. batterie complète d'équipement ménager
    C. Professions
        1. Séverine, profession salariée
        2. Stéphane, profession salariée

Sujets de composition

1. Ecrivez une description d'un objet. Décrivez la taille, la couleur, les caractéristiques physiques et aussi la fonction de l'objet. Comparez-le avec un autre objet.

2. Vous voulez acheter quelque chose, par exemple, une nouvelle chaîne stéréo. Il y a deux modèles qui vous plaisent. Faites une comparaison entre les deux modèles afin de choisir celui qui vous conviendrait le mieux.

Expressions essentielles

Demander ce que c'est

Qu'est-ce que c'est?

C'est quoi, ça?

Vous savez ce que c'est?

C'est un(e)..., n'est-ce pas?

Identifier un objet

C'est (ce n'est pas) un(e)...

Ce (ne) sont (pas) des...

Je pense (crois) que c'est un(e)...

Je cherche...

Je voudrais voir...

Montrez-moi s'il vous plaît...

Vous avez... ?

Vous pourriez me montrer...

Désigner un objet

Nous avons ces deux...

Les... sont là-bas.

Ils (Elles) sont au rayon...

Voilà nos...

Le (La, Les) voilà.

Demander le prix d'un article

Combien coûte(nt)...

C'est (Ça fait, Ça coûte) combien?

C'est combien, le (la, les)...

Je vous dois combien?

Donner le prix d'un article

Ça coûte...

Le (La, Les)... coûte(nt)...

C'est à peu près...

C'est (Ça fait)... (au total, le tout)

C'est à partir de...

Réagir au prix

Ce n'est pas trop cher!

Je trouve ça un peu cher.

Vous n'avez rien de moins cher?

(A mon avis) c'est cher (trop cher, très cher, bon marché)

Vous n'avez pas d'articles moins coûteux?

Vous ne trouvez pas ces prix élevés?

Merci, Monsieur (Madame).

Discuter des modes de paiement

Vous payez comptant (en espèces, à crédit, avec une carte de crédit, par chèque)?

Parler de possessions

C'est le (la)... de Jeanne (du garçon, des amis)?

Cela (cette chose) vous appartient?

Cela (Ce, Cette...) (ne) m'appartient (pas).

C'est (Il, est, Elle est) à vous?

C'est à moi (à toi, à lui, à elle, etc.).

C'est ton (ta, votre)... Ce sont tes (vos)...

C'est mon (ma, mes, ton, ta, tes, etc.)...

C'est le mien (la mienne, le tien, etc.)!

Ce sont les miens (les miennes, les tiens, les tiennes, etc.)!

Pour parler d'un objet sans le nommer

Ça ressemble à...
C'est une espèce de...
C'est une sorte de...
C'est comme...
C'est une chose (un machin, un truc)
      pour...
      qui est...
      qu'on utilise pour...
      dont on se sert pour...
      qui sert à...

Pour nommer ses possessions

les affiches *(f.)*   *posters*
l'appareil-photo *(m.)*   *camera*
le baladeur   *Walkman*
le briquet   *lighter*
la calculatrice   *calculator*
la cassette (vidéo)   *(video) cassette*
la chaîne stéréo   *stereo*
le chapeau   *hat*
les chaussures *(f.)*   *shoes*
le costume   *suit*
le disque compact   *compact disc*
le foulard   *scarf*
le lecteur laser   *CD player*
la machine à écrire   *typewriter*
le magnétophone   *tape recorder*
le magnétoscope   *VCR*
le micro-ordinateur   *microcomputer*
la mobylette   *moped*
la montre   *watch*
la planche à voile   *sailboard*
la raquette de tennis   *tennis racket*
le stylo   *pen*

la télé (le téléviseur)   *television*
la voiture   *car*

Décrire un objet par ses caractéristiques:

La couleur

beige   *beige*
blanc, blanche   *white*
bleu(e)   *blue*
bleu marine   *deep blue*
brun(e)   *brown*
gris(e)   *grey*
jaune   *yellow*
noir(e)   *black*
or   *gold*
orange   *orange*
rose   *pink*
rouge   *red*
vert(e)   *green*
violet(te)   *purple*

Pour qualifier une couleur

clair   *light*
délavé   *faded*
foncé   *dark*
pâle   *pale*
vif   *bright*

La dimension

court(e)   *short*
gros, grosse   *fat*
large   *wide*
long, longue   *long*
mince   *thin*

La forme

carré(e)   *square*
circulaire   *circular*
conique   *conical*
cubique   *cubic*
cylindrique   *cylindrical*
incurvé(e)   *curved in*
plat(e)   *flat*
pointu(e)   *pointy*
rectangulaire   *rectangular*
rond(e)   *round*
sphérique   *spherical*
triangulaire   *triangular*

La sensation au toucher

collant(e)   *sticky*
dur(e)   *hard*
élastique   *elastic*
lisse   *smooth*
mouillé(e)   *wet*
rugueux (-euse)   *rough*

Le matériel de fabrication

en bois   *(made of) wood*
en céramique   *(made of) ceramic*
en coton   *(made of) cotton*
en laine   *(made of) wool*
en métal   *(made of) metal*
en nylon   *(made of) nylon*
en or   *(made of) gold*
en plastique   *(made of) plastic*
en polyester   *(made of) polyester*
en verre   *(made of) glass*

L'emplacement

le premier, la première   *first*
le (la) deuxième   *second*
juste là-bas   *right there*
à droite (gauche)   *on the right (left)*
sur l'étagère *(f.)* du haut   *on the top shelf*
en haut (bas)   *on top (the bottom)*

N'OUBLIEZ PAS!

Les Adjectifs possessifs, p. 219
Les Pronoms possessifs, p. 219
Les Adjectifs et les pronoms inter-
    rogatifs, p. 231
Les Adjectifs et les pronoms
    démonstratifs, p. 231
Les Prépositions + **lequel**, p. 242

8

Fonctions communicatives

Rôle 1

Demander une opinion

Exprimer ses émotions,
le doute et la nécessité

Demander des conseils

Rôle 2

Donner son avis

Donner des conseils

Thèmes

L'écologie et la technologie

Stratégies de lecture

Comprendre les allusions de la poésie

Stratégies de composition

Ecrire une lettre formelle

Donner son opinion

? Que voyez-vous
sur la photo?

? Croyez-vous que la technologie ait rendu la vie plus facile
qu'autrefois? Pourquoi ou pourquoi pas? Est-ce que la technologie va rendre la vie de plus en plus facile?

251

SECTION 1   *Ne pensez-vous pas que j'aie raison?*

Fonctions communicatives

Rôle 1

Demander une opinion
Exprimer ses émotions

Rôle 2

Donner son avis

Tout d'abord

ACTIVITE 1: Les inventions suivantes ont influencé la qualité de la vie au vingtième siècle. Travaillez avec un(e) partenaire et indiquez si à votre avis ces choses sont nécessaires ou si elles ne sont pas essentielles.

MODELE: — J'ai absolument besoin de...

— Pour moi, le (la)... n'est pas essentiel(le).

1. le four à micro-ondes
2. la télévision
3. les produits congelés
4. l'ordinateur
5. les plastiques
6. les fast-foods
7. la voiture
8. l'avion
9. le téléphone sans fil
10. le climatiseur
11. le téléphone
12. les jeux vidéo

Par ici

1. *Lisez le dialogue*

 ## LE CAMPING

Annick Lagarde et Anne-Claire Fouché discutent des projets de vacances.

ANNE-CLAIRE: Vous aimez faire du camping?

ANNICK: Ah, oui, j'aime beaucoup ça! Pourquoi?

ANNE-CLAIRE: Notre petit groupe envisage un voyage dans les Cévennes.[1] Ça vous intéresse?

ANNICK: C'est une bonne idée! Je serais ravie[2] de passer quelques jours dans les montagnes, près de la nature! Je suis enchantée que vous m'ayez invitée! Je pourrais emprunter la caravane[3] de Georges, et...

Le camping à côté de la forteresse de Chinon, dans la vallée de la Loire

ANNE-CLAIRE: Non, je regrette que vous ne m'ayez pas comprise. Nous faisons partie d'un groupe écologiste. Nous faisons toujours du camping avec des tentes.

ANNICK: Avec des tentes! Vous voulez que nous dormions dans des sacs de couchage,[4] par terre, avec les insectes? Vous voulez dire du camping sauvage?

ANNE-CLAIRE: Exactement.

ANNICK: Pas possible! Vous ne voulez pas que nous emportions la télé, la voiture, des chaises... ?

ANNE-CLAIRE: Pas du tout. C'est la nature qui nous intéresse.

ANNICK: Mais quand même, toute invention existe pour rendre la vie plus confortable. On a inventé les caravanes pour faire du camping dans la nature. Ne pensez-vous pas que j'aie raison?

ANNE-CLAIRE: Vous exagérez un peu! Il est vrai que les inventions existent pour rendre la vie plus confortable, mais de temps en temps il faut que tout le monde quitte son confort et ses possessions pour retourner à ses racines,[5] pour goûter la solitude, le calme, pour regarder le ciel, les oiseaux...

ANNICK: Je suis désolée que vous teniez à cette opinion romantique.

ANNE-CLAIRE: Pourquoi?

ANNICK: Parce que ma télé, mes chaises, ma voiture sont importantes pour moi.

ANNE-CLAIRE: Vous voulez dire que vous avez besoin de possessions?

ANNICK: Non, je veux dire que j'ai besoin de civilisation.

---

1. les Cévennes *rugged area bordering the Massif Central in France*   2. je serais ravi *I would be delighted*   3. la caravane *camper*   4. le sac de couchage *sleeping bag*   5. la racine *root*

2. *Vérifiez le sens général*

ACTIVITE 2: Relisez le dialogue. Quelle phrase en décrit le mieux l'idée principale? Expliquez votre choix.

1. La technologie et les inventions ont rendu la vie plus facile.

2. Quelquefois le progrès n'est pas positif; on peut être trop habitué au confort.

3. Le confort est devenu nécessaire dans la vie moderne.

ACTIVITE 3: D'après le dialogue entre Annick et Anne-Claire, imaginez qui dirait les choses suivantes.

1. J'aime bien la nature.

2. Il est essentiel de faire l'expérience de la nature.

3. Y aura-t-il de l'eau chaude là où nous allons?

4. Le camping sauvage m'intéresse beaucoup.

5. On passe trop de temps à penser au confort.

6. Qu'est-ce que nous allons faire pendant la journée et après le coucher du soleil?

3. *Cherchez les expressions*

ACTIVITE 4: Relisez le dialogue et cherchez

1. deux façons de demander l'opinion de quelqu'un.

2. une manière d'exprimer une opinion positive et une opinion négative.

3. trois différentes manières d'indiquer ce qu'on veut.

4. les expressions qui correspondent aux émotions suivantes: le contentement, le mécontentement, le regret, la surprise.

4. *Allez plus loin*

ACTIVITE 5: Quel genre de vacances aimez-vous? Aimez-vous quitter la civilisation pour vous perdre dans la campagne? Préférez-vous visiter la grande ville? Suivez le modèle pour en discuter avec votre partenaire.

MODELE: —J'aime les vacances en ville. J'adore les musées, les concerts, les restaurants. Et toi, ça t'intéresse?

—Non, la ville ne m'intéresse pas. Je préfère la campagne.

Dire ce que vous aimez faire

J'aimerais bien (préfère, voudrais, veux) que nous allions...
J'ai envie d'aller...

Demander l'opinion

Donnez-m'en votre avis!   Ça te plaît (plairait)?
Ça t'intéresse?

Réagir à une opinion

A mon avis, c'est...   D'après moi, c'est...
Ça ne me dit rien.   Je regrette que tu aimes...
Je serais content(e) de...   Je suis désolé(e) que tu aimes...
Je suis enchanté(e) que tu aimes...

ACTIVITE 6: Vous partez en vacances avec un(e) ami(e) que vous rencontrez juste avant le départ. Votre partenaire va choisir un objet de la liste suivante; vous exprimez votre surprise qu'il (elle) va le prendre avec lui (elle). Suivez le modèle. Ensuite échangez les rôles.

un transistor	un ballon de foot	une lampe électrique portable
un chien / un chat	une raquette de tennis	un micro-ordinateur portable
un baladeur	un jeu de cartes	des chaussures de jogging
des bonbons	une télé portable	un maillot de bain
une bicyclette	un parapluie	un téléphone sans fil

MODELE: —Qu'est-ce que tu as là-dedans?

—J'ai...

—Je suis surpris(e) que tu apportes ça.

—Nous aurons besoin d'un(e)...

ou —Oui, tu as raison. Nous n'avons pas besoin de...

Structure

Le Subjonctif présent

Avant de commencer l'étude de la structure, faites les activités de préparation dans votre cahier d'exercices.

1. Identifiez la structure

The indicative mood generally indicates that the speaker is giving facts. The subjunctive mood, on the other hand, is used to express notions that the speaker believes are subjective or uncertain. Because of their inherent subjectivity and personal nature, opinions, desires, necessity, and emotions are often expressed in the subjunctive. Skim **Vérifiez les détails** before reading the following mini-dialogue; then read the mini-dialogue and do the exercises.

—On vient d'annoncer une nouvelle chaussure de sports avec un micro-ordinateur intégré dedans.

—Pas possible! Mais c'est ridicule!

—Moi, je crois que c'est une bonne chose. Je regrette que tu ne sois pas d'accord.

—Comment ça?

—On pourra faire des expériences sérieuses avec une chose pareille.

—Ah bon, tu le crois? Je crains que cela ne fasse rien, sauf d'ajouter au nombre de gadgets.

2. *Vérifiez les détails*

A. Dans le mini-dialogue, est-ce que les deux personnes sont d'accord? Quelles sont leurs opinions en ce qui concerne la chaussure?

B. Donnez votre opinion. Complétez la phrase suivante.

—Qu'est-ce que tu penses de la nouvelle chaussure avec micro-ordinateur?

—A mon avis, c'est... parce que...

C. Trouvez les phrases dans le mini-dialogue où les personnes donnent leur opinion et où ils expriment leurs émotions. Dans lesquelles est-ce qu'ils emploient le subjonctif?

3. *Analysez les exemples*

La Formation du subjonctif

The subjunctive always occurs in a dependent clause that begins with **que.** Note also that the subject of the main clause is not the same as the subject of the subordinate clause.

- **Les Verbes réguliers**   To form the present subjunctive of regular verbs, drop the **-ent** ending from the third-person plural form of the present indicative (ils / elles **aim**ent), then add the following endings to the verb stem: **-e, -es, -e, -ions, -iez, -ent.**

aimer	*choisir*	*vendre*
que j'aim**e**	que je choisiss**e**	que je vend**e**
que tu aim**es**	que tu choisiss**es**	que tu vend**es**
qu'il (elle) aim**e**	qu'il (elle) choisiss**e**	qu'il (elle) vend**e**
que nous aim**ions**	que nous choisiss**ions**	que nous vend**ions**
que vous aim**iez**	que vous choisiss**iez**	que vous vend**iez**
qu'ils (elles) aim**ent**	qu'ils (elles) choisiss**ent**	qu'ils (elles) vend**ent**

Je suis surpris **que vous aimiez** le camping sauvage.

Elle regrette **que nous choisissions** ce genre de camping.

It faut **que tu vendes** cette tente.

- **Les Verbes à deux radicaux**   The present subjunctive of certain irregular verbs is formed by adding the regular subjunctive endings to one of two stems: (1) the stem of the third-person plural indicative form (ils / elles **voi**ent) is used to create the subjunctive **je, tu, il, elle, ils,** and **elles** forms; (2) the stem of the first-person plural indicative form (nous **voy**ons) is used to create the subjunctive **nous** and **vous** forms.[*]

Study these forms.

	Stem 1	Stem 2
boire	que je **boiv**e	que nous **buv**ions
croire	que je **croi**e	que nous **croy**ions
devoir	que je **doiv**e	que nous **dev**ions
envoyer	que j'**envoi**e	que nous **envoy**ions
mourir	que je **meur**e	que nous **mour**ions
prendre	que je **prenn**e	que nous **pren**ions
recevoir	que je **reçoiv**e	que nous **recev**ions
tenir	que je **tienn**e	que nous **ten**ions
venir	que je **vienn**e	que nous **ven**ions
voir	que je **voi**e	que nous **voy**ions

Il faut **que je voie** les nouveaux modèles de chaussures de sports.

---

[*] Spelling-change verbs also have two stems: acheter—ils **achèt**ent, nous **achet**ons; appeler—ils **appell**ent, nous **appel**ons; jeter—ils **jett**ent, nous **jet**ons; payer—ils **pai**ent, nous **pay**ons; préférer—ils **préfèr**ent, nous **préfér**ons.

- **Les Verbes irréguliers**   Some irregular verbs have a single present-tense subjunctive stem, to which the regular endings are added.

faire	que je **fasse**
pouvoir	que je **puisse**
savoir	que je **sache**

  The following irregular verbs have two present-tense subjunctive stems. In addition, notice that **avoir** has an irregular ending in the third-person singular, and **être** has irregular endings in all three singular forms. Study these forms.

aller	*avoir*	*être*	*vouloir*
que j'**aille**	que j'**aie**	que je **sois**	que je **veuille**
que tu **ailles**	que tu **aies**	que tu **sois**	que tu **veuilles**
qu'il (elle) **aille**	qu'il (elle) **ait**	qu'il (elle) **soit**	qu'il (elle) **veuille**
que nous **allions**	que nous **ayons**	que nous **soyons**	que nous **voulions**
que vous **alliez**	que vous **ayez**	que vous **soyez**	que vous **vouliez**
qu'ils (elles) **aillent**	qu'ils (elles) **aient**	qu'ils (elles) **soient**	qu'ils (elles) **veuillent**

L'Emploi du subjonctif

- **Pour exprimer les opinions**   In the preceding dialogue and mini-dialogue, a variety of opinions and emotions were expressed. Notice that certain statements of opinion use the indicative while others require the subjunctive. Compare the following sentences:

  Je crois que c'**est** une bonne chose.

  Je regrette que tu ne **sois** pas d'accord.

  Expressions of opinion that use the indicative:
  (A mon avis, D'après moi, Selon moi), c'est...
  Comme c'est...
  Je trouve (pense, crois) que c'est...
  Il me semble que...

  Expressions of opinion that require the subjunctive:
  Il est bon, utile, efficace, naturel, important que...
  Il est mauvais, triste, honteux, regrettable, dommage que...
  Il n'est pas la peine que...
  Il est bizarre, étrange, surprenant, curieux que...
  Je ne pense (trouve, crois) pas que...

- **Pour exprimer le désir et les émotions**   The subjunctive is used with expressions of desire or emotion.

  Expressions of desire
  Je veux (voudrais, voudrais bien, aimerais, désire, souhaite, préfère) que...
  J'ai envie que...

  Expressions of emotion
  Je suis heureux (-se) (content[e], ravi[e], enchanté[e]) que...
  Je suis triste (désolé[e], déçu[e]) que...
  Je regrette que...
  Je suis étonné(e) (surpris[e]) que...
  Je suis furieux (-euse) (fâché[e], agacé[e], ennuyé[e]) que...
  J'ai peur (Je crains) que...
  J'ai honte que...
  Je tiens à ce que...

  Je voudrais bien que **vous** m'**achetiez** ces nouvelles chaussures.

  Je suis étonné que **vous** ne les **aimiez** pas.

- Remember that the subjunctive may only be used when the subject of the main clause is different from the subject of the subordinate clause. If the subjects of the main and subordinate clauses are the same, an infinitive must be used.

Two different subjects	*One subject*
Je suis heureux que **tu** sois en vacances.	**Je** suis heureux d'être en vacances.
Je veux que **tu** viennes avec moi.	**Je** veux aller avec toi.

4. *Elaborez*

ACTIVITE 7: Que pensez-vous des annonces suivantes? Complétez chaque réaction avec le verbe entre parenthèses. Faites attention aux expressions qui utilisent le subjonctif.

1. On vient d'annoncer une nouvelle chaussure de sports avec un micro-ordinateur intégré.
   a. Je suis furieux (-euse) qu'on (tenir à) des gadgets pareils.
   b. J'ai peur que nous (ne pas pouvoir) les payer.
   c. Il est regrettable que les gens (continuer à) acheter des choses inutiles.

2. On vient d'annoncer de nouvelles taxes sur les boissons alcoolisées et les cigarettes.

   a. Il est important qu'on (faire) cela pour réduire la consommation des produits dangereux.

     b. Je ne suis pas persuadé(e) que ce (être) une bonne solution.

     c. Je suis étonné(e) que vous (croire) que cela va changer la situation.

3. On vient d'annoncer une baisse d'impôts pour les riches.

     a. A mon avis, c'est une chose qui ne (être) pas juste.

     b. Je voudrais que le président (comprendre) l'importance de ce changement.

     c. Il est honteux que la législature ne (savoir) pas ce qu'il faut faire pour mettre le budget en équilibre.

4. On vient d'annoncer une limite au nombre d'autos importées du Japon.

     a. D'après moi, c'est une solution que nous ne (devoir) pas poursuivre.

     b. Il est important que le président (refuser) ce genre de message protectionniste.

     c. Il est naturel que nous (protéger) l'industrie de cette façon.

5. On vient d'annoncer une limite à la manufacture des fourrures.

     a. Je suis triste qu'ils (aller) si loin pour influencer les gens.

     b. Je pense que c'est une action qui (être) raisonnable.

     c. Je suis heureux (-euse) que nous (commencer) à protéger les animaux.

ACTIVITE 8: Lisez les statistiques suivantes, ensuite réagissez. Suivez les modèles et faites attention aux formes des verbes **avoir** et **être** au subjonctif.

    MODELES: Il est curieux que...

       Il est curieux que l'argent ne soit pas très important pour les Français.

       Je suis étonné(e) que...

       Je suis étonné(e) que les Français aient tellement peur de la maladie.

Les vingt mots clés

Les dix mots les plus importants pour les Français (en %)		*Les dix mots qui font le plus peur aux Français (en %)*	
1 Santé	42,9	**1** Maladie	49,9
2 Travail	36,0	**2** Accident	38,8
3 Amour	33,4	**3** Mort	36,7
4 Famille	30,8	**4** Guerre	30,4
5 Argent	25,2	**5** Chômage	28,0
6 Enfants	19,7	**6** Pauvreté	10,6
7 Amitié	18,5	**7** Violence	9,9
8 Bonheur	17,0	**8** Solitude	8,0
9 Loisirs	12,9	**9** Cancer	6,7
10 Liberté	8,2	**10** SIDA[1]	6,4

(Le Point)

---

1. SIDA *AIDS*

ACTIVITE 9: Quels mots sont les plus importants pour vous? Quels mots vous font peur? Choisissez-en trois de chaque liste de l'activité 8. Parlez-en à votre partenaire.

MODELE: —Pour moi (D'après moi), les trois mots les plus importants sont...

—Je suis étonné(e) (surpris[e]) que tu... Moi, je pense que...

—Je ne suis pas d'accord. Je trouve que...

Aperçu culturel   *Les Dépenses du ménage*

Les ménages en France et aux Etats-Unis dépensent à peu près le même pourcentage de leur revenu pour vivre, pour s'habiller, pour manger. Il y a quand même des différences. Comparez les statistiques suivantes.

Catégories de dépenses en France

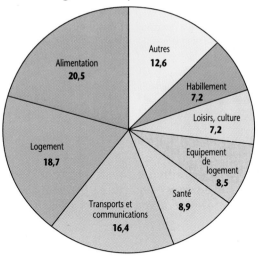

Catégories de dépenses aux E.-U.

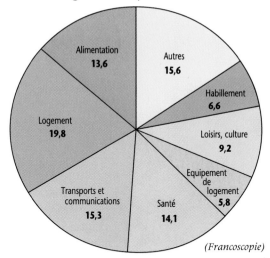

(Francoscopie)

Analysez et discutez

1. Quelles catégories de dépenses sont plus hautes en France qu'aux Etats-Unis? Lesquelles sont plus hautes aux Etats-Unis?

2. Comparez vos dépenses personnelles avec celles-ci. Quelles sont les différences et les similarités?

3. Est-ce que vous pouvez justifier les différences de dépenses? Quelles sont les raisons possibles pour ces différences?

SECTION 2   *Je doute que tu en aies besoin*

Fonctions communicatives

Rôle 1

Exprimer la nécessité
Demander des conseils

Rôle 2

Exprimer le doute
Donner des conseils

Tout d'abord

ACTIVITE 1: Lisez l'article suivant, puis répondez aux questions.

Deux Québécois font le tour du monde en vélo

Le 8 mai dernier (1990), Pierre Bouchard, 24 ans, et Steve Bellemare, 26 ans, sont partis de Québec en vélo de montagne, ensevelis[1] sous des sacoches[2], des sacs de couchages et une tente. Date de retour prévue? Quelque part en 1995! Leur projet est ambitieux. Ils disent vouloir faire le tour du monde en vélo, en parcourant les cinq continents. [...]

Audacieux ou naïfs? Trop tôt pour juger. La forme, ils l'ont; l'équipement aussi. [...] Bonne chance! C'est le moins qu'on puisse dire!

(Plein Air)

---

1. ensevelir *to bury*   2. la sacoche *bag, suitcase*

1. Quel équipement Pierre Bouchard et Steve Bellemare ont-ils pris avec eux? Décrivez cet équipement.

2. Supposons que vous faites un voyage comme celui de Pierre et Steve. Qu'est-ce que vous allez emporter avec vous? Pourquoi? Est-ce que vous pouvez vivre uniquement avec ces choses pendant plusieurs années?

3. Est-ce que vous êtes assez aventureux (-euse) pour faire un voyage pareil? Expliquez.

Par ici

1. *Écoutez la scène*

🔊 LA MOTO

Lisez les résumés de l'activité 2 et ensuite écoutez la scène entre Luc et Suzette.

Luc demande un conseil à Suzette.

2. *Vérifiez le sens général*

ACTIVITE 2: Choisissez la phrase qui décrit le mieux l'idée principale. Expliquez votre choix.

1. C'est dans les choix de tous les jours qu'on montre sa responsabilité envers l'environnement.

2. Les problèmes de la pollution sont si grands qu'il n'y a rien que l'individu puisse faire pour les combattre.

3. Dans une société industrielle, on doit choisir entre le confort individuel et le bien-être de la planète.

4. **En toute chose, on doit rechercher la juste mesure.**

ACTIVITE 3: Répondez aux questions suivantes.

1. Quels mots décrivent le mieux la moto idéale? Répondez à la question d'abord du point de vue de Luc et ensuite du point de vue de Suzette.

rouge	petite	économique
bien équipée	pratique	puissante
confortable	compacte	grande

2. Lequel des deux personnages ne voit que les deux extrêmes? Lequel semble le plus raisonnable? Pourquoi?

3. A votre avis, est-ce que Luc comprend ce que Suzette veut dire? S'il suit ses conseils, est-ce qu'il sera content de son choix? Que pensez-vous de ses conseils?

3. *Cherchez les expressions*

ACTIVITE 4: Ecoutez la scène encore une fois et répondez aux questions.

1. La nécessité est indiquée de quatre manières différentes. Quelles expressions sont employées? Indiquez-les dans cette liste.

   ___ Tu as besoin de...   ___ Il faut que...

   ___ Tu devrais...   ___ Il est nécessaire que...

   ___ Il te faut un(e)...   ___ Il est important que...

   ___ Il est essentiel que...   ___ Il vaut mieux que...

2. Luc demande des conseils. Lesquelles des expressions suivantes est-ce qu'il utilise?

   ___ Tu pourrais me donner ton avis?   ___ J'ai un conseil à te demander.

   ___ Je voudrais bien ton avis.   ___ Qu'est-ce que je dois faire?

3. Suzette donne des conseils. Avec quelles expressions est-ce qu'elle commence sa phrase?

   ___ A mon avis...   ___ Si tu veux un conseil...

   ___ Tu pourrais...   ___ Tu ferais mieux de...

   ___ Il vaut mieux que...   ___ Tu as pensé à ...

   ___ Tu ferais mieux de...   ___ Tu dois...

4. *Allez plus loin*

ACTIVITE 5: Vous avez besoin d'acheter quelque chose de nouveau. Utilisez les expressions suivantes pour discuter avec un(e) partenaire.

> MODELES: —Il me faut un nouvel ordinateur. Et toi?
>
> —Il faut que j'achète une voiture.
>
> *ou*   —J'ai besoin d'acheter une mobylette.

Expression + objet	*Expression + infinitif*	*Expression + subjonctif*
Il me faut un(e)...	J'ai besoin de...	Il faut que...
J'ai besoin d'un(e)...	Je dois (devrais)	Il est utile que...
	Je me suis chargé de...	Il est nécessaire que...
	Rien ne m'empêche de...	Il est important que...
		Il est essentiel que...

ACTIVITE 6: A présent vous avez décidé d'acheter quelque chose (une voiture, une mobylette, une chaîne stéréo). Demandez des conseils à votre partenaire. Suivez les modèles. Attention! Employez le subjonctif avec les expressions indiquées par un astérisque.

> MODELES: —Il me faut une nouvelle voiture.
>
> —Ce n'est pas vrai! Je te conseille de prendre le métro!
>
> *ou*   —Il faut que j'achète une nouvelle voiture.
>
> —Je ne suis pas certain(e) que tu aies besoin d'une nouvelle voiture. Tu ferais mieux de prendre le métro.

Pour exprimer le doute	*Pour donner des conseils*
Ce n'est pas vrai!	Je te conseille de...
Ce n'est pas possible!	J'ai un conseil à te donner...
*Je doute que...	Si tu veux un conseil...
*Je ne suis pas sûr(e) que...	Tu ferais mieux de...
*Je ne crois pas que...	*Il vaut mieux que tu...
*Je ne suis pas certain(e) que...	*Il est temps que...
*Je ne pense pas que...	Pourquoi pas...
*Il est peu probable que...	Tu as pensé à...
*Il semble que...	Tu pourrais...
*Il est possible que...	
*Il se peut que...	

Structure   *Le Subjonctif présent (suite)*

Avant de commencer l'étude de la structure, faites les activités de préparation dans votre cahier d'exercices.

1. *Identifiez la structure*

As you learned in section 1, the subjunctive is used to express opinions and emotions, necessity or probability (certainty or doubt). Skim **Vérifiez les détails** before reading the following mini-dialogue; then read the mini-dialogue and do the exercises.

—J'ai besoin d'une nouvelle moto.

—Je doute que tu en aies vraiment besoin.

—Non, mais il faut que je m'en achète une nouvelle, je te dis.

—Pourquoi, puisque la tienne marche encore?

—Mais elle est vieille; elle a presque trois ans! Ce n'est plus le dernier modèle.

—Je ne suis pas certaine que tu en aies besoin.

—Comment ça?

—Si elle n'a que trois ans, je suis sûre que tu en veux une autre par snobisme.

2. *Vérifiez les détails*

A. Dans le mini-dialogue, comment le personnage justifie-t-il la nouvelle moto? Comment l'autre personnage interprète-t-il ce besoin? Qui est plus raisonnable?

B. Jouez les rôles du mini-dialogue avec un(e) partenaire et substituez quelque chose que vous avez acheté récemment. Votre partenaire va douter la nécessité de l'achat ou bien va confirmer votre choix.

C. Comparez les formes du verbe **avoir** dans les deux premières lignes du mini-dialogue.
   1. Quelle phrase est à l'indicatif? Est-ce que ceci indique que le personnage donne son opinion? Quelle phrase est au subjonctif? Est-ce que ceci indique que le personnage donne son opinion?
   2. Quelles expressions dans le mini-dialogue indiquent la probabilité (la certitude, le doute)? Dans quelles expressions est-ce qu'on emploie le subjonctif?
   3. Quelles expressions indiquent la nécessité? Est-ce que le subjonctif ou l'indicatif est employé dans ces expressions?

3. *Analysez les exemples*

Pour exprimer la nécessité

- Expressions of necessity are followed by a noun or an infinitive when there is no change of subject:

J'ai besoin de (+ *noun*)...	J'ai à (+ *infinitive*)...
Il me faut un (une) (+ *noun*)...	Je dois (devrais) (+ *infinitive*)...

J'ai besoin d'**une nouvelle moto.**   Je dois **acheter** une nouvelle moto.

- The subjunctive is used following impersonal expressions of necessity when there is a change of subject in the subordinate clause:

Il faut que...	Il est utile que...
Il est nécessaire que...	Il vaut mieux que...
Il est essentiel que...	Il est temps que...

Il faut **que** je **choisisse** une moto.   Il est utile **que** tu **consultes** tes amis.

Il est essentiel **que** nous ne   Il est temps **que** je me **décide.**
  nous **trompions** pas.

Pour exprimer le doute et l'incertitude

- The following expressions indicate doubt or uncertainty and are followed by the subjunctive when there is a change of subject.

Doubt
Je doute que...
Il est douteux que...
Je ne crois (pense) pas que...

Je doute **que** ce **soit** la solution.

Il est douteux **que** vous **ayez** raison.

Je ne crois (pense) pas **que** vous en **ayez** besoin.

Uncertainty
Je ne suis pas sûr(e) (certain[e], convaincu[e], persuadé[e]) que...
Etes-vous sûr(e), (certain[e], convaincu[e], persuadé[e]) que...
Il se peut que...
Il est possible que...
Il semble que...
Il est peu probable que...

Je ne suis pas sûr(e) **qu'**elle **soit** moins polluante.

Etes-vous persuadé(e) **que** ce **soit** le bon choix?

Il se peut **que** vous **ayez** raison.

Il est possible **que** je me **trompe.**

- The following expressions indicate certainty. They are *not* followed by the subjunctive.

  Je suis sûr(e) (certain[e], convaincu[e], persuadé[e]) que...
  Je pense (J'espère, Je crois) que...
  Il me semble que...
  Il est probable (clair, évident, hors de doute) que...
  On dirait que...
  Il va sans dire que...

  Je suis sûr(e) **que** tu **as** raison.

  Je crois **que** vous **allez** bien choisir.

  Il me semble **que** vous **avez** bien fait de me consulter.

  Il est évident **qu'**il **faut** considérer l'environnement.

  On dirait que c'**est** un bon choix.

  Il va sans dire **que** je **suis** content.

- Note that the verbs **croire, espérer,** and **penser** are followed by the indicative when used in the affirmative because they do not indicate doubt. However, the negative or interrogative forms of these verbs require the subjunctive because they indicate uncertainty on the part of the speaker.

  Je pense **que** tu **as** raison.

  Je ne pense pas **qu'**il **ait** raison.

  Penses-tu **que** nous **ayons** raison?

Le Coin du spécialiste

The past subjunctive is formed with the present subjunctive of **avoir** or **être** and the past participle. The past subjunctive is used when the action in the subordinate clause precedes the action in the principal clause.

Il est peu probable qu'il **soit devenu** anti-écologique.

Je doute qu'il **ait acheté** la moto hier.

Note that there is no future subjunctive in French. Future actions are expressed using the present subjunctive.

4. *Elaborez*

ACTIVITE 7: Croyez-vous qu'on puisse trouver un équilibre entre le progrès et la protection de l'environnement? Complétez les phrases suivantes avec la forme correcte des verbes entre parenthèses.

Il me semble que dans la société mondiale, les mots clés ___ (1. être) *moi, coûte, argent, profit* et *confort*. Je doute que nous ___ (2. penser) vraiment à l'environnement. Je ne crois pas qu'on ___ (3. prendre) conscience des dangers de la pollution.

Il est clair que la pollution ___ (4. détruire) nos monuments: regardez les pierres attaquées, les façades encrassées, l'oxydation des parties métalliques. De même, il va sans dire que les gens ___ (5. avoir) de plus en plus de difficultés respiratoires et de maladies pulmonaires. Croyez-vous qu'on ___ (6. pouvoir) oublier les problèmes cardiovasculaires et les effets de mutations? Pensez-vous que les poissons ___ (7. ne pas mourir) dans les eaux? Il paraît que la pollution ___ (8. avoir) aussi des effets négatifs sur le climat: il est évident que nous ___ (9. voir) l'ensoleillement réduit et les précipitations plus nombreuses. Il se peut qu'on ___ (10. voir) de plus en plus l'acidification des terres et des lacs.

Il est douteux que le coût de la pollution ___ (11. diminuer). Au contraire, il est évident qu'aux Etats-Unis seuls, les dépenses fédérales et industrielles sont en moyenne de 55 milliards de dollars par an. Croyez-vous que les dépenses ___ (12. être) moins dans les autres pays industrialisés? Il est essentiel qu'on ___ (13. comprendre) qu'en France les dépenses sur l'environnement sont près de 50 milliards de francs.

Malgré toutes ces évidences, il n'est pas clair que la situation ___ (14. s'améliorer). Il est peu probable que les industries, ni le gouvernement, ni les individus ne ___ (15. pouvoir) l'améliorer sans travailler ensemble. D'ailleurs, il n'est pas clair que les individus ___ (16. faire) un effort pour tout recycler. Il est nécessaire que nous ___ (17. savoir) quoi faire, que nous ___ (18. prendre) la responsabilité, et que nous ___ (19. choisir) de protéger la terre. Il est temps que nous ___ (20. trouver) l'équilibre entre le confort et la santé.

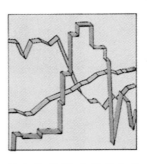

L'INDUSTRIE
FRANÇAISE
DU PETROLE

ACTIVITE 8: Les motos vous intéressent? Vous avez déjà une voiture? Quelles caractéristiques vous sont importantes? Voici trois photos. Exprimez l'idée principale avec les éléments numérotés. Ensuite complétez chaque expression de la liste à gauche avec une expression de la liste à droite. Faites attention à l'emploi du subjonctif.

1. Il faut que je / acheter la moto
   a. Je suis sûr(e) qu'elle...   être très confortable
   b. Il me semble qu'elle...   faire 160 kilomètres à l'heure
   c. Je doute qu'elle...   ne pas coûter trop cher
   d. Je ne suis pas certain(e) qu'elle... penser à l'environnement
   e. Il est utile que je...   être très économique

2. Je dois absolument / obtenir une voiture de luxe
   a. Il vaut mieux que je...   se rendre compte des effets sur
                                            l'environnement
   b. Il est peu probable que je...   consommer beaucoup d'essence
   c. Il est possible que la voiture... rouler en confort
   d. Je ne crois pas que tu...   choisir cette immense voiture
   e. Il est temps que je...   prendre la bonne décision

3. Il vaut mieux que je / avoir une petite voiture
   a. Je ne suis pas convaincu que   aller trop rapidement
      la voiture...
   b. Il est hors de doute que je...   avoir besoin d'une voiture fiable[1]
   c. Je crois qu'elle...   être compacte et maniable
   d. Il se peut que je...   comprendre ce qu'il faut faire pour
                                            préserver l'environnement
   e. Il est douteux que je...   avoir besoin d'une voiture de sport

---

1. fiable *reliable*

ACTIVITE 9: Les questions suivantes représentent de différents points de vue sur l'énergie solaire. Votre partenaire va vous les poser. Donnez votre réponse selon le modèle.

> MODELE: —Croyez-vous que l'énergie solaire soit pratique?
>
> —Oui, je suis certain(e) que... (Il est hors de doute que..., Non, je doute que..., Je ne crois pas que...)

1. Croyez-vous que l'énergie solaire soit une solution à la crise d'énergie?
2. Pensez-vous que notre société ne puisse pas exister sans technologie polluante?
3. Quelles autres solutions à la crise d'énergie sont possibles, à votre avis?
4. Pour les pays pauvres en pétrole, y a-t-il d'autres solutions?
5. Pensez-vous qu'il puisse y avoir un manque de pétrole à l'avenir?

ACTIVITE 10: Qu'est-ce qu'on doit faire pour protéger l'environnement? Répondez à chaque question avec trois phrases. Employez les expressions données.

1. Pensez-vous que la pollution existe?
   a. Il me semble que...
   b. D'ailleurs, il paraît que...
   c. En somme, il est peu probable que...

2. D'après vous, quelle est la plus grande source de pollution?
   a. Premièrement, il se peut que...
   b. En plus, je crois que...
   c. Finalement, il est nécessaire que...

3. Qu'est-ce qu'il faut faire pour combattre le problème de la pollution par les voitures?
   a. Je pense que...
   b. Aussi, il faut que...
   c. Il est essentiel que...

4. A votre avis, est-ce que le recyclage est un moyen efficace de sauvegarder l'environnement?
   a. Je (ne) suis (pas) certain(e) que...
   b. D'ailleurs, j'espère que...
   c. Je dois dire que je doute que...

5. Que devez-vous faire vous-même pour protéger l'environnement?
   a. Je dois...
   b. Il vaut mieux que...
   c. Il est nécessaire que...

6. Croyez-vous qu'on puisse réparer les dégâts[1] à l'environnement en l'an 2000?
   a. Je (ne) crois (pas) que...
   b. Je (ne) suis (pas) persuadé(e) que...
   c. Il (n') est (pas) évident que...

———————

1. le dégât *damage*

Aperçu culturel   Les Centrales nucléaires en France

La consommation d'énergie ne fait qu'augmenter globalement tout aussi bien qu'en France. En moins de vingt-cinq ans en France, les besoins de l'industrie et des transports, la mécanisation de l'agriculture, l'amélioration du confort ménager ont entraîné près d'un triplement de la consommation d'énergie. Malheureusement la France est un pays pauvre en ressources d'énergie. Par exemple, il n'existe que quelques puits de pétrole en Aquitaine et dans le Bassin parisien. La France produit moins d'un centième de ses besoins en pétrole. De même la production du gaz naturel ne couvre que le cinquième de sa consommation. Elle doit donc importer plus de 50% de l'énergie qu'elle consomme. Quelle est la solution?

Le gouvernement français a décidé de se lancer dès les années 70 dans un programme d'exploitation nucléaire. L'installation de centrales nucléaires a augmenté depuis lors. Le pourcentage est passé de 2,6% en 1970 à 25% en 1980 à 70% aujourd'hui. Ceci représente une majeure partie de la production électrique en France et le plus grand pourcentage de production électrique par centrale nucléaire dans le monde entier.

Analysez et discutez

1. Que pensez-vous des centrales nucléaires? Quels en sont les avantages et les désavantages? Considérez le besoin d'énergie, la crise du pétrole, aussi bien que le problème écologique des déchets[1] nucléaires et de la possibilité d'accidents.

2. A votre avis, est-ce que le gouvernement français a bien fait de se lancer dans un programme d'exploitation nucléaire?

3. Est-il possible de garder un certain standard de vie et de réduire en même temps la consommation d'énergie? Qu'est-ce que vous pouvez proposer pour réduire la consommation de pétrole? Considérez d'autres formes d'énergie, des alternatives pour le chauffage, les transports, etc.

----

1. les déchets *(m.) wastes*

| SECTION 3 | *Conséquences écologiques* |

Fonctions communicatives
Exprimer la nécessité, le doute et les émotions
Donner et expliquer son avis

Stratégies de lecture
Comprendre les allusions de la poésie

Stratégies de composition
Ecrire une lettre formelle

Tout d'abord

ACTIVITE 1: Lisez le passage suivant et répondez aux questions.

L'écotourisme

L'écotourisme est une formule de voyage qui combine aventure et éducation environnementale. Fulmar Expéditions, de Sept-Iles,[1] est une
équipe de biologistes spécialisés en étude du milieu marin qui a adopté
cette nouvelle approche en matière de tourisme. Ils proposent des forfaits[2] de
5, 10, et 21 jours, ainsi que des sorties quotidiennes sur un ketch de 13,5 m.
Les forfaits allient la voile à l'observation d'espèces marines, telles les cétacés,[3]
les oiseaux pélagiques,[4] etc. «En plus de faire participer les gens aux études
menées par les biologistes, dit Simon Cadieu, de Fulmar Expéditions, on les
sensibilise également à la cause environnementale du golfe Saint-Laurent.»

(Plein Air)

---

1. Sept-Iles *town in eastern Quebec Province*   2. le forfait *travel package*   3. le cétacé *animal
of the whale family*   4. pélagique *sea-dwelling*

1. Que pensez-vous de ce genre de vacances?

2. Quels sont les aspects positifs et négatifs de l'écotourisme?

3. Est-ce que l'écologie vous intéresse? Expliquez.

Les Clés de l'Actualité
sont réalisées
sur papier recyclé.

Avant la lecture

Understanding Allusions in Poetry

Poetry is a distinct type or category of writing (a genre). It is generally characterized by its music and allusions. Poems have a music to them; that is, they play with rhythms, similarities of sounds (as in rhymes), and repetitions of sounds or of words. In addition, they work on two levels, portraying simultaneously a concrete idea or image as well as an abstract concept. They convey these multiple meanings through allusions or indirect references. It is this system of symbols, where a word has one meaning on one level and a different meaning on another level, that gives poetry its power and also sometimes makes it difficult to understand. The reader is asked to participate in "figuring out" the system of symbols, which are often linked to a specific culture.

For instance, in the poem that follows, *Le Génie du lac,* Robert Bouchard describes a lake. He speaks of its modern-day problems with pollution and society's disrespect for the land. At the same time he makes allusions to another era when *les hommes rouges* thought of the lake in another way, as a place of awe, of respect, of religion.

ACTIVITE 2: Pensez à un poème que vous connaissez et analysez-le. Donnez des exemples de

1. sa musique.   2. ses allusions.

ACTIVITE 3: Dans le poème qui suit, le poète Robert Bouchard trace l'histoire du Canada en décrivant un lac et ses environs. Imaginez-vous à côté d'un lac dans les forêts du Canada.

1. Comment vous sentez-vous?

2. Qu'est-ce que vous entendez?

3. Que voyez-vous?

Lecture

Le poème *Le génie du lac* de Robert Bouchard est tiré du magazine canadien *Plein Air.* Ce magazine est la seule revue québécoise d'aventure (excursions, explorations, escalades et safaris) et on y retrouve des articles sur l'écologie, les sports tels que le canot, le camping et la plongée sous-marine, aussi bien que des revues et des publicités pour l'équipement de sport.

LE GÉNIE DU LAC

Je suis le génie du lac
Où j'ai vécu tous mes amours.
Je vous parle de cette place,
Comme la vie, comme le jour.
Je vous dis la création   5
De mes eaux et de mon cours
En vous chantant une chanson
Qui vous parle de mes alentours.[1]

Quand Dieu créa mon image
J'étais peut-être dix fois plus grand   10
Puis avec force d'âge
Je suis devenu un enfant.
Sur mes berges[2]
Poussaient le pin, l'orme,[3] et le bouleau[4] blanc.
Tous les êtres[5] de ma plaine   15
Vivaient heureux sous mon vent.

J'étais le royaume des rois,
Plein de génies à mauvais sort
Que faisait vivre la folie
De ces hommes rouges qui m'adorent.   20

Ils vinrent avec leur génie
Pour puiser[6] dans mon sein.[7]
Ils apportèrent les ennuis
De l'homme blanc et de son bien.

Ils ont brûlé ma terre.   25
Ils ont gonflé[8] mon lit.
Ils ont pollué ma mer.
Ils ont chassé tous les esprits.

Qu'avez-vous fait, hommes sans souciance,
Pour l'avenir de mes poissons?   30
Je vous regarde d'espérance
Vous mettre vous-mêmes en prison!

Souvenez-vous de mes plages
Et du génie de mes eaux.
Mais de grâce arrêtez l'orage[9]   35
de vos horreurs et de vos complots.[10]

Je vous parlerai d'un temps
Que l'homme ne connaît pas
Où l'amour et le vent
Venaient prendre repas.   40

(Plein Air)

---

1. les alentours *surroundings*   2. la berge *river bank*   3. l'orme *(m.)* *elm tree*   4. le bouleau *birch tree*   5. l'être *(m.)* *being*   6. puiser *to draw from*   7. le sein *bosom* 8. gonfler *to swell, to inflate*   9. l'orage *(m.)* *storm*   10. le complot *plot, conspiracy*

Après la lecture

ACTIVITE 4: Lisez les deux phrases, puis complétez-en une pour décrire l'idée principale du poème.

1. Le génie du lac a vu plusieurs changements...

2. Le génie parle du passé et de l'avenir...

ACTIVITE 5: Avant de répondre aux questions, relisez le poème.

1. Dans la première strophe[1]:
   a. Qui parle? De quoi parle-t-il?
   b. Qu'est-ce qu'il va expliquer?

2. Dans la deuxième et la troisième strophe:
   a. Depuis la création, comment est-ce qu'il a changé?
   b. Quels genres de plantes décrit-il?
   c. Que sont «les êtres de la plaine» dont il parle?
   d. Quelles plantes et quels animaux avez-vous notés dans l'activité 3 ci-dessus?

3. Dans la quatrième, la cinquième et la sixième strophe:
   a. Qui est arrivé?
   b. Qu'est-ce qu'on a fait?
   c. Que veut dire le génie quand il dit: «Je vous regarde d'espérance vous mettre vous-mêmes en prison»?

4. Dans la septième strophe, qu'est-ce que le génie veut que l'homme fasse?

5. Quel souhait y a-t-il dans la dernière strophe?

6. Pouvez-vous donner des exemples de musique dans ce poème?

7. Quels sont les deux niveaux de signification du poème?

8. Quel est le point de vue de l'auteur du poème?

---

1. la strophe *stanza*

Structure   *Les Conjonctions et le subjonctif*

Avant de commencer l'étude de la structure, faites les activités de préparation dans votre cahier d'exercices.

1. *Identifiez la structure*

Another use of the subjunctive is to express conditions following certain conjunctions. Skim **Vérifiez les détails** before reading the following mini-dialogue; then read the mini-dialogue and do the exercises.

—Quoi qu'il <u>dise,</u> je ne crois pas que René <u>soit</u> écologiste.

—Pourquoi?

—Je l'ai vu jeter des papiers dans la rue. Je crois qu'il est écologiste à condition que cela lui <u>convienne.</u>

—Mais non, tu dois te tromper. Je sais qu'il est très sensible à l'environnement.

—Tu as peut-être raison, mais je ne le croirai pas à moins qu'il ne <u>cesse</u> ses excès.

2. *Vérifiez les détails*

A. Dans le mini-dialogue, comment est-ce qu'on sait que René se croit écologiste? Et pourquoi est-ce qu'on doute de ses intentions?

B. Complétez les répliques suivantes du mini-dialogue avec vos propres mots.

—*Quoi qu'il (elle) dise, je ne crois pas que... soit écologiste.*

—*Pourquoi?*

—*Il (Elle) dit... mais il (elle)...*

C. Les mots soulignés sont au subjonctif. Savez-vous pourquoi? (Pensez à la structure de la phrase.)

3. *Analysez les exemples*

Les Conjonctions suivies du subjonctif

Certain conjunctions introduce hypothetical concepts or events that have not yet taken place; they therefore require the subjunctive. These conjunctions are used in complex sentences when the subject of the main clause is not the same as the subject of the subordinate clause.

à condition que *(provided that)*	Je crois qu'il est écologiste **à condition que** cela lui **convienne.**
afin que *(so that)*	Nous protestons **afin que** les excès **cessent.**
à moins que *(unless)*	Je ne le croirai pas **à moins qu'**il ne **cesse** ses excès.
avant que *(before)*	Il doit choisir **avant qu'**il n'**achète** la moto.
de peur (crainte) que *(for fear that)*	Il faut cesser de polluer **de peur que** la terre n'**existe** plus.
jusqu'à ce que *(until)*	Je vais protester **jusqu'à ce qu'**on **cesse** de polluer.
pour que *(so that)*	Il manifeste **pour que** la terre **puisse** survivre.
pourvu que *(provided that)*	Je vais déjeuner avec toi **pourvu que** tu ne **fumes** pas.
quoi que *(no matter what)*	**Quoi qu'**il **dise,** je ne crois pas que René soit écologiste.
quoique (bien que) *(although)*	**Quoiqu'**il **soit** écologiste, il aimerait avoir une grosse voiture.
sans que *(without)*	Il se dit écologiste **sans qu'**il ne le **soit** vraiment.

Note also that **bien que (quoique), jusqu'à ce que,** and **pourvu que** always take the subjunctive, even if there is no change of subject.

Quoi que **nous** fassions, **nous** allons polluer la terre.

Note that with **à moins que, avant que, sans que,** and **de peur (crainte) que,** the word **ne** is used in more formal speech. It does not have a negative meaning.

Les Conjonctions suivies de l'infinitif

When the main clause and the subordinate clause have the same subject, certain conjunctions are followed by an infinitive or by **de** plus an infinitive. Study the following pairs of sentences contrasting the use of the subjunctive and infinitive constructions.

afin que	Je proteste **afin qu'on arrête** la pollution industrielle.
afin de	Je proteste **afin d'arrêter** la pollution industrielle.
sans que	Il faut que tu choisisses **sans que je discute** avec toi.
sans	Je ne sais pas choisir **sans discuter.**
à moins que	Je crois qu'elle va venir **à moins qu'elle ne change** d'idée.

à moins de	Elle fera du camping avec nous **à moins de changer** d'idée.
à condition que	Tu peux acheter une moto **à condition qu'elle ne soit** pas polluante.
à condition de	Achète ce que tu veux **à condition de ne pas polluer** l'atmosphère.
pour que	Je dois travailler **pour que nous puissions** partir.
pour	Nous devons travailler **pour pouvoir partir.**
avant que	Je veux qu'il réfléchisse **avant qu'il ne construise** sa maison.
avant de	Il faut que je considère l'environnement **avant de construire** une usine.

Les Conjonctions suivies de l'indicatif

Not all conjunctions require the subjunctive. The following conjunctions introduce facts, not hypotheses, and therefore are followed by verbs in the indicative mood.

alors que *(whereas)*	Elle est écologiste **alors que** son frère ne l'**est** pas.
après que *(after)*	Je suis devenu sensible à la pollution **après que** j'**ai vu** son impact.
depuis que *(since)*	**Depuis que** nous **sommes** écologistes, nous polluons moins.
parce que *(because)*	Je fais attention **parce que** c'**est** important.
pendant que *(while)*	Il faisait attention **pendant que** son frère **polluait.**
puisque *(since)*	Il le sait, **puisqu'**il **a lu** l'article.
tandis que *(while)*	Nous sommes consciencieux **tandis que** d'autres ne le **sont** pas.

4. *Elaborez*

ACTIVITE 6: Employez les conjonctions entre parenthèses pour relier chaque paire de phrases. Faites attention à l'emploi du subjonctif.

MODELE: Je vais protester. On cesse de polluer.   (jusqu'à ce que)

Je vais protester jusqu'à ce qu'on cesse de polluer.

1. La pollution existe. Tout le monde en est conscient.   (bien que)

2. C'est un problème qui augmente. La population devient consciente du problème.   (à moins que)

3. Tu peux acheter une moto. La moto n'est pas polluante.   (à condition que)

4. Je vais dîner avec toi. Tu ne fumes pas.   (pourvu que)

5. Tu dois choisir. Je t'aide.   (sans que)

6. Je dois travailler. Nous pouvons gagner la bataille.   (pour que)

7. J'écrirai des lettres. La compagnie cesse de polluer.   (jusqu'à ce que)

8. Il faut s'arrêter. C'est trop tard.   (avant que)

ACTIVITE 7: Complétez les phrases suivantes avec vos propres mots. Faites attention à l'emploi du subjonctif et de l'infinitif.

> MODELE: Quoique..., je pense que les voitures électriques sont... à condition que...
>
> *Quoiqu'on dise qu'elles ne marchent pas bien, je pense que les voitures électriques sont fiables, à condition qu'on les branche[1] tous les soirs.*

1. Quoique..., je pense que les centrales nucléaires sont... à condition que...

2. Les usines sont utiles... pourvu que... et à moins que...

3. Bien que..., la pollution continuera à exister jusqu'à ce que...

4. Nous devons arrêter le gaspillage des ressources naturelles pour que... et avant que...

5. La protection de l'environnement est capitale. Nous devons faire tout notre possible avant de...

---

1. brancher   *to connect*

ACTIVITE 8: Choisissez un élément de chaque colonne, puis mettez-les ensemble dans deux nouvelles phrases: une phrase avec une conjonction suivie du subjonctif, et une phrase avec l'infinitif.

> MODELE: Il faut / participer aux programmes de recyclage
>
> *Il faut que nous participions aux programmes de recyclage.*
>
> *Il faut participer aux programmes de recyclage.*

Il faut	planter les arbres et sauvegarder les forêts
Il vaut mieux	acheter moins (plus) d'articles en plastique
Je suis content(e)	conduire de grosses (petites) voitures
Je voudrais	utiliser les pesticides et d'autres agents
Il est essentiel	chimiques
Il ne vaut pas la peine	solliciter de l'argent pour le mouvement
J'aimerais bien	écologiste
	choisir des gens qui sont conscients de l'envi-
	ronnement
	participer aux programmes de recyclage
	composter les ordures végétales
	utiliser moins d'électricité
	protester contre les centrales nucléaires

Comment écrire   Une Lettre formelle

Quand vous écrivez une lettre formelle ou une lettre d'affaires, vous pouvez écrire à la personne sans connaître son nom, ou bien vous pouvez connaître le nom de votre correspondant. Employez une des deux formules suivantes selon le cas.

A une personne que vous ne connaissez pas

```
Paris, le 12 juin 1993
Messieurs (Monsieur, Madame),

    [Texte de la lettre; employez vous.]

    Veuillez agréer, Messieurs (Monsieur, Madame), l'expression de
mes sentiments (les plus) distingués (respectueux).
```

A une personne que vous connaissez

```
New York, le 26 janvier 1993
Cher Monsieur (Chère Madame, Chèr Collègue, Chère Collègue),

    [Texte de la lettre; employez vous.]

    Je vous prie d'accepter, Monsieur (Madame), l'expression de
mes sentiments distingués (respectueux, dévoués).
```

A écrire

ACTIVITE 9: **Ecrivez une lettre à un délégué du gouvernement ou bien au président d'compagnie. Votre lettre donne des justifications de votre idée: Tout le monde doit employer des bicyclettes pour aller au travail. Si vous écrivez au délégué, demandez-lui de faire construire des voies de bicyclette en ville. Si vous écrivez au président, demandez-lui de permettre aux employés qui utilisent les bicyclettes d'être en retard de 15 minutes. Justifiez bien vos arguments.**

Sujets de composition

1. Ecrivez votre opinion sur un des sujets suivants. Donnez au moins deux raisons pour soutenir votre opinion dans votre paragraphe.
   a. La caravane est la seule façon de faire du camping.
   b. Les centrales nucléaires sont nécessaires à notre vie.

2. Voici quelques actions pratiques pour améliorer l'environnement. Choisissez un des sujets et écrivez deux paragraphes.
   a. A mon avis, le problème écologique le plus important est... parce que...
   b. Nous sommes en train de faire des progrès en ce qui concerne l'environnement. (Nous ne faisons pas de progrès en ce qui concerne l'environnement.)

```
                    Denis Duchène
                    6 rue Cochin
                    75005 Paris



                              Ligue Interne contre
                              le racisme et l'antisémitisme
                              40, rue de Paradis
                              75010 Paris


                              Paris, le 25 mai 1993

Messieurs,

     Nous voyons d'après votre annonce parue cette semaine dans
Paris Match que votre organisation, L.I.C.R.A,. a pour but de
combattre le racisme et l'antisémitisme en France.

     Nous vous serions très reconnaissants de nous envoyer une
documentation complète concernant L.I.C.R.A., y compris un
échantillon de votre revue mensuelle Le droit de vivre.

     Veuillez agréer, Messieurs, l'expression de nos
sentiments les plus distingués.


                              Denis Duchène

                              Denis Duchène
```

Expressions essentielles

Demander une opinion

Qu'est-ce que vous en pensez?
Donnez-m'en votre avis!
Ça vous intéresse?
Ça vous plaît (plairait)?

Donner son opinion

A mon avis (D'après moi, Selon moi),...
Comme c'est...
Ça ne me dit rien.
Ça ne me plaît (m'intéresse) pas.
Je trouve (pense, crois) que c'est...
Je ne pense (trouve, crois) pas que...
J'ai envie de...
Il (me) semble que...
Il est bon (utile, efficace, naturel, important) que...
Il est mauvais (triste, honteux, regrettable, dommage) que...
Il est bizarre (étrange, surprenant, curieux) que...

Exprimer ses émotions

Je veux (voudrais, voudrais bien, aimerais bien, aimerais mieux, désire, souhaite, préfère) que...
J'ai envie que...
Je tiens à ce que...
Je suis heureux (-euse) (content[e], ravi[e], enchanté[e]) que...
Je suis triste (désolé[e], déçu[e]) que...
Je regrette que...
Je suis étonné(e) (surpris[e]) que...
Je suis furieux (-euse) (fâché[e], agacé[e], ennuyé[e]) que...
J'ai peur (Je crains) que...
J'ai honte que...

Exprimer la nécessité

Il me faut...
Il faut que ...
Il est utile (nécessaire, important, essentiel) que...
J'ai besoin de...
Je dois (devrais)...
J'ai à...

Exprimer le doute

Ce n'est pas vrai!
Ce n'est pas possible!
Il est peu probable que...
Il semble que...
Il est possible que...
Il se peut que...
Je doute que...
Je ne crois (pense) pas que...
Je ne suis pas sûr(e) (certain[e]) que...

Demander des conseils

Tu pourrais me donner ton avis?
J'ai un conseil à te demander.
Qu'est-ce que je dois faire?

Donner des conseils

Je te conseille de...
J'ai un conseil à te donner.
Pourquoi ne pas...
Tu pourrais...
Si tu veux un conseil...
Tu as pensé à...
Tu ferais mieux de...
Il vaut mieux que...

Objets pour les vacances

le ballon de foot   *soccer ball*

la bicyclette   *bicycle*

les chaussures *(f.)* de jogging   *jogging shoes*

le jeu de cartes   *deck of cards*

la lampe électrique portable   *battery-powered lamp*

le maillot de bain   *swimsuit*

le micro-ordinateur portable   *portable micro-computer*

le parapluie   *umbrella*

la raquette de tennis   *tennis racket*

le téléphone sans fil   *portable phone*

la télé portable   *portable television*

le transistor   *transistor radio*

Expressions pour parler de l'écologie

l'acidification *(f.)* des lacs   *acidification of lakes*

le bien-être   *well-being*

la centrale nucléaire   *nuclear power station*

le confort individuel   *individual comfort*

la consommation   *consumption*

écologique *(adj.)*   *ecological*

l'écologiste *(m., f.)*   *ecologist*

les effets *(m.)* sur le climat   *effects on climate*

l'ensoleillement *(m.)*   *insolation*

l'environnement *(m.)*   *environment*

la maladie   *sickness*

les pesticides *(m.)*   *pesticides*

polluant(e) *(adj.)*   *polluting*

polluer   *to pollute*

la pollution   *pollution*

le recyclage   *recycling*

N'OUBLIEZ PAS!

Le Subjonctif présent, pp. 255–258

L'Emploi du subjonctif:

Pour exprimer les opinions, p. 258

Pour exprimer le désir et les émotions, p. 259

Pour exprimer la nécessité, p. 267

Pour exprimer le doute et l'incertitude, p. 267

Les Conjonctions et le subjonctif, p. 277

Cinquième unité

Faire des projets et parler de l'avenir

CHAPITRE 9

Faire des projets

CHAPITRE 10

Faire des suppositions et des hypothèses

9

Faire des projets

Fonctions communicatives

Rôle 1

Dire ce qu'on veut faire

Exprimer ses préférences
Dire ce qu'on est capable
de faire
Proposer de l'aide

Rôle 2

Proposer quelque
chose

Accepter ou refuser
de l'aide

Thèmes

Le travail et l'avenir

Stratégies de lecture

Comprendre le point de vue

Stratégies de composition

Expliquer les différents points de vue

? Quelle photo correspond à un travail artistique? à un travail manuel? à un travail intellectuel?

? Quel genre de travail vous intéresse le plus? Discutez avec un(e) partenaire et ensuite comparez vos réponses avec d'autres camarades de classe.

SECTION 1	*J'aurai une bonne situation*

Fonctions communicatives

Rôle 1

Dire ce qu'on veut faire
Exprimer ses préférences

Rôle 2

Proposer quelque chose

Tout d'abord

ACTIVITE 1: Comptez-vous obtenir une situation? Quel genre de profession vous intéresse? Regardez la liste suivante.

acheteur (acheteuse)
acteur (actrice)
administrateur (administratrice)
homme (femme) d'affaires
agent de voyages
agent de police
architecte
avocat (avocate)
banquier (banquière)
caissier (caissière)
chauffeur
chercheur (chercheuse)
comptable
cuisinier (cuisinière)
danseur (danseuse)
dentiste
écrivain

fonctionnaire
ingénieur
infirmier (infirmière)
instituteur (institutrice)
journaliste
mécanicien (mécanicienne)
médecin
musicien (musicienne)
ouvrier (ouvrière) dans une usine
pharmacien (pharmacienne)
pompier
professeur
représentant (représentante)
secrétaire
technicien (technicienne)
vendeur (vendeuse)

1. Décidez si chaque profession demande un travail manuel, intellectuel ou artistique.

2. Avec un(e) partenaire, discutez les professions qui vous intéressent, en employant les expressions suivantes.

Je trouve cela...	Cette profession ne manque pas d'intérêt.
Cela a l'air ...	Je m'intéresse (beaucoup, assez) à la profession de...
C'est (exactement) ce que je cherche.	Je ne m'intéresse pas à la profession de...

Par ici

1. *Lisez le dialogue*

 ### LE POSTE IDÉAL

Elise et Jeanne sont amies depuis longtemps et elles discutent de l'avenir.

ELISE: Qu'est-ce que tu veux faire, maintenant que tu as presque terminé tes études?

JEANNE: Ce que j'espère faire? Eh bien, c'est très simple. Dès que j'obtiendrai mon diplôme, je serai au chômage, comme tout le monde.

ELISE: Mais non, je ne rigole pas, moi! Je veux savoir dans quelle direction tu aimerais t'orienter.

JEANNE: C'est comme je disais... je serai au chômage.

ELISE: Ecoute... tu sais bien que les choses vont s'arranger. L'économie va rebondir, surtout avec le Marché commun. Aussitôt que tout cela sera arrangé, on verra plus clair.

JEANNE: Bon, admettons que les choses vont changer. Qu'est-ce que tu me proposes, toi?

ELISE: Je ne sais pas. Tu pourrais travailler pour une petite société, ou bien entrer dans une grosse compagnie industrielle — un poste, quoi.

JEANNE: Beuh! Ce n'est pas du tout mon genre. Je voudrais quelque chose de beaucoup plus branché[1], moi.

ELISE: Comme quoi, par exemple?

JEANNE: Je tiens à l'artisanat, par exemple, ou bien une autre activité artistique. J'ai envie de jouer de la guitare dans une boîte.

ELISE: Tu n'es pas réaliste. Comment veux-tu gagner ta vie de cette façon? Moi, je voudrais plus de sécurité d'emploi. Pas toi?

JEANNE: Certainement pas. Ce qui compte pour moi, c'est l'intérêt du travail. J'envisage un métier intéressant, qui me permette de m'exprimer et qui me donne une certaine autonomie.

ELISE: Ça sert à quoi l'autonomie? Ça ne paie pas le loyer.

JEANNE: Ça me laisse le temps libre pour élargir mon horizon.

ELISE: Ah, bon. Et tu élargiras ton horizon en faisant quoi?

JEANNE: Tu commences à être un peu sarcastique, je vois. Voilà, je vais t'expliquer. Moi, je veux travailler pour vivre et non pas vivre pour travailler.

---

1. branché *modern, with it (colloquial)*

2. *Vérifiez le sens général*

ACTIVITE 2: Complétez les phrases suivantes pour décrire l'idée principale du dialogue.

1. Jeanne et Elise parlent de...

2. Jeanne dit qu'elle veut un poste... parce qu'elle cherche un emploi...

3. Elise remarque que...

4. Jeanne explique sa philosophie de travail en disant qu'elle voudrait...

ACTIVITE 3: Répondez aux questions.

1. Comment est-ce que Jeanne répond à la question «Qu'est-ce que tu veux faire?» D'après vous, est-ce une réponse logique?

2. Quel genre de travail est-ce qu'Elise propose? D'après Jeanne, est-ce que c'est un poste acceptable? Pourquoi (pas)? A votre avis, est-ce un poste intéressant? Pourquoi (pas)?

3. Quel genre de poste est-ce que Jeanne cherche? Quelles qualités lui sont importantes?

4. D'après ce que vous savez de Jeanne et d'Elise, comment sont-elles? Laquelle est plus réaliste? idéaliste? matérialiste? conformiste? logique?

5. Trouvez la phrase où Jeanne explique sa philosophie de travail. Dans quelle mesure êtes-vous d'accord?

3. *Cherchez les expressions*

ACTIVITE 4: Relisez le dialogue et cherchez

1. plusieurs manières d'indiquer ce qu'on veut faire.

2. plusieurs façons d'exprimer son intention.

3. une manière de proposer quelque chose.

4. *Allez plus loin*

ACTIVITE 5: Quel genre de travail comptez-vous faire un jour? Expliquez à un(e) partenaire ce que vous voulez faire. Employez des expressions de volonté, d'intention ou d'espérance et le vocabulaire suivant.

> MODELE: En ce qui concerne le genre de travail, j'ai l'intention de chercher un travail intellectuel. J'ai envie de travailler avec les autres mais pas sous la direction d'un(e) patron(ne)...

1. le genre de travail
   a. avoir un travail manuel (intellectuel, artistique)
   b. travailler indépendamment (avec les autres, sous la direction d'un[e] patron[ne])
   c. avoir un travail varié (routinier, branché)
   d. avoir beaucoup (peu) de responsabilités

2. l'horaire
   a. travailler le jour (la nuit, le week-end)
   b. avoir des heures flexibles
   c. travailler à plein temps (à temps partiel, à mi-temps)
   d. faire des heures supplémentaires

3. les avantages financiers
   a. gagner un bon salaire (un salaire modeste)
   b. avoir des augmentations régulières
   c. avoir les assurances payées
   d. avoir des congés payés

4. les autres avantages
   a. avoir la possibilité d'avancement
   b. travailler avec des collègues intéressants
   c. avoir l'occasion de voyager

ACTIVITE 6: Donnez à un(e) partenaire vos conseils sur ses projets de travail. Vous allez lui poser des questions concernant les caractéristiques de son poste préféré. Votre partenaire va y répondre, et vous allez lui proposer une profession convenable. Suivez le modèle et employez les expressions et les annonces données.

Groupe U.P.C.S. **CREAR**

Dans le cadre de ses formations, vous propose un stage de :

TECHNICIEN - CONCEPTEUR TELEMATIQUE

Vous deviendrez un professionnel de la communication et de la micro-informatique capable de mener à terme un projet vidéotex de sa conception à sa mise en oeuvre.

Durée du stage : 1300 heures.

Pour de plus amples renseignements
Contacter Laurence FRICQUE
CREAR 16 / 44 58 21 24 poste 3858

ECOLE NOUVELLE D'ANTONY

matern. et élément., privée, laïque,
sous contrat d'association.
recrute

INSTITUTEURS / TRICES

C.A.P. exigé. Travail en équipe
Compétences méth. actives,
pédagogie nouvelle.

Adresser C.V. + lettre manuscrite à :
C.R.P.A.
6, Avenue d'Alembert
92160 ANTONY

Quotidien régional
recherche

SECRETAIRE DE REDACTION

pour pages d'informations locales

Poste à pourvoir à AUXERRE immédiatement
Expérience souhaitée

Ecrire avec C.V. et photo à :
'L'YONNE REPUBLICAINE'
8-12, avenue Jean-Moulin
89000 AUXERRE

**AGENCE D'URBANISME
FLANDRE - DUNKERQUE**
recrute

ARCHITECTE-URBANISTE

confirmé, expérience 5-10 ans.
responsable de programmation.
Composition urbaine, développement du centre,
étude de projets.

Adresser candidature + C.V. au:

**Directeur de l'AGUR
38, quai des Hollandais
59140 DUNKERQUE**

MODELE: genre de salaire: J'espère... / Tu pourrais...

—Quel genre de salaire cherches-tu?
—J'espère avoir un bon salaire, environ 12 000 F par mois.
—Tu pourrais être architecte alors.
—C'est une bonne idée.

1. genre de travail: Je voudrais... / Je propose...

2. conditions de travail: J'ai l'intention de... / Si ça t'arrange, pourquoi ne pas... ?

3. salaire: Je songe à... / J'ai une proposition à te faire à ce sujet.

4. horaire: Je tiens à... / Pourquoi pas... ?

5. avantages: Je compte bien... / Je te propose de...

6. genre de patron(ne): J'envisage... / Tu pourras surtout...

Structure   *Le Futur*

 Avant de commencer l'étude de la structure, faites les activités de préparation dans votre cahier d'exercices.

1. *Identifiez la structure*

Although the future is most often expressed in conversational French by the construction **aller** + *infinitive*, the future tense is also used, especially in more formal situations and after certain conjunctions. Skim **Vérifiez les détails** before reading the following mini-dialogue; then read the mini-dialogue and do the exercises.

—Alors, tu viens ce soir?

—Où ça?

—Ne me dis pas que tu as oublié! Il y a une conférence sur les postes en informatique[1]. Tu m'as dit que ça t'intéressait.

—Ah, oui, j'ai oublié! C'est ce soir? Bon, je vais venir. Ça m'intéresse vraiment.

—Heureusement que tu ne me laisses pas tomber.

—Non, j'y viendrai. Je te rejoindrai à la conférence après mon cours.

—N'oublie pas! Si tu n'es pas à l'heure, je serai fâché(e)!

---

1. l'informatique *(f.) computer science*

2. *Vérifiez les détails*

A. 1. Dans le mini-dialogue, la première personne rappelle quel événement à la deuxième personne?
 2. Est-ce que la deuxième personne va y assister? Qu'est-ce qu'il (elle) va faire d'abord?

B. Complétez les phrases suivantes avec vos propres mots; jouez les rôles avec un(e) partenaire.

—Tu viens ce soir? Il y a... Tu m'as dit que ça t'intéressait.

—Ah, j'ai oublié! C'est ce soir?...

C. Trouvez dans le mini-dialogue trois façons d'exprimer le futur: un exemple du présent qui est employé dans un sens futur, un exemple du futur immédiat et un emploi du temps futur.

3. *Analysez les exemples*

La Formation du futur

- **Les Verbes réguliers**   The future tense of regular **-er** and **-ir** verbs is formed by adding the following endings to the infinitive of the verb: **-ai, -as, -a, -ons, -ez, -ont.** For infinitives of **-re** verbs, the final **-e** is dropped before the endings are added. Study the following conjugations.

-er *verbs*	-ir *verbs*	-re *verbs*
j'assister**ai**	je finir**ai**	je te rejoindr**ai**
tu assister**as**	tu finir**as**	tu nous rejoindr**as**
il/elle/on assister**a**	il/elle/on finir**a**	il/elle/on nous rejoindr**a**
nous assister**ons**	nous finir**ons**	nous vous rejoindr**ons**
vous assister**ez**	vous finir**ez**	vous nous rejoindr**ez**
ils/elles assister**ont**	ils/elles finir**ont**	ils/elles nous rejoindr**ont**

Nous **assisterons** à la conférence.   Mon cours **finira** à 18h.

Je te **rejoindrai** après le cours.

- **Les Verbes réguliers avec changements orthographiques**   Certain verbs that require accent or spelling changes in the present tense also require these changes in the future tense. Note the following changes that occur when future endings are added to the infinitive.

  a. Verbs like **acheter** change **e** to **è** in the stem:

   j'**achèterai**   il se **lèvera**   nous **mènerons**

  b. Verbs ending in **-eler** and **-eter,** such as **appeler** and **jeter,** double the consonant of the stem:

   j'**appellerai**   il se **rappellera**   nous **jetterons**

  c. Verbs ending in **-yer,** such as **payer, essayer, employer,** change **y** to **i.** Note that this change is optional for **payer** and **essayer:**

   je **paierai**   il **essaiera**   nous **emploierons**

- **Les Verbes irréguliers**   Irregular verbs have a special stem to which the regular future endings are added.

Infinitive	Future Stem	Infinitive	Future Stem
aller	**ir-**	**pleuvoir**	**pleuvr-**
avoir	**aur-**	**pouvoir**	**pourr-**
courir	**courr-**	**recevoir**	**recevr-**
devoir	**devr-**	**savoir**	**saur-**
envoyer	**enverr-**	**tenir**	**tiendr-**
être	**ser-**	**venir**	**viendr-**
faire	**fer-**	**voir**	**verr-**
falloir	**faudr- (il** only)	**vouloir**	**voudr-**
mourir	**mourr-**		

J'**irai** chercher un poste.
Je suis sûre que tu **auras** de la chance.
Il **faudra** faire attention de ne pas faire de fautes pendant l'entrevue.
Nous **recevrons** certainement la réponse par la poste.
Vous **verrez,** tout va bien se passer.
Elles **voudront** sans doute un bon salaire.

L'Emploi du futur

- The future tense is used alone to refer to events that will occur at some time in the future.

  Je **saurai** la réponse demain.

- The future tense is also used with certain conjunctions to express relationships of time or condition between two events.

  a. **Si:** With a subordinate clause containing **si** (*if*) and a verb in the present tense, the future tense is used in the main clause to express a future result.

     Si + present / present   **Si** tu **vas** à l'entrevue, je **viens** avec toi.

     Si + present / future   **Si** tu n'**es** pas à l'heure, je **serai** fâché!

  b. **Quand, lorsque, dès que, aussitôt que, après que:** The future tense must follow the conjunctions **quand, lorsque** (*when*), **dès que** (*as soon as*), **aussitôt que** (*as soon as*), **après que** when describing future events. In this case the future tense appears in both clauses. Note that English uses the present tense, not the future, in subordinate clauses that begin with these conjunctions.

     Dès que j'**obtiendrai** mon diplôme, je **serai** au chômage, comme tout le monde.

     Aussitôt que tout cela s'**arrangera,** on **verra** plus clair.

     Nous en **reparlerons quand** tu **seras** là.

4. *Elaborez*

ACTIVITE 7: Le test suivant vous dira si vous vivez pour travailler ou si vous travaillez pour vivre. Complétez les phrases au futur, ensuite additionnez les points entre parenthèses et trouvez ci-dessous l'évaluation de vos réponses.

1. A la fin de l'année scolaire, je...
   a. me détendre; passer du temps à ne rien faire (1)
   b. m'inscrire à des cours supérieurs ou commencer un stage dans ma profession (2)
   c. chercher un poste (3)

2. Et à la fin de mes études, je...
   a. apprendre à faire quelque chose d'intéressant (jouer d'un instrument, faire quelque chose d'artistique,...) (2)
   b. faire tout de suite des demandes d'emploi, demander des lettres de recommandation et solliciter des entrevues (3)
   c. m'amuser pendant un certain temps avant de chercher un poste (1)

3. Ensuite, je...
   a. envisager un travail manuel ou artistique ou rentrer dans une profession (3)
   b. travailler à mi-temps et avoir l'occasion de trouver quelque chose d'amusant, de branché (2)
   c. faire le tour du monde (1)

4. Après avoir travaillé pendant un certain temps, je...
   a. vouloir une grosse augmentation et de nouvelles responsabilités (3)
   b. changer souvent de poste pour me divertir (1)
   c. garder le même poste si le travail est intéressant (2)

5. A la fin de ma carrière, je...
   a. prendre la retraite à 65 ans (2)
   b. continuer à travailler (3)
   c. m'arrêter de travailler à 59 ans (1)

EVALUATION

Entre **5** et **8** points: Vous aimez bien la vie; vous avez l'esprit d'aventure et vous savez vous détendre. Mais attention! Il faut travailler quand même un jour sur sept.

Entre **9** et **12** points: Chapeau! Vous avez trouvé l'équilibre entre les loisirs, l'aventure et le travail.

Entre **13** et **15** points: Vous vivez pour travailler! Ne vous occupez pas autant de votre profession; prenez un peu de temps pour vous détendre.

ACTIVITE 8: Qu'est-ce qui se passera lorsque vous terminerez vos études et que vous chercherez votre premier poste? Lisez bien la liste de possibilités, puis faites cinq prédictions pour l'avenir de votre partenaire. Il (Elle) va répéter chaque prédiction, puis va exprimer sa réaction. Ensuite échangez les rôles.

MODELE: trouver un poste tout de suite

—Tu trouveras un poste tout de suite.

—Je trouverai un poste tout de suite? Formidable! Quelle bonne nouvelle!

1. devenir patron(ne) d'une petite entreprise
2. suivre des cours supérieurs à l'université pour obtenir le doctorat
3. fonder une entreprise
4. être au chômage
5. avoir des difficultés à trouver un emploi
6. se marier et avoir une famille
7. recevoir deux offres d'emploi simultanées
8. tomber malade
9. faire un long voyage
10. rencontrer quelqu'un qui va changer ta vie

ACTIVITE 9: Quelles conséquences envisagez-vous à la suite des événements suivants? Donnez au moins trois conséquences de chaque événement.

1. Si on me dit que je dois chercher un travail branché...
2. Si je n'obtiens pas le travail que je cherche...
3. Si je ne gagne pas assez d'argent pour vivre...
4. Si je n'aime pas mon travail mais que tout le monde me dit que c'est un très bon poste...
5. Si j'obtiens tout ce que je désire...

ACTIVITE 10: Il est certain que le genre et la qualité du travail vont changer dramatiquement dans les cinquante années qui viennent. Complétez les phrases suivantes en indiquant ce qui va se passer à l'avenir.

1. Après que les usines seront robotisées...
2. Quand les voitures n'auront plus besoin de chauffeurs...
3. Lorsque tout le monde ne travaillera que vingt heures par semaine...
4. Quand nous vivrons tous jusqu'à l'âge de cent vingt ans...
5. Aussitôt qu'on pourra habiter sur Mars...
6. Quand l'environnement sur la terre sera pollué...
7. Quand toutes les maladies seront abolies...
8. Dès qu'il n'y aura plus de pauvres...

MEDECINS SANS FRONTIERES
8, rue St-Sabin, 75011 Paris

Aperçu culturel   ## Le Travail chez les jeunes

Les jeunes veulent un job branché. On ne cherche plus aujourd'hui «à
réussir» vis-à-vis les autres, en accumulant les responsabilités et les
titres. On veut réussir pour soi-même, c'est-à-dire se sentir bien dans un
métier où il sera possible de créer. La grande entreprise, lieu de prédilection
des jeunes des années 60, n'est plus aujourd'hui le terrain d'expression des
ambitions professionnelles. Les «petits métiers» qui permettent souvent une
plus grande autonomie ont la faveur des jeunes. Les métiers manuels ont un
côté artistique qui n'est pas non plus sans intérêt à leurs yeux.

Les résultats du sondage suivant (population des 15 à 25 ans) sont révéla-
teurs et intéressants.

A. Quels sont les secteurs professionnels que vous préférez?

le commerce et l'artisanat	14%
les médias et la publicité	13
la mode	10
une activité artistique	10
l'informatique	9
la santé	7
la recherche scientifique	7
l'espace	6
l'administration	6
l'aide sociale	6
l'enseignement	5
l'armée	4
l'industrie	4

B. Parmi les raisons de choisir un travail, quelles sont celles qui, à vous personnellement, vous paraissent les plus importantes?

	plus de 25 ans	15 à 25 ans
un emploi stable, garanti	60%	49%
un emploi bien payé	37	50
qui donne des responsabilités	33	32
où il y a une bonne ambiance	28	28
qui correspond à ma formation[1]	25	25
qui laisse du temps libre	23	31
où on n'est pas tout le temps sur mon dos	20	23
un emploi varié	18	20

(Francoscopie)

---

1. la formation *training*

Analysez et discutez

1. Les métiers qui ont un côté technologique, ceux qui ont une fonction sociale et ceux qui ont un côté artistique sont les métiers préférés dans le sondage (question A). Mettez en ordre ces trois catégories, en allant du métier le plus choisi au moins choisi. Quelle conclusion pouvez-vous tirer de cette analyse?

2. Quelles sont les différences les plus importantes dans les réponses des gens de plus de 25 ans et de ceux de 15 à 25 ans? Ces différences sont-elles significatives? Pourquoi?

3. A votre avis, quelles sont les raisons de choisir un travail pour un(e) Américain(e)? Dans quelle mesure est-ce que ces raisons sont pareilles à celles des Français(es)?

SECTION 2 — *Je peux t'aider?*

Fonctions communicatives

Rôle 1

Dire ce qu'on est capable de faire
Proposer de l'aide

Rôle 2

Accepter ou refuser de l'aide

Tout d'abord

ACTIVITE 1: A l'époque de la Renaissance, l'homme idéal (ou la femme idéale) était quelqu'un qui pouvait discuter n'importe quoi avec n'importe qui, quelqu'un qui savait un peu de tout, et qui avait atteint un équilibre entre le travail intellectuel, artistique et manuel. Employez les expressions suivantes pour décrire ce que vous savez faire.

Parler d'un travail intellectuel ou artistique

Positif	Je fais... très bien (à la perfection, à merveille).
	Je pourrais très bien faire...
Neutre	Je suis capable de faire...
	Je peux (sais) faire...
	Je réussis à faire...
Négatif	Je ne suis pas fort(e) en...
	J'ai des difficultés à faire...

Parler d'un travail manuel ou physique

Je suis assez en forme pour...
Je suis capable de...
Je suis assez grand(e) (fort[e], agile) pour...

Par ici

1. *E*coutez la scène

LE PISTON

Lisez les résumés de l'activité 2 et ensuite écoutez la scène.

Robert cherche un poste et son amie Carole propose de l'aider.

2. *Vérifiez le sens général*

ACTIVITE 2: Ecoutez la scène encore une fois. Ensuite choisissez la meilleure
réponse pour compléter chaque phrase et donner l'idée principale de la scène.

1. Robert cherche
    ___ un travail manuel.
    ___ un travail artistique.
    ___ un poste.

2. Mais il ne sait pas
    ___ ce qu'il faut faire pour trouver un poste.
    ___ quel genre de poste il cherche.
    ___ quand il terminera ses études.

3. Alors Carole offre de
    ___ l'aider à évaluer ses talents.
    ___ parler avec le directeur de la société où elle travaille.
    ___ chercher dans les petites annonces pour l'aider à trouver un poste.

4. A la fin de la scène, Robert
    ___ refuse son offre d'aide.
    ___ ne sait toujours pas ce qu'il veut faire.
    ___ accepte son offre d'aide.

ACTIVITE 3: Ecoutez la scène encore une fois, si c'est nécessaire, puis répondez aux questions.

1. Au début de la scène, Robert demande l'avis de son amie. Comment est le rapport entre Carole et Robert? Décrivez-le.

2. Pourquoi est-ce que Robert refuse l'offre d'aide de Carole? Pensez-vous qu'il soit sincère? Expliquez votre réponse.

3. Quelle façon propose-t-on de trouver un poste? Expliquez ce que c'est que **le piston** et l'expression **pistonner quelqu'un.**

4. Qu'est-ce que vous comptez faire vous-même pour obtenir un poste?

3. *Cherchez les expressions*

ACTIVITE 4: Ecoutez la scène encore une fois et cochez les expressions que vous entendez.

1. Pour offrir de l'aide

____ Tu veux que je parle à mon directeur?

____ Je peux t'aider, tu sais.

____ Je peux dire deux mots au patron.

____ Qu'est-ce que je peux faire pour toi?

____ Si cela t'aide, je le ferai tout de suite.

____ Je ne peux rien garantir mais...

____ Si cela peut te rendre service, je veux bien m'en charger.

2. Pour accepter et refuser de l'aide:

Accepter

____ Oui, d'accord.

____ Merci beaucoup (mille fois).

____ Tu es très gentil(le).

____ C'est très aimable de ta part.

Refuser

____ C'est gentil. Merci quand même.

____ Je me débrouillerai.

____ Merci, mais ce n'est pas nécessaire.

____ C'est gentil mais je peux le faire moi-même.

4. *Allez plus loin*

ACTIVITE 5: Travaillez avec un(e) partenaire. Vous avez un poste qui ne vous plaît pas, et vous discutez cette situation. Votre partenaire veut vous aider. Commencez la conversation avec un des problèmes suivants et suivez le modèle.

MODELE: (Déclarer le problème.)
—Mon patron n'est pas gentil.

(Proposer une solution et offrir de l'aide.)
—Je peux essayer de te trouver un nouveau poste.

(Refuser de l'aide.)
—C'est bien gentil. Je me débrouillerai.

(Offrir de l'aide encore une fois.)
—Je peux dire deux mots à mon patron.

(Accepter ou refuser l'offre.)
—Merci quand même.

1. Mon patron n'est pas gentil.
2. Je ne gagne pas assez d'argent.
3. Je n'aime pas ce genre de travail.
4. Je dois faire beaucoup d'heures supplémentaires.
5. J'ai des collègues qui parlent (fument) tout le temps.
6. Je n'ai pas de possibilités d'avancement.

ACTIVITE 6: Vous vous trouvez dans les situations suivantes. Travaillez avec un(e) partenaire. Offrez de l'aide, et commencez une conversation.

1. Vous parlez avec un(e) ami(e) qui ne sait pas quel poste chercher. Aidez-le (la) à évaluer ses talents.
2. Il y a trois postes disponibles dans une grande entreprise. Votre ami(e) ne sait pas lequel il (elle) veut. Discutez les conditions de travail et aidez-le (la) à choisir.
3. Votre ami(e) a une entrevue avec le directeur du personnel d'une compagnie et il (elle) ne sait pas quoi faire. Aidez-le (la) à jouer les rôles de l'entrevue.

Structure   *Le Futur antérieur*

Avant de commencer l'étude de la structure, faites les activités de préparation dans votre cahier d'exercices

1. *Identifiez la structure*

In discussions of future plans, it is often necessary to express the relationship between two future events. The future perfect tense, or **futur antérieur,** expresses an event that will have taken place before another event in the future. Skim **Vérifiez les détails** before reading the following mini-dialogue; then read the mini-dialogue and do the exercises.

—Je veux faire le tour du monde.

—Passe ton bac d'abord.

—Je veux aller à Tahiti en canot.

—Passe ton bac d'abord.

—C'est tout ce que tu sais dire?

—Oui. Dès que tu auras passé ton bac, tu pourras faire tout ce que tu veux.

—Mais quand j'aurai terminé mes études, je n'aurai probablement pas envie de faire tout cela!

2. *Vérifiez les détails*

A. 1. Dans le mini-dialogue, qu'est-ce que le premier personnage veut faire?
   2. Qu'est-ce que vous pouvez dire de sa personnalité ou de son caractère?
   3. Comment est la deuxième personne?
   4. Que pensez-vous de ses conseils?

B. Avec un(e) partenaire, jouez les rôles des deux personnages du mini-dialogue. Substituez d'autres activités extravagantes. Votre partenaire va accepter ou refuser vos projets et va vous donner des conseils.

C. Trouvez dans le mini-dialogue
   1. les verbes au futur.
   2. les verbes au futur antérieur.
   3. les phrases qui ont deux verbes. Lequel des deux verbes est au futur? Au futur antérieur?
   4. les conjonctions qui sont employées avec le futur antérieur.

3. *Analysez les exemples*

La Formation du futur antérieur

The future perfect is formed with the future tense of the auxiliary verb **avoir** or **être** plus the past participle of the verb. Note that when **être** is used, the past participle follows the same rules of agreement as in other compound tenses. Study these examples.

avoir + *past participle*	être + *past participle*
j'aurai terminé	je serai parti(e)
tu auras terminé	tu seras parti(e)
il/elle/on aura terminé	il/on sera parti, elle sera partie
nous aurons terminé	nous serons parti(e)s
vous aurez terminé	vous serez parti(e)(s)
ils/elles auront terminé	ils seront partis, elles seront parties

Balabus

Jamais un bus ne vous aura laissé autant de souvenirs. **RATP**

Quand j'**aurai terminé** mes études, je chercherai un emploi.

Quand tu arriveras, je **serai** déjà **parti(e).**

L'Emploi du futur antérieur

* The future perfect expresses an action that will have taken place before a specified time in the future.

    J'**aurai terminé** cette interview avant seize heures.

* The future perfect is often used with the conjunctions **quand, lorsque, dès que, aussitôt que,** and **après que** to express an action that will have taken place before another action in the future. The second (later) action is expressed with the future tense. Study the following examples and note which action will occur first in each of them.

    Dès que tu **auras passé** ton bac, tu **pourras** faire tout ce que tu veux.

    Quand j'**aurai terminé** mes études, je n'**aurai** pas envie de faire tout cela!

4. *Elaborez*

ACTIVITE 7: Complétez le passage suivant en choisissant entre le futur et le futur antérieur. Ensuite, jouez les rôles en groupes de trois. Discutez ce qui est arrivé dans la scène et considérez les conséquences possibles.

Charles Jones est un homme d'affaires américain. Il se trouve en France pour négocier un contrat avec les directeurs de la société Poulmarch, Pierre Lagarde et Jeanne Duval.

CHARLES: Nous sommes d'accord, alors. Dès que je (1. compléter) les détails, nous (2. signer) les contrats. Quand nous (3. recevoir) vos dessins, nous les (4. envoyer) à notre artiste et lorsque vous (5. parler) avec le directeur de la publicité, vous me (6. téléphoner). C'est bien ça, n'est-ce pas? En somme, je suis heureux que nous travaillions ensemble.

PIERRE: Nous sommes convaincus que notre accord (7. bénéficier) nos deux sociétés. Ce (8. être) un grand succès.

CHARLES: Je propose de prendre un sandwich et de travailler sur les derniers détails pour terminer rapidement et pour mettre fin à notre accord.

JEANNE: C'est que nous avions prévu un déjeuner...

PIERRE: Oui, c'est à dire que...

CHARLES: Nous n'en avons pas le temps. Et comme vous savez, le temps c'est de l'argent.

JEANNE: Après avoir réfléchi, je me demande si nous ne devons pas consulter nos collègues avant de procéder. Quand nous (9. discuter) avec eux, nous vous (10. contacter). Merci, Monsieur Jones. Au revoir.

ACTIVITE 8: Quels sont vos projets pour l'avenir? Essayez de dire ce que vous aurez déjà fait aux moments donnés ci-dessous.

MODELE: Demain après-midi j'aurai (déjà) terminé mon interview.

1. Demain après-midi...
2. Dans six mois...
3. L'année prochaine...
4. Dans deux ans...
5. En l'an 2000...

ACTIVITE 9: Envisagez les événements suivants à l'avenir. Lisez la liste, puis mettez les phrases en ordre d'importance. Ensuite, faites cinq phrases; chaque phrase devra indiquer le rapport entre deux de ces événements, selon le modèle.

MODELE: prendre la retraite

travailler dans plusieurs pays

Quand je prendrai la retraite, j'aurai déjà travaillé dans plusieurs pays différents.

1. prendre la retraite
2. obtenir un emploi satisfaisant
3. **obtenir une promotion**
4. me marier
5. décider ce qui m'est important dans la vie
6. suivre des cours
7. choisir une carrière branchée
8. finir mes études
9. travailler dans plusieurs pays
10. devenir célèbre

Aperçu culturel   L'Education et le travail

Les Etapes de l'enseignement en France

P rès de 600 000 candidats étaient inscrits pour la session 1991 du bac-calauréat. Comment arrivent-ils à cette épreuve? Voici les stages de l'éducation en France. D'abord, on assiste à l'école maternelle (de 2 à 6 ans), ensuite à l'école primaire (de 6 à 11 ans) et puis au collège d'enseigne-ment secondaire, le C.E.S. (de 11 à 15 ans). Les étudiants âgés de 15 à 17 ou 18 ans ont deux choix:

1. Pour devenir employé ou ouvrier, on assiste aux collèges d'enseignement technique (de 15 à 17 ans) où on fait le cycle secondaire court.

2. Pour préparer le bac-calauréat, on va au lycée (de 15 à 18 ans) où on fait le cycle secondaire long.

Le Baccalauréat

On passe le bac en France métropolitaine, dans les DOM-TOM (départements et territoires d'outre-mer) et dans 71 pays étrangers où existent des lycées français. Il y a plusieurs baccalau-réats, y compris le bac pro-fessionnel, le bac tech-nologique et le bac général. En 1991, ils étaient 369 221 à se présenter au bac général, dans les séries suivantes:

Série A: Lettres	98 619 candidat(e)s
Série B: Economique	98 455 candidat(e)s
Série C: Mathématiques et physique	74 608 candidat(e)s
Série D: Mathématiques et sciences de la nature	83 793 candidat(e)s
Série E: Mathématiques et technologie	11 414 candidat(e)s

L'Enseignement supérieur

Après avoir réussi au bac, on a plusieurs choix pour faire des études supérieures. On peut soit:

1. Faire des études de deux ans aux instituts universitaires de technologie (I.U.T.).

2. Faire des études à l'université. Les cours qui mènent à la licence durent généralement trois ans; ceux de la maîtrise, un an de plus. Le doctorat peut prendre de trois à quatre ans supplémentaires.

3. On peut aussi suivre des cours spécialisés dans les grandes écoles. Ces études durent généralement quatre ou cinq ans. On peut choisir l'Ecole nationale d'administration, l'Ecole des hautes études commerciales, l'Ecole polytechnique (pour les ingénieurs) ou bien l'Ecole normale supérieure pour la formation pédagogique, entre autres.

La Répartition des étudiants des universités

Lettres, langues, sciences humaines	34,3%
Droit et sciences économiques	24,8%
Sciences, mathématiques, ingénieurs	19,2%
Médecine	10,6%

(*Francoscopie*)

Analysez et discutez

1. En quoi est-ce que les étapes de l'éducation en France sont différentes de celles que vous connaissez?

2. Faites un sondage de vos camarades de classe. Quelle spécialité pensent-ils choisir? Ensuite comparez les résultats avec les spécialités des étudiants français. Y a-t-il une différence? Comment pouvez-vous expliquer cette différence?

SECTION 3 — *Comment réussir?*

Fonctions communicatives

Rôle 1
Dire ce qu'on veut faire
Dire ce qu'on est capable de faire

Rôle 2
Proposer quelque chose

Stratégies de lecture
Comprendre le but et le point de vue d'un texte

Stratégies de composition
Expliquer les différents points de vue

Tout d'abord

ACTIVITE 1: Comment est-il possible de réussir? Quels facteurs influent sur le succès? Répondez aux questions suivantes et discutez vos réponses avec quelques camarades de classe.

1. De quoi dépendent les offres d'emploi? Quels sont les facteurs les plus importants? Les moins importants?
   a. Il faut avoir une spécialisation pratique.
   b. Les diplômes, la qualité de l'éducation et les notes sont très importantes.
   c. L'expérience est essentielle.
   d. L'employeur considère aussi la personnalité et le caractère de l'individu.
   e. Il faut connaître quelqu'un dans la compagnie.
   f. Il faut avoir de la chance.

2. En quoi êtes-vous particulièrement doué(e)? Faites un inventaire de vos qualités. Précisez celles qui vous aideront à obtenir un emploi. Par exemple, avez-vous des notes exceptionnelles? Une spécialité très recherchée? Une personnalité exceptionnelle?

3. Quand on cherche un emploi, croyez-vous qu'on soit favorisé ou défavorisé si on est un homme? Une femme? D'une origine particulière? Handicapé(e)?

4. Avez-vous peur que le favoritisme vous empêche[1] de trouver un poste?

---

1. empêcher *to prevent*

Par ici

Avant la lecture

Determining Purpose and Point of View

Just as readers select reading material for various reasons, authors write for various purposes. Before reading the next sentence, with a partner or group of classmates make a list of purposes for which an author might write a passage, such as to amuse, entertain, explain, or persuade. What other purposes did you think of?

As you learned in chapter 7, in addition to writing for a particular purpose, authors may also display a point of view toward their subject. Understanding both the author's purpose and point of view will help you better understand what you read. For example, in approaching the following passage from a novel by Christiane Rochefort, look for these features to determine her purpose:

1. Amusing details drawn from the life of the characters
2. Significant descriptions of their behavior or personality
3. Differences between how you would expect the characters to behave and their actual behavior

To determine Rochefort's point of view toward her subject, examine

1. how she describes Josyane, her main character. Is she sympathetic toward her?
2. how the other characters are treated. Are they realistically portrayed?
3. the tone of the passage. Is it serious or lighthearted?

ACTIVITE 2: Le passage suivant, tiré du roman *Les Petits Enfants du siècle,* décrit la vie de Josyane, une jeune fille, dans un milieu ouvrier. Josyane, l'héroïne du roman, est très intelligente, et elle aime beaucoup faire ses devoirs, mais les exigences de son travail à la maison ne lui permettent pas de s'appliquer. La scène décrit Josyane qui fait des analyses grammaticales pour un de ses cours. D'après plusieurs de ses camarades, l'analyse grammaticale ne sert à rien, mais Josyane aime les devoirs qui ont l'air de ne servir à rien. Quel est le but de Christiane Rochefort dans ce passage? Est-ce qu'elle veut décrire le milieu ouvrier? Amuser le lecteur? Lui enseigner quelque chose? Si vous comprenez le but de l'auteur, est-ce que cela vous aidera à mieux comprendre le passage?

Lecture

Christiane Rochefort est un écrivain français contemporain. Elle est née, comme son héroïne, dans une famille de classe ouvrière. Elle a écrit plusieurs romans, dont le plus célèbre, *Le Repos du guerrier,* a été filmé par Roger Vadim.

LES PETITS ENFANTS DU SIÈCLE

Je récupérai ma cuisine et ouvris mon cahier. Un instant j'entendis la mère se plaindre à côté: Oh! là! là! ce que je suis fatiguée oh! là! là! ce que je peux être fatiguée ils me feront mourir: ils me feront mourir ces gosses,[1] je suis rendue[2] oh! là! là! mon dieu ce que je peux être fatiguée c'est rien de le dire oh! là! là! mon dieu que je suis fatiguée. Le ronflement[3] du père s'élevait déjà dans la nuit profonde. Le sommier[4] grinça,[5] elle rentrait au lit. Soupir.[6] Silence. Soulagement.[7] Paix.

«Le mouchoir que tu m'as donné quand j'ai eu la croix est blanc. Le mouchoir — que tu m'as donné — quand j'ai eu la croix — est blanc.

«Le mouchoir est blanc », proposition principale;

«Le», article défini;

«Mouchoir», nom commun masculin singulier, sujet de «est»;

«Est», verbe être, 3e personne du singulier, présent de l'indicatif;

«Blanc », adjectif masculin singulier; attribut de «mouchoir»;

«Que tu m'as donné», proposition subordonnée, complément de «mouchoir»;

«Que», conjonction de subordination;

«Tu», pronom personnel, 2e personne du singulier, sujet de «as donné»;

«m'», pronom personnel, 1re personne du singulier, complément indirect de «as donné»;

Plus un devoir était long, plus j'étais contente. La plume grattait, dans le silence. J'aimais ça. J'aimais la plume, le papier, et même les cinq petites lignes dans lesquelles il fallait mettre les lettres, et les devoirs les plus embêtants,[8] les grandes divisions, les règles de trois, et j'aimais par-dessus tout l'analyse grammaticale. Ce truc-là m'emballait.[9] Les autres elles disaient que ça ne servait à rien. Moi ça ne me gênait pas. Même je crois que plus ça ne servait à rien plus ça me plaisait.

J'aurais bien passé ma vie à faire rien que des choses qui ne servaient à rien.

«As», verbe être, 2e personne du singulier, auxiliaire de «donné»;

«Donné», verbe donner, participe passé. La maîtresse[10] disait : «Ce n'est pas la peine d'en mettre tant Josyane; essaie plutôt de ne pas laisser d'étourderies[11] ça vaudra mieux.» Car des fautes ça j'en faisais, et finalement j'étais plutôt dans les moyennes; de toute façon, je n'essayais pas de me battre pour être première. Ça ne m'intéressait pas. Pourquoi être première? Ce que les gens pensaient de moi m'était dans l'ensemble bien égal. La maîtresse avait écrit dans le livret: «Indifférente aux compliments comme aux reproches» mais comme personne ne l'avait jamais regardé ce livret elle aurait aussi bien pu marquer c'est le printemps, ou Toto aime Zizi[12] ou cette fille est une nouille.[13] Ça n'aurait pas fait de différence. Une fois dans la classe d'avant j'avais été troisième, on ne sait pas pourquoi, un coup de veine,[14] toutes les autres devaient être malades; j'avais mis le livret sous le nez de papa ce coup-là, il l'avait regardé et me l'avait rendu en disant Bon. Au cas où la colonne lui aurait échappé je dis: «Je suis troisième.» Ça donna: «Ah! bon.» Point c'est tout.

(Les Petits Enfants du siècle, Christiane Rochefort)

---

1. le (la) gosse *child, kid (colloquial)*   2. je suis rendu *I'm beat*   3. le ronflement *snoring*
4. le sommier *mattress*   5. grincer *to creak*   6. le soupir *sigh*   7. le soulagement *relief*
8. embêtant *bothersome (colloquial)*   9. emballer *to excite*   10. la maîtresse *schoolteacher*
11. l'étourderie *(f.) careless error*   12. Toto aime Zizi *a remark such as students might write in a book*   13. la nouille *noodle, stupid person (colloquial)*   14. le coup de veine *stroke of luck*

A près la lecture

ACTIVITE 3: Employez les phrases suivantes pour écrire un petit paragraphe qui donne l'idée principale du passage. Comparez votre paragraphe avec celui de quelques camarades. Travaillez ensemble pour écrire la description la plus exacte et la plus détaillée possible.

Il s'agit d'une jeune fille...

Elle est intelligente et aime...

Mais sa vie à la maison...

ACTIVITE 4: Avant de répondre aux questions, relisez le passage.

1. La première partie du passage décrit le milieu où vit Josyane. Quelle est l'ambiance dans la famille?

2. Quand est-ce qu'il y a la paix?

3. Quel est le point de vue de Josyane sur les devoirs? Etes-vous d'accord avec elle?

4. En quoi est-ce que sa vie est similaire à ses devoirs?

5. Qu'est-ce que la maîtresse écrit dans son cahier? Du point de vue de Josyane, qu'est-ce qu'elle aurait pu écrire? Est-ce que les notes et les évaluations de la maîtresse sont importantes pour Josyane?

6. Quand Josyane a obtenu une très bonne évaluation, quel était son classement? Est-ce qu'elle en était fière?

7. Quelle était la réaction de son père? Est-ce qu'il s'intéresse aux choses intellectuelles?

8. En quelle mesure est-ce que les notes et l'attitude de Josyane reflètent son milieu? Est-ce qu'elle est motivée pour obtenir de meilleures notes?

9. Pouvez-vous prédire ce qui arrivera à Josyane plus tard dans le roman?

ACTIVITE 5: En groupes de trois ou quatre, discutez les idées suivantes. Dans quelle mesure êtes-vous d'accord ou n'êtes-vous pas d'accord avec vos camarades?

1. Il est impossible de sortir de sa classe sociale. Elle détermine l'avenir de la personne.

2. Bien que certaines conditions sociales soient difficiles à surmonter, il est possible de réussir si on le veut.

3. Le côté affectif de la vie (l'encouragement, le soutien moral, etc.) est plus important que le côté objectif (l'argent, les conditions sociales, etc.)

Structure   *La Voix passive*

Avant de commencer l'étude de la structure, faites les activités de préparation dans votre cahier d'exercices.

1. *Identifiez la structure*

The passive voice is often used to make sentences more objective, thereby altering the point of view of a passage. Skim **Vérifiez les détails** before reading the following mini-dialogue; then read the mini-dialogue and do the exercises.

—Tu cherches un emploi dans les petites annonces?

—Comme tu vois.

—Tous ces emplois-là seront obtenus par les employés de la compagnie.

—Et alors, qu'est-ce que je dois faire?

—On ne cherche pas dans les journaux. Les meilleurs emplois s'obtiennent par contact personnel.

2. *Vérifiez les détails*

A. 1. Dans le mini-dialogue, de quoi s'agit-il?
2. Est-ce que les conseils sont utiles? Expliquez.

B. Jouez les rôles et donnez d'autres conseils.

C. Trouvez dans le mini-dialogue l'équivalent de la phrase «Les employés de la compagnie obtiendront tous ces emplois». Quelle différence y a-t-il entre la phrase originale et la phrase ci-dessus?

3. *Analysez les exemples*

La Formation de la voix passive

- The passive voice reverses the roles and positions of the subject and the direct object of a normal sentence (in the active voice). The object of an active sentence becomes the subject of a passive sentence. This new subject does not perform the action (as it does in an active sentence), but it is *acted upon* by an agent. Compare the word order in the following sentences:

active voice: subject + verb + object
Robert obtiendra l'emploi.

passive voice: subject + verb + agent
L'emploi sera obtenu par Robert.

- Note that only transitive verbs (verbs that take direct objects) may be made passive.

- In the passive voice, the verb consists of the auxiliary verb **être** conjugated in the desired tense plus the past participle of the main verb. Note that the past participle agrees in number and gender with the subject.

Le gouvernement contrôle la situation économique. *(active)*

La situation économique **est contrôlée** par le gouvernement. *(passive)*

- The agent (the person or thing committing the action) is usually introduced by the preposition **par.** The agent may be omitted when it is implied, unknown, or unimportant.

Les scientifiques ont discuté de l'économie.

L'économie **a été discutée** (par les scientifiques).

L'Emploi de la voix passive

- By emphasizing the recipient or result of an action, the passive voice imparts a detached, objective point of view to spoken and written language. The passive voice most often appears in journalism, in business and scientific communication, and in formal or technical writing.

- Because the passive voice is wordier and more cumbersome than the active voice, French speakers and writers generally avoid it by using the following alternative constructions. Note that these constructions are in the active voice.

  a. The pronoun **on** (if the agent is a person)

  Les résultats ont été annoncés hier. *(passive)*

  On a annoncé les résultats hier. *(active)*

  b. A reflexive construction

  Les meilleurs emplois ne sont pas annoncés dans les journaux. *(passive)*

  Les meilleurs emplois ne s'annoncent pas dans les journaux. *(active, reflexive construction)*

  Les meilleurs emplois sont obtenus par contact personnel. *(passive)*

  Les meilleurs emplois s'obtiennent par contact personnel. *(active, reflexive construction)*

- The following pronominal verbs are often used with inanimate objects in the passive voice:

se boire	se dire	s'expliquer	se faire
se fermer	se manger	s'ouvrir	se parler
se trouver	se vendre	se voir	

4. *Elaborez*

ACTIVITE 6: Réfléchissez encore une fois à la situation familiale et sociale de Josyane dans le passage *Les Petits Enfants du siècle*. Puis, mettez ces phrases à la voix active.

1. La mère a été fatiguée par le travail.
2. Les membres de la famille n'ont pas été réunis par l'amour.
3. L'analyse grammaticale a été faite par Josyane.
4. Les fautes ont été faites par Josyane.
5. Le livret de notes n'a pas été inspecté par son père.
6. Son père n'a pas été impressionné par le livret.
7. Josyane a été déçue par la réponse de son père.
8. Son optimisme a été détruit par sa situation sociale.
9. La situation sociale n'a pas été améliorée par les réformateurs.

ACTIVITE 7: Ecrivez les réponses aux questions suivantes de quatre façons. Donnez une réponse à la voix active, une à la voix passive, une avec le pronom **on** et une avec un verbe réfléchi.

MODELE: Qui créera des postes?

a. à la voix active	Le gouvernement créera des postes.
b. à la voix passive	Des postes seront créés par le gouvernement.
c. avec **on**	On créera des postes.
d. avec un verbe réfléchi	Des postes se créeront.

1. Comment les jeunes obtiendront-ils un poste?
   a. à la voix active   Les jeunes...
   b. à la voix passive   Les postes...
   c. avec **on**   On...
   d. avec un verbe réfléchi Les postes s'...

2. Comment le gouvernement et les citoyens assureront-ils une égalité d'accès (par exemple, à une bonne éducation, à un travail, à la liberté individuelle, au bonheur) pour tout le monde?
   a. à la voix active   Le gouvernement et les citoyens...
   b. à la voix passive   L'égalité d'accès...
   c. avec **on**   On...
   d. avec un verbe réfléchi L'égalité d'accès se...

3. Comment aiderons-nous les gens désavantagés?
   a. à la voix active   Nous...
   b. à la voix passive   Les gens désavantagés...
   c. avec **on**   On...
   d. avec un verbe réfléchi Les gens désavantagés se...

ACTIVITE 8: Quels inconvénients empêchent les jeunes d'obtenir les emplois qu'ils cherchent? Voici des phrases à la voix active. Récrivez-les à la voix passive, puis relisez l'ensemble des phrases. Dans quelle mesure êtes-vous d'accord avec les idées proposées?

1. Autrefois, le roi, l'Eglise ou les parents offraient les emplois aux jeunes.

2. Maintenant les jeunes obtiennent les emplois eux-mêmes.

3. A la fin de l'année scolaire, tout le monde cherche les mêmes emplois.

4. Les jeunes pensent qu'ils trouveront le emplois idéal tout de suite.

5. Mais on ne trouve pas facilement une bonne carrière de nos jours.

6. Les directeurs du personnel n'annoncent pas les meilleurs emplois.

7. Beaucoup de jeunes adoptent une attitude pessimiste.

Comment écrire

Expliquer les différents points de vue

Quand vous devez expliquer quelque chose, il est important de donner des points de vue différents pour montrer que vous considérez le problème de plusieurs façons. Par exemple, supposons que vous deviez donner votre opinion sur le sujet suivant: «Il est toujours possible dans notre société de réussir si on le veut.» Vous pouvez commencer avec le pour: «Oui, il est toujours possible de réussir si on le veut.» Ensuite donnez le contre: «Non, la condition sociale ne permet pas de réussir quelquefois.»

Pour donner un point de vue objectif et pour éliminer la subjectivité de la phrase, vous pouvez employer la voix passive. Mais faites attention, la voix passive ne s'emploie pas autant en français qu'en anglais.

À écrire

ACTIVITE 9: Vous voulez obtenir un emploi. Préparez un inventaire de vos qualités et de vos faiblesses. Donnez deux points de vue; employez des expressions comme: je suis fort(e) en..., je suis doué(e) pour..., je ne connais pas..., je ne sais pas... . Ensuite, écrivez un résumé de vos qualités (on ne met pas ses faiblesses dans un résumé).

Sujets de composition

1. Vous voulez un emploi dans la compagnie où travaille votre meilleur(e) ami(e). Ecrivez-lui une lettre pour lui demander de vous pistonner. N'oubliez pas de lui décrire vos qualités.

2. Votre meilleur(e) ami(e) a décidé de ne pas aller à l'université. Ecrivez-lui une lettre pour le (la) convaincre que l'éducation est la seule façon de réussir. Donnez-lui le pour et le contre de sa décision.

3. Ecrivez une lettre à un(e) ami(e) pour lui expliquer comment vous allez réussir dans la vie. Expliquez-lui que vous aviez un point de vue l'année dernière, mais que cette année, vous avez le point de vue contraire.

Expressions essentielles

Discuter les professions

Je trouve cela...

Cela a l'air...

C'est (exactement) ce que je cherche.

Cette profession (ne) manque (pas) d'intérêt.

Je m'intéresse (beaucoup, tellement, assez,
   pas beaucoup, très peu) à la profession de...

Dire ce qu'on veut faire

Je veux (voudrais, aimerais, désire, espère)...

Je pense (songe) à...

J'ai envie de...

J'ai l'intention de...

Je compte (bien)...

J'envisage...

Je tiens à...

Je ne dirai pas non si...

Je ferai des folies pour...

Dire ce qu'on est capable de faire

Je suis assez en forme pour...

Je suis assez grand(e) (fort[e], agile) pour...

Positif: Je fais... très bien (à la perfection, à
   merveille), Je pourrais très bien faire..., Je
   suis doué(e) pour...

Neutre: Je suis capable de faire..., Je peux
   (sais)...

Négatif: Je ne suis pas fort(e) en..., Je ne
   connais (sais) pas...

Proposer quelque chose

Vous pourriez...

Vous pourrez (surtout)...

Pourquoi pas... ?

Si ça vous arrange, pourquoi ne pas... ?

Je (vous) propose (de)...

J'ai une proposition à vous faire à ce sujet.

Offrir de l'aide

Je peux (pourrais) vous aider?

Vous voulez que je vous aide?

Si vous voulez, je pourrais vous aider.

Qu'est-ce que je peux faire pour vous?

Que voulez-vous que je fasse pour vous
   aider?

Si cela vous aide, je le ferai tout de suite.

Si cela peut vous rendre service, je veux bien
   m'en charger.

Accepter de l'aide

Oui, d'accord (merci beaucoup, mille fois).

Avec plaisir!

Vous êtes très gentil(le).

C'est très aimable de votre part.

Refuser de l'aide

Merci quand même.

Merci mais je me débrouillerai.

Merci mais ce n'est (vraiment) pas nécessaire.

C'est gentil mais je peux le faire moi-même.

Pour parler du travail

Le genre de travail

avoir un travail manuel (intellectuel, artistique)

avoir un travail varié (routinier, branché)

avoir beaucoup (peu) de responsabilités

travailler indépendamment (avec les autres,
   sous la direction d'un[e] patron[ne])

L'horaire

avoir des heures flexibles

faire des heures supplémentaires

travailler à plein temps (à temps partiel, à mi-temps)

travailler le jour (la nuit, le week-end)

Les avantages financiers

avoir des augmentations régulières

avoir l'assurance maladie payée

avoir des congés payés

gagner un bon salaire (un salaire modeste)

Les autres avantages

avoir l'occasion de voyager

avoir la possibilité d'avancement

travailler avec des collègues intéressants

Les Professions

acheteur (acheteuse)   *buyer*

acteur (actrice)   *actor (actress)*

administrateur (administratrice)   *administrator*

homme (femme) d'affaires   *businessman (-woman)*

agent de voyages   *travel agent*

agent de police   *police officer*

architecte   *architect*

avocat (avocate)   *lawyer*

banquier (banquière)   *banker*

caissier (caissière)   *cashier*

chauffeur   *chauffeur*

chercheur (chercheuse)   *researcher*

comptable   *accountant*

cuisinier (cuisinière)   *cook*

danseur (danseuse)   *dancer*

dentiste   *dentist*

écrivain   *writer*

fonctionnaire   *civil servant*

ingénieur   *engineer*

infirmier (infirmière)   *nurse*

instituteur (institutrice)   *elementary school teacher*

journaliste   *journalist*

mécanicien (mécanicienne)   *mechanic*

médecin   *doctor*

musicien (musicienne)   *musician*

ouvrier (ouvrière) dans une usine   *factory worker*

pharmacien (pharmacienne)   *pharmacist*

pompier   *fire fighter*

professeur   *teacher (high school), instructor*

représentant (représentante)   *representative (sales)*

secrétaire   *secretary*

technicien (technicienne)   *technician*

vendeur (vendeuse)   *sales clerk*

N'OUBLIEZ PAS!

Le Futur, p. 294
Le Futur antérieur, p. 305
La Voix passive, p. 314

10

Faire des suppositions et des hypothèses

? Regardez les personnes sur la photo. Quel genre de vie pensez-vous qu'ils mènent? Où travaillent-ils? Comment est leur famille? Quels sont les buts de leur vie? Sont-ils heureux?

? Quelles circonstances pourraient améliorer leur vie? Quelles circonstances pourraient la rendre pire?

321

SECTION 1

Supposons que tu n'aies pas démissionné

Fonctions communicatives

Rôle 1

Faire des hypothèses
Relier les idées

Rôle 2

Réagir aux hypothèses

Tout d'abord

ACTIVITE 1: Formez des groupes de trois ou quatre. Lisez les renseignements ci-dessous et faites des comparaisons entre la qualité de votre vie et celle d'un personnage célèbre.

1. Nommez une personne célèbre que tout le monde connaît dans le groupe.
   a. Décrivez-la physiquement.
   b. Ajoutez les détails suivants à la description: sa profession, ses activités préférées, ses possessions, sa personnalité.

2. Maintenant, décrivez votre vie dans dix ans.
   a. Que ferez-vous? Quelles seront vos activités préférées? Décrivez votre profession ou votre spécialisation éventuelle, vos passe-temps favoris.
   b. Décrivez vos possessions éventuelles.
   c. Décrivez votre personnalité et votre tempérament dans dix ans.

3. Analysez les résultats.
   a. Quand on décrit quelqu'un d'autre, quelle image est-ce qu'on peint le plus souvent?
   b. Quand on parle de son propre avenir, quelle image est-ce qu'on peint le plus souvent?
   c. Quelles différences voyez-vous entre la description de quelqu'un d'autre et de vous-même? Comment expliquez-vous ces différences?

ON PEUT ÊTRE TRÈS GRAND, TRÈS FORT
ET TRÈS ÉLÉGANT.
LE TOUT EST DE SAVOIR OÙ S'HABILLER.

ALAIN ALEXANDRE
PRÊT-À-PORTER MASCULIN GRANDES TAILLES.

Par ici

1. Lisez le dialogue

⊙⊙ LA CARRIÈRE

Claudine et Yves discutent des questions de carrière.

CLAUDINE: Je viens de rencontrer Lise Lefèvre, et tu sais ce que j'ai appris?

YVES: Non, quoi?

CLAUDINE: Eh bien, elle est aujourd'hui pianiste; elle joue dans un grand orchestre. Elle a apparemment très bien réussi sa carrière.

YVES: Et alors?

CLAUDINE: Tu sais, dans des cas pareils, on se pose toujours des questions... Par exemple, imaginons que j'aie continué à jouer du violon, est-ce que je serais aujourd'hui grande violoniste?

YVES: Moi, si j'étais à ta place, je ne me poserais pas de questions pareilles.

CLAUDINE: Pourquoi pas? Et toi, supposons que tu aies continué à travailler pour cette compagnie de publicité, tu connaîtrais sans doute beaucoup de gens importants; et tu aurais certainement un très bon salaire. De plus, tu pourrais influencer l'opinion publique avec ton travail. Qui sait, tu serais peut-être le président de la boîte[1] aujourd'hui!

YVES: Et si le monde était assez petit, on pourrait le mettre en bouteille! Ne dis pas de bêtises! On ne doit pas faire d'hypothèses pareilles. Cela ne sert à rien.

CLAUDINE: Mais si! Regarde. Si on suit une certaine voie, si on fait certains choix, la vie sera peut-être meilleure.

YVES: Ou bien pire. Tu ne vois que l'idéal, toi. Par exemple, dans la compagnie de publicité, tout n'était pas si bien que tu le crois. Tu penses que j'en serais président maintenant; moi, par contre, je crois que je serais au chômage. Je ne t'ai jamais dit que la compagnie avait de grandes difficultés; les affaires ont mal tourné l'année dernière et tout le monde a été renvoyé.[2] Tu vois, si j'étais resté dans cette boîte...

CLAUDINE: Je ne savais pas tout cela; tu aurais dû me le dire!

YVES: Mais au lieu d'être renvoyé, j'ai changé de poste juste à temps et me voilà avec une augmentation et une nouvelle carrière!

CLAUDINE: Ça alors!

YVES: Bref, si on veut améliorer sa situation dans la vie, il faut prendre l'initiative.

CLAUDINE: Par contre, supposons que tu n'aies pas démissionné de la compagnie, elle n'aurait peut-être pas fait faillite.[3] Avec ton talent, les choses seraient différentes. En somme, on ne sait jamais si...

YVES: Arrête! Tu es incorrigible!

---

1. la boîte *company (colloquial)*   2. renvoyer *to fire*   3. faire faillite *to go bankrupt*

2. *Vérifiez le sens général*

ACTIVITE 2: Employez vos propres mots pour expliquer l'idée principale du dialogue. Ensuite, expliquez pourquoi les phrases suivantes sont vraies ou fausses.

1. Claudine a des difficultés à prendre une décision.

2. Yves est beaucoup plus réaliste que Claudine.

3. On ne sait jamais ce qui va arriver à l'avenir.

ACTIVITE 3: Répondez aux questions suivantes.

1. Qui est Lise et qu'est-ce qu'elle fait dans la vie? Quel genre de carrière est-ce que Claudine aurait pu avoir?

2. Selon Claudine, quel poste est-ce qu'Yves pourrait avoir au moment actuel? D'après elle, quels sont les avantages du poste?

3. Est-ce qu'Yves est triste d'avoir changé de poste? Expliquez les désavantages de son ancien poste et les avantages de son nouveau poste.

4. Est-ce que Claudine est convaincue? Expliquez sa réaction.

5. Et vous, êtes-vous plutôt comme Claudine ou comme Yves? Expliquez.

6. Pensez à ce que vous savez de Claudine et d'Yves. Dans ce dialogue, est-ce qu'ils décrivent la vie en termes de ce qu'ils font (leur travail), de ce qu'ils ont (leurs possessions) ou de ce qu'ils sont (ce qui est important pour eux)?

3. *Cherchez les expressions*

ACTIVITE 4: Relisez le dialogue et cherchez

1. plusieurs hypothèses qui commencent avec le mot **si**.

2. une hypothèse qui commence avec le mot i**maginons**.

3. une hypothèse qui commence avec le mot **supposons**.

4. deux expressions que Claudine utilise pour relier ses idées sur les avantages du poste.

5. deux expressions de la liste suivante qu'Yves utilise pour signaler les contrastes entre ses deux postes: **pourtant, par contre, néanmoins, sauf que.**

6. les phrases où Claudine et Yves donnent un résumé de leurs idées. Quels mots est-ce qu'ils emploient pour signaler qu'il s'agit d'une conclusion?

4. *Allez plus loin*

ACTIVITE 5: Les expressions suivantes sont utiles pour proposer une hypothèse. Notez bien que les trois à gauche sont suivies d'un verbe au subjonctif et que celles de droite emploient le conditionnel. Utilisez-les pour dire ce que vous feriez dans les circonstances suivantes.

Suivi du subjonctif	*Suivi du conditionnel*
Supposons (Imaginons, Admettons) que...	Dans le cas où...
A supposer que...	Au cas où...
En supposant que...	

MODELE: —Dans le cas où tu serais professeur, que ferais-tu?

—Si j'étais professeur, je ferais des voyages.

Ce que vous êtes	*Ce que vous avez / ce que vous faites*
1. être président(e)	avoir le poste de vos rêves
2. être cinéaste	(ne pas) avoir de temps libre
3. être mère (père) de cinq enfants	faire tout ce que je désire
4. être poète	avoir un yacht
5. être hermite	faire des films
	n'avoir rien au monde
	avoir beaucoup de pouvoir
	avoir beaucoup d'idées
	écrire des poèmes

ACTIVITE 6: Vous avez le choix soit d'aller à la plage cet été, soit de suivre deux cours pour aller plus vite dans vos études. Lisez les deux points de vue ci-dessous et décidez ce que vous allez faire. Utilisez les expressions données.

Pour	Contre
A la plage	
faire de la planche à voile, du bateau à voile (à moteur)	ne pas avoir beaucoup d'argent
se reposer, se décontracter	avoir des difficultés l'année prochaine
lire pour le plaisir de lire	
s'amuser avec des amis	
faire de la natation	
Suivre deux cours	
aller plus vite dans les études	avoir un emploi du temps chargé
perfectionner ses connaissances	ne pas avoir de temps libre
ajouter à son expérience académique et de travail	

MODELE: Si je passais l'été à la plage, je pourrais faire de la natation. De plus, je pourrais lire pour le plaisir de lire. Par contre, ... Alors, ...

Structure   *Le Conditionnel présent*

Avant de commencer l'étude de la structure, faites les activités de préparation dans votre cahier d'exercices.

1. Identifiez la structure

The conditional tense is used to express hypothetical situations. It is also used to make requests in a polite manner. Skim **Vérifiez les détails** before reading the following mini-dialogue; then read the mini-dialogue and do the exercises.

—Admettons que nous ne sortions pas très souvent...

—Ce qui est vrai, d'ailleurs.

—Et supposons que quelqu'un me donne des billets pour le match de foot.

—Oui, continue...

—Si c'était vrai, voudrais-tu y aller?

—Dans le cas où tu aurais ces billets, j'accepterais avec plaisir!

—Bon, les voilà. Dépêchons-nous si nous ne voulons pas manquer le début!

2. *Vérifiez les détails*

A. 1. Dans le mini-dialogue, le premier personnage vérifie deux hypothèses avant de proposer d'aller au match de foot. Lesquelles? Quelles expressions utilise-t-il pour proposer ses hypothèses?
   2. Que propose le premier personnage? Est-ce que le second accepte?

B. Jouez les rôles de cette invitation. Substituez une autre invitation et répondez à l'invitation d'une manière différente. N'oubliez pas d'employer le subjonctif après **supposons que** et **admettons que.**

C. 1. On emploie plusieurs temps de verbes dans le mini-dialogue. Identifiez-les.
   2. On emploie le conditionnel pour être poli et pour proposer une condition. Trouvez un exemple de chaque emploi dans le mini-dialogue.

3. *Analysez les exemples*

La Formation du conditionnel

- **Verbes réguliers**   The conditional tense of regular verbs is formed by adding the following endings to the infinitive: **-ais, -ais, -ait, -ions, -iez, -aient.** For **-re** verbs, the final **-e** is dropped before the endings are added. Note that the endings for the conditional are the same as those for the imperfect. Study the following conjugation.

j'accepter**ais**	nous accepter**ions**
tu accepter**ais**	vous accepter**iez**
il/elle/on accepter**ait**	ils/elles accepter**aient**

Moi, si j'étais à ta place, je ne me **poserais** pas de questions pareilles.

Dans le cas où tu **aurais** ces billets, j'**accepterais** avec plaisir!

- **Les Verbes réguliers avec changements orthographiques**   Certain verbs that require accent or spelling changes in the present tense also require these changes in the conditional. Note the following changes that occur when conditional endings are added to the infinitive.

  a. Verbs like **acheter** change **e** to **è** in the stem:

     j'**achèterais**   il se **lèverait**   nous **mènerions**

  b. Verbs ending in **-eler** and **-eter,** such as **appeler** and **jeter,** double the consonant of the stem:

     j'**appellerais**   il se **rappellerait**   nous **jetterions**

  c. Verbs ending in **-yer,** such as **payer, essayer, employer,** change **y** to **i.** Note that this change is optional for **payer** and **essayer:**

     je **paierais**   il **essaierait**   nous **emploierions**

- **Les Verbes irréguliers**   Irregular verbs have a special stem to which the regular conditional endings are added. The infinitive is not used as the base form.

Infinitive	Conditional Stem	Infinitive	Conditional Stem
aller	ir-	pleuvoir	pleuvr- (*il* only)
avoir	aur-	pouvoir	pourr-
courir	courr-	recevoir	recevr-
devoir	devr-	savoir	saur-
envoyer	enverr-	tenir	tiendr-
être	ser-	venir	viendr-
faire	fer-	voir	verr-
falloir	faudr- (*il* only)	vouloir	voudr-
mourir	mourr-		

J'**irais** bien avec toi.

Aurais-tu ces billets? Tu **devrais** les avoir.

Les billets? Il **ferait** tout pour les avoir.

Nous vous les **enverrions** par la poste.

Seriez-vous content d'aller à ma place?

Viendraient-elles si on les invitait?

L'Emploi du conditionnel

- The conditional is frequently used to express deference or politeness.

  Pourriez-vous me dire où se trouve le bureau du patron?

• The conditional tense is also used to indicate hypothetical situations resulting from conditions. It expresses what would happen if something were the case. It is most often used after the conjunction **si.** The following chart illustrates tense use with **si.**

si clause	*main clause*
present	present, future, imperative
imperfect	conditional

Si tu **es** à l'heure, *(present)*   nous **pourrons** assister au match. *(future)*

S'il **obtient** les billets, *(present)*   **allons**-y ensemble. *(imperative)*

Si **c'était** vrai, *(imperfect)*   **voudrais**-tu y aller? *(conditional)*

Le Coin du spécialiste

Indirect discourse was presented in chapter 4, section 1. The conditional is used in indirect discourse when the main clause is in the past tense and the quotation refers to the future. Study the following examples.

	Main clause	*Quotation*	*Example*
direct	present	future	Tu **dis:** «Je **viendrai** avec toi.»
indirect	present	future	Tu **dis** que tu **viendras** avec moi.
direct	past	future	Tu m'**as dit:** «Je **viendrai** à la réunion.»
indirect	past	conditional	Tu m'**as dit** que tu **viendrais** à la réunion.

4. *Elaborez*

ACTIVITE 7: Que feriez-vous dans les cas suivants? Complétez chaque phrase par le verbe qui convient au conditionnel, puis dites dans quelle mesure un tel travail vous intéresserait.

1. Si je / travailler dans une usine...
   a. Ce que je serais: je / être ouvrier (ouvrière), chef d'équipe, ou inspecteur

      b. Ce que je ferais: je / passer de longues heures à l'usine
                                     nous / faire un travail répétitif et plutôt ennuyeux
                                     on / fabriquer quelque chose d'utile et d'important
      c. Ce que j'aurais: je / avoir des possibilités d'avancement
                                     nous / gagner un salaire acceptable et avoir de
                                         bons à-côtés

     Est-ce que ce genre de travail vous intéresserait?

2. Si je / travailler dans un hôpital...
      a. Ce que je serais: je / pouvoir être médecin, infirmier (infirmière),
                                     assistant(e) médical(e)
      b. Ce que je ferais: je / faire des diagnostics et écrire des ordonnances
                                     je / parler avec les malades pour les mettre à l'aise
                                     nous / aider les malades
      c. Ce que j'aurais: je / avoir le plaisir d'aider ceux qui ont besoin de moi
                                     on / avoir peu de temps libre

     Est-ce qu'un travail pareil vous intéresserait?

3. Supposons que je / travailler au restaurant universitaire...
      a. Ce que je serais: je / être chef, serveur (serveuse), caissier (caissière)
      b. Ce que je ferais: je / préparer quelque chose de bon et de
                                     nourrissant
                                     je / faire la connaissance de tous ceux qui mangent
                                     au restaurant
                                     nous / changer le menu souvent
      c. Ce que j'aurais: je / pas avoir de temps libre
                                     nous / avoir de l'argent de poche pour acheter ce
                                     que nous voulons

     Que pensez-vous d'un poste pareil?

4. Supposons que je / rester à la maison avec les enfants...
      a. Ce que je serais: je / être ménagère, mère ou père de famille, gar-
                                     dien (gardienne) d'enfants
                                     je / être content(e) et satisfait(e) à la fin de la journée
      b. Ce que je ferais: je / faire le ménage, la cuisine, la vaisselle
                                     je / s'occuper des enfants
                                     nous / s'amuser ensemble
      c. Ce que j'aurais: on / avoir beaucoup de temps ensemble
                                     nous / être une famille très heureuse
                                     les enfants / être très proche de moi

     Dans quelle mesure est-ce que cela vous intéresserait?

ACTIVITE 8: Regardez les dessins ci-dessous et faites des phrases pour expliquer chaque situation. Choisissez ou écrivez une phrase qui décrit le mieux comment vous réagiriez dans des situations pareilles.

     MODELE: Si je me trouvais dans cette situation, j'expliquerais que j'étais
                    très en retard.

1. a. faire des excuses
   b. dire que j'avais tort
   c. pleurer
   d. expliquer pourquoi je me dépêchais
   e. promettre de ne plus aller aussi vite

2. a. se débrouiller
   b. ne pas sauter parce que j'aurais peur
   c. se demander pourquoi j'étais là
   d. appeler le moniteur
   e. mourir de peur
   f. faire semblant d'avoir l'air courageux

3. a. manger le tout immédiatement
   b. essayer de ne pas le finir tout de suite
   c. le partager avec des ami(e)s
   d. ne prendre qu'une petite tranche
   e. grossir en le regardant

4. a. laisser tomber les études et aller à la fête
   b. finir rapidement les devoirs
   c. rester chez moi
   d. ne pas savoir quoi faire dans cette situation
   e. téléphoner à des ami(e)s

ACTIVITE 9: Travaillez avec un(e) partenaire. Discutez les décisions que vous devez prendre dans votre vie. Posez des questions basées sur les suggestions ci-dessous. Votre partenaire va y répondre. Utilisez le mot **si** selon le modèle.

MODELE: ne pas terminer ses études

—Qu'est-ce qui arriverait si tu ne terminais pas tes études?

—Si je ne terminais pas mes études, je ne pourrais pas obtenir un bon emploi.

1. choisir une autre spécialisation
2. ne pas s'inscrire pour les cours obligatoires
3. continuer les études à mi-temps
4. ne pas payer les frais d'inscription
5. hériter d'une grande fortune
6. choisir de poursuivre ses études à une autre université
7. s'inscrire au Corps de la Paix au lieu d'aller à l'université
8. ne pas aimer son cours de mathématiques
9. vouloir impressionner son professeur
10. recevoir son diplôme cette année

Aperçu culturel   *L'Avenir en face*

Quel genre de vie envisagent les jeunes Français? Qu'est-ce qui les préoccupe? Comment voient-ils la vie à l'avenir? *L'Express* a fait un sondage auprès de jeunes Français adolescents. Lisez leurs réponses, puis répondez aux questions.

Le jardin des
Tuilleries à Paris

Dans une dizaine d'années, quand tu auras à peu près 20 ans, la vie sera...

Mieux que maintenant	49%
Pareille que maintenant	31
Moins bien que maintenant	20

Parmi ces mauvaises choses, quelles sont celles qui, à ton avis, arriveront quand tu auras à peu près 20 ans?

Il n'y aura plus de travail	34%
Il y aura la guerre	22
Il y aura beaucoup de maladies	20
Il n'y aura presque plus d'animaux	18
Il fera beaucoup plus froid	16
Il n'y aura presque plus à manger	6
Sans réponse	18

Et parmi les bonnes choses?

L'ordinateur aura changé la vie	38%
Il y aura des robots partout	33
Il n'y aura plus d'enfants qui ont faim	33
Tu pourras voyager dans l'espace	31
On vivra beaucoup plus longtemps	27
On travaillera moins	26
Tous les pays vivront en paix	25
Il y aura du travail pour tout le monde	21

(*L'Express*)

Analysez et discutez

1. Est-ce que vous êtes du même avis que les jeunes Français? Quelles différences voyez-vous? Faites des sondages de vos camarades de classe sur les propositions suivantes:
   a. Dans une dizaine d'années, la vie sera-t-elle meilleure, pareille ou moins bien que maintenant?
   b. Parmi les mauvaises choses, quelles sont celles qui, à votre avis, arriveront dans quelques années?
   c. Et parmi les bonnes choses?

2. D'après vous, qu'est-ce qui va influencer la vie le plus en l'an 2000? La guerre? La santé? L'écologie? L'économie? Pourquoi?

SECTION 2   *J'aurais dû t'avertir!*

Fonctions communicatives

Rôle 1

Faire des hypothèses

Rôle 2

Faire des reproches

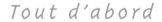

Tout d'abord

ACTIVITE 1: Dans la troisième section du chapitre, vous allez lire des extraits du film *La Belle et la Bête* par Jean Cocteau. Le paragraphe suivant donne des détails de la vie de Jean Cocteau, cinéaste et écrivain. Lisez le passage et pensez à qui il était et à ce qu'il faisait dans la vie. Ensuite, répondez aux questions.

> **J**ean Cocteau (1889–1963), écrivain, poète, auteur dramatique et cinéaste français né à Maisons-Lafitte, près de Paris. Une des plus fortes personnalités de la littérature française, Cocteau a collaboré à de nombreux films comme scénariste et dialoguiste. Au début du cinéma parlant, il s'est essayé dans la réalisation en tournant une œuvre surréaliste originale, *Le Sang d'un poète* (en collaboration avec Michel Arnaud). Revenu à la réalisation après la guerre, il a donné des œuvres personnelles et aussi des adaptations de ses propres pièces, *Orphée* et *Les Parents terribles* constituant les plus belles réussites dans les deux domaines. Il est aussi l'auteur du film *La Belle et la Bête*.

(*Dictionnaire des cinéastes contemporains,* Charles Ford)

1. Donnez autant de renseignements que possible sur Cocteau. Quel âge avait-il quand il est mort? Où est-il né? Quelle(s) était (étaient) sa (ses) profession(s)? Quels films a-t-il réalisés?

2. Que pensez-vous de Cocteau?
   a. A votre avis, laquelle de ses professions était la plus intéressante? La moins intéressante?
   b. D'après vous, est-ce que sa vie était heureuse? Difficile? Intéressante? Satisfaisante? Pourquoi?
   c. Espérez-vous avoir une vie pareille? Différente? Expliquez.

3. A votre avis, que veut dire «réussir dans la vie»?

Par ici

1. *Ecoutez la scène*

📼 J'AI CHANGÉ D'AVIS

Lisez les résumés de l'activité 2 et ensuite écoutez la scène entre Philippe et Catherine.

Philippe et Catherine discutent les projets pour ce soir.

2. *Vérifiez le sens général*

ACTIVITE 2: Choisissez la phrase qui explique le mieux l'idée principale de la scène.

1. Ça fait longtemps que les quatre amis prévoient une soirée au cinéma.
2. Philippe a changé de projets sans avertir son amie.
3. Philippe a fait un faux pas sérieux qu'il aura du mal à rectifier.

ACTIVITE 3: Ecoutez la scène encore une fois, puis répondez aux questions suivantes.

1. Il y a plusieurs projets pour la soirée en question. Lesquels?

2. Pourquoi la situation est-elle si compliquée?

3. Quelle est la réaction de Catherine? Comment réagiriez-vous dans une situation pareille?

4. Pour résoudre le problème, qu'est-ce qu'il faudrait faire?

5. D'après ce que vous savez de la scène, comment est Philippe? Connaissez-vous quelqu'un comme lui?

6. Quel est le rapport entre Catherine et Philippe? Pensez-vous qu'ils soient heureux ensemble?

7. Croyez-vous qu'être heureux c'est avoir quelqu'un qui pense à tous les détails? Pourquoi ou pourquoi pas?

3. Cherchez les expressions

ACTIVITE 4: Ecoutez la scène encore une fois et cochez les expressions que vous entendez.

1. Les expressions employées par Catherine pour faire des reproches à Philippe.
   ___ Pourquoi ne me l'as-tu pas dit?
   ___ Ah! quels ennuis ton indécision te cause!
   ___ Tu devras quand même téléphoner à Georges pour lui expliquer tout ça.
   ___ Je t'ai dit que ton indécision allait te causer des ennuis.
   ___ Il ne fallait pas téléphoner à Georges.
   ___ Si seulement tu avais invité Nadine à nous accompagner.
   ___ Tu ferais bien de téléphoner à Nadine.
   ___ Si tu m'avais prévenue, j'aurais pu en parler avec Jean.

2. Les reproches que Philippe se fait lui-même.
   ___ Je regrette de te causer des ennuis.
   ___ Quel dommage que tu ne sois pas au courant.
   ___ J'aurais dû t'avertir.
   ___ J'aurais mieux fait de ne pas changer d'avis.
   ___ Si j'avais seulement téléphoné à Nadine!

4. Allez plus loin

ACTIVITE 5: Imaginez-vous que vous êtes dans les situations suivantes. Jouez les rôles avec un(e) partenaire. Une personne expliquera la situation et l'autre réagira en complétant une des phrases. Echangez les rôles.

MODELE: —Après mon cours de maths, je me suis rendu(e) compte que j'ai perdu mon portefeuille avec ma carte d'identité.

—Je t'ai dit plusieurs fois de faire attention.

1. J'ai perdu mon portefeuille, mes cartes de crédit et ma carte d'identité.
   —Je t'ai dit plusieurs fois de...
   —Si seulement tu avais...

2. Quoi? Plus d'essence? Ce n'est pas possible!
   —Je regrette que tu...
   —Ah, ce que tu es...

3. Je n'ai pas obtenu le poste que je voulais.
   —Quel dommage! Tu aurais dû...
   —La prochaine fois, tu ferais bien de...

4. Je ne te l'ai pas dit, mais le patron m'a renvoyé vendredi après-midi.
   —Tu aurais mieux fait de...
   —Si j'avais su, j'aurais pu...

ACTIVITE 6: Chaque phrase suivante représente le commencement d'une conversation. Travaillez avec un(e) partenaire pour compléter la conversation. Une personne va expliquer la situation où il (elle) se trouve tandis que l'autre va faire des reproches.

1. J'ai emprunté ta voiture sans permission et je l'ai accidentée.

2. Je suis très désolé(e) mais je me suis endormi(e) et j'ai raté notre rendez-vous.

3. J'ai oublié de te le dire mais j'ai invité une vingtaine d'ami(e)s chez nous pour une fête ce soir.

Structure   *Le Conditionnel passé*

 Avant de commencer l'étude de la structure, faites les activités de préparation dans votre cahier d'exercices.

1. *Identifiez la structure*

The past conditional describes actions that would have happened if certain conditions had been met. It is often used in expressing hypotheses or reproaches. Skim **Vérifiez les détails** before reading the following mini-dialogue; then read the mini-dialogue and do the exercises.

—Que j'ai souffert avec mes dents hier!

—Tu manges trop de bonbons![1] Le sucre cause des caries.[2]

—Tu me dis toujours ça.

—Parce que c'est vrai. Si tu avais cessé de manger tous ces bonbons quand je te l'ai dit, tu n'aurais pas eu mal aux dents hier.

—J'aurais dû faire ceci, j'aurais dû faire cela...

—Et imagine-toi l'argent que tu dépenses en achetant ces bonbons et ces chocolats.

—Oh, là! Arrête! Tu vas trop loin! Tu limiterais même mes dépenses.

—C'est vrai. Je te demande pardon. Téléphonons au dentiste pour prendre un rendez-vous.

---

1. les bonbons *sweets, candy*   2. la carie *cavity*

2. *Vérifiez les détails*

A. 1. Dans le mini-dialogue, de quoi parlent ces gens? Quel effet a ce problème sur chacun des personnages?
   2. Quelle solution est-ce qu'on propose? Etes-vous d'accord avec la solution?

B. Avec un(e) partenaire, jouez les rôles des deux personnages. Gardez le thème principal mais substituez une autre plainte et d'autres conseils. Faites au moins cinq répliques.

C. Trouvez des phrases dans le mini-dialogue qui contiennent un verbe au passé du conditionnel.

3. *Analysez les exemples*

La Formation du conditionnel passé

The past conditional is formed with the conditional tense of the auxiliary verb **avoir** or **être** and the past participle of the verb.

avoir + past participle	*être* + past participle
j'aurais dû	je serais venu(e)
tu aurais dû	tu serais venu(e)
il/elle/on aurait dû	il/on serait venu, elle serait venue
nous aurions dû	nous serions venu(e)s
vous auriez dû	vous seriez venu(e)(s)
ils/elles auraient dû	ils seraient venus, elles seraient venues

Si tu avais cessé de fumer l'année dernière, tu **n'aurais pas toussé** comme ça.

Vous **auriez dû** inviter Nadine au concert.

L'Emploi du conditionnel passé

- The past conditional is used to express reproach or regret primarily with **pouvoir** and **devoir,** as in "You could have . . ." or "I should have. . . ." Note that an infinitive is required after the past conditional.

  Tu **aurais pu** me le dire!

  C'est vrai, j'**aurais dû** t'avertir.

- The past conditional is also used to express hypothetical conditions in the past. It indicates what *would have happened* if something *had been* the case. The verb of the **si** clause is in the pluperfect; the verb of the main clause is in the past conditional.

  Si tu **avais terminé** tes études, tu **aurais obtenu** un bon poste.

  Si tu m'**avais** tout **expliqué,** j'**aurais pu** t'aider tout de suite.

Résumé de l'emploi des temps

The following sequences of tenses are used to state hypotheses and conditions.

si clause	*main clause*
present	present, future, imperative
imperfect	present conditional
pluperfect	past conditional

4. *Elaborez*

ACTIVITE 7: A l'université, il y a des gens qui travaillent tout le temps et d'autres qui n'étudient presque jamais. Après avoir terminé leurs études, voici des reproches qu'ils auraient pu se faire. Complétez les phrases avec un verbe au conditionnel passé, selon le modèle.

MODELE: Si seulement j'avais passé plus de temps à préparer mes cours,... terminer mes études plus rapidement

Si seulement j'avais passé plus de temps à préparer mes cours, j'aurais terminé mes études plus rapidement.

1. Si seulement j'avais passé plus de temps à préparer mes cours,...
   a. apprendre davantage de choses
   b. voir le rapport entre les matières que j'étudiais
   c. recevoir de meilleures lettres de recommandation
   d. perfectionner ma spécialisation
   e. obtenir davantage d'expérience
   f. me préparer pour ma carrière

2. Quel dommage que j'aie passé tout mon temps à étudier. Si j'avais suivi des cours moins difficiles,...
   a. pouvoir m'amuser davantage
   b. faire la connaissance de gens intéressants
   c. avoir plus de temps libre
   d. apprendre à faire des choses intéressantes
   e. m'abonner à une association sportive
   f. ne pas être si pressé(e)

ACTIVITE 8: Il y a des situations dans la vie qui ne sont qu'ennuyeuses et d'autres qui sont plus sérieuses. Mettez ensemble l'activité de la liste de gauche et les conséquences de la liste de droite. Faites une seule phrase. N'oubliez pas d'utiliser le plus-que-parfait après le mot **si** et le conditionnel passé dans l'autre partie de la phrase.

Activités	*Conséquences*
1. inviter des ami(e)s et préparer à manger	a. rentrer chez nous
	b. ne pas avoir de responsabilités
2. trouver le bureau où on interviewait les candidat(e)s	c. pouvoir leur demander de l'aide
	d. ne pas avoir mal au cœur
3. ne pas perdre les clés de la voiture	e. la fête réussir mieux
4. offenser le père de mon ami(e)	f. avoir l'occasion d'obtenir le poste
5. ne pas accepter tant de projets	g. faire la connaissance du patron
6. ne pas manger autant de choses exotiques	h. ne pas devoir lui faire des excuses
7. ne pas se fâcher contre les ami(e)s	
8. venir avec moi au bureau	

ACTIVITE 9: Si vous pouviez revivre votre vie, que feriez-vous différemment? Préparez trois réponses à chaque question pour décrire

a. ce que vous auriez fait dans le passé (**si** + plus-que-parfait / conditionnel passé),

b. ce que vous feriez maintenant (**si** + imparfait / conditionnel), et

c. ce que vous allez faire à l'avenir (**si** + présent / futur).

Comparez vos réponses avec celles de plusieurs partenaires pour y chercher des similarités et des différences.

MODELE   ne pas habiter dans la ville ou le pays où je suis né(e)

a. *Si je n'avais pas habité une si petite ville, j'aurais passé une jeunesse peut-être plus intéressante mais aussi moins simple et facile.*

      b. *Si je n'habitais pas ici maintenant, j'habiterais en France.*

      c. *Si je n'arrive pas à habiter en France un jour, je serai très triste.*

1. ne pas avoir les mêmes parents ou (ne pas) avoir des frères ou des sœurs

2. ne pas participer aux jeux et activités comme...

3. ne pas apprendre le français

4. ne pas choisir de me spécialiser dans...

5. ne pas avoir de bon(ne)s ami(e)s

6. ne pas avoir une vie heureuse (malheureuse)

Aperçu culturel   *Réussir dans la vie*

Que veut dire réussir dans la vie? Une enquête récente montre que pour les Français, réussir c'est surtout avoir une vie de famille heureuse. Réussir dans son métier, par contre, se trouve en troisième lieu. La deuxième enquête a été faite auprès d'adolescents. Leurs réponses sont un peu différentes de celles des adultes. Voici les résultats complets.

Réponses d'adultes:
Que veut dire réussir dans la vie?

Avoir une vie de famille heureuse	50%
Se sentir bien avec soi-même	21
Réussir dans son métier	15
Etre aimé	6
Gagner beaucoup d'argent	3
Avoir d'importantes responsabilités	1
Savoir beaucoup de choses	1
Etre célèbre	1
Autres	1
Sans réponse	1

(*Francoscopie*, Mermet)

Réponses d'adolescents:
Pour toi, réussir dans la vie, c'est...

Avoir un métier intéressant	64%
Aider les autres	44
Etre sûr(e) de ne jamais être au chômage	34
Faire ce qu'on a envie	31
Savoir se servir d'un ordinateur	27
Gagner beaucoup d'argent	27
Travailler dans les métiers d'avenir	27
Commander les autres	4

(*L'Express*)

*A*nalysez et discutez

1. Faites une liste des critères qui indiquent pour vous une réussite dans la vie. Est-ce que cette liste est pareille à celle du sondage des adultes? Des adolescents? Comment est-elle différente?

2. Imaginez les mêmes sondages aux Etats-Unis. Pensez-vous que les résultats seraient les mêmes? Expliquez. Comment seraient-ils différents?

3. Faites un sondage de vos camarades de classe. Proposez les mêmes catégories que le sondage des adultes. Comparez les résultats à ceux obtenus par le sondage des Français.

SECTION 3

Belle, si j'étais un homme...

Fonctions communicatives

Rôle 1
Faire des hypothèses

Rôle 2
Réagir aux hypothèses

Stratégies de lecture
Identifier différents genres de lecture

Stratégies de composition
Raconter une histoire

Tout d'abord

ACTIVITE 1: Le passage de lecture est tiré de *La Belle et la Bête*, un conte de fées écrit par Mme Leprince de Beaumont et ensuite réalisé en film par Jean Cocteau. Avant de lire le conte, imaginez ce que vous pourriez faire si vous étiez un personnage de contes de fées.

> MODELE: Si j'étais un sorcier (une sorcière), je pourrais métamorphoser un prince en grenouille,[1] voler, préparer des potions magiques, devenir invisible,...

1. Si j'étais un prince métamorphosé en grenouille...

2. Supposons que je sois un dragon...

3. Dans le cas où je serais Superman...

4. Imaginons que je sois immortel(le)...

5. Si j'étais magicien(ne)...

—————

1. la grenouille *frog*

Par ici

Avant la lecture

Identifying Genre

Genre is a literary term that refers to a distinctive type or category of text. For instance, the following are a number of different genres: poem, short story, explanation / instructions, play, novel, essay, journal / chronicle, advertisement, film, letter, magazine article, comic strip.

Identifying the genre of a text allows you to determine what you already know about that type of text and to make predictions about the content, style, and organization of the text. These expectations and predictions will help you to understand its meaning more quickly and easily.

For example, an advertisement describes features of a product or service in a positive light. It is short, to the point, and usually portrays people in a positive frame of mind. This type of text can be read quickly or skimmed. A journal, however, describes events and circumstances as they happened. It often includes personal judgments and evaluations and therefore requires more careful reading.

ACTIVITE 2: Considérez les genres suivants et répondez aux questions.

un article de journal   un poème   un essai   une publicité

1. Comment serait organisé chaque genre?
2. Lequel serait organisé d'après des titres et des sous-titres?
3. Lequel aurait le moins de mots et emploierait les mots avec précision?
4. Lequel serait organisé autour d'une phrase principale?
5. Lequel serait le plus superficiel? Le moins superficiel?
6. Lequel aurait une morale ou un point de vue particulier sur la vie?

ACTIVITE 3: Considérez *La Belle et la Bête.*

1. Quel est le genre de *La Belle et la Bête* par Mme Leprince de Beaumont? Quel genre Jean Cocteau a-t-il employé pour raconter cette histoire?
2. Quelle version de l'histoire
   a. emploierait des descriptions verbales de personnages et de scènes?
   b. serait basée davantage sur la fantaisie et le rêve?
   c. contiendrait une morale adressée au lecteur ou au spectateur?
   d. contiendrait beaucoup de dialogues?
3. De quelles autres façons est-ce que les deux histoires seraient différentes?

ACTIVITE 4: Avant de lire le passage, pensez aux questions suivantes.

1. D'après le titre du passage, quels seront les personnages principaux?
   a. Décrivez l'apparence et le caractère de l'héroïne typique de ce genre de texte.
   b. Décrivez l'apparence et le caractère du héros typique.
   c. D'après le titre, le héros de ce conte ressemble-t-il aux héros typiques?
2. La progression de l'histoire est souvent similaire dans les contes de fées.
   a. Qu'est-ce qui arrive d'habitude au commencement de l'histoire?
   b. Et à la fin?
   c. Pouvez-vous deviner ce qui arrive à la Belle et à la Bête à la fin de ce conte?

Le passage est un extrait du dialogue du film *La Belle et la Bête* de Jean Cocteau.

Avant de lire le passage, lisez les résumés de l'activité 5. Ensuite lisez le passage et faites les activités.

LA BELLE ET LA BÊTE

PREMIERE PARTIE

Belle vit dans la campagne avec son père, un homme d'affaires qui a perdu tout son argent, son frère Ludovic qui aime le jeu et la boisson, et ses deux sœurs, Félicie et Adélaïde qui sont très vaines. Un jour on annonce que le père doit aller au port pour s'occuper de ses affaires. Si ses affaires vont bien, la famille regagnera son argent. Le père se prépare pour le voyage.   5

FÉLICIE: Apportez-nous des robes de brocade.
ADÉLAÏDE: Des bijoux, des éventails[1] et des plumes d'autruche.[2]
FÉLICIE: Pour que toute la ville en crève de jalousie. Un singe[3]... je
        voudrais un singe.
ADÉLAÏDE: Un perroquet![4]   10
PÈRE: Et toi, Belle, qu'est-ce que je te rapporte?
BELLE: Mon père, rapportez-moi une rose, car il n'y en a pas ici.

DEUXIEME PARTIE

Au port les affaires vont mal. Le père est forcé de rentrer chez lui à la tombée de la nuit. Il se perd en traversant la forêt. Mais tout à coup, il se trouve devant un magnifique château. Perdu, fatigué et mourant de faim, il entre et y passe la nuit.   15

Au matin, en partant, il voit une rose parfaite dans le jardin. Il la cueille pour Belle. Tout à coup, la Bête apparaît.

LA BÊTE: Alors, cher Monsieur, vous volez mes roses. Vous volez mes roses, qui sont ce que j'aime le mieux au monde. Vous jouez de malchance[5] car vous pouviez tout prendre chez moi, sauf mes roses. 20 Et il se trouve que ce simple vol mérite la mort.

PÈRE: Monseigneur, je ne savais pas. Je ne croyais offenser personne en cueillant ces roses pour ma fille qui m'en avait demandé une.

LA BÊTE: On ne dit pas Monseigneur. On dit la Bête. Je n'aime pas les compliments. Ne cherchez pas à comprendre. Vous avez un quart 25 d'heure pour vous préparer à mourir.

PÈRE: Monseigneur!

LA BÊTE: Encore! La Bête vous ordonne de vous taire! Vous avez volé mes roses et vous mourrez. A moins qu'une de vos filles... à moins qu'une de vos filles consente à payer pour vous et à prendre votre place. 30

PÈRE: Mais...

LA BÊTE: Ne raisonnez pas! Filez![6] Profitez de la chance que je vous donne.

TROISIEME PARTIE

Plus tard, de retour chez lui, il raconte son histoire à ses filles. Ce soir-là, Belle décide de prendre la place de son père et elle va chez la Bête. Elle y est traitée 35 comme une reine. La Bête fait de son mieux pour qu'elle oublie sa laideur. Le temps passe, mais Belle n'est pas heureuse.

LA BÊTE: Belle, vous êtes malade?

BELLE: Oui, la Bête, je suis malade.

LA BÊTE: Qu'avez-vous? 40

BELLE: Mon père est près de la mort.

LA BÊTE: Je ne supporte pas de vous voir malade.

BELLE: Envoyez-moi chez mon père.

LA BÊTE: Si j'accepte, pouvez-vous me jurer de revenir dans une se-maine, jour pour jour? 45

BELLE: Je vous le jure.

QUARTRIEME PARTIE

Alors Belle revient chez son père. Son père guérit très vite en la revoyant. Belle se réadapte à la vie en famille et elle oublie la Bête. Mais, prise de remords, elle retourne finalement au château pour retrouver la Bête qui se meurt.

BELLE: Ma Bête! Ma Bête! Ma Bête, pardon. Répondez-moi, regardez- 50 moi. Votre gant* vous fera vivre. Répondez-moi. C'est moi le monstre, ma Bête. Vous vivrez.

---

* Le gant (*glove*) de la Bête est un gant magique.

LA BÊTE: Trop tard!

BELLE: Ne soyez pas lâche![7] Je connais votre puissance. Accrochez-vous à la vie. Défendez-vous! Dressez-vous! Rugissez![8] Effrayez la mort.   55

LA BÊTE: Belle, si j'étais un homme sans doute je ferais les choses que vous dites, mais les pauvres bêtes qui veulent prouver leur amour ne savent que se coucher par terre et mourir.

CINQUIEME PARTIE

La Bête meurt et réapparaît en Prince Charmant. Le Prince parle dorénavant.[9]

BELLE: Où est la Bête?   60

PRINCE: La Bête n'est plus. C'était moi. Mes parents ne croyaient pas aux fées, elles les ont punis en ma personne. Je ne pourrais être sauvé que par un regard d'amour.

BELLE: Pareil prodige, est-il possible?

PRINCE: Nous en sommes la preuve. L'amour peut faire qu'un homme   65
devienne bête. L'amour peut faire aussi qu'un homme laid devienne beau.

La Belle et le Prince s'envolent à son château dans les airs où ils vivent très heureux le reste de leur vie.

(*La Belle et la Bête,* Jean Cocteau)

---

1. l'éventail *(m.) fan*   2. l'autruche *(f.) ostrich*   3. le singe *monkey*   4. le perroquet *parrot*   5. la malchance *bad luck*   6. filer *to leave in a hurry*   7. lâche *cowardly*
8. rugir *to roar*   9. dorénavant *from now on*

Après la lecture

ACTIVITE 5: Choisissez la phrase qui représente le mieux l'idée principale du scénario.

1. Le texte cherche à enseigner aux jeunes filles qu'elles doivent se contenter de son mari, même s'il ressemble à une vieille bête.

2. Le texte n'a pas de morale et ne sert qu'à amuser, tout en racontant une histoire fantastique.

3. Au moyen de la fantaisie et des images, le texte enseigne qu'on ne peut jamais juger un autre d'après ses apparences.

ACTIVITE 6: Avant de répondre aux questions, relisez le scénario.

1. Relisez la première partie, en pensant principalement au caractère de la famille de Belle.
    a. Comment sont ces personnages? Y a-t-il des personnages qui ont de bonnes et de mauvaises qualités? Pourquoi ou pourquoi pas?
    b. Pouvez-vous décrire la vie des personnages du point de vue émotionnel et financier?
    c. En quoi est-ce que le cadeau que cherche Belle est différent des cadeaux des sœurs?

2. Relisez la deuxième partie.
    a. Employez les verbes suivants pour donner un résumé de la deuxième partie de l'histoire.

tourner mal	passer la nuit	voler	apparaître
rentrer	cueillir	mourir	prendre la place
perdre			

    b. A votre avis, est-ce que le crime qu'a commis le père mérite la punition que demande la Bête? Quel genre de crime mérite la mort?
    c. Quel échange est-ce que la Bête lui propose? A la place du père, qu'est-ce que vous auriez fait?

3. Relisez la troisième partie.
    a. Même avec tous les cadeaux que la Bête lui offre, pourquoi Belle n'est-elle pas heureuse? Quelle morale y voyez-vous?
    b. Qu'est-ce que la Bête accepte qu'elle fasse? Dans quelles conditions? Pourquoi pensez-vous qu'il accepte qu'elle parte?

4. Relisez la quatrième partie.
    a. Pourquoi est-ce que Belle revient chez la Bête? Qu'est-ce que vous auriez fait dans cette situation?
    b. Quand Belle revient chez la Bête, comment est-elle changée?
    c. Qu'est-ce que Belle dit à la Bête? Comment interprétez-vous ces mots?
    d. Quelle est sa réponse? Selon la Bête, est-ce que les bêtes peuvent effrayer la mort? Et les hommes? A votre avis, est-ce que la Bête a raison?

5. Relisez la cinquième partie.
    a. Comment la Bête explique-t-elle le miracle qui a lieu à la fin du conte?
    b. Quelle phrase explique la morale? A votre avis, l'auteur a-t-il raison? Pouvez-vous raconter un incident qui soutient cette idée?
    c. Que pensez-vous de la fin du conte?

ACTIVITE 7: En groupes de trois ou quatre, discutez les thèmes suivants.

1. La morale du conte: Etes-vous d'accord avec la morale? Est-elle valable aujourd'hui?

2. Les contes de fées: En quoi sont-ils importants dans la vie? En quoi est-ce qu'ils aident à résoudre des problèmes réels?

3. Les fantasmes: Quels fantasmes retrouvez-vous souvent dans les contes de fées? Quelles hypothèses sont nécessaires pour y croire?

4. Belle: Est-ce que Belle réussit dans sa vie? Qu'est-ce qui lui permet de réussir? Qu'est-ce que ce conte nous enseigne à propos du bonheur et de la réussite?

Structure   Faire *causatif*

Avant de commencer l'étude de la structure, faites les activités de préparation dans votre cahier d'exercices.

1. *Identifiez la structure*

The causative construction is used to express the idea of having something done, making someone do something, or causing something to be done. Skim **Vérifiez les détails** before reading the following mini-dialogue; then read the mini-dialogue and do the exercises.

—Et alors, qu'est-ce qui te fait rire?

—Tu as vu la tête de Guy quand la Bête a apparu sur l'écran?[1] Il a eu une peur bleue.[2]

—Ça te fait rire? Il me semble que toi aussi, tu avais peur.

—Ça m'a fait peur, mais pas autant que Guy.

---

1. l'écran *(m.) screen*   2. avoir une peur bleue *to have a bad scare*

2. *Vérifiez les détails*

A. 1. Dans le mini-dialogue, qu'est-ce que le deuxième personnage trouve amusant?

2. Est-ce que le premier personnage est d'accord? Pourquoi ou pourquoi pas?

B. Jouez les rôles du mini-dialogue. Substituez d'autres répliques.

—Et alors, qu'est-ce qui te fait rire?

—Tu as vu... ?

C. Dans la première ligne du mini-dialogue, les personnages parlent d'une cause et d'un effet. Quelle est la cause? Quel est l'effet? Quelle construction est-ce qu'ils emploient pour communiquer cela?

3. *Analysez les exemples*

La Formation du *faire* causatif

The causative construction consists of a conjugated form of the verb **faire** followed by an infinitive. Study the following examples:

Votre gant vous **fera vivre.**

Sa réaction me **fait rire.**

Cette anecdote me **fait penser** à une autre.

La Bête a **fait venir** Belle au château.

Les Objets et la construction causative

*   One or two objects may be used with the causative construction. When there is one object, it is a direct object.

Il a fait venir **le père.**   Il **l**'a fait venir.

*   When there are two objects, the indirect object always refers to persons and the direct object refers to things.

Ils ont fait envoyer **le miroir à la bête.**   Ils **le lui** ont fait envoyer.

*   All pronouns precede the verb **faire** in causative constructions. There is no agreement between the past participle of **faire** and any preceding object pronouns.

Où est la lettre?   Je **l'** (*la lettre*) ai **fait** envoyer à mon père.

Je **la lui** ai **fait** envoyer.

Le Coin du spécialiste

Constructions similaires au faire causatif   Certain verbs of perception (**laisser, entendre, voir**) may be used in a construction similar to the causative construction with **faire.**

J'entends siffler le train.   *I hear the train whistling.*

Elle a vu venir le professeur.   *She saw the teacher coming.*

Nous laissons parler les gens.   *We let the people speak.*

As with the causative **faire** construction, past participles are invariable, and object pronouns precede the conjugated verb.

4. *Elaborez*

ACTIVITE 8: Belle habite dans un monde où les choses se font comme par magie. Elle n'a qu'à demander. Qu'est-ce qu'elle fait faire pour préparer le mariage? Suivez le modèle.

> MODELE: préparer le repas du mariage
>
> *Belle fait préparer le repas du mariage.*

1. coudre la robe de mariage
2. recevoir les invités
3. laver la salle de danse
4. faire les courses
5. mettre le couvert
6. cuisiner le repas

ACTIVITE 9: Dans l'histoire, Belle se marie avec un prince et habite un monde où elle n'a pas besoin de se soucier du travail ni de l'argent. Par contre, dans la vie ordinaire, on est tellement affairé qu'on ne peut pas faire tout ce qu'il faut faire chaque jour. Indiquez ce que vous demanderiez à quelqu'un de faire pour simplifier votre vie. Employez la construction causative et remplacez le nom objet par le pronom convenable.

> MODELE: ranger les habits (mon camarade de chambre)
>
> *Je lui ferais ranger les habits.*
>
> *Je les lui ferais ranger.*

1. laver le linge (ma mère)
2. réparer la voiture (le garagiste)
3. faire le ménage (mes ami[e]s)
4. faire les commissions (mon collègue)
5. payer mes factures (mes parents)
6. nettoyer la salle de bain (Georges)
7. organiser mes tiroirs (la voisine)
8. cirer mes chaussures (Henri)
9. remplir la voiture d'essence (mon frère)
10. repasser mes chemises (ma sœur)

ACTIVITE 10: Au Moyen Age, réussir dans la vie voulait dire avoir le pouvoir d'un seigneur. Ecrivez un paragraphe et décrivez de six à huit choses que le seigneur faisait faire aux paysans.

> MODELE: Le seigneur faisait travailler les paysans. Il leur faisait payer des impôts...

Comment écrire   Raconter une histoire

Imaginons que vous racontez une histoire par écrit (une anecdote, des nouvelles, ou bien même un conte de fées). Avant de commencer, il est essentiel de donner une structure à votre histoire. Par exemple, il est parfois utile d'écrire un schéma de l'histoire pour être sûr(e) de l'avoir bien organisée. Le schéma peut comprendre un ou plusieurs paragraphes, mais il devrait avoir les parties suivantes:

Une introduction où vous décrivez la scène et les personnages
Une partie où vous décrivez le problème
Une partie où vous décrivez la résolution du problème
Une conclusion où vous décrivez la nouvelle situation de l'histoire

Par exemple, si on racontait de nouveau l'histoire de *La Belle et la Bête,* il faudrait mentionner la situation du père, de Belle et de ses sœurs, le voyage et le cadeau. Ensuite, il faudrait raconter l'épisode du château, de la rose et de la Bête. Après, il faudrait traiter de l'épisode de Belle au château, de son retour chez son père et finalement de son chagrin pour la Bête. Finalement, il faudrait raconter la conclusion où Belle épouse le Prince et va avec lui dans le château dans les airs.

À écrire

ACTIVITE 11: Racontez un autre conte de fées par écrit, par exemple, l'histoire de Cendrillon (*Cinderella*), du Petit Chaperon rouge (*Little Red Riding Hood*) ou de Blanche-Neige (*Snow White*). Suivez les suggestions ci-dessus.

Sujets de composition

1. Racontez l'histoire de *La Belle et la Bête* du point de vue de la Bête. Quelle est la situation? Quel est le problème? Et la résolution?

2. Racontez un conte de fées de votre invention. Imaginez la scène, le problème, sa résolution. Est-ce que le personnage principal est un homme, une femme ou un monstre? Quels pouvoirs magiques a-t-il (elle)?

Expressions essentielles

Faire des hypothèses

Supposons (Imaginons, Admettons, A supposer, En supposant) que... + *subjonctif*

Dans le cas (au cas) où... + *conditionnel*

Si + *présent / présent, futur, impératif*

Si + *imparfait / conditionnel présent*

Si + *plus-que-parfait / conditionnel passé*

Relier les idées

Et, de plus, et aussi

Mais, par contre, pourtant, néanmoins, sauf que

En somme, bref, alors

Faire des reproches à quelqu'un

Ah, ce que tu...

Il n'est pas gentil de...

Il ne fallait pas...

Je vous ai dit...

Pourquoi...

Si seulement vous aviez...

Si vous aviez..., j'aurais pu...

Vous devriez...

Vous feriez bien de...

Se reprocher

J'aurais dû...

J'aurais mieux fait de...

Je regrette de (ne pas)...

Quel dommage que...

Si j'avais seulement...

Pour raconter un conte de fées

le château   *castle*

la fée   *fairy*

la grenouille   *frog*

il était une fois   *once upon a time*

la magie   *magic*

le monstre   *monster*

la morale   *moral*

l'ogre *(m.)*   *ogre*

la potion magique   *magic potion*

le sorcier (-ère)   *witch*

le sortilège   *spell*

N'OUBLIEZ PAS!

Le Conditionnel présent, p. 326

Le Conditionnel passé, p. 337

Faire causatif, p. 349

Sixième unité

Parler de relations culturelles

Décrire les rapports culturels

Fonctions communicatives

Rôle 1

Expliquer quelque chose

Vérifier si quelqu'un comprend

Raconter une histoire (suite)

Rôle 2

Indiquer qu'on comprend ou qu'on ne comprend pas

Indiquer son intérêt (suite)

Thèmes

Les immigrés et l'influence française dans le monde

Stratégies de lecture

Analyser un texte littéraire

Stratégies de composition

Structurer un essai

? Décrivez l'apparence des personnes sur les photos. Savez-vous dans quels pays ils habitent? Pouvez-vous le deviner? Servez-vous de la carte des pays francophones à la fin du livre pour décider.

? Qu'est-ce que ces personnes ont en commun, à part le fait qu'ils parlent français?

SECTION 1

Ce que je ne comprends pas, c'est que...

Fonctions communicatives

Rôle 1

Expliquer quelque chose
Vérifier si quelqu'un comprend

Rôle 2

Indiquer qu'on comprend
Indiquer qu'on ne comprend pas

Tout d'abord

ACTIVITE 1: L'Angleterre n'est plus tout à fait une île grâce à Eurotunnel, un tunnel sous la Manche[1] entre l'Angleterre et la France. Lisez l'article, puis répondez aux questions.

L'ouverture officielle d'Eurotunnel se fera le 15 juin 1993. A cette date, le trajet entre Folkestone et Coquelles (près de Calais) ne demandera pas plus de trente minutes (alors qu'il fallait une heure trente par ferry et une heure par hovercraft). Et la liaison Londres-Paris pourra se faire en moins de trois heures.

Trois types de trains emprunteront Eurotunnel: des trains de marchandises, des navettes[2] pour le transport de véhicules et des trains à grande vitesse pour les passagers. La fréquence de départ sera fixée à douze minutes durant le jour et toutes les heures pendant la nuit.

(Journal français d'Amérique)

---

1. la Manche *the English Channel*   2. la navette *shuttle*

1. Sans le relire, donnez le sujet du passage en quelques mots.

2. Relisez vite le passage, puis faites une liste des détails que vous trouvez les plus intéressants.

3. Imaginez que vous expliquez la raison d'être d'Eurotunnel à quelqu'un qui n'en sait presque rien. Qu'en diriez-vous? Utilisez les questions suivantes comme point de départ pour le lui expliquer. N'oubliez pas d'en donner votre opinion.

   Qu'est-ce que c'est?

   Où est-ce?

   Quelles sortes de trains y a-t-il?

   A quelle vitesse vont-ils voyager?

   Quels moyens de transport entre la France et l'Angleterre existent au moment actuel?

   Quelle est la date de l'ouverture du tunnel?

Par ici

1. *Lisez le dialogue*

🔘 LE FRANÇAIS EN LOUISIANE

Georges et Carole parlent du français en Louisiane.

GEORGES: Je ne savais pas qu'on parle encore français en Louisiane.

CAROLE: Bien sûr, les Cajuns.

GEORGES: Tu dis?

CAROLE: Il y a beaucoup de gens qui parlent français en Louisiane, parmi eux les Cajuns.

GEORGES: Ce que je ne comprends pas, c'est d'où ils viennent, les Cajuns.

CAROLE: C'est une histoire très intéressante. Je vais te la vaconter. D'ailleurs j'ai fait des recherches là-dessus pour un travail l'année dernière.

GEORGES: Bon, vas-y. Raconte, mais j'espère que ce n'est pas une de tes longues histoires ennuyeuses.

CAROLE: Alors, notre histoire commence au Canada où les Français se sont installés dès le xviie siècle.

GEORGES: Ils y sont toujours, principalement dans la province de Québec.

CAROLE: C'est ça. Mais ce que je voulais dire, c'est qu'ils habitaient en Nouvelle-Ecosse et au Nouveau-Brunswick aussi et que ces deux provinces sont devenues anglaises assez tôt dans l'histoire. C'est clair?

GEORGES: Et c'est là que les ennuis commencent?

CAROLE: Exactement. Ces Français nommaient leur région l'Acadie et ils s'appelaient acadiens. Mais les Anglais ne voulaient pas d'eux et voulaient les chasser de la province qu'ils considéraient anglaise.

GEORGES: Tu peux préciser?

CAROLE: En 1755 les Anglais les ont forcés en exil. D'après ce que nous savons, les Anglais ont donné l'ordre à toute la population acadienne de s'embarquer dans des navires et les ont transportés vers le sud.

GEORGES: Et où les ont-ils déposés?

CAROLE: Un peu partout, en Nouvelle-Angleterre, en Virginie, dans les Carolines... Il y en a qui sont revenus en France.

GEORGES: Et alors?

CAROLE: Il paraît alors que certains d'entre eux ont continué jusqu'en Louisiane qui en ce temps-là appartenait à la France. Tu vois?

GEORGES: Très bien... les Acadiens sont alors devenus les Cajuns!

CAROLE: Bravo! Et ils ont gardé leur langue jusqu'à présent. Bien sûr, cette langue est un peu américanisée aujourd'hui... Attends, je vais te chercher un article que j'ai trouvé. *(Elle revient avec l'article.)* Voilà.

GEORGES: Fais voir. *(Il lit à voix haute.)* «Y a eu un gros wreck hier soir sur Highway 13 quand un char a back par en arrière et a crash contre un télé-phone pole et un culvert. L'autre char s'en venait à top speed et pouvait pas mettre les brakes, so of course il a crash too, et tout la bande ont parti en ambulance au City Hospital, pas trop in bad shape, however, les state troopers ont report dans les news ce matin.» Mais c'est abominable!

CAROLE: Je dirais plutôt remarquable. Imagine-toi que ces gens-là parlent encore français bien que dans le passé le gouvernement américain ne leur permettait ni de l'employer, ni de l'enseigner à l'école!

GEORGES: Fantastique, cette histoire!

(Reportage d'accident de Revon Reed, *Lâche pas la patate: Portrait des Acadiens de la Louisiane*)

2. *Vérifiez le sens général*

ACTIVITE 2: Relisez le dialogue, puis choisissez la phrase qui représente le mieux l'idée principale. Justifiez votre choix.

1. Carole explique la colonisation du Canada.

2. Le passage met en relief les différences entre le français standard et le français cajun.

3. Le passage explique pourquoi le français se parle comme langue première en Louisiane.

ACTIVITE 3: Relisez le dialogue, puis vérifiez les détails.

1. Utilisez les éléments suivants pour reconstruire l'histoire des Acadiens.
   a. La situation avant 1755: les Anglais et les Français; le Nouveau-Brunswick, la Nouvelle-Ecosse, le Québec; les Acadiens
   b. L'exil: 1755; s'embarquer; s'installer
   c. La situation à présent: un français américanisé

2. Georges et Carole ont d'abord des différences d'opinion en ce qui concerne le cajun.
   a. Qu'est-ce qu'ils en pensent?
   b. Etes-vous d'accord avec Georges ou avec Carole?
   c. A votre avis, quelle langue est plus intéressante, le cajun ou le français standard? Pourquoi?

3. Racontez les nouvelles de l'article de journal en français standard.

3. *Cherchez les expressions*

ACTIVITE 4: Relisez le dialogue et cherchez les expressions suivantes.

1. Georges et Carole utilisent les expressions suivantes dans le dialogue. Retrouvez-les et dites s'ils les utilisent (a) pour expliquer quelque chose, (b) pour vérifier si quelqu'un comprend, (c) pour indiquer qu'on comprend ou (d) pour indiquer qu'on ne comprend pas.

D'après ce que nous savons...	Alors...
Exactement.	C'est clair?
Et alors?	Tu peux préciser?
Tu vois?	Il paraît alors que...
Ce que je ne comprends pas, c'est...	

2. Voici d'autres expressions qui servent à accomplir les mêmes fonctions. Dites si les phrases servent à (a) expliquer quelque chose, (b) vérifier si quelqu'un comprend, (c) indiquer qu'on comprend, (d) indiquer qu'on ne comprend pas.

Vous voulez dire que...	Pardon?
Vous suivez (comprenez)?	Je n'ai pas compris.
Ah oui! C'est ça.	Autrement dit...
Ce que je veux dire, c'est que...	Vous voyez ce que je veux dire?
Tu pourrais reprendre?	Vous dites que...
Je ne comprends rien de ce que vous dites.	Qu'est-ce que vous voulez dire?

3. Vérifiez vos listes avec celles de la section **Expressions essentielles** à la fin du chapitre.

4. *Allez plus loin*

ACTIVITE 5: Travaillez avec un(e) partenaire pour lui expliquer comment il y a des gens qui parlent français comme langue première aux Etats-Unis. Votre partenaire va dire qu'il (elle) comprend ou ne comprend pas. Suivez le schéma de conversation ci-dessous.

VOTRE PARTENAIRE: (*Commencez la conversation.*) Je ne comprends pas le mot «cajun».

VOUS: (*Offrez de l'expliquer.*)

VOTRE PARTENAIRE: (*Acceptez l'offre.*)

VOUS: (*Expliquez.*) Le mot «cajun» décrit une population d'origine française qui habite en Louisiane.

VOTRE PARTENAIRE: (*Dites que vous ne comprenez pas.*)

VOUS: (*Dites que vous allez raconter l'histoire. Expliquez.*) Il y a des gens qui parlent français aux Etats-Unis à cause de ce qu'ont fait les Anglais.

VOTRE PARTENAIRE: (*Dites que vous ne comprenez pas.*)

VOUS: (*Expliquez que les Français ont été exilés du Canada, qu'ils se sont installés en Louisiane et ailleurs.*)

VOTRE PARTENAIRE: (*Dites que vous comprenez maintenant.*)

ACTIVITE 6: Le français se parle un peu partout aux Etats-Unis. Tout d'abord, lisez les renseignements suivants sur le français en Louisiane ou ailleurs aux Etats-Unis. Choisissez un des sujets que vous expliquerez à votre partenaire. Il (Elle) va indiquer qu'il (elle) comprend ou ne comprend pas ce que vous dites. Ensuite, échangez les rôles. Votre partenaire va expliquer l'autre sujet et vous allez réagir.

1. Le français ne va pas disparaître de la Louisiane grâce à une organisation qui se charge de le protéger.

   a. L'organisation: elle s'appelle le C.O.D.O.F.I.L. (Conseil pour le développement du français en Louisiane)

    b. Histoire du groupe: de 1921 jusqu'en 1968, la constitution de la Louisiane a découragé l'emploi de la langue française; en 1968 le parlement de la Louisiane a fondé le C.O.D.O.F.I.L. et a rendu au français une place officielle

    c. Buts du groupe: il assure aujourd'hui la santé culturelle du français en Louisiane; garantit qu'on peut enseigner le français dans les écoles primaires; offre des cours du soir pour les adultes

    d. Le français en Louisiane: il y a 135 heures de radio en français par semaine; 3 heures de télévision; plusieurs journaux et magazines

2. On parle français ailleurs aux Etats-Unis.

    a. En Nouvelle-Angleterre: six millions de Canadiens de langue française habitent à présent dans les états de Connecticut, Maine, Massachusetts, New Hampshire, New York, Rhode Island et Vermont

    b. **Dans l'ouest des Etats-Unis: environ 250 000 Canadiens de langue française habitent sur la côte de la Californie et dans l'Oregon**

    c. **Dans l'état du Michigan: autour des Grands Lacs, de 200 000 à 300 000 Canadiens-Américains parlent français**

Structure   *L'Emploi de l'indicatif*

1. *Identifiez la structure*

To explain information, engage someone in a conversation, or tell a story, the following sequence of actions or events can be used:

1. The speaker makes a comment in the present tense describing a current state or situation: "I just don't know what to do about . . . " or "I'm really pleased that . . .".
2. This person then fills in background information leading up to the present condition.
3. The speaker or listener concludes with options, solutions, and future plans.

Skim **Vérifiez les détails** before reading the following mini-dialogue; then read the mini-dialogue and do the exercises.

—Allô! C'est Jean à l'appareil. Ali et moi, nous sommes libres ce soir et nous voulons savoir si tu peux faire quelque chose.

—Oh, non, Jean, ça tombe mal. Je viens de commencer un projet...

—Ecoute, je lisais le journal du soir et j'ai eu une idée! Il y a un festival de films du tiers-monde au Rex. Je sais que tu aimes bien ces films et... il y a des séances à 20 heures, à 22 heures et à minuit. Ça t'intéresse?

—Bien sûr, mais le projet...

—Tu en as pour combien de temps?

—Au moins une heure.

—Bon, alors allons voir le film de 22 heures! Nous viendrons te chercher plus tard.

2. *Vérifiez les détails*

A. 1. Dans le mini-dialogue, pourquoi est-ce que Jean appelle son ami?
   2. Quels renseignements est-ce qu'il lui donne?
   3. Quelle est la réaction de son ami?
   4. Quelle solution Jean propose-t-il?

B. Jouez les rôles du mini-dialogue avec un(e) partenaire. Changez plusieurs détails et donnez une autre conclusion au dialogue.

C. Ce mini-dialogue suit un modèle bien établi. Il emploie plusieurs temps pour expliquer et confirmer les renseignements d'une communication orale. Trouvez d'abord les répliques où Jean décrit la situation à présent. Ensuite, trouvez les répliques où Jean donne des renseignements au passé. Finalement, trouvez les répliques qui donnent une résolution au problème. Quels sont les temps des verbes?

3. *Analysez les exemples*

To explain information or sustain a conversation at even the most basic level, one often refers to information and events occurring at various points in time. Bringing such information together requires the interplay of a variety of tenses and grammatical constructions. The following list illustrates the tenses and constructions that are most useful in relating events, actions, or facts.

Le Présent

- The present tense is most often used to relate events or actions that are currently taking place. It is also used to state facts or to describe the state of things.

  Charles **habite** en France.   Nous **sommes** libres ce soir.

- To refer to events or actions that are taking place while they are being reported, use the construction **être en train de** + *infinitive*.

  Il **est en train de** travailler.

Le Passé

- The **passé composé** and the **imparfait** are the tenses most often used to talk about events or actions in the past.

  Ecoute, je **lisais** le journal du soir et j'**ai eu** une idée!

- Past actions that continue into the present are expressed with the present tense. The following four examples are synonymous.

  Ça fait deux ans **que** j'habite ici.   J'habite ici **depuis** deux ans.

  Il y a deux ans **que** j'habite ici.   **Voilà** deux ans **que** j'habite ici.

- Actions that have just taken place are expressed with **venir de** + *infinitive*.
  Je **viens de** commencer un projet.

- In informal conversation, the present is also used to relate a past event.
  Et alors, il me **dit** qu'il n'**a** pas le temps d'aller au cinéma.

Le Futur

- The future tense is most often used to relate events or actions in the future.
  Nous **viendrons** te chercher plus tard.

- The present tense may be used to express events that will take place in the near future.
  Je **viens** te chercher plus tard.

- Actions in the immediate future may be expressed with **aller** + *infinitive*.
  Nous **allons voir** le film de 22 heures.

4. *Elaborez*

ACTIVITE 7: Eurotunnel représente la fusion symbolique de la France et de la Grande-Bretagne et la fin d'une séparation géographique qui existe depuis huit mille ans. En cette époque, un pont de glace reliait les deux pays. Mais cette fusion géographique ne veut pas nécessairement dire fusion spirituelle. Lisez le passage en faisant très attention aux temps des verbes, puis répondez aux questions ci-dessous.

Selon un des responsables d'Eurotunnel, la construction du tunnel sous la Manche ne suscite pas que des réactions positives. Au contraire, elle contribue, chez certains, à un regain de xénophobie. Xénophobie qui se manifeste de façon différente en Grande-Bretagne qu'en France. Dans le premier cas, elle est active, alors que dans le second, elle serait plutôt passive.

Les Britanniques, surtout les plus âgés, voient ce rattachement à la France d'un assez mauvais œil. La Manche a traditionnellement protégé l'Angleterre d'agression et lui a permis un détachement souverain par rapport au continent. Quand on pense que d'ici une douzaine d'années, 45 millions de passagers par an emprunteront Eurotunnel avec des départs tous les douze minutes, on comprend que ceci trouble l'isolement confortable et souvent arrogant des Britanniques. [...]

Les Français, de leur côté, sont beaucoup plus friands[1] que les Britanniques de grands projets nationaux et internationaux du genre Eurotunnel. D'ailleurs le site de la construction à Sangatte, près de Calais, est rapidement devenu une des premières attractions touristiques de France. Mais Eurotunnel, consciemment ou non, incarne de façon tangible et dramatique, le rétrécissement[2] des frontières européennes. Et cette nouvelle Europe provoque des appréhensions, voire des angoisses, auprès de bon nombre de Français qui anticipent une perte d'influences de leur pays sur ce continent où la langue de commerce est l'anglais et où l'Allemagne unie s'imposera vraisemblablement comme première puissance politique.

Il suffit de se remettre en mémoire les banderoles[3] des paysans français qui manifestaient ces mois derniers contre l'importation de viande anglaise pour constater que la xénophobie est à fleur de peau[4]. «Stop aux moutons anglais!», lisait-on, ainsi que «Anglais!!! Gardez vos vaches folles. Mangez vos moutons!» Eurotunnel symbolise une nouvelle réalité européenne et comme tous les grands bouleversements, celui-ci ne se fera pas sans remous.[5]

(Adapté du *Journal français d'Amérique,* volume 12, nº 24 [16–19 novembre, 1990], p. 4.
Reprinted by permission of *Journal français d'Amérique.*)

---

1. friand *fond of*   2. le rétrécissement *shrinking*   3. la banderole *sign*   4. à fleur de peau *just beneath the surface*   5. le remous *reaction*

1. Vérifiez votre compréhension.
   a. Dans le premier paragraphe, vérifiez l'idée principale. Expliquez les deux genres de réactions que suscite Eurotunnel.
   b. Dans le deuxième paragraphe, vérifiez l'idée principale. En général, pourquoi est-ce que les Britanniques ne sont pas tous contents d'Eurotunnel?
   c. Dans le troisième paragraphe, vérifiez l'idée principale. En général, est-ce que les Français trouvent Eurotunnel inquiétant, ou bien est-ce que le tunnel représente une menace à l'avenir pour la France? Est-ce que cela vous semble raisonnable?
   d. Dans le dernier paragraphe, quelles autres évidences est-ce que l'auteur cite pour illustrer la xénophobie?

2. Analysez les temps des verbes.
   a. Dans le premier paragraphe, quels temps du verbe l'auteur utilise-t-il? Pourquoi?
   b. Faites une liste des temps des verbes dans le deuxième paragraphe. Dans quelle mesure est-ce que ce paragraphe suit le modèle **présent → passé → futur**?
   c. Est-ce que le troisième paragraphe suit le modèle **présent → passé → futur**? Pouvez-vous expliquer pourquoi (pourquoi pas)?
   d. Quels sont les temps des verbes dans la conclusion?
   e. **Considérez le passage dans son ensemble. Dans quelle mesure est-ce qu'on y voit le modèle présent → passé → futur? Pensez-vous que**

ACTIVITE 8: Gilles Vigneault est le poète canadien qui a écrit «Mon pays». Cette chanson est devenue très célèbre; on l'appelle l'anthème national du Français-canadien. Lisez la chanson et ensuite répondez aux questions.

MON PAYS

Mon pays ce n'est pas un pays c'est l'hiver
Mon jardin ce n'est pas un jardin c'est la plaine
Mon chemin ce n'est pas un chemin c'est la neige
Mon pays ce n'est pas un pays c'est l'hiver

Dans la blanche cérémonie
Où la neige au vent se marie
Dans ce pays de poudrerie[1]
Mon père a fait bâtir maison
Et je m'en vais être fidèle
A sa manière à son modèle
La chambre d'ami sera telle
Qu'on viendra des autres saisons
Pour se bâtir à côté d'elle

Mon pays ce n'est pas un pays c'est l'hiver
Mon refrain ce n'est pas un refrain c'est rafale[2]
Ma maison ce n'est pas ma maison c'est froidure
Mon pays ce n'est pas un pays c'est l'hiver

De mon grand pays solitaire
Je crie avant que de me taire
A tous les hommes de la Terre
Ma maison, c'est votre maison
Entre mes quatre murs de glace
Je mets mon temps et mon espace
A préparer le feu, la place
Pour les humains de l'horizon
Et les humains sont de ma race

[Refrain]

Mon pays ce n'est pas un pays c'est l'envers
D'un pays qui n'était ni pays ni patrie
Ma chanson ce n'est pas ma chanson c'est ma vie
C'est pour toi que je veux posséder mes hivers

---

1. la poudrerie *powder snow*   2. la rafale *strong wind, gust of wind*

1. Vérifiez votre compréhension.
    a. Dans la première strophe Gilles Vigneault décrit son pays. En quels termes décrit-il le Canada?
    b. Dans la deuxième strophe le poète propose un contraste entre le froid de l'extérieur et la chaleur humaine. Quelle tradition est-ce que son père lui a apprise? Qu'est-ce que cela montre du caractère des Canadiens?

   c. La troisième strophe sert de refrain. Elle reprend les mêmes thèmes que la première. Quelle image est rétablie maintenant dans la chanson?

   d. Dans la quatrième strophe, Vigneault revient encore une fois sur un thème qu'il a déjà traité. Il l'amplifie et y ajoute des détails. Quel est ce thème? A qui parle-t-il? Avec qui veut-il établir un rapport?

2. Analysez les temps des verbes.
   a. Quel temps des verbes est-ce qu'il emploie dans la première strophe?
   b. Quelle séquence de temps est-ce que Vigneault emploie dans la deuxième strophe?
   c. Dans la troisième strophe, quels temps des verbes retrouvons-nous?
   d. Quel temps des verbes emploie-t-il dans la quatrième strophe? Est-ce qu'il revient à la séquence **présent** → **passé** → **futur**? Pourquoi (pourquoi pas)?

ACTIVITE 9: La Belgique est un pays francophone marqué par une forte division linguistique. Préparez une présentation sur ce pays; employez les renseignements ci-dessous. Utilisez le présent pour décrire sa situation actuelle dans le premier paragraphe, les temps passés pour décrire l'histoire de la division linguistique, et les temps futurs pour prédire ce qui arrivera en Belgique à l'avenir.

   I. La Belgique: sa situation géographique
     A. un royaume de l'Europe occidentale
     B. sur la Mer du nord
     C. frontières avec les Pays-Bas au nord, l'Allemagne et le Luxembourg à l'est, et la France au sud
     D. sa capitale est Bruxelles
     E. densité de la population très grande
     F. agriculture pratiquée d'une façon intensive; ne peut pas satisfaire les besoins du pays
     G. métallurgie et l'industrie textile et chimique importantes

   II. La Belgique: pays bilingue
     A. divisée en deux grandes zones par le bilinguisme: les Flamands*, les plus nombreux, au nord; les Wallons au sud
     B. 1960: début des agitations liées au problème linguistique
     C. 1970: formation de trois zones: zone flamande, zone wallonne, et Bruxelles où les deux langues se parlent

   III. La Belgique: quelques prédictions pour l'avenir
     A. s'intégrer dans la Communauté européenne
     B. résoudre, minimiser le problème linguistique

---

*Le flamand est un ensemble de dialectes hollandais qu'on parle dans le nord de la Belgique. Le wallon est un ensemble de dialectes français qu'on parle dans le sud de la Belgique.

Aperçu culturel   *L'Immigration en France*

La population étrangère en France représente environ 8% de la population totale. L'immigration en France s'est effectuée en plusieurs vagues: en 1931, 1946 et 1962. La plupart des immigrants depuis les années 50 sont de provenance nord-africaine. D'autres viennent de Pologne, de Yougoslavie et du Portugal. Très peu viennent d'Asie.

Les étrangers résidant en France comptent 4,4 millions. Près de 60% d'entre eux sont résidents de la région parisienne et de la région marseillaise. Ce nombre d'étrangers a suscité une réaction de la part de la population établie. Voici les résultats d'un sondage récent.

	Plutôt d'accord	Plutôt pas d'accord
Les immigrés sont une chance pour la France.	21%	66%
Les immigrés sont un facteur important de la délinquance.	65%	26%
Les Français sont racistes vis-à-vis les immigrés.	71%	23%
Les immigrés sont racistes vis-à-vis les Français.	78%	12%

(Francoscopie)

Analysez et discutez

1. Lisez les résultats du sondage. Quelles conclusions pouvez-vous en tirer? Est-ce que ces résultats démontrent une attitude raciste envers les immigrés? Et envers les Français? Expliquez.

2. Si on faisait un même sondage auprès des Américains, croyez-vous que les résultats seraient les mêmes? Pourquoi ou pourquoi pas? Quelles différences envisageriez-vous?

3. Quelles similarités pouvez-vous remarquer avec l'attitude des Américains sur les différents groupes ethniques d'Amérique? Quelles différences?

SECTION 2

J'en ai une bonne à te raconter

Fonctions communicatives

Rôle 1

Raconter une histoire

Rôle 2

Indiquer son intérêt

Tout d'abord

ACTIVITE 1: Aimez-vous raconter les blagues? Est-ce que vous les racontez bien? Lisez les blagues ci-dessous, puis répondez aux questions.

Un petit Marseillais va trouver sa mère et il lui dit: —Maman! C'est extraordinaire! Je viens de voir une souris[1] énorme. Une souris grosse comme un hippopotame.

Et sa mère hausse les épaules: —Ecoute, Titin, ça fait trente-six millions de fois que je te dis de ne pas exagérer.

Trois dames de la plus haute société britannique sont en train de prendre le thé dans un petit jardin du côté de Calcutta. Soudain, un gorille sort d'un buisson,[2] il s'empare[3] d'une des ladies et il disparaît avec. Les deux autres ont un petit moment de gêne.[4] Puis, elles continuent à tourner leur thé avec une petite cuillère et il y en a une qui dit à l'autre: —Je ne sais pas si vous êtes de mon avis, mais je ne vois vraiment pas ce qu'il lui trouve...

(NRJ)

---

1. la souris *mouse*   2. le buisson *hedge*   3. s'emparer de *to grab*   4. la gêne *awkwardness*

1. D'après la blague au sujet des Marseillais, quels traits de caractère sont associés avec les gens qui habitent dans le Midi? Quels rapports ont-ils avec le reste du pays? Existe-t-il une situation pareille dans la région ou dans le pays où vous habitez?

2. D'après la deuxième blague, quels traits de caractère les femmes anglaises ont-elles? A votre avis, est-ce que cette description est vraie ou plutôt exagérée?

3. Les groupes régionaux et nationaux sont souvent le sujet des blagues. A votre avis, est-ce que ce genre de blague est drôle? A quoi servent-elles? Qu'est-ce qu'elles indiquent concernant les rapports entre certains groupes ethniques?

Par ici

1. *Ecoutez la scène*

🔘 JE NE VEUX PAS D'ŒUFS

Lisez les résumés de l'activité 2 et ensuite écoutez la scène entre Joseph et Sylviane.

Les malentendus linguistiques font souvent partie des blagues. Ces malentendus sou-lignent les différences ethniques et les rapports entre les gens. Dans ce dialogue Joseph raconte quelque chose de drôle qui lui est arrivé au restaurant un jour.

2. *Vérifiez le sens général*

ACTIVITE 2: Choisissez la phrase qui décrit le mieux l'idée principale de la scène.

1. Les garçons dans les restaurants savent souvent mieux que les clients ce qu'il faut manger pour être en forme.
2. Les conversations contiennent quelques fois des ambiguïtés qui mènent au malentendu.
3. En France, si on veut un repas léger on commande souvent un œuf ou deux œufs.

ACTIVITE 3: Ecoutez la scène encore une fois, puis répondez aux questions suivantes.

1. Pourquoi Joseph ne veut-il pas commander le steak frites? Qu'est-ce que le garçon lui suggère?
2. Qu'est-ce que Joseph demande et qu'est-ce que le garçon lui apporte?
3. Expliquez le malentendu. A votre avis, est-ce que la situation est drôle? Pourquoi ou pourquoi pas?
4. Ce malentendu montre qu'il est souvent difficile de s'entendre même dans les meilleures conditions. Comment la situation serait-elle différente si les personnages étaient de deux ethnies différentes? Quel serait le rôle des traditions? De la langue?

3. *Cherchez les expressions*

ACTIVITE 4: Ecoutez la scène encore une fois et cherchez les expressions suivantes.

1. Voici plusieurs façons d'intéresser quelqu'un quand vous racontez une histoire. Ecoutez attentivement le commencement de la scène, puis choisissez un élément de chaque colonne pour reconstituer l'expression que Joseph utilise pour intéresser son amie.

___ Si tu savais	___ ce qui m'est arrivé	___ l'autre jour
___ Tu ne vas pas croire	___ ce que j'ai entendu	___ ce (hier) matin (soir)
___ Voilà	___ ce que j'ai fait	___ cet (hier) après-midi
___ Je ne t'ai pas raconté	___ ce qui s'est passé	___ la semaine passée

2. Ecoutez encore une fois la scène et cochez les expressions que Sylviane utilise pour indiquer qu'elle comprend le récit.

___ a. Tout cela me semble très clair.   ___ e. Comment ça?

___ b. Elle est bien bonne, celle-là!   ___ f. Cela me semble juste.

___ c. Oui, je comprends.   ___ g. C'est ça.

___ d. Je vois ce que tu veux dire.   ___ h. Ah, oui. Je vois.

ACTIVITE 5: Ecoutez la scène encore une fois et cochez les temps des verbes que Joseph emploie pour raconter son histoire.

___ a. le plus-que-parfait   ___ d. le futur

___ b. l'imparfait   ___ e. le futur proche

___ c. le présent   ___ f. le passé composé

4. *Allez plus loin*

ACTIVITE 6: Voici une très courte blague. Lisez-la, puis enrichissez l'histoire avec des détails et davantage de descriptions. Suivez le schéma ci-dessous pour raconter votre histoire à votre partenaire.

Un Corse demande à un autre Corse des nouvelles d'un ami commun:
— Qu'est-ce qu'il devient?
— Il travaille.
— Il travaille? Il n'a donc rien à faire?

(NRJ)

VOUS: (*Intéressez votre partenaire.*)

VOTRE PARTENAIRE: (*Indiquer votre intérêt.*)

VOUS: (*Commencez l'histoire.*) Il était une fois deux hommes...

VOTRE PARTENAIRE: (*Indiquez que vous comprenez l'histoire.*)

VOUS: (*Continuez l'histoire.*)

VOTRE PARTENAIRE: (*Indiquez que vous suivez le récit.*)

VOUS: (*Terminez l'histoire.*)

VOTRE PARTENAIRE: (*Donnez votre opinion de l'histoire.*)

ACTIVITE 7: Travaillez avec un(e) partenaire. Suivez le modèle de l'activité 6 pour raconter une histoire vraie ou imaginaire. N'oubliez pas de dire où l'histoire a lieu, d'intéresser la personne qui écoute, de décrire une ou deux actions ou de donner un ou deux faits. Votre partenaire va indiquer qu'il (elle) comprend l'histoire et qu'il (elle) vous suit. Finalement il (elle) va donner son opinion de l'histoire. Echangez les rôles.

Structure   *L'Emploi de l'indicatif (suite)*

1. *Identifiez la structure*

The following verb constructions and tenses are useful in situating one event relative to another event when describing or narrating in the past or present. Skim **Vérifiez les détails** before reading the following mini-dialogue; then read the mini-dialogue and do the exercises.

—Hé, Henri, qu'est-ce que tu fais?

—Tu vois bien que je travaille.

—Et qu'est-ce que cette chanson?

—J'écoute de la musique en travaillant.

—Moi, je viens de terminer mon travail. Tu veux aller prendre un café?

—Dans un quart d'heure. Je ne peux pas m'arrêter avant de finir ce chapitre.

2. *Vérifiez les détails*

A. Dans le mini-dialogue, qu'est-ce qui se passe? Racontez la scène avec vos propres mots.

B. Avec un(e) partenaire, jouez les rôles des deux personnages. Gardez le thème principal et faites au moins trois répliques; changez quelques détails.

C. Trouvez dans le mini-dialogue les phrases qui ont plus d'une action.
   1. Dans quelles phrases est-ce qu'une action précède une autre?
   2. Dans quelles phrases s'agit-il de deux actions simultanées?

3. *Analysez les exemples*

Deux actions simultanées

Stories and anecdotes often include descriptions of two actions that occur at the same time. To express such simultaneous events, either of the following two constructions may be used:

- The expressions **en même temps** or **à la fois.**

   Il lit le roman et écoute la radio **en même temps.**

   Jean travaillait et chantait **à la fois.**

- The present participle.*

  J'écoute **en travaillant.**

  Nous écoutions **en chantant.**

Deux actions au passé

Stories, anecdotes, or descriptions may also include two past events that were not simultaneous. To distinguish when these events took place with respect to one another, the following constructions are used:

- The **plus-que-parfait.**

  This tense is used with another past tense to indicate that one event in the past preceded a different event in the past.

  J'**avais** déjà **lu** le journal du soir; je n'avais donc rien d'autre à faire.

- The construction **avant de** + *infinitive.*

  This construction also indicates that one past action preceded a different one.

  Il a fini le chapitre **avant d'aller** au café.

- The construction **après** + *past infinitive.*

  This construction indicates that one past action followed another one.

  Après **avoir allumé** la télévision, j'ai lu le journal.

Deux actions au futur

Narrations that deal with future time may also include several events. The following constructions are used to specify that one action in the future precedes a different one in the future.

- The future perfect.

  Remember that **si** clauses and certain conjunctions normally cue this tense.

  Aussitôt que j'**aurai lu** le journal du soir, je regarderai la télé.

- The construction **avant de** + *infinitive.*

  Avant de lire, j'allumerai la télé.

---

* The present participle is formed by dropping the **-ons** ending from the present-tense **nous** form and then adding **-ant.** For example, for the verb **travailler,** the present participle is **travaillant.**

4. *Elaborez*

ACTIVITE 8: Voici une autre histoire cajun. Complétez le récit avec les formes correctes des verbes entre parenthèses. Ensuite analysez la séquence des temps des verbes.

Un homme riche ___ (1. *futur proche,* passer) ses vacances loin de chez lui. Il ___ (2. *présent,* laisser) un gardien en charge de ses terres et de son bétail[1]. Il l'___ (3. *présent,* appeler) au téléphone pour avoir des nouvelles.

HOMME RICHE: Alors, tout ___ (4. *présent,* aller) bien?

GARDIEN: Oh oui, Monsieur, tout va bien... excepté pour le pauvre petit Fido.

HOMME RICHE: Fido? Fido? Qu'est-ce qui s'___ (5. *passé composé,* passer) avec mon petit chien?

GARDIEN: Mais il ___ (6. *passé composé,* mourir) d'indigestion, le pauvre.

HOMME RICHE: Comment?

GARDIEN: Eh bien, il ___ (7. *passé composé,* manger) trop de viande de mulet.

HOMME RICHE: Viande de mulet?

GARDIEN: Et bien oui, l'écurie[2] ___ (8. *passé composé,* prendre) feu et vos mulets ___ (9. *passé composé,* brûler). Il est mort ___ (10. *après + infinitif,* manger) beaucoup de viande de mulet grillée.

HOMME RICHE: Et comment l'écurie a-t-elle pris feu?

GARDIEN: Mais de votre maison. ___ (11. *après + infinitif,* prendre) feu la maison a incendié l'écurie. Vos mulets ont brûlé, Fido a mangé trop de viande et il en est mort.

HOMME RICHE: Et comment la maison a-t-elle brûlé?

GARDIEN: On croit que le feu ___ (12. *passé composé,* commencer) par les chandelles autour du cercueil.[3]

HOMME RICHE: Quel cercueil? Mon Dieu, qui est mort?

GARDIEN: Et bien, c'est votre belle-mère. Elle a eu une attaque au cœur ___ (13. *après + infinitif,* recevoir) les nouvelles de votre femme.

HOMME RICHE: Ma femme? Qu'est-ce qui ___ (14. *passé composé,* arriver) à ma femme, bon sang?

GARDIEN: Elle ___ (15. venir de, partir) avec le garçon d'écurie. Mais ne vous en faites pas, tout va bien, sauf, bien sûr, pour Fido.

(Histoire pour rire traditionnelle cajun)

---

1. le bétail *cattle*   2. l'écurie (*f.*) *stable*   3. le cercueil *coffin*

ACTIVITE 9: Voici un autre récit du livre *Lâche pas la patate: Portrait des Acadiens de la Louisiane.* Lisez-le, puis identifiez et analysez les temps des verbes.

Il y avait une fois un jeune homme qui s'était marié avec la plus jolie fille de la ville, mais Pierre était jaloux de sa belle femme. Pendant les sept ans de son mariage elle a eu sept enfants. Pierre aimait beaucoup ses enfants, tous bruns comme lui et sa femme. Mais quand le numéro huit est arrivé, le père a commencé à se méfier de la paternité du petit, car il avait les cheveux roux et les yeux verts. Mais il n'a jamais rien dit à sa femme.

Un jour, Pierre a eu un accident au moulin où il travaillait; et sa condition devenait pire de jour en jour jusqu'à ce qu'il ait fallu appeler le prêtre pour lui donner les derniers sacrements. Mais avant de lâcher son dernier soupir il a appelé sa femme, et d'une voix bien faible il lui a demandé de lui répondre à sa question.

—Dites-moi, ma chérie, demande-t-il à sa femme, dites-moi honnêtement, le petit aux cheveux roux, est-il le mien? Dites-moi que je puisse mourir en paix.

—Oh, mais certainement, mon cher mari. C'est ton enfant. J'en suis sûre et certaine.

—Je peux mourir content à présent.

Mais avant qu'il ne meure, elle lui souffle à l'oreille:

—Mais les sept autres ne sont pas par toi, mon chéri.

(Revon Reed, *Lâche pas la patate: Portrait des Acadiens de la Louisiane*)

1. Vérifiez votre compréhension:
   a. De quoi s'agit-il? Racontez l'histoire avec un(e) partenaire. Chacun(e) à son tour doit donner une phrase de l'histoire.
   b. D'après l'histoire, qu'est-ce que vous pouvez deviner de la vie des Cajuns?
   c. Trouvez-vous l'histoire amusante ou pas? Pourquoi?
   d. Que pensez-vous du style folklorique du récit?

2. Relisez l'histoire faisant attention aux temps des verbes.
   a. Le premier paragraphe sert à décrire les personnages et à rapporter leurs activités. Quels temps des verbes sont employés? Expliquez le choix du temps pour chaque verbe dans le paragraphe.
   b. Deux fois dans le passage, l'auteur raconte des suites de deux actions dans la même phrase. Trouvez ces deux phrases. Quelles conjonctions emploie-t-il?

3. Ecrivez votre propre version de l'histoire en employant les temps des verbes et les constructions suivantes:
   a. plusieurs temps passés et des expressions qui indiquent une suite d'événements au passé (l'imparfait, le passé composé, le plus-que-parfait, l'infinitif passé, **venir de, avant de**)
   b. **en même temps,** ou des constructions qui indiquent des actions simultanées (le participe présent)
   c. plusieurs temps futurs ou des expressions qui indiquent une suite d'événements au futur (le futur proche, le futur, le futur antérieur, **avant de**)

Aperçu culturel

Les Algériens en France

Il y a plus d'un million d'Algériens qui habitent actuellement en France. Bien qu'ils habitent en France depuis assez longtemps, plusieurs ont eu du mal à s'adapter aux coutumes de l'Europe occidentale. Un grand nombre garde donc certaines coutumes arabes et espère rentrer en Algérie. La situation n'est pas du tout la même pour leurs enfants. Voici un extrait de *L'Express* qui décrit la situation de deux familles algériennes résidant en France.

Le nouvel appartement de Badia est beaucoup plus grand, plus confortable. Mais elle ne s'y sent pas heureuse: «Je réalise, pour la première fois, que je suis en France.» Difficile d'aller voir la famille, les amis: ne sachant pas lire, elle ne peut prendre seule le métro ou l'autobus. Aujourd'hui, les enfants sont élevés. «Et ils ont fait les études supérieures», dit-elle fièrement. Son mari est retraité. A la maison, il a réendossé[1] le costume traditionnel. Tous deux aimeraient bien finir leur vie en Algérie... «Mais pas sans les enfants.» Pour ceux-ci, repartir ne veut rien dire. «Repartir où? demande Kamel. Nous sommes nés ici, nous avons grandi ici.»

Quand Zeina est arrivée à Aix-en-Provence en 1962, elle ne parlait pas un mot de français. Elle s'y est mise. Mais à la maison, elle a toujours veillé[2] à ce que ses dix enfants apprennent l'arabe, pour un éventuel retour en Algérie. Les enfants ont grandi, ils se sont mariés. Des petits-enfants sont nés. Peu à peu, l'illusion du retour s'est évanouie.[3] Son mari est à la retraite depuis un an déjà: ils viennent d'acheter un pavillon dans la banlieue d'Aix et se sont endettés pour quinze ans... Les enfants leur ont promis de les enterrer au pays.

(L'Express)

---

1. réendosser *to start wearing again*   2. veiller *to take care*   3. s'évanouir *to vanish*

Analysez et discutez

1. Imaginez la situation entre les parents algériens et leurs enfants. Ils ont apparemment deux buts différents. Quels sont ces buts? A qui ou à quoi les parents sont-ils restés fidèles? Et les enfants? Est-ce qu'on peut réconcilier leurs situations?

2. En quoi est-ce que la situation des parents et des enfants algériens est similaire à la situation entre vous et vos parents? En quoi est-ce qu'elle est différente?

3. Imaginez les rapports entre les Français et les Algériens. Pouvez-vous prédire leurs relations? La situation serait-elle différente entre les Français et les enfants des Algériens? Comment et pourquoi?

SECTION 3

Les Etrangers

Fonctions communicatives

Rôle 1

Raconter une histoire

Stratégies de lecture

Analyser un texte littéraire

Stratégies de composition

Structurer un essai

Tout d'abord

ACTIVITE 1: Lisez le poème par René Philombe (1930–), un poète camerounais, puis répondez aux questions.

L'homme qui te ressemble

J'ai frappé à ta porte	Pourquoi me demander
j'ai frappé à ton cœur	si je suis d'Afrique
pour avoir bon lit	si je suis d'Amérique
pour avoir bon feu	si je suis d'Asie
pourquoi me repousser?	si je suis d'Europe?
Ouvre-moi mon frère!...	Ouvre-moi mon frère!...

Pourquoi me demander
la longueur de mon nez
l'épaisseur de ma bouche
la couleur de ma peau
et le nom de mes dieux?
Ouvre-moi mon frère!...

Je ne suis pas un noir
je ne suis pas un rouge
je ne suis pas un jaune
je ne suis pas un blanc
mais je ne suis qu'un homme
Ouvre-moi mon frère!...

Ouvre-moi ta porte
Ouvre-moi ton cœur
car je suis un homme
L'homme de tous les temps
L'homme de tous les cieux
L'homme qui te ressemble!...

(Petites gouttes de chant pour créer l'homme)

1. Lisez le poème à haute voix. Que pensez-vous des répétitions et du rythme?
2. Quelle est l'idée principale du poème?
3. Lisez le poème encore une fois. Aimez-vous le poème? Pourquoi? Pourquoi pas? Est-ce qu'il y a des strophes que vous aimez particulièrement? Lesquelles?

Par ici

*A*vant la lecture

Applying Literary Analysis

In the last several chapters, you have studied differences among written works in tone, point of view, and genre. While all reading passages do differ from one another in these significant ways, literary works introduce an additional element: they exhibit a complexity of meaning that allows for several possible levels of interpretation. For instance, a literary text may include the following:

Literal meaning: This is the level at which the reader understands the plot and is able to report it in much the same way that a journalist reports a news event. Understanding at this level focuses on who, what, when, where, and how.

Figurative meanings: This level reveals how characters and actions fit together and influence each other. Questions focusing on motives and reasoning are important. The reader is often challenged with symbols, figures of speech, allusions to other works, and so on.

The message: Literary works appeal to the intellect and the emotions, offering a moral or lesson that applies not only to the characters in the text but also to the readers. The lesson may either be personal or have universal or metaphysical importance.

To understand a literary text, it is often necessary to consider it in an analytical way. You might want to evaluate the believability or consistency of a particular character; the manner in which the writer brings characters to life in the text; the realism of the settings, characters, and plot; the value of the message; and the author's point of view.

ACTIVITE 2: Considérez le poème de l'activité 1.

1. Quel en est le sens propre? [1]

2. Quel en est le sens figuré?

3. Quel est le point de vue de l'auteur?

4. Quelle est la morale (la leçon) du poème?

5. Quelle est la valeur de la répétition dans les vers?

---

1. le sens propre *literal meaning*

ACTIVITE 3: Et maintenant considérez *Le Mur* de Jean-Paul Sartre. Sartre, un écrivain et philosophe français, est né en 1905. Il est théoricien de l'existentialisme qu'il développe dans ses écrits philosophiques et dans ses romans et ses drames. Dans l'extrait que vous allez lire, les personnages principaux sont accusés et interrogés par la police concernant certaines activités politiques. Pensez à une situation pareille, puis travaillez avec un(e) partenaire.

1. Accusez votre partenaire d'un crime politique et posez-lui des questions concernant où il (elle) était, avec qui, pourquoi, etc. Posez vos questions de façon à pouvoir vérifier s'il (si elle) est coupable.

2. Changez de rôle et répétez l'activité.

3. Dans des groupes de plusieurs personnes, expliquez comment vous vous sentiez quand vous jouiez le rôle de l'accusateur et de la victime. Comparez vos réactions.

4. Imaginez la situation où se trouvent les personnages principaux du passage que vous allez lire.
    a. Où sont-ils? (Quel genre de salle est-ce, est-ce qu'elle est bien allumée, fait-il jour ou nuit,...?)
    b. Qui est là (d'autres accusés, des gendarmes,...)?
    c. Comment se sentent-ils? (Ont-ils peur, faim, soif,...?)

5. En lisant le passage, pensez aux niveaux de compréhension (le sens propre, le sens figuré, la morale).

Lecture

L'histoire se déroule pendant la guerre civile en Espagne (1936–1939), entre les forces de la gauche et celles de Franco. Pablo Ibietta, un Espagnol, vient d'être arrêté avec d'autres gauchistes et anarchistes. On les interroge. Bien qu'espagnol, Pablo est dans la situation d'un étranger dans son propre pays.

Avant de lire le passage, lisez les résumés de l'activité 4. Ensuite lisez le passage et faites les activités.

Le général Francisco Franco pendant la guerre civile espagnole

LE MUR

On nous poussa dans une grande salle blanche, et mes yeux se mirent à cligner parce que la lumière leur faisait mal. Ensuite, je vis une table et quatre types[1] derrière la table, des civils, qui regardaient des papiers. On avait massé les autres prisonniers dans le fond et il nous fallut traverser toute la pièce pour les rejoindre. Il y en avait   5
plusieurs que je connaissais et d'autres qui devaient être étrangers. Les deux qui étaient devant moi étaient blonds avec des crânes ronds, ils se ressemblaient: des Français, j'imagine. Le plus petit remontait tout le temps son pantalon: c'était nerveux.

Ça dura près de trois heures; j'étais abruti[2] et j'avais la tête vide mais   10
la pièce était bien chauffée et je trouvais ça plutôt agréable: depuis vingt-quatre heures, nous n'avions pas cessé de grelotter.[3] Les gardiens ame-

naient les prisonniers l'un après l'autre devant la table. Les quatre types leur demandaient alors leur nom et leur profession. La plupart du temps ils n'allaient pas plus loin — ou bien alors ils posaient une question par-ci, par là: «As-tu pris part au sabotage des munitions?» Ou bien: «Où étais-tu le matin du 9 et que faisais-tu?» Ils n'écoutaient pas les réponses ou du moins ils n'en avaient pas l'air: ils se taisaient un moment et regardaient droit devant eux, puis ils se mettaient à écrire. Ils demandèrent à Tom si c'était vrai qu'il servait dans la Brigade internationale: Tom ne pouvait pas dire le contraire à cause des papiers qu'on avait trouvés dans sa veste. A Juan ils ne demandèrent rien, mais après qu'il eut dit son nom, ils écrivirent longtemps.

«C'est mon frère José qui est anarchiste, dit Juan. Vous savez bien qu'il n'est plus ici. Moi je ne suis d'aucun parti, je n'ai jamais fait de politique.»

Ils ne répondirent pas. Juan dit encore:

«Je n'ai rien fait. Je ne veux pas payer pour les autres.»

Ses lèvres tremblaient. Un gardien le fit taire et l'emmena. C'était mon tour:

«Vous vous appelez Pablo Ibietta?»

Je dis que oui.

Le type regarda les papiers et me dit:

«Où est Ramon Gris?

—Je ne sais pas.

—Vous l'avez caché dans votre maison du 6 au 19.

—Non.»

Ils écrivirent un moment et les gardiens me firent sortir. Dans le couloir Tom et Juan attendaient entre deux gardiens. Nous nous mîmes en marche. Tom demanda à un des gardiens:

«Et alors?

—Quoi? dit le gardien.

—C'est un interrogatoire ou un jugement?

—C'était le jugement, dit le gardien.»

(Le Mur, Jean-Paul Sartre)

---

1. le type *person, fellow (familiar)*   2. abruti *stupefied*   3. grelotter *to shiver*

*A*près la lecture

ACTIVITÉ 4: Choisissez la phrase qui représente le mieux l'idée principale de l'extrait.

1. Pablo est un meurtrier; il est coupable d'avoir tué Ramon Gris.

2. Pablo est un patriote qui ne comprend pas pourquoi on l'a emprisonné.

3. Il s'agit d'un rêve où la réalité ne joue pas un grand rôle.

ACTIVITE 5: Relisez le passage, puis répondez aux questions. Ces questions se rapportent au sens propre du passage.

1. Comment est la salle où l'interrogatoire avait lieu? Décrivez-la. Comparez cette description avec celle que vous avez projetée dans l'activité 3.

2. Le personnage principal a trouvé deux groupes de gens dans la salle. Comment étaient-ils?

3. Pendant les trois heures de l'interrogatoire, comment était le personnage principal? Quel contraste remarque-t-il avec les heures précédentes? Malgré le fait que le passage ne le dise pas, pouvez-vous imaginer où il était avant?

4. Qu'est-ce qui se passait pendant l'interrogatoire de la part des gendarmes et des accusés? Dans quelle mesure est-ce que l'interrogation ressemble à l'interrogatoire que vous avez imaginé dans l'activité 3?

5. Quand c'était au tour du personnage principal, qu'est-ce qui est arrivé? Et après?

6. Que dit le gardien à la fin du passage? Qu'est-ce que vous imaginez que cela veut dire?

ACTIVITE 6: Pensez encore une fois à la situation où se trouvent les personnages principaux, puis répondez aux questions. Ces questions se rapportent au sens figuré du passage et au point de vue de l'auteur.

1. Quel est le point de vue de Sartre vis-à-vis de Pablo et des militaires? Comment le savez-vous? Quelle différence voyez-vous dans la manière dont l'auteur décrit chaque groupe?

2. Pourquoi est-ce que Sartre, un écrivain français, s'intéresse à un problème espagnol? Est-ce que la situation de Pablo pourrait être celle d'un citoyen en France?

3. Que feriez-vous si vous étiez accusé(e) injustement? Quels seraient vos sentiments?

4. Comment est-ce qu'on pourrait se défendre si on vivait dans une dictature?

5. Est-ce possible d'être jugé coupable par association? Par exemple, si vous aviez des ami(e)s qui étaient des malfaiteurs, est-ce qu'on pourrait vous juger par rapport à ce qu'ils ont fait?

ACTIVITE 7: Réfléchissez à la morale du passage, puis répondez aux questions.

1. Est-il possible que le système de justice ne marche pas? Est-il possible d'être accusé et jugé sans pouvoir se défendre? Croyez-vous à la possibilité de l'injustice?

2. Est-il possible de se sentir comme un étranger dans son propre pays? Comment?

3. Est-ce que la situation que décrit Sartre est réaliste? Pourquoi ou pourquoi pas?

Structure   *Les Temps littéraires*

1. *Identifiez la structure*

Certain tenses in French are used primarily in written texts, rarely in conversational contexts. Skim **Vérifiez les détails** before reading the following passage; then read the passage and do the exercises.

Le manuscrit original de *L'Etranger*, par Albert Camus,[*] fut acquis récemment pour 175 000$ par un acheteur qui désire garder l'anonymat. Le manuscrit qui lança la carrière de Camus faisait partie d'une collection privée. Les propriétaires du manuscrit avaient décidé de le vendre à condition qu'il atteigne un certain prix.

(Adapté du *Journal français d'Amérique*, volume 13, n⁰ 14 [28 juin–11 juillet, 1991], p. 20. Reprinted by permission of Journal français d'Amérique.)

2. *Vérifiez les détails*

A. En une seule phrase, donnez le résumé du petit article.

B. Pensez au prix du manuscrit, puis décrivez la personne qui aurait pu payer une somme pareille. A votre avis, un manuscrit pareil vaut-il un tel prix?

C. Analysez les temps des verbes employés dans l'article. Combien y en a-t-il? Lesquels? Pouvez-vous expliquer le choix de chacun?

---

[*] Albert Camus (1913–1960) fut un grand écrivain français contemporain de Jean-Paul Sartre (1905–1980).

> ## Le Coin du spécialiste
>
> ### Les Temps avec le passé simple
>
> **Passé simple + imparfait:** one-time past events compared with conditions and settings or habitual actions
>
> > Le manuscrit qui **lança** la carriere de Camus **faisait** partie d'une collection privée.
>
> **Passé simple + plus-que-parfait:** past events relative to preceding past events
>
> > Le manuscrit original **fut acquis** récemment pour 175 000 $. *(passive construction)*
>
> > Les propriétaires du manuscrit **avaient décidé** de le vendre.
>
> **Passé simple + passé antérieur:** past events relative to preceding past events. Note that the **passé antérieur** is usually used after the conjunctions **après que, aussitôt que, dès que, lorsque,** and **quand.**
>
> > Dès qu'elle **eut chanté,** elle **partit.**
>
> The **passé simple** and the **passé antérieur** are two tenses that are used in formal literary style. Two others, the **imparfait du subjonctif** and the **plus-que-parfait du subjonctif,** will be treated in section 3 of chapter 12.

3. *Analysez les exemples*

While all tenses are used in literary texts, certain sequences of tenses appear very often.

4. *Elaborez*

ACTIVITE 8: Relisez l'extrait de *Le Mur* par Jean-Paul Sartre.

1. Quels temps des verbes sont employés dans les deux premiers paragraphes? Pouvez-vous expliquer pourquoi l'auteur a choisi ces temps du verbe?

2. Dans la description et dans le dialogue qui suivent, quels temps du verbe Sartre utilise-t-il? Pourquoi?

ACTIVITE 9: Ce passage, extrait du roman *Une Vie de Boy* par Ferdinand Oyono, traite l'entrevue entre le commandant et Joseph, qui veut un poste de *boy*.

Après m'avoir longuement observé, mon nouveau maître me demanda à brûle-pourpoint[1] si j'étais un voleur.

—Non, Commandant, répondis-je.

—Pourquoi n'es-tu pas un voleur?

—Parce que je ne veux pas aller en enfer.

Le commandant sembla sidéré[2] par ma réponse. Il hocha la tête, incrédule.

—Où tu as appris ça?

—Je suis chrétien, mon Commandant, répondis-je en exhibant fièrement la médaille de Saint Christophe que je porte à mon cou.

—Alors, tu n'es pas voleur parce que tu ne veux pas aller en enfer?

—Oui, mon Commandant.

—Comment est-ce l'enfer?

—Ben, c'est les flammes, les serpents et Satan avec des cornes... J'ai une image de l'enfer dans mon livre de prières... Je... je peux vous la montrer.

J'allais sortir le petit livre de prières de la poche arrière de mon short quand le commandant arrêta mon geste d'un signe. Il me regarda un moment à travers les volutes de fumée qu'il me soufflait au visage. Il s'assit. Je baissai la tête. Je sentais son regard sur mon front. Il croisa et décroisa ses jambes. Il me désigna un siège en face de lui. Il se pencha vers moi et releva mon menton. Il plongea ses yeux dans les miens et reprit:

—Bien, bien, Joseph, nous serons de bons amis.

(*Une Vie de Boy*, Ferdinand Oyono)

---

1. à brûle-pourpoint *point-blank*   2. sidéré *flabbergasted*

1. Vérifiez votre compréhension.
   a. Pourquoi cette entrevue a-t-elle lieu? Quelles qualités est-ce que le commandant cherche chez son nouvel employé? Que veut Joseph?
   b. Pourquoi est-ce que le commandant est étonné de la réponse de Joseph? A quelle réponse est-ce qu'il s'attendait?
   c. Pourquoi est-ce que le commandant dit à Joseph qu'ils seront de bons amis?
   d. Quelle relation existe entre le commandant et Joseph?

2. Identifiez et analysez les temps des verbes. Remarquez que certains temps sont employés pour la description et d'autres dans le dialogue.
   a. Quels temps sont employés dans la description?
   b. Quels temps sont employés dans le dialogue?
   c. Pouvez-vous justifier la différence de l'emploi des temps?

Comment écrire   *Structurer un essai*

Quand on écrit un essai, le but est d'exprimer ses propres idées et ses opinions. Il est essentiel de donner une structure à l'essai parce que, quand on s'exprime par écrit, il n'est pas possible d'employer les éléments de la communication orale, comme les gestes, la voix, etc. On doit donc substituer une structure évidente pour ces éléments non-verbaux.

La structure classique de l'essai est la suivante:

1. Dire ce qu'on va dire.
2. Dire ce qu'on a à dire.
3. Dire ce qu'on a dit.

Plus précisément, dans la première partie de l'essai, on introduit le sujet. Dans la deuxième partie, on illustre et soutient son sujet. Finalement, dans la conclusion, on fait un résumé de ce qu'on a dit. Si on suit ce schéma, on ne risque pas de perdre le lecteur.

A écrire

ACTIVITE 10: Ecrivez un essai d'un ou deux paragraphes au sujet de votre appréciation de l'histoire de Sartre. Donnez votre opinion du conte et de la signification de l'histoire. N'oubliez pas de structurer votre essai selon les critères ci-dessus.

Sujets de composition

1. Racontez une anecdote (soit sérieuse, soit amusante).

2. Ecrivez un poème sur le modèle de celui de Philombe. Substituez vos propres idées à celles de Philombe.

3. Ecrivez un essai au sujet de votre appréciation du poème de Philombe. Donnez votre opinion de son «message» et de sa signification.

ASSOCIATION "VIVE LE PAYSAN/SAPONÉ"

DU MIL DE L'EAU POUR TOUS

SPÉCIAL 10e ANNIVERSAIRE

Une organisation de paysans qui travaillent pour se placer eux-mêmes au centre de leur développement.

AVLP
05 BP 6274
Ouagadougou 05
Tél. (226) 304035
Télex : Spong 5495 BF
BURKINA-FASO
AFRIQUE DE L'OUEST

AVLP
BP 74

Tél. 8
Département
de Saponé
BURKINA-FASO
AFRIQUE DE L'OUEST

Expressions essentielles

Indiquer qu'on ne comprend pas

Pardon... ?
Je ne (vous) comprends pas...
Je n'ai pas compris.
Je ne comprends rien de ce que vous dites.
Pourriez-vous répéter (reprendre)?
Vous pouvez préciser?
Expliquez-vous!
Vous dites?
Qu'est-ce que vous voulez dire?

Indiquer qu'on comprend

Ah oui!
C'est ça.
Exactement.
Cela me semble juste (très clair).
Elle est bien bonne, celle-là!
Je vois (comprends)!
Je vois ce que vous voulez dire.
Vous dites que...
Vous voulez dire que...

Expliquer quelque chose

Je veux dire que...
Ce que je veux dire, c'est que...
Je vais vous l'expliquer.
Autrement dit...
D'après ce que nous savons...
Il paraît que...

Demander si quelqu'un comprend

C'est clair?
Vous (me) suivez (comprenez)?
Vous voyez ce que je veux dire?
Vous voyez?

N'OUBLIEZ PAS!

L'Emploi de l'indicatif, p. 362 et
    p. 373
Les Temps littéraires, p. 384

Fonctions communicatives

Rôle 1

Expliquer son opinion
Recommander quelque
chose à quelqu'un

Persuader quelqu'un
de quelque chose

Rôle 2

Dire si on est d'accord

Indiquer si on est
convaincu

Thèmes

Les arts et la technologie

Stratégies de lecture

Reconnaître les stratégies de persuasion

Stratégies de composition

Persuader avec des statistiques

12

Analyser les questions mondiales

Le musée Picasso à Paris

? Regardez la photo et
décrivez-la. Que font
ces personnes?

? Quelle est l'importance de l'art dans la vie? Est-ce qu'on peut
se passer d'art? Pourquoi ou pourquoi pas?

SECTION 1   *Tu as tout à fait raison!*

Fonctions communicatives

Rôle 1

Expliquer son opinion
Recommander quelque chose à quelqu'un

Rôle 2

Dire si on est d'accord

Tout d'abord

ACTIVITE 1: Travaillez avec un(e) partenaire pour demander et donner votre opinion sur les genres de romans suivants.

un roman d'amour   un roman biographique
un roman historique   un roman policier
un roman d'aventure   un roman de science-fiction

MODELE:

VOUS: (*Demandez l'opinion*) Qu'en penses-tu?

VOTRE PARTENAIRE: (*Donner une opinion*) A mon avis (selon moi, d'après moi, pour moi)...

VOUS: (*Dites si vous êtes d'accord*)

D'accord: c'est vrai, exactement, effectivement, (bien) entendu, je suis d'accord, sans aucun doute, tu as tout à fait raison, je suis de ton avis

Peut-être d'accord: c'est possible, ah bon?, peut-être, ça se peut, si tu le dis, si tu veux, c'est à voir, je suis d'accord en principe mais...

Pas d'accord: ce n'est pas vrai, pas du tout, absolument pas, sûrement pas, tu rigoles, tu veux rire, ce n'est pas mon genre, je suis d'un autre avis

Par ici

1. *L*isez le dialogue

💾 UN BON ROMAN

Deux amis discutent leurs goûts de romans.

PIERRE: Tu as lu *La Nuit sacrée* de Ben Jelloun?

ELISE: Non, pas encore. Et toi, qu'en penses-tu?

PIERRE: A mon avis, c'est un chef-d'œuvre.

ELISE: Ah bon?

PIERRE: Oui, c'est un roman très artistique...

ELISE: Et de quoi s'agit-il?

PIERRE: Il s'agit d'une jeune femme élevée en garçon, habillée en garçon, qui va à la recherche du sens de la vie et de l'amour. C'est un roman très sensible... Il est à lire.

ELISE: Beuh! Ce n'est pas du tout mon genre de roman. Ça m'a l'air très abstrait. Ça me rappelle la vogue post-moderniste.

PIERRE: Comment peux-tu le juger sans l'avoir lu? Il vaut mieux que tu le lises avant de donner ton opinion.

ELISE: Tu as peut-être raison, mais...

PIERRE: Ce qui m'a beaucoup impressionné dans ce roman, c'est qu'il traite le problème de la sexualité avec beaucoup de sensibilité... Le héros est une héroïne en même temps.

ELISE: A moi, ça m'a l'air difficile, et pas du tout intéressant. Je préfère les romans moins sérieux, plus fantaisistes.

PIERRE: Comme quoi, par exemple?

ELISE: Comme par exemple les romans de science-fiction d'Asimov ou bien les romans d'espionnage et de technologie de Clancy.

PIERRE: Tu rigoles? Tu penses qu'ils sont artistiques, ces romans?

ELISE: Et comment! Il ne faut pas être snob. J'admets que ce sont des romans populaires, ce qui n'empêche pas qu'ils soient artistiques.

PIERRE: Je suis d'accord en principe. Mais il n'en reste pas moins que les romans artistiques ne comptent pas sur l'action et la violence pour être intéressants.

ELISE: Ecoute. Il me semble que nous avons une différence de goût, c'est tout.

PIERRE: Peut-être, mais moi je pense que...

ELISE: Et moi, je suis d'un autre avis.

2. *Vérifiez le sens général*

ACTIVITE 2: Choisissez la phrase qui représente le mieux l'idée principale du dialogue. Expliquez votre choix.

1. Un roman est artistique dans la mesure où il traite des conflits universels.

2. L'art repose sur des goûts et des préférences individuels.

3. Pour qu'un roman soit artistique, il ne doit pas être populaire.

ACTIVITE 3: Relisez le dialogue, puis vérifiez les détails.

1. Choisissez parmi les expressions suivantes pour expliquer l'opinion de Pierre, puis l'opinion d'Elise.
    a. sensible, artistique, réaliste, fantaisiste, populaire
    b. traiter des circonstances, des rapports, de la condition humaine, de la psychologie
    c. compter sur l'action, la violence

2. D'après ce que vous savez du roman décrit dans le dialogue, dans quelle mesure est-ce que vous le trouveriez intéressant?

3. *Cherchez les expressions*

ACTIVITE 4: Relisez le dialogue et cherchez les expressions suivantes.

1. Philippe explique et justifie son opinion du roman par une série de raisonnements de plus en plus complexes au cours du dialogue. Analysez la façon dont il exprime son point de vue.
    a. Philippe donne son opinion deux fois en décrivant le roman avec un adjectif. Trouvez ces adjectifs.
    b. Philippe donne son opinion en expliquant un peu l'histoire et le caractère du personnage. Trouvez cette partie du dialogue. Est-ce que ce résumé du roman est un moyen d'intéresser quelqu'un et de renforcer son opinion?
    c. Philippe justifie aussi son opinion en expliquant que le roman s'adresse aux problèmes et aux conditions de la vie quotidienne. Trouvez cette partie du dialogue. A votre avis, est-ce que c'est une façon de renforcer son opinion?

2. Relisez la partie du dialogue où Elise décrit les romans qu'elle aime. Lesquelles des stratégies suivantes est-ce qu'elle emploie?
    a. Décrire le roman avec un simple adjectif ou une série d'adjectifs.
    b. Raconter l'histoire ou décrire les personnages du roman.
    c. Faire une comparaison entre ses romans préférés et d'autres romans.
    d. Exprimer son opinion en expliquant le rapport entre le roman et la vie.

3. Est-ce que Philippe utilise plus ou moins de stratégies qu'Elise pour exprimer son opinion? Quelle argumentation est la plus convaincante?

4. Philippe essaie plusieurs fois de recommander le roman à son amie. Quelles expressions emploie-t-il? Choisissez-les dans la liste suivante.

Pourquoi ne pas...	Lis-le!	Il vaut mieux que tu...
Si j'étais à ta place,...	Je te recommande...	Il est à lire.
Tu aurais tort de ne pas...	Tu as intérêt à...	Tu devrais...

5. Trouvez les différentes expressions pour dire qu'on est ou n'est pas d'accord.

4. *Allez plus loin*

ACTIVITE 5: Discutez avec un(e) partenaire votre opinion d'un clip[1] que vous aimez. Suivez le modèle pour exprimer votre opinion. Votre partenaire va indiquer s'il (si elle) est ou n'est pas d'accord.

MODELE: —Tu as vu le dernier clip de... ? Qu'est-ce que tu en penses? A mon avis, c'est (*décrivez le clip simplement*)...

—(*Donnez votre réaction*)

—Il est (*décrivez le clip d'une façon plus complexe, faites des commentaires sur le style, la mélodie, etc.*)...

—(*Donnez votre réaction*)

—Je l'ai trouvé (*faites une comparaison avec d'autres clips du [de la] même musicien[ne] ou avec d'autres clips que vous aimez*)... Mais ce qui est vraiment bien, c'est que (*décrivez les thèmes et les idées*)...

———————

1. le clip *music video*

ACTIVITE 6: Lisez l'appréciation du concert de Miles Davis. Cherchez les opinions de l'auteur. Est-ce qu'il emploie des simples descriptions? Des descriptions complexes? Des comparaisons? Des jugements généraux?

Il est venu, il a joué, il a vaincu. Avec une dizaine de concerts dédoublés[1] à Nice et à Montreux, Miles Davis a été l'incontestable triomphateur de cet été de jazz. Jamais, depuis longtemps, a-t-il affirmé, il ne s'était senti aussi bien. Et cela s'entendait. Il y avait de l'allégresse et une sorte de sérénité dans son jeu. Arpentant[2] de long en large la scène de sa démarche de chat, la tête dans les épaules, penché sur son instrument, Miles Davis semblait flotter au-dessus de son nouveau groupe, dans un autre monde. [...] La trompette du roi Miles demeurait souveraine, avec cette manière inimitable de placer des sonorités rares aux endroits les plus imprévus, ou encore de développer hors tempo des lignes mélodiques pures, lyriques, mais détachées de toute passion.

(*L'Express*)

─────────

1. dédoubler *to repeat*   2. arpenter *to pace up and down*

ACTIVITE 7: Certains préfèrent les romans artistiques, d'autres les romans d'aventure. Travaillez avec un(e) partenaire pour exprimer votre opinion sur les romans que vous aimez.

1. Faites une liste de vos romans préférés. Aimez-vous plutôt les romans artistiques où la psychologie et les relations humaines sont importantes, ou bien préférez-vous les romans d'aventure où l'action est capitale? Expliquez pourquoi.

2. Est-ce qu'un roman devient artistique dans la mesure où il traite des conflits universels de la condition humaine? Qu'est-ce que c'est qu'un roman artistique? Relisez encore une fois votre liste de romans préférés. Y a-t-il parmi eux des romans artistiques?

3. Est-il vrai que les chefs-d'œuvre artistiques sont ceux qui dépassent les frontières du pays et qui sont appréciés dans le monde entier? Est-ce que l'art doit aussi durer dans le temps?

ACTIVITE 8: Choisissez trois genres dans la liste suivante et exprimez à votre partenaire votre opinion en ce qui concerne les différents genres artistiques. Pour renforcer votre opinion, pour chaque genre (1) donnez un exemple; (2) décrivez-le avec des descriptions simples, des descriptions plus détaillées; (3) faites des comparaisons, des explications de la valeur humaine de l'œuvre. Votre partenaire va vous dire s'il (si elle) est ou n'est pas d'accord et pourquoi.

Genres artistiques
le roman
la sculpture
le cinéma
la musique
la poésie
le ballet
l'opéra
le drame
la photographie
la peinture

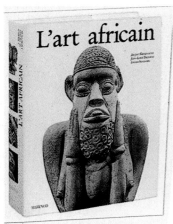

Structure   *Les Modes*

1. *I*dentifiez la structure

When one expresses an opinion or argues a point of view, it is often necessary to use different moods to indicate certainty or doubt about what is said. Skim **Vérifiez les détails** before reading the following mini-dialogue; then read the mini-dialogue and do the exercises.

—Qu'est-ce que tu penses de la musique folklorique?

—Oh, tu sais, c'est à prendre ou à laisser. Je ne suis pas fana de ce genre de musique.

—Moi, je ne suis pas du même avis. Je crois que c'est un genre important.

—Je préfère la musique moderne, le rock...

—Mais chaque pays a sa musique folklorique. Par exemple, la musique arabe folklorique représente l'esprit d'un peuple entier.

—Arrête-toi là! Il vaut mieux que tu n'ailles pas plus loin! Je déteste ça!

—Tu n'aurais pas de préjugés, par hasard?

—Comment ça? Nous parlions de goûts... écoute, je ne voulais pas t'offenser... mais ce genre de musique ne me plaît pas, c'est tout.

2. *V*érifiez les détails

A. Le mini-dialogue traite ___ les différents genres de musique. ___ un problème de groupes ethniques. ___ les goûts en musique.

B. Jouez les rôles du mini-dialogue avec un(e) partenaire. Substituez un autre problème que vous aurez identifié. Exprimez votre opinion.

C. Cherchez les verbes dans le mini-dialogue. Identifiez le temps de chaque verbe.

3. *A*nalysez les exemples

Different moods express the attitude of the speaker towards the subject. There are four moods.

• The *indicative* presents action and descriptions as real, having been realized, or about to be realized. The present, imperfect, **passé simple,** future, **passé composé, plus-que-parfait, passé antérieur,** and future perfect tenses are all in the indicative mood.

Je l'**ai invité** (*passé composé*) à prendre quelque chose au café.
Nous **étions** (*imperfect*) en train de discuter de la musique.

Trois minutes plus tard, il **est parti** (*passé composé*).
Il **avait** (*imperfect*) l'air fâché.

• The *imperative* expresses actions that are requested or ordered to take place. There are two tenses in the imperative: the present imperative and the past imperative.

Arrête-toi là! (*present imperative*)
Ayez terminé votre travail avant deux heures! (*past imperative*)

• The *subjunctive* expresses actions or descriptions that may not have actually happened, but that are subject to a judgment, a sentiment, or a will. The subjunctive is therefore a mood of expectation, not of reality. The subjunctive has four tenses: the present and past occur frequently in French; the imperfect and pluperfect are used less often.

Il vaut mieux que tu n'**ailles** pas plus loin! (*present subjunctive*)
Il est très possible que je l'**aie offensé.** (*past subjunctive*)

• The *conditional* presents actions as a possible consequence of another fact—as a possibility or a condition. There are two conditional tenses: the present and past conditional.

Tu n'**aurais** pas **parlé** de musique arabe, par hasard? (*past conditional*)
Si j'étais à ta place, je lui **téléphonerais.** (*present conditional*)

4. *Elaborez*

ACTIVITE 9: Dans le paragraphe suivant, tiré du roman *Nadja,* André Breton se demande ce qui va se passer quand il ne verra plus Nadja. Lisez le paragraphe et répondez aux questions.

Il est impardonnable que je continue à la voir si je ne l'aime pas. Est-ce que je ne l'aime pas? Je suis, tout en étant près d'elle, plus près des choses qui sont près d'elle. Dans l'état où elle est, elle va forcément avoir besoin de moi, de façon ou d'autre, tout à coup. Quoi qu'elle me demande, le lui refuser serait odieux tant elle est pure, libre de tout lien terrestre, tant elle tient peu, mais merveilleusement, à la vie. Elle tremblait hier, de froid peut-être. Si légèrement vêtue. Il serait impardonnable aussi que je ne la rassure pas sur la sorte d'intérêt que je lui porte....

(*Nadja,* André Breton)

1. Vérifiez les détails.
   a. D'après Breton, pourquoi est-ce qu'il ne devrait pas continuer à voir Nadja? Pourquoi est-ce qu'elle aura besoin de lui?
   b. D'après vous, les arguments de Breton sont-ils bons? Vous semble-t-il égoïste? Pense-t-il aux intérêts de Nadja ou à ses propres intérêts?
   c. A la fin de l'extrait, est-il décidé à aider Nadja? Expliquez.

2. **Analysez les temps des verbes.**
   a. **Identifiez les temps des verbes dans le paragraphe. Combien de temps différents Breton emploie-t-il?**
   b. **Analysez les modes employés. Breton emploie-t-il l'indicatif? L'impératif? Le subjonctif? Le conditionnel?**
   c. **Expliquez ce que chaque mode implique (doute, certitude, opinion, fait, condition,...).**

ACTIVITE 10: Dans l'extrait suivant, l'inspecteur Maigret interroge un suspect dans le roman de Georges Simenon, *Une Confidence de Maigret.* Lisez l'extrait et répondez aux questions.

Je me rendais compte qu'il serait difficile de faire accepter cette idée par ma femme... Pour comprendre, il faudrait que vous l'ayez connue, et ses amis eux-mêmes ne savent d'elle que des choses superficielles... Nos relations n'étaient plus sur le même plan qu'autrefois, c'est vrai... [...] Je ne la jugeais pas... Est-ce que je ne lui aurais pas manqué?... Elle avait tellement peur de se retrouver seule!...

[...]

—Croyez-vous que ce soit seulement par honnêteté que vous ayez éprouvé le besoin de la mettre au courant de vos relations avec Annette?

(*Une Confidence de Maigret,* Georges Simenon)

1. Vérifiez les détails.
   a. D'après le suspect, quel est le caractère de sa femme?
   b. D'après vous, les arguments du suspect sont-ils bons? Que pense-t-il de sa femme?
   c. A la fin du passage, qu'est-ce que Maigret demande?
2. Analysez les temps des verbes.
   a. Identifiez les temps des verbes dans le paragraphe. Combien de différents temps Simenon emploie-t-il?
   b. Analysez les modes employés. Simenon emploie-t-il l'indicatif? L'impératif? Le subjonctif? Le conditionnel?
   c. Expliquez ce que chaque mode implique (doute, certitude, opinion, fait, condition,...).

ACTIVITE 11: Dans le paragraphe suivant, Colette essaie de nous persuader qu'il faut mieux traiter nos livres, qu'il faut les mettre à l'honneur. Lisez le paragraphe et répondez aux questions.

Vous possédez des livres, et même vous les aimez. Les livres aujourd'hui coûtent cher, ils se remplacent malaisément. Pourquoi les avoir parqués dans le couloir obscur, du haut en bas d'un panneau que vous jugiez trop sombre pour y accrocher des tableaux? De sorte que quand vous cherchez un livre vous devez monter sur une chaise et promener le long des rayons le halo pâle de votre lampe de poche. Mettez vos livres à l'honneur. Si vous les traitez bien, c'est eux qui vous retiendront casanière[1] et occupée, le front chaud, étonnée de n'avoir pas senti couler les heures. Prolongez leur durée, pansez leurs blessures, vous qui vous entendez si bien à camoufler un vêtement, à détricoter[2] un vieux pull-over pour le retricoter sous forme de socquettes et de gants. Livres, images, meubles font partie, eux aussi, de votre ligne de défense contre les maux de l'esprit et du corps.

(*Paris à ma fenêtre,* Colette)

———————

1. casanier *homebody*　　2. tricoter *to knit*

1. Vérifiez les détails.
   a. D'après Colette, pourquoi est-ce qu'on devrait mieux traiter les livres? Quel est son raisonnement?
   b. D'après vous, lesquels des arguments sont bons? Lesquels ne sont pas logiques?
   c. Colette essaie de nous convaincre de son point de vue. Est-ce que son argument est convaincant? Expliquez.

2. Analysez les temps des verbes.
   a. Identifiez les temps des verbes dans le paragraphe. Combien de différents temps Colette emploie-t-elle?
   b. Analysez les modes employés. Colette emploie-t-elle l'indicatif? L'impératif? Le subjonctif? Le conditionnel?
   c. Expliquez ce que chaque mode implique (doute, certitude, opinion, fait, condition,...).

Aperçu culturel　　*L'Art et les loisirs*

Entre 1967 et 1988 il y a eu un grand changement dans la participation des Français aux activités de loisir. En général, il y a eu un accroissement de temps libre et de participation. Mais ces changements ne sont pas toujours égaux; certaines activités sont devenues plus populaires tandis que d'autres ont baissé. En ce qui concerne les activités se rapportant aux arts, les Français ont changé leurs habitudes: ils visitent les musées et les monuments plus souvent, mais vont au théâtre moins souvent. En ce qui concerne les activités se rapportant aux renseignements quotidiens, les Français regardent la télévision, lisent des revues et écoutent la radio plus souvent, mais lisent les journaux moins souvent.

Il faudrait aussi remarquer que les Parisiens sont à peu près trois fois plus nombreux que la moyenne des Français à pratiquer des activités culturelles: ils vont plus souvent à des concerts de rock, de musique classique, de jazz; ils vont aussi à l'opéra, au théâtre et au cinéma plus souvent.

Evolution de quelques activités de loisirs
entre 1967 et 1988

Proportion de Français ayant pratiqué l'activité suivante	1967	1988
Activités se rapportant aux arts		
Avoir visité un musée depuis un an	18%	32%
Avoir visité un château ou un monument depuis un an	30	41
Aller au cinéma au moins une fois par mois	18	18
Lire au moins un livre par mois	32	31
Aller au cinéma chaque semaine ou presque	6	4
Aller au théâtre au moins une fois par an	24	17
Activités se rapportant aux renseignements quotidiens		
Regarder la télévision tous les jours ou presque	51	82
Lire une revue ou un magazine régulièrement	56	79
Ecouter la radio tous les jours ou presque	67	75
Lire un quotidien tous les jours ou presque	60	42

(Francoscopie)

*A*nalysez et discutez

1. Quelle est votre opinion? Préférez-vous les activités de loisir qui se rapportent aux arts ou bien celles qui se rapportent aux renseignements quotidiens? Essayez de persuader un(e) partenaire de votre point de vue.

2. Faites un sondage de vos camarades. Employez les mêmes catégories que *Francoscopie*. Est-ce que les résultats sont comparables à ceux des Français? Dans quelle mesure est-ce qu'ils sont différents? Est-ce que les jeunes qui habitent les grandes villes participent plus souvent aux activités culturelles?

L'opéra de la Bastille

SECTION 2 — *Je ne suis pas persuadé(e) que...*

Fonctions communicatives

Rôle 1

Persuader quelqu'un de quelque chose

Rôle 2

Indiquer qu'on est ou qu'on n'est pas convaincu

Tout d'abord

ACTIVITE 1: Il existe incontestablement des différences culturelles entre la France et les Etats-Unis. Mais à un certain niveau, à un niveau mondial, les différences s'effacent un peu. Travaillez avec un(e) partenaire pour identifier les problèmes mondiaux. Dressez une liste des problèmes les plus importants aujourd'hui. Lesquels exigent une solution nationale? Lesquels demandent une solution internationale?

Par ici

1. *Ecoutez la scène*

LE PROGRÈS

Lisez les résumés de l'activité 2 et ensuite écoutez la scène.

Janine et Alain donnent le pour et le contre concernant le progrès et la technologie.

2. *Vérifiez le sens général*

ACTIVITE 2: Choisissez les phrases qui décrivent le mieux l'idée principale de la scène. Ensuite, dites dans quelle mesure vous êtes d'accord avec chaque phrase et pourquoi.

1. La technologie elle-même n'est ni bonne, ni mauvaise; le problème se pose de l'emploi de cette technologie.

2. La technologie améliore la qualité de la vie et sert à maintenir le bien-être du peuple.

3. Toute technologie est ambiguë. La communauté mondiale doit décider si les avantages ou les désavantages sont les plus importants.

ACTIVITE 3: Ecoutez la scène encore une fois, puis vérifiez les détails.

1. Choisissez parmi ces éléments pour résumer les idées de Janine et ensuite celles d'Alain.

une menace	l'amélioration de la vie	la technologie
la bombe atomique	la modification climatique	le progrès médical
l'avenir	le bien-être du peuple	le côté bénéfique
le progrès	la possibilité d'un accident	les libertés
la pollution	nucléaire	

2. Etes-vous plutôt d'accord avec Janine ou avec Alain? Expliquez pourquoi.

3. Janine et Alain proposent des arguments de deux façons différentes.
   a. Qui fait appel aux émotions, particulièrement à la peur?
   b. Qui fonde son argument sur la logique?
   c. Quel argument trouvez-vous plus convaincant?

3. *Cherchez les expressions*

ACTIVITE 4: Ecoutez la scène encore une fois et cherchez les expressions pour

1. Indiquer qu'on est convaincu.

___ Je suis d'accord.	___ Il est clair...
___ Je suis convaincu(e) que...	___ Je suis sûr(e) que...
___ Je suis certain(e) que...	___ Je suis persuadé(e) que...
___ Je suis sûr(e) et certain(e) que...	___ Je n'ai aucun doute que...
___ Tout me porte à croire que...	___ D'après les statistiques, ...

2. Indiquer qu'on n'est pas convaincu.

___ Je doute que...	___ Ça m'étonnerait que...
___ Je ne suis pas convaincu que...	___ Je ne suis pas d'accord.
___ Je ne pense pas que...	___ J'ignore si...
___ Je ne sais pas si...	___ Je me demande si...

4. *Allez plus loin*

ACTIVITE 5: Les phrases suivantes expriment une opinion. Travaillez avec un(e) partenaire et employez-les dans un mini-dialogue. Indiquez si vous êtes convaincu(e) ou pas.

MODELE: La qualité de la vie dépend de la technologie.

—Je suis convaincu(e) que la qualité de la vie dépend de la technologie.

—Moi, je ne suis pas convaincu(e); autrefois, les gens étaient heureux sans gadgets, sans télévision, sans voitures et sans électricité.

1. La technologie est une menace à la vie.
2. La technologie représente le progrès.
3. Le progrès n'est pas forcément positif.
4. La technologie est capitale au bien-être de la communauté mondiale.
5. Le progrès peut causer des modifications climatiques.

ACTIVITE 6: Essayez de convaincre votre partenaire que les innovations suivantes sont utiles ou inutiles. Votre partenaire va dire s'il (si elle) est ou n'est pas convaincu(e) et pourquoi.

MODELE: les jeux vidéo

—A mon avis, il y a trop d'innovations inutiles. Les jeux vidéo sont un bon exemple. Ils représentent la perte du temps et la frivolité...

—Je ne suis pas d'accord. Je suis persuadé(e) que c'est un excellent divertissement pour les jeunes.

1. le TGV (train à grande vitesse)
2. les voitures électriques
3. la chirurgie esthétique[1]
4. la yaourtière[2] électrique
5. les robots pour nettoyer les rues

---

1. la chirurgie esthétique *cosmetic surgery*   2. la yaourtière *yogurt maker*

ACTIVITE 7: Travaillez avec un(e) partenaire et répondez aux questions suivantes.

1. Est-ce que la technologie pose un problème d'ordre national ou international? D'un côté la technologie est importante pour le bien-être du peuple. D'un autre côté, la pollution met en danger un grand nombre de personnes et crée donc un problème international. Donnez votre opinion et discutez-en avec un(e) partenaire.

2. Est-ce qu'il y a d'autres problèmes qui sont à la fois des problèmes nationaux et internationaux? Réfléchissez à l'armement, à l'immigration, etc. et donnez-en votre opinion.

Structure   *Les Modes (suite)*

1. *Identifiez la structure*

As explained in section 1, moods generally express different points of view toward the subject (facts versus opinion, truth versus supposition, etc). It is possible to express the same idea by using several different moods. The differences in meaning, although sometimes slight, are an important feature of the French language and give it its subtlety of expression. Skim **Vérifiez les détails** below before reading the following mini-dialogue, then read the mini-dialogue and do the exercises.

—Tu peux me prêter ton ordinateur? Le mien ne marche plus.

—Oui. Mais **tu devrais faire réparer** le tien, car **je ne peux pas** me passer de mon ordinateur pour longtemps.

—C'est que je n'ai pas beaucoup d'argent en ce moment. Et l'ordinateur m'est indispensable.

—Tu ne trouves pas que c'est ridicule? **Nous sommes** esclaves de nos propres gadgets!

2. *Vérifiez les détails*

A. 1. Dans le mini-dialogue, de quoi parlent ces gens?
   2. Pourquoi est-ce que la personne ne veut pas prêter son ordinateur?
   3. Est-ce que vous êtes l'esclave de vos propres gadgets?

B. Avec un(e) partenaire, jouez les rôles des deux personnages. Gardez le thème principal et faites au moins cinq répliques, commençant avec **Tu peux me prêter...**

C. 1. Jouez les rôles encore une fois en substituant les expressions suivantes pour celles dans le mini-dialogue:

   tu devrais faire réparer: il faut que tu fasses réparer, il faudra faire réparer, fais réparer
   je ne peux pas: je ne pourrais pas, il m'est impossible de...
   nous sommes: nous serions

   2. En quelle manière est-ce que le ton de la phrase change chaque fois qu'on fait une substitution?

3. *Analysez les exemples*

Les Modes

French often uses equivalent constructions that convey approximately the same meaning but use different moods. These equivalent expressions lend variety and interest to one's speech and writing.

- Commands may be expressed, with slight changes in meaning, in many different ways.

  Va faire réparer ton ordinateur. *(imperative)*
  Il faut que tu le fasses réparer. *(subjunctive)*
  Tu le feras réparer demain. ⎫
  Il faudra le faire réparer demain. ⎭ *(indicative, future tense)*

- Politeness is typically conveyed by the conditional. Other constructions may express similar meaning, but note how the different moods convey different tones.

  Tu devrais faire réparer le tien. *(conditional)*
  Il est préférable (il vaut mieux) que tu le fasses réparer. *(subjunctive)*
  Je voulais te demander de le réparer. *(indicative, imperfect)*

- Doubt is most often expressed with the subjunctive. Other constructions are also possible.

  Je doute que ce soit la bonne solution. *(subjunctive)*
  Tu auras choisi une mauvaise solution. *(indicative, future perfect)*

- Certain complements, adverbs, and expressions may alter the tone of what is said. Note, for instance, the use of **probablement pas, peut-être,** etc. to cast doubt.

  Ta solution n'est probablement pas la meilleure.
  Ta solution est peut-être la meilleure.
  As-tu vraiment trouvé la meilleure solution?

un nouveau service

les disquaires
de la Fnac Forum
vous présentent

fnac écoute

47 55 47 55

De votre minitel,
en toute tranquillité,
les disquaires de la Fnac Forum
vous invitent
à écouter des extraits
de leur sélection,
à découvrir leur commentaire
et à commander les disques
compacts de votre choix
pour vous
ou pour un ami.

**Pour calculer
plus
exactement
le prix
de votre
appartement
sur Minitel**
(étage, exposition,
ascenseur,
balcons, etc.)

COMPOSEZ LE

3615 · SAGA

4. *Elaborez*

ACTIVITE 8: Il est difficile d'échapper à la technologie dans la vie quotidienne. Lisez le passage suivant au sujet du Minitel. Avec un(e) partenaire, jouez les rôles du vendeur (de la vendeuse) qui cherche à convaincre le (la) client(e) de la nécessité d'un service de messagerie.[1] Préparez votre argument selon le modèle et employez les quatre modes (l'indicatif, l'impératif, le subjonctif et le conditionnel). Si vous êtes le (la) client(e), dites si vous êtes ou n'êtes pas convaincu(e). Changez de rôles et faites plusieurs variations sur la scène.

LE MINITEL

Le Minitel fait aujourd'hui partie de l'équipement d'environ un ménage sur quatre, après seulement quelques années d'existence; les premiers essais datent de juillet 1980 et les premiers appareils ont été livrés en 1983. Ce développement spectaculaire est bien entendu lié à la gratuité[2] de l'appareil, distribué aux usagers[3] du téléphone en lieu et place de l'annuaire.[4] Il a permis à la France de passer de l'ère du téléphone à celle de la télécommunication.

Les minitélistes ont effectué 1,2 milliards d'appels en 1989 et 86,5 millions d'heures de connexion. La consultation de l'annuaire électronique représentait 500 millions d'appels, ce qui en fait la base de données la plus consultée au monde. Le reste des appels était destiné aux 12 500 services proposés aux usagers: messageries, jeux, services pratiques, informations générales, kiosque, services bancaires et financiers, applications professionnelles spécialisées, etc.

(Francoscopie)

---

1. la messagerie *electronic mail service*   2. la gratuité *lack of cost*   3. l'usager *(m.)* *user*
4. l'annuaire *(m.)* *telephone directory*

MODELE: Bonjour (Madame, Mademoiselle, Monsieur).

Je voudrais vous décrire un nouveau service de messagerie...

Permettez-moi de vous expliquer...

Il s'agit de...

Je suis sûr(e) que...

Je doute que...

Si vous commandez ce service aujourd'hui,...

ACTIVITE 9: Lisez les réponses des Français au sondage suivant, puis décidez si vous êtes d'accord avec la majorité ou avec la minorité. Ensuite, écrivez un petit paragraphe pour persuader quelqu'un de votre point de vue. Employez les quatre modes dans votre paragraphe: l'indicatif pour expliquer un fait, décrire la situation ou donner un point de vue objectif; le subjonctif pour donner et renforcer votre opinion; le conditionnel pour faire des hypothèses et pour expliquer les conséquences d'une hypothèse; l'impératif pour faire appel à l'action.

On parle des risques technologiques qui existent en France par rapport au danger réel qu'ils représentent.

67%   pas assez
21%   trop
12%   ne se prononce pas

On fait tout ce qui est possible pour éliminer les risques technologiques.

44%   Oui
39%   Non
17%   ne se prononce pas

(Francoscopie)

Aperçu culturel   *Les Innovations technologiques en France*

Les Français reconnaissent l'importance du progrès technique dans l'amélioration de leur vie quotidienne, mais ils redoutent ses effets sur l'avenir. Les promesses technologiques qui ont leurs faveurs sont celles dont les applications pratiques leur paraissent les plus utiles et les moins susceptibles de détournement: recherche médicale, communication et loisirs. Les limites concernent les manipulations génétiques et l'utilisation de l'ordinateur comme substitut de l'homme dans son travail.

Les Innovations technologiques

Dans un sondage récent, on a posé la question suivante: Parmi les innovations technologiques suivantes, quelles sont celles que vous souhaitez voir se développer le plus dans les années à venir?

La télévision par satellite	30%
Le Minitel	27%
Les cartes de paiement électronique	24%
La télévision par câble	22%
Le téléphone «main libre»	16%
Le four à micro-ondes	14%
Le robot domestique	12%
Le vidéodisque	10%
Ne se prononcent pas	20%

Total supérieur à 100 en raison des réponses multiples.

L'Ordinateur

Certains continuent de voir en lui un rival. L'arrivée dans les usines des robots, qui en sont l'émanation directe,[1] est souvent ressentie par les ouvriers comme une menace. Les employés, et même les cadres, sont parfois rebelles à l'utilisation d'un micro-ordinateur, jugé trop impersonnel, dans leur activité quotidienne.

(Francoscopie)

---

1. l'émanation directe (f.) *direct consequence*

Analysez et discutez

1. Est-ce que l'opinion des Français envers la technologie est différente de celle des Américains? En quoi est-elle différente? Faites un sondage auprès de vos camarades pour connaître leur opinions. Posez des questions sur les

catégories suivantes: Quelles sont les technologies qu'il faudrait développer à l'avenir? Quel est le rôle des manipulations génétiques dans notre société; sont-elles un bénéfice, ou représentent-elles une menace? Quel est le rôle de l'ordinateur dans le travail; est-il utile, ou pose-t-il un risque?

2. Travaillez avec un(e) partenaire pour le (la) convaincre que l'ordinateur et les robots sont bénéfiques pour les ouvriers. Votre partenaire prendra l'opinion opposée.

SECTION 3

Il vaudrait mieux...

Fonctions communicatives

Rôle 1
Persuader quelqu'un

Rôle 2
Indiquer son opinion

Stratégies de lecture
Reconnaître les stratégies de persuasion

Stratégies de composition
Persuader avec des statistiques

Tout d'abord

ACTIVITE 1: Réfléchissez aux questions suivantes, puis discutez vos réponses avec des camarades de classe.

1. Il y a beaucoup de petites différences entre les pays, les sociétés et les cultures. Pensez aux différences entre la vie en France et la vie aux Etats-Unis, en particulier à la routine quotidienne, aux loisirs et aux habitudes. Combien de petites différences reconnaissez-vous?

2. Considérez maintenant les similarités entre les pays, les sociétés et les cultures. Qu'est-ce que les gens ont tous en commun? Pensez aux nécessités de la vie, aux problèmes quotidiens et aux souhaits de tout le monde.

3. A votre avis, est-ce les différences ou les similarités qui sont les plus nombreuses? Les plus importantes? Pourquoi?

Par ici

Avant la lecture

Recognizing Persuasive Devices

All readers react to written texts in their own way. Writers, however, have at their disposal a wide range of devices to alter readers' perceptions of characters and events. Some writers also seek to manipulate their readers' beliefs and to persuade readers to think and even act in a certain way after reading the text.

Writers persuade readers in several ways, either overtly, as in a sales pitch, or more subtly, using comparisons and other literary devices. Consider the following questions.

- What strategies might a writer use to directly persuade the reader? What are the strengths of an overt attempt at persuasion? What are the weaknesses?

- In what more subtle ways might the writer persuade the reader to believe and act according to his or her particular point of view? What are the strengths of indirect attempts at persuasion? What are the weaknesses?

- In what ways does a persuasive text, using either covert or overt techniques, differ from an expository (explanatory) passage? How can you differentiate between them?

ACTIVITE 2: En lisant le passage suivant, cherchez les réponses à ces questions.

1. Est-ce que l'auteur essaie de nous persuader directement ou est-ce qu'il emploie un personnage pour nous persuader?

2. Qui donne le point de vue de l'auteur? Qui donne le point de vue contraire?

3. Est-ce que la situation et les personnages sont réalistes? Est-ce que vous êtes convaincu(e) de la réalité du passage?

ACTIVITE 3: Le passage suivant est tiré du roman intitulé *Le Silence de la mer*, par Vercors. Le roman se déroule pendant la Deuxième Guerre mondiale. Dans l'histoire, un officier allemand habite chez une famille française, bien qu'il ne soit pas leur invité. Forcés d'héberger l'Allemand, les Français ne lui parlent pas. L'officier n'a pas du tout une philosophie de conquérant. Au contraire, il est musicien, très sensible, et croit vraiment que la guerre va rapprocher les deux pays. Il essaie de convaincre ses hôtes de ses bonnes intentions.

1. Imaginez-vous à la place de la famille française. Aimeriez-vous héberger un Allemand dans une situation pareille?

2. Feriez-vous un effort pour faire sa connaissance ou ne le verriez-vous qu'en ennemi?

3. Si vous étiez à la place de l'officier allemand, que feriez-vous pour dire à la famille française que vous voulez être leur ami(e)?

Lecture

Jean Bruller (1902–1990), dit Vercors, était écrivain et dessinateur français. Il est devenu célèbre pour *Le Silence de la mer,* écrit dans la clandestinité en 1942. Il a écrit aussi *Zoo ou l'Assassin philanthrope,* une méditation amère sur la condition humaine.

Avant de lire le passage, lisez les résumés de l'activité 4. Ensuite lisez le passage et faites les activités qui suivent.

LE SILENCE DE LA MER

Je suis heureux d'avoir trouvé ici un vieil homme digne. Et une demoiselle silencieuse. Il faudra vaincre ce silence. Il faudra vaincre le silence de la France. Cela me plaît.

Il regardait ma nièce, le pur profil têtu et fermé, en silence et avec une insistance grave, où flottaient encore pourtant les restes d'un sourire. Ma   5

nièce le sentait. Je la voyais légèrement rougir, un pli[1] peu à peu s'inscrire entre ses sourcils.[2] Ses doigts tiraient un peu trop vivement, trop sèchement sur l'aiguille,[3] au risque de rompre le fil.

—Oui, reprit la lente voix bourdonnante,[4] c'est mieux ainsi. Beaucoup mieux. Cela fait des unions solides, —des unions où chacun gagne de la grandeur... Il y a un très joli conte pour les enfants, que j'ai lu, que vous avez lu, que tout le monde a lu. Je ne sais si le titre est le même dans les deux pays. Chez moi il s'appelle: *Das Tier und die Schöne,* —la Belle et la Bête. Pauvre Belle! La Bête la tient à merci, — impuissante et prisonnière, —elle lui impose à toute heure du jour son implacable et pesante présence... La Belle est fière, digne, —elle s'est faite dure... Mais la Bête vaut mieux qu'elle ne semble. Oh! elle n'est pas très dégrossie![5] Elle est maladroite, brutale, elle paraît bien rustre[6] auprès de la Belle si fine!... Mais elle a du cœur, oui, elle a une âme qui aspire à s'élever. Si la Belle voulait!... La Belle met longtemps à vouloir. Pourtant, peu à peu, elle découvre au fond des yeux du geôlier haï une lueur, —un reflet où peuvent se lire la prière et l'amour. Elle sent moins la patte pesante, moins les chaînes de sa prison... Elle cesse de haïr, cette constance la touche, elle tend la main... Aussitôt la Bête se transforme, le sortilège[7] qui la maintenait dans ce pelage[8] barbare est dissipé: c'est maintenant un chevalier très beau et très pur, délicat et cultivé, que chaque baiser de la Belle pare de qualités toujours plus rayonnantes... Leur union détermine un bonheur sublime. Leurs enfants, qui additionnent et mêlent les dons de leurs parents, sont les plus beaux que la terre ait portés...

«N'aimiez-vous pas ce conte? Moi je l'aimais toujours. Je le relisais sans cesse. Il me faisait pleurer. J'aimais surtout la Bête, parce que je comprenais sa peine. Encore aujourd'hui, je suis ému quand j'en parle.»

Il se tut, respira avec force, et s'inclina:

«Je vous souhaite une bonne nuit.»

(*Le Silence de la mer,* Vercors)

---

1. le pli *fold*   2. les sourcils *eyebrows*   3. l'aiguille *(f.) needle*   4. bourdonnant *droning*
5. dégrossi *deflated*   6. rustre *boorish*   7. le sortilège *magic*   8. le pelage *fur*

*A*près la lecture

ACTIVITE 4: Lisez les quatre résumés ci-dessous. Choisissez les phrases qui donnent le meilleur résumé du passage.

1. L'Allemand est un homme militaire qui n'a aucune sensibilité artistique. Il essaie de s'imposer à la famille française.

2. Bien qu'il soit militaire, l'Allemand est un homme sensible et cultivé. Il suggère que les Français et les Allemands seront des alliés un jour.

3. L'Allemand essaie de convaincre les Français que son point de vue est le meilleur et que l'Allemagne sera victorieuse. Il emploie une comparaison avec l'histoire de la Belle et la Bête pour convaincre ses hôtes.

ACTIVITE 5: Relisez le passage et vérifiez les détails.

1. Les Français sont forcés d'accepter l'Allemand dans leur maison. De quelle façon est-ce qu'ils expriment leur mécontentement?

2. L'Allemand essaie de convaincre ses hôtes que son gouvernement a de bonnes intentions envers la France. Qu'est-ce qu'il suggère?

3. L'Allemand raconte l'histoire de la Belle et la Bête. Qui sont la Belle et la Bête dans cette allégorie? Qu'est-ce qui arrive à la Bête dans l'histoire? Qu'est-ce que cela veut dire à propos de l'Allemagne et de la France?

4. Expliquez le point de vue de l'officier allemand. Qu'est-ce qu'il croit? Qu'est-ce qu'il souhaite? Croyez-vous que ce soit vrai?

5. Les Français ont un point de vue différent de celui de l'Allemand. Expliquez-le. Dans quelle mesure est-ce que chacun a raison?

ACTIVITE 6: Répondez aux questions suivantes.

1. L'Allemand rêve d'une alliance entre la France et l'Allemagne. En quels termes s'exprime-t-il? D'après ce que vous savez de cette période de l'histoire de France, est-ce qu'une alliance serait possible? Pourquoi ou pourquoi pas?

2. Dans quelle mesure est-ce que l'Allemand est réaliste? Est-il trop optimiste?

3. Imaginez la fin de cette histoire. Est-ce que l'Allemand réussit à convaincre les Français? Ou bien les Français et les Allemands restent-ils ennemis?

4. A votre avis, est-il possible que la guerre serve vraiment à rapprocher deux pays? Pourquoi ou pourquoi pas?

5. Quelles stratégies de persuasion Vercors emploie-t-il dans le passage? Relisez les questions de l'activité 2 et préparez des réponses.

Structure   *Les Temps du subjonctif*

1. *Identifiez la structure*

When expressing opinions, one often indicates that statements are not representations of fact, but interpretations or evaluations. As you have learned, the subjunctive mood is used in those cases. Skim the questions in **Vérifiez les détails** below before reading the following paragraph, then read the paragraph and answer the questions.

> Un soir que je conduisais une automobile sur la route de Versailles à Paris, une femme à mon côté [...], son pied maintenant[1] le mien pressé sur l'accélérateur, ses mains cherchant à se poser sur mes yeux, dans l'oubli que procure un baiser sans fin, voulait que nous n'existassions plus, sans doute à tout jamais, que l'un pour l'autre, qu'ainsi à toute allure[2] nous nous portassions à la rencontre des beaux arbres. Quelle épreuve pour l'amour, en effet. Inutile d'ajouter que je n'accédai pas à ce désir.
>
> (*Nadja*, André Breton)

----

1. maintenant (*from* maintenir) *keeping, maintaining*   2. à toute allure *at top speed*

2. *Vérifiez les détails*

A. 1. Dans le passage, qu'est-ce que l'auteur décrit? Où sont les personnages?
   2. Que veut faire la femme? Pourquoi?

B. Complétez la phrase suivante avec vos propres mots. Employez un style conversationnel.

   La femme voulait que nous... et que nous nous... à la rencontre des arbres.

C. Trouvez les phrases au subjonctif dans le passage.

3. *Analysez les exemples*

As mentioned in section 1, the subjunctive has four tenses: the present, past, imperfect, and pluperfect. The present and past tenses were covered in chapter 8. The imperfect and pluperfect are used occasionally in a literary context and have practically disappeared from spoken language. These tenses are presented for recognition only.

Le Coin du spécialiste

L'Imparfait et le plus-que-parfait du subjonctif   The purpose of the imperfect and pluperfect subjunctive is to maintain the sequence of tenses. If the main clause is in the past
and the subordinate clause expresses doubt, uncertainty, etc., then the imperfect or pluperfect subjunctive is used in literary contexts.

	aimer	*venir*
Imperfect Subjunctive		
	que j'aimasse	que je vinsse
	que tu aimasses	que tu vinsses
	qu'il/elle/on aimât	qu'il/elle/on vînt
	que nous aimassions	que nous vinssions
	que vous aimassiez	que vous vinssiez
	qu'ils/elles aimassent	qu'ils/elles vinssent
Pluperfect Subjunctive		
	que j'eusse aimé	que je fusse venu
	que tu eusses aimé	que tu fusses venu
	qu'il/elle/on eût aimé	qu'il/elle/on fût venu(e)
	que nous eussions aimé	que nous fussions venu(e)s
	que vous eussiez aimé	que vous fussiez venu(e)(s)
	qu'ils/elles eussent aimé	qu'ils/elles fussent venu(e)s

Study the following examples of the use of the imperfect and pluperfect subjunctive.

Il fit comprendre à son hôte qu'il **eût aimé** que la porte **restât** ouverte. (Colette)

[Elle] voulait que nous n'existassions plus [...] que l'un pour l'autre. (Breton)

[Elle voulait que] nous nous **portassions** à la rencontre des beaux arbres. (Breton)

The imperfect or pluperfect subjunctive is sometimes used in a conditional sense:

Nous voulons d'autres miracles, **fussent**-ils moins beaux que celui-là, **continssent**-ils
moins d'enseignement. (Colette)

4. *Elaborez*

ACTIVITE 7: Le passage suivant est un monologue intérieur d'un vieil homme qui essaie de se convaincre que vivre sa vie sans faire trop de bruit est la meilleure façon d'agir. Lisez-le, puis répondez aux questions qui suivent.

Mais jamais, de toute ma vie, jamais je ne suis allé au bout de ces pensées, jamais je n'ai effectivement mis en scène ce rire énorme. Il aurait fallu que je sortisse du rang, que je m'exposasse aux regards, aux rires que j'aurais délibérément déclenchés.[1] J'aime mieux l'ombre, une certaine médiocrité très douce qui sied[2] mieux aux vieux messieurs. J'aime mieux inquiéter que faire rire.

(*Un Mois de sécheresse,* Patrice Kleff)

_____

1. déclencher *to trigger*   2. sied (*from* seoir) *suits*

1. Vérifiez les détails.
   a. Qu'est-ce qu'il n'a jamais fait de sa vie?
   b. Comment explique-t-il ce phénomène?
   c. Qu'est-ce qu'il aime mieux faire?
   d. A votre avis, est-ce que ses raisonnements sont bons? Est-il raisonnable?
   e. Réussit-il à vous persuader que ses actions et que ses décisions sont logiques?

2. Analysez les temps des verbes.
   a. Quels temps des verbes et quels modes l'auteur utilise-t-il?
   b. Expliquez ce qu'implique chaque temps et chaque mode.

ACTIVITE 8: Dans ce passage, l'auteur donne le point de vue d'un chien errant recueilli par un libraire.[1] Lisez-le, puis répondez aux questions qui suivent.

Un chien, recueilli par un libraire, ne consentit pas à abdiquer ses chances et ses coutumes d'animal errant. Il fit comprendre à son hôte qu'il eût aimé que la porte restât ouverte. Mais elle se referma quand l'hiver commença. Alors le chien se mit à une étude plus serrée de nos mœurs, et il sut qu'un geste des clients amenait immanquablement l'ouverture de la porte. Il surveilla donc les allées et venues et acquit la certitude que chaque personne qui déposait la monnaie sur la caisse s'en allait aussitôt ouvrir la porte du magasin.

(*Paris de ma fenêtre,* Colette)

_____

1. le libraire *bookseller*

1. Vérifiez les détails.
   a. Qui sont les personnages principaux du passage?
   b. Avant de venir habiter à la librairie, comment était la vie du chien? A votre avis, qu'est-ce qu'il aurait aimé faire? Qu'est-ce qu'il n'aurait pas aimé?

    c. De quoi le chien essayait-il de persuader son hôte? Comment un chien réussit-il à persuader quelqu'un?

    d. Quand l'hiver a commencé, quel genre d'étude le chien a-t-il entrepris? Qu'est-ce qu'il a appris?

    e. Aimez-vous le passage? Quels sentiments l'auteur évoque-t-elle pour le chien?

2. Analysez les temps des verbes.

    a. Trouvez les verbes et identifiez les temps et les modes.

    b. Racontez l'histoire encore une fois en substituant les temps des verbes conversationnels aux temps des verbes littéraires.

Comment écrire   *Persuader avec des statistiques*

Une façon efficace de persuader quelqu'un est de chercher des statistiques et de les employer dans son argument. Par exemple, prenons le point de vue des Français sur les ordinateurs. Au cours des années on a posé la question suivante à des Français: «Les ordinateurs menacent-ils nos libertés?» Les réponses affirmatives étaient:

1981	53%
1982	45%
1983	49%
1984	42%
1985	45%
1986	42%
1987	46%
1988	45%
1989	37%

On pourrait employer ces statistiques pour démontrer au moins deux choses:

• Les Français ne sont pas très sûrs du rôle de l'ordinateur. C'est pourquoi les réponses varient d'année en année.

• Les Français s'habituent à l'ordinateur. C'est pourquoi, bien que les réponses positives varient, elles ont diminué au cours des années.

À écrire

ACTIVITE 9: Prenez un des deux points de vue suivants en ce qui concerne le rôle des ordinateurs en France: (1) Les Français ne sont pas très sûrs du rôle de l'ordinateur. (2) Les Français s'habituent à l'ordinateur. Employez les statistiques de l'**Aperçu culturel** pour démontrer votre point de vue. Ecrivez un paragraphe.

Sujets de composition

1. Les publicités essaient aussi de persuader le lecteur. Ecrivez une publicité pour un produit, soit pour un magazine, soit pour la radio. Employez les publicités suivantes comme modèle.

2. Ecrivez un paragraphe pour convaincre votre professeur d'annuler l'examen final dans votre cours.

3. Ecrivez un paragraphe pour persuader le lecteur de votre opinion en ce qui concerne l'environnement, la pollution des eaux, les droits des animaux ou l'armement nucléaire.

Aujourd'hui, Philips lance une nouvelle gamme d'ordinateurs personnels compatibles IBM®. Alors si jusqu'à présent, PC rimait pour vous avec maux de tête, Philips peut vous aider à y voir plus clair.

Quel que soit le modèle choisi, les PC* Philips sont livrés avec deux cassettes d'installation, l'une vidéo et l'autre audio. Vous pourrez ainsi, pas à pas, mettre en service votre nouveau matériel. En moins d'une heure, vous serez opérationnel.

Avec chaque PC Philips, vous sont livrés des logiciels parmi les plus performants du marché (5 pour les PC de table), traitement de texte, tableur, jeux*... L'offre Philips, c'est dans tous les cas le fameux Works V2.0 de Microsoft®. **Du PC de table au portable, Philips propose 12 modèles dans sa gamme grand public de 6.500F à 27.000F TTC, prix public indicatif. Pour plus d'informations, Philips est à votre disposition au 64 80 54 00 ou au 3615 code Philips.**

* Offre concernant les PC de table.

PHILIPS

Eurêka !

Avec la récente découverte du système Duomatic, Miele repousse les frontières de la science culinaire.

Modèle présenté M 722

En quelques fractions de seconde, il décongèle, cuisine et grille ainsi toutes les idées reçues sur son passage. Répartiteur d'ondes et platine tournante intégrée à la sole s'associent discrètement pour faire avancer la technologie en libérant tout l'espace intérieur des fours.

Facteur peu commun d'innovation, vous pourrez désormais enfourner des plats ronds, ovales, voire carrément rectangulaires !

Dès lors, il est possible de cuire tout en douceur un délicieux carré d'agneau dans un plat tout aussi... carré.

Prisonnières de l'enceinte du four aux parois d'inox, les ondes n'échappent pas à leur destinée. Alors puissance maximale, mémoire des programmes, protection thermique, en avant vers le nouveau monde des saveurs !

Rassurez-vous, la technologie Miele, pilotée à la perfection par un savoir-faire éprouvé, est une valeur absolue de fiabilité totale.

Miele

LA PAIX N'A PAS DE PRIX

Expressions essentielles

Dire si on est d'accord

Etre d'accord

C'est vrai.

Effectivement...

(Bien) entendu...

Exactement...

Je suis d'accord.

Je suis de votre avis.

Sans aucun doute...

Vous avez tout à fait raison.

Etre peut-être d'accord

Ah bon?

Ça se peut.

C'est à voir.

C'est possible.

Je suis d'accord en principe, mais...

Peut-être...

Si vous le dites...

Si vous voulez...

Ne pas être d'accord

Ce n'est pas vrai.

Ce n'est pas mon genre.

Absolument pas!

Sûrement pas!

Pas du tout!

Vous rigolez.

Vous voulez rire.

Je suis d'un autre avis.

Recommander quelque chose

Indicatif

Pourquoi ne pas...

Je vous recommande...

Vous avez tout intérêt à...

Vous devez...

Il est à lire (voir, écouter, etc.)

Impératif

Lisez-le!

Subjonctif

Il vaut mieux que...

Conditionnel

Si j'étais à votre place...

Vous auriez tort de...

Vous devriez...

Indiquer qu'on est convaincu

Je suis d'accord (certain[e], convaincu[e],
persuadé[e], sûr[e], sûr[e] et certain[e])
que...

Je n'ai aucun doute que...

Il est clair que...

Tout me porte à croire que...

D'après les statistiques, ...

Indiquer qu'on n'est pas convaincu

Je doute que...

Je ne suis pas d'accord (certain[e], convaincu[e], persuadé[e], sûr [e]) que...

Je ne pense pas que...

Je ne sais pas...

J'ignore si...

Je me demande si...

Ça m'étonnerait que...

Les Genres artistiques

le ballet   *ballet*

le cinéma   *cinema*

le drame   *drama*

la musique   *music*

l'opéra (*m.*)   *opera*

la peinture   *painting*

la photographie   *photography*

la poésie   *poetry*
le roman   *novel*
la sculpture   *sculpture*

La Technologie

l'amélioration (*f.*) de la vie   *improvements to life*
la bombe atomique   *atomic bomb*
la menace   *threat*
la modification climatique   *climatic changes*

la pollution   *pollution*
la possibilité d'un accident   *possibility of accidents*
le bien-être du peuple   *the people's well-being*
le côté bénéfique   *beneficial side*
le progrès   *progress*
le progrès médical   *medical progress*
les déchets (*m.*) nucléaires   *nuclear waste*
les libertés (*f.*)   *freedom*
les robots (*m.*)   *robots*

N'OUBLIEZ PAS!

Les Modes, pp. 395 et 403
Les Temps du subjonctif, p. 413

Appendice

La Conjugaison des verbes

Verbes réguliers: Temps simples

1er groupe

INFINITIF ET PARTICIPES		
parler		
parlé		
parlant		
ayant parlé		

INDICATIF

Présent	Imparfait	Futur simple
je parle	je parlais	je parlerai
tu parles	tu parlais	tu parleras
il parle	il parlait	il parlera
nous parlons	nous parlions	nous parlerons
vous parlez	vous parliez	vous parlerez
ils parlent	ils parlaient	ils parleront

CONDITIONNEL

Présent
je parlerais
tu parlerais
il parlerait
nous parlerions
vous parleriez
ils parleraient

SUBJONCTIF

Présent
que je parle
que tu parles
qu'il parle
que nous parlions
que vous parliez
qu'ils parlent

IMPERATIF

parle

parlons

parlez

TEMPS LITTERAIRES

Passé simple	Imparfait du subjonctif
je parlai	que je parlasse
tu parlas	que tu parlasses
il parla	qu'il parlât
nous parlâmes	que nous parlassions
vous parlâtes	que vous parlassiez
ils parlèrent	qu'ils parlassent

2e groupe

INFINITIF ET PARTICIPES		
finir		
fini		
finissant		
ayant fini		

INDICATIF

Présent	Imparfait	Futur simple
je finis	je finissais	je finirai
tu finis	tu finissais	tu finiras
il finit	il finissait	il finira
nous finissons	nous finissions	nous finirons
vous finissez	vous finissiez	vous finirez
ils finissent	ils finissaient	ils finiront

CONDITIONNEL

Présent
je finirais
tu finirais
il finirait
nous finirions
vous finiriez
ils finiraient

	SUBJONCTIF		TEMPS LITTERAIRES	
IMPERATIF	Présent	Passé simple	Imparfait du subjonctif	
finis	que je finisse	je finis	que je finisse	
	que tu finisses	tu finis	que tu finisses	
	qu'il finisse	il finit	qu'il finît	
finissons	que nous finissions	nous finîmes	que nous finissions	
finissez	que vous finissiez	vous finîtes	que vous finissiez	
	qu'ils finissent	ils finirent	qu'ils finissent	

3e groupe

INFINITIF ET PARTICIPES	INDICATIF		TEMPS LITTERAIRES	
	Présent	Imparfait	Futur simple	CONDITIONNEL Présent
rendre	je rends	je rendais	je rendrai	je rendrais
rendu	tu rends	tu rendais	tu rendras	tu rendrais
rendant	il rend	il rendait	il rendra	il rendrait
ayant rendu	nous rendons	nous rendions	nous rendrons	nous rendrions
	vous rendez	vous rendiez	vous rendrez	vous rendriez
	ils rendent	ils rendaient	ils rendront	ils rendraient

	SUBJONCTIF		TEMPS LITTERAIRES	
IMPERATIF	Présent	Passé simple	Imparfait du subjonctif	
rends	que je rende	je rendis	que je rendisse	
	que tu rendes	tu rendis	que tu rendisses	
	qu'il rende	il rendit	qu'il rendît	
rendons	que nous rendions	nous rendîmes	que nous rendissions	
rendez	que vous rendiez	vous rendîtes	que vous rendissiez	
	qu'ils rendent	ils rendirent	qu'ils rendissent	

Verbes conjugués avec avoir aux temps composés

INDICATIF

Passé composé

j'ai
tu as
il a   } parlé, fini, rendu
nous avons
vous avez
ils ont

Plus-que-parfait

j'avais
tu avais
il avait   } parlé, fini, rendu
nous avions
vous aviez
ils avaient

Futur antérieur

j'aurai
tu auras
il aura   } parlé, fini, rendu
nous aurons
vous aurez
ils auront

CONDITIONNEL

Passé

j'aurais
tu aurais
il aurait   } parlé, fini, rendu
nous aurions
vous auriez
ils auraient

SUBJONCTIF

Passé

que j'aie
que tu aies
qu'il ait   } parlé, fini, rendu
que nous ayons
que vous ayez
qu'ils aient

TEMPS LITTERAIRES

Passé antérieur

j'eus
tu eus
il eut   } parlé, fini, rendu
nous eûmes
vous eûtes
ils eurent

Plus-que-parfait du subjonctif

que j'eusse
que tu eusses
qu'il eût   } parlé, fini, rendu
que nous eussions
que vous eussiez
qu'ils eussent

Verbes conjugués avec *être* aux temps composés

INDICATIF

Passé composé	Plus-que-parfait	Futur antérieur
je suis entré(e)	j'étais entré(e)	je serai entré(e)
tu es entré(e)	tu étais entré(e)	tu seras entré(e)
il est entré	il était entré	il sera entré
elle est entrée	elle était entrée	elle sera entrée
nouc sommes entré(e)s	nous étions entré(e)s	nous serons entré(e)s
vous êtes entré(e)(s)	vous étiez entré(e)(s)	vous serez entré(e)(s)
ils sont entrés	ils étaient entrés	ils seront entrés
elles sont entrées	elles étaient entrées	elles seront entrées

CONDITIONNEL

Passé
je serais entré(e)
tu serais entré(e)
il serait entré
elle serait entrée
nous serions entré(e)s
vous seriez entré(e)(s)
ils seraient entrés
elles seraient entrées

SUBJONCTIF

Passé
que je sois entré(e)
que tu sois entré(e)
qu'il soit entré
qu'elle soit entrée
que nous soyons entré(e)s
que vous soyez entré(e)(s)
qu'ils soient entrés
qu'elles soient entrées

TEMPS LITTERAIRES

Passé antérieur	Plus-que-parfait du subjonctif
je fus entré(e)	que je fusse entré(e)
tu fus entré(e)	que tu fusses entré(e)
il fut entré	qu'il fût entré
elle fut entrée	qu'elle fût entrée
nous fûmes entré(e)s	que nous fussions entré(e)s
vous fûtes entré(e)(s)	que vous fussiez entré(e)(s)
ils furent entrés	qu'ils fussent entrés
elles furent entrées	qu'elles fussent entrées

Verbes pronominaux aux temps simples et aux temps composés

INFINITIF ET PARTICIPES

se laver (*to wash oneself*)
lavé
se lavant
s'étant lavé(e)(s)

INDICATIF

Présent	Imparfait	Futur simple	Passé composé	Plus-que-parfait
me lave	me lavais	me laverai	me suis lavé(e)	m'étais lavé(e)
te laves	te lavais	te laveras	t'es lavé(e)	t'étais lavé(e)
se lave	se lavait	se lavera	s'est lavé(e)	s'était lavé(e)
nous lavons	nous lavions	nous laverons	nous sommes lavé(e)s	nous étions lavé(e)s
vous lavez	vous laviez	vous laverez	vous êtes lavé(e)(s)	vous étiez lavé(e)(s)
se lavent	se lavaient	se laveront	se sont lavé(e)s	s'étaient lavé(e)s

Passé simple	Futur antérieur
me lavai	me serai lavé(e)
te lavas	te seras lavé(e)
se lava	se sera lavé(e)
nous lavâmes	nous serons lavé(e)s
vous lavâtes	vous serez lavé(e)(s)
se lavèrent	se seront lavé(e)s

IMPERATIF

lave-toi
lavons-nous
lavez-vous

CONDITIONNEL

Présent	Passé
me laverais	me serais lavé(e)
te laverais	te serais lavé(e)
se laverait	se serait lavé(e)
nous laverions	nous serions lavé(e)s
vous laveriez	vous seriez lavé(e)(s)
se laveraient	se seraient lavé(e)s

SUBJONCTIF

Présent	Passé
que je me lave	me sois lavé(e)
que tu te laves	te sois lavé(e)
qu'il se lave	se soit lavé(e)
que nous nous lavions	nous soyons lavé(e)s
que vous vous laviez	vous soyez lavé(e)(s)
qu'ils se lavent	se soient lavé(e)s

TEMPS LITTERAIRES

Passé simple	Passé antérieur	Imparfait du subjonctif	Plus-que-parfait du subjonctif
me lavai	me fus lavé(e)	me lavasse	me fusse lavé(e)
te lavas	te fus lavé(e)	te lavasses	te fusses lavé(e)
se lava	se fut lavé(e)	se lavât	se fût lavé(e)
nous lavâmes	nous fûmes lavé(e)s	nous lavassions	nous fussions lavé(e)s
vous lavâtes	vous fûtes lavé(e)(s)	vous lavassiez	vous fussiez lavé(e)s
se lavèrent	se furent lavé(e)s	se lavassent	se fussent lavé(e)s

Les Verbes en -er avec changement d'orthographe

Infinitif	Présent	Impératif	Passé composé	Imparfait	Passé simple	Futur simple	Conditionnel	Subjonctif
acheter (to buy)	achète		ai acheté	achetais	achetai	achèterai	achèterais	achète
	achètes	achète	as acheté	achetais	achetas	achèteras	achèterais	achètes
	achète		a acheté	achetait	acheta	achètera	achèterait	achète
	achetons	achetons	avons acheté	achetions	achetâmes	achèterons	achèterions	achetions
	achetez	achetez	avez acheté	achetiez	achetâtes	achèterez	achèteriez	achetiez
	achètent		ont acheté	achetaient	achetèrent	achèteront	achèteraient	achètent

Verbs like **acheter**: **achever** (*to finish*), **amener** (*to bring [someone] along*), **élever** (*to raise*), **emmener** (*to take [someone] along*), **peser** (*to weigh*), **se lever** (*to get up*).

Infinitif	Présent	Impératif	Passé composé	Imparfait	Passé simple	Futur simple	Conditionnel	Subjonctif
appeler (to call)	appelle		ai appelé	appelais	appelai	appellerai	appellerais	appelle
	appelles	appelle	as appelé	appelais	appelas	appelleras	appellerais	appelles
	appelle		a appelé	appelait	appela	appellera	appellerait	appelle
	appelons	appelons	avons appelé	appelions	appelâmes	appellerons	appellerions	appelions
	appelez	appelez	avez appelé	appeliez	appelâtes	appellerez	appelleriez	appeliez
	appellent		ont appelé	appelaient	appelèrent	appelleront	appelleraient	appellent

Verbs like **appeler**: **épeler** (*to spell*), **jeter** (*to throw*), **rappeler** (*to recall, call back*), **rejeter** (*to reject*).

Infinitif	Présent	Impératif	Passé composé	Imparfait	Passé simple	Futur simple	Conditionnel	Subjonctif
préférer (to prefer)	préfère		ai préféré	préférais	préférai	préférerai	préférerais	préfère
	préfères	préfère	as préféré	préférais	préféras	préféreras	préférerais	préfères
	préfère		a préféré	préférait	préféra	préférera	préférerait	préfère
	préférons	préférons	avons préféré	préférions	préférâmes	préférerons	préférerions	préférions
	préférez	préférez	avez préféré	préfériez	préférâtes	préférerez	préféreriez	préfériez
	préfèrent		ont préféré	préféraient	préférèrent	préféreront	préféreraient	préfèrent

Verbs like **préférer**: **compléter** (*to complete*), **espérer** (*to hope*), **inquiéter** (*to worry*), **posséder** (*to own*), **protéger** (*to protect*), **répéter** (*to repeat*), **sécher** (*to dry*), **suggérer** (*to suggest*).

Infinitif	Présent	Impératif	Passé composé	Imparfait	Passé simple	Futur simple	Conditionnel	Subjonctif
manger	mange		ai mangé	mangeais	mangeai	mangerai	mangerais	mange
(to eat)	manges	mange	as mangé	mangeais	mangeas	mangeras	mangerais	manges
	mange		a mangé	mangeait	mangea	mangera	mangerait	mange
	mangeons	mangeons	avons mangé	mangions	mangeâmes	mangerons	mangerions	mangions
	mangez	mangez	avez mangé	mangiez	mangeâtes	mangerez	mangeriez	mangiez
	mangent		ont mangé	mangeaient	mangèrent	mangeront	mangeraient	mangent

Verbs like **manger**: **arranger** *(to fix, arrange)*, **changer** *(to change)*, **corriger** *(to correct)*, **déranger** *(to disturb)*, **diriger** *(to manage, run)*, **encourager** *(to encourage)*, **nager** *(to swim)*, **négliger** *(to neglect)*, **obliger** *(to oblige)*, **partager** *(to share)*, **plonger** *(to dive)*, **protéger** *(to protect)*, **ranger** *(to put in order, put away)*, **songer à** *(to think of)*, **voyager** *(to travel)*.

commencer	commence		ai commencé	commençais	commençai	commencerai	commencerais	commence
(to start)	commences	commence	as commencé	commençais	commenças	commenceras	commencerais	commences
	commence		a commencé	commençait	commença	commencera	commencerait	commence
	commençons	commençons	avons commencé	commencions	commençâmes	commencerons	commencerions	commencions
	commencez	commencez	avez commencé	commenciez	commençâtes	commencerez	commenceriez	commenciez
	commencent		ont commencé	commençaient	commencèrent	commenceront	commenceraient	commencent

Verbs like **commencer**: **annoncer** *(to announce)*, **avancer** *(to move forward)*, **forcer** *(to force)*, **lancer** *(to throw, launch)*, **menacer** *(to threaten)*, **placer** *(to put, set, place)*, **remplacer** *(to replace)*, **renoncer** *(to give up, renounce)*.

payer	paie		ai payé	payais	payai	paierai	paierais	paie
(to pay)	paies	paie	as payé	payais	payas	paieras	paierais	paies
	paie		a payé	payait	paya	paiera	paierait	paie
	payons	payons	avons payé	payions	payâmes	paierons	paierions	payions
	payez	payez	avez payé	payiez	payâtes	paierez	paieriez	payiez
	paient		ont payé	payaient	payèrent	paieront	paieraient	paient

Verbs like **payer**: **employer** *(to use, employ)*, **ennuyer** *(to bore, annoy)*, **essayer** *(to try)*, **essuyer** *(to wipe)*, **nettoyer** *(to clean)*.

Verbes irréguliers

INFINITIF ET PARTICIPES	INDICATIF Présent	Imparfait	Futur simple	CONDITIONNEL Présent	IMPERATIF	SUBJONCTIF Présent	TEMPS LITTERAIRES Passé simple	Imparfait du subjonctif
accueillir	accueille	accueillais	accueillerai	accueillerais		accueille	accueillis	accueillisse
(to welcome)	accueilles	accueillais	accueilleras	accueillerais	accueille	accueilles	accueillis	accueillisses
	accueille	accueillait	accueillera	accueillerait		accueille	accueillit	accueillît
accueilli	accueillons	accueillions	accueillerons	accueillerions	accueillons	accueillions	accueillîmes	accueillissions
accueillant	accueillez	accueilliez	accueillerez	accueilleriez	accueillez	accueilliez	accueillîtes	accueillissiez
	accueillent	accueillaient	accueilleront	accueilleraient		accueillent	accueillirent	accueillissent
aller	vais	allais	irai	irais		aille	allai	allasse
(to go)	vas	allais	iras	irais	va	ailles	allas	allasses
	va	allait	ira	irait		aille	alla	allât
allé	allons	allions	irons	irions	allons	allions	allâmes	allassions
allant	allez	alliez	irez	iriez	allez	alliez	allâtes	allassiez
	vont	allaient	iront	iraient		aillent	allèrent	allassent
s'asseoir	assieds	asseyais	assiérai	assiérais		asseye	assis	assisse
(to be	assieds	asseyais	assiéras	assiérais	assieds-toi	asseyes	assis	assisses
seated)	assied	asseyait	assiéra	assiérait		asseye	assit	assît
assis	asseyons	asseyions	assiérons	assiérions	asseyons-nous	asseyions	assîmes	assissions
asseyant	asseyez	asseyiez	assiérez	assiériez	asseyez-vous	asseyiez	assîtes	assissiez
	asseyent	asseyaient	assiéront	assiéraient		asseyent	assirent	assissent
avoir	ai	avais	aurai	aurais		aie	eus	eusse
(to have)	as	avais	auras	aurais	aie	aies	eus	eusses
	a	avait	aura	aurait		ait	eut	eût
eu	avons	avions	aurons	aurions	ayons	ayons	eûmes	eussions
ayant	avez	aviez	aurez	auriez	ayez	ayez	eûtes	eussiez
	ont	avaient	auront	auraient		aient	eurent	eussent

INFINITIF ET PARTICIPES	INDICATIF Présent	Imparfait	Futur simple	CONDITIONNEL Présent	IMPERATIF	SUBJONCTIF Présent	TEMPS LITTERAIRES Passé simple	Imparfait du subjonctif
battre	bats	battais	battrai	battrais		batte	battis	battisse
(to beat)	bats	battais	battras	battrais	bats	battes	battis	battisses
	bat	battait	battra	battrait		batte	battit	battît
battu	battons	battions	battrons	battrions	battons	battions	battîmes	battissions
battant	battez	battiez	battrez	battriez	battez	battiez	battîtes	battissiez
	battent	battaient	battront	battraient		battent	battirent	battissent
boire	bois	buvais	boirai	boirais		boive	bus	busse
(to drink)	bois	buvais	boiras	boirais	bois	boives	bus	busses
	boit	buvait	boira	boirait		boive	but	bût
bu	buvons	buvions	boirons	boirions	buvons	buvions	bûmes	bussions
buvant	buvez	buviez	boirez	boiriez	buvez	buviez	bûtes	bussiez
	boivent	buvaient	boiront	boiraient		boivent	burent	bussent
conduire	conduis	conduisais	conduirai	conduirais		conduise	conduisis	conduisisse
(to lead)	conduis	conduisais	conduiras	conduirais	conduis	conduises	conduisis	conduisisses
	conduit	conduisait	conduira	conduirait		conduise	conduisit	conduisît
conduit	conduisons	conduisions	conduirons	conduirions	conduisons	conduisions	conduisîmes	conduisissions
conduisant	conduisez	conduisiez	conduirez	conduiriez	conduisez	conduisiez	conduisîtes	conduisissiez
	conduisent	conduisaient	conduiront	conduiraient		conduisent	conduisirent	conduisissent
connaître	connais	connaissais	connaîtrai	connaîtrais		connaisse	connus	connusse
(to be acquainted)	connais	connaissais	connaîtras	connaîtrais	connais	connaisses	connus	connusses
	connaît	connaissait	connaîtra	connaîtrait		connaisse	connut	connût
connu	connaissons	connaissions	connaîtrons	connaîtrions	connaissons	connaissions	connûmes	connussions
connaissant	connaissez	connaissiez	connaîtrez	connaîtriez	connaissez	connaissiez	connûtes	connussiez
	connaissent	connaissaient	connaîtront	connaîtraient		connaissent	connurent	connussent

conquérir (*to conquer*) — conquis, conquérant

Présent	Imparfait	Futur	Conditionnel	Impératif	Subjonctif	Passé simple	Subjonctif imparfait
conquiers	conquérais	conquerrai	conquerrais		conquière	conquis	conquisse
conquiers	conquérais	conquerras	conquerrais		conquières	conquis	conquisses
conquiert	conquérait	conquerra	conquerrait	conquiers	conquière	conquit	conquît
conquérons	conquérions	conquerrons	conquerrions	conquérons	conquérions	conquîmes	conquissions
conquérez	conquériez	conquerrez	conquerriez	conquérez	conquériez	conquîtes	conquissiez
conquièrent	conquéraient	conquerront	conquerraient		conquièrent	conquirent	conquissent

courir (*to run*) — couru, courant

Présent	Imparfait	Futur	Conditionnel	Impératif	Subjonctif	Passé simple	Subjonctif imparfait
cours	courais	courrai	courrais		coure	courus	courusse
cours	courais	courras	courrais		coures	courus	courusses
court	courait	courra	courrait	cours	coure	courut	courût
courons	courions	courrons	courrions	courons	courions	courûmes	courussions
courez	couriez	courrez	courriez	courez	couriez	courûtes	courussiez
courent	couraient	courront	courraient		courent	coururent	courussent

craindre (*to fear*) — craint, craignant

Présent	Imparfait	Futur	Conditionnel	Impératif	Subjonctif	Passé simple	Subjonctif imparfait
crains	craignais	craindrai	craindrais		craigne	craignis	craignisse
crains	craignais	craindras	craindrais		craignes	craignis	craignisses
craint	craignait	craindra	craindrait	crains	craigne	craignit	craignît
craignons	craignions	craindrons	craindrions	craignons	craignions	craignîmes	craignissions
craignez	craigniez	craindrez	craindriez	craignez	craigniez	craignîtes	craignissiez
craignent	craignaient	craindront	craindraient		craignent	craignirent	craignissent

croire (*to believe*) — cru, croyant

Présent	Imparfait	Futur	Conditionnel	Impératif	Subjonctif	Passé simple	Subjonctif imparfait
crois	croyais	croirai	croirais		croie	crus	crusse
crois	croyais	croiras	croirais		croies	crus	crusses
croit	croyait	croira	croirait	crois	croie	crut	crût
croyons	croyions	croirons	croirions	croyons	croyions	crûmes	crussions
croyez	croyiez	croirez	croiriez	croyez	croyiez	crûtes	crussiez
croient	croyaient	croiront	croiraient		croient	crurent	crussent

cueillir (*to pick*) — cueilli, cueillant

Présent	Imparfait	Futur	Conditionnel	Impératif	Subjonctif	Passé simple	Subjonctif imparfait
cueille	cueillais	cueillerai	cueillerais		cueille	cueillis	cueillisse
cueilles	cueillais	cueilleras	cueillerais		cueilles	cueillis	cueillisses
cueille	cueillait	cueillera	cueillerait	cueille	cueille	cueillit	cueillît
cueillons	cueillions	cueillerons	cueillerions	cueillons	cueillions	cueillîmes	cueillissions
cueillez	cueilliez	cueillerez	cueilleriez	cueillez	cueilliez	cueillîtes	cueillissiez
cueillent	cueillaient	cueilleront	cueilleraient		cueillent	cueillirent	cueillissent

INFINITIF ET PARTICIPES	INDICATIF Présent	INDICATIF Imparfait	Futur simple	CONDITIONNEL Présent	IMPERATIF	SUBJONCTIF Présent	TEMPS LITTERAIRES Passé simple	Imparfait du subjonctif
devoir	dois	devais	devrai	devrais		doive	dus	dusse
(to have to,	dois	devais	devras	devrais	dois	doives	dus	dusses
to owe)	doit	devait	devra	devrait		doive	dut	dût
dû	devons	devions	devrons	devrions	devons	devions	dûmes	dussions
devant	devez	deviez	devrez	devriez	devez	deviez	dûtes	dussiez
	doivent	devaient	devront	devraient		doivent	durent	dussent
dire	dis	disais	dirai	dirais		dise	dis	disse
(to say,	dis	disais	diras	dirais	dis	dises	dis	disses
to tell)	dit	disait	dira	dirait		dise	dit	dît
dit	disons	disions	dirons	dirions	disons	disions	dîmes	dissions
disant	dites	disiez	direz	diriez	dites	disiez	dîtes	dissiez
	disent	disaient	diront	diraient		disent	dirent	dissent
dormir	dors	dormais	dormirai	dormirais		dorme	dormis	dormisse
(to sleep)	dors	dormais	dormiras	dormirais	dors	dormes	dormis	dormisses
	dort	dormait	dormira	dormirait		dorme	dormit	dormît
dormi	dormons	dormions	dormirons	dormirions	dormons	dormions	dormîmes	dormissions
dormant	dormez	dormiez	dormirez	dormiriez	dormez	dormiez	dormîtes	dormissiez
	dorment	dormaient	dormiront	dormiraient		dorment	dormirent	dormissent
écrire	écris	écrivais	écrirai	écrirais		écrive	écrivis	écrivisse
(to write)	écris	écrivais	écriras	écrirais	écris	écrives	écrivis	écrivisses
	écrit	écrivait	écrira	écrirait		écrive	écrivit	écrivît
écrit	écrivons	écrivions	écrirons	écririons	écrivons	écrivions	écrivîmes	écrivissions
écrivant	écrivez	écriviez	écrirez	écririez	écrivez	écriviez	écrivîtes	écrivissiez
	écrivent	écrivaient	écriront	écriraient		écrivent	écrivirent	écrivissent
envoyer	envoie	envoyais	enverrai	enverrais		envoie	envoyai	envoyasse
(to send)	envoies	envoyais	enverras	enverrais	envoie	envoies	envoyas	envoyasses
	envoie	envoyait	enverra	enverrait		envoie	envoya	envoyât
envoyé	envoyons	envoyions	enverrons	enverrions	envoyons	envoyions	envoyâmes	envoyassions
envoyant	envoyez	envoyiez	enverrez	enverriez	envoyez	envoyiez	envoyâtes	envoyassiez
	envoient	envoyaient	enverront	enverraient		envoient	envoyèrent	envoyassent

Infinitif	Présent	Imparfait	Futur	Conditionnel	Impératif	Subjonctif présent	Passé simple	Subjonctif imparfait
être (to be)	suis	étais	serai	serais		sois	fus	fusse
	es	étais	seras	serais	sois	sois	fus	fusses
été	est	était	sera	serait		soit	fut	fût
étant	sommes	étions	serons	serions	soyons	soyons	fûmes	fussions
	êtes	étiez	serez	seriez	soyez	soyez	fûtes	fussiez
	sont	étaient	seront	seraient		soient	furent	fussent
faire (to do, to make)	fais	faisais	ferai	ferais		fasse	fis	fisse
	fais	faisais	feras	ferais	fais	fasses	fis	fisses
fait	fait	faisait	fera	ferait		fasse	fit	fît
faisant	faisons	faisions	ferons	ferions	faisons	fassions	fîmes	fissions
	faites	faisiez	ferez	feriez	faites	fassiez	fîtes	fissiez
	font	faisaient	feront	feraient		fassent	firent	fissent
falloir (to be necessary) fallu	il faut	il fallait	il faudra	il faudrait		il faille	il fallut	il fallût
fuir (to flee)	fuis	fuyais	fuirai	fuirais		fuie	fuis	fuisse
	fuis	fuyais	fuiras	fuirais	fuis	fuies	fuis	fuisses
fui	fuit	fuyait	fuira	fuirait		fuie	fuit	fuît
fuyant	fuyons	fuyions	fuirons	fuirions	fuyons	fuyions	fuîmes	fuissions
	fuyez	fuyiez	fuirez	fuiriez	fuyez	fuyiez	fuîtes	fuissiez
	fuient	fuyaient	fuiront	fuiraient		fuient	fuirent	fuissent
lire (to read)	lis	lisais	lirai	lirais		lise	lus	lusse
	lis	lisais	liras	lirais	lis	lises	lus	lusses
lu	lit	lisait	lira	lirait		lise	lut	lût
lisant	lisons	lisions	lirons	lirions	lisons	lisions	lûmes	lussions
	lisez	lisiez	lirez	liriez	lisez	lisiez	lûtes	lussiez
	lisent	lisaient	liront	liraient		lisent	lurent	lussent

INFINITIF ET PARTICIPES	Présent	INDICATIF Imparfait	Futur simple	CONDITIONNEL Présent	IMPERATIF	SUBJONCTIF Présent	TEMPS LITTERAIRES Passé simple	Imparfait du subjonctif
mettre	mets	mettais	mettrai	mettrais		mette	mis	misse
(to put)	mets	mettais	mettras	mettrais	mets	mettes	mis	misses
	met	mettait	mettra	mettrait		mette	mit	mît
mis	mettons	mettions	mettrons	mettrions	mettons	mettions	mîmes	missions
mettant	mettez	mettiez	mettrez	mettriez	mettez	mettiez	mîtes	missiez
	mettent	mettaient	mettront	mettraient		mettent	mirent	missent
mourir	meurs	mourais	mourrai	mourrais		meure	mourus	mourusse
(to die)	meurs	mourais	mourras	mourrais	meurs	meures	mourus	mourusses
	meurt	mourait	mourra	mourrait		meure	mourut	mourût
mort	mourons	mourions	mourrons	mourrions	mourons	mourions	mourûmes	mourussions
mourant	mourez	mouriez	mourrez	mourriez	mourez	mouriez	mourûtes	mourussiez
	meurent	mouraient	mourront	mourraient		meurent	moururent	mourussent
naître	nais	naissais	naîtrai	naîtrais		naisse	naquis	naquisse
(to be	nais	naissais	naîtras	naîtrais	nais	naisses	naquis	naquisses
born)	naît	naissait	naîtra	naîtrait		naisse	naquit	naquît
né	naissons	naissions	naîtrons	naîtrions	naissons	naissions	naquîmes	naquissions
naissant	naissez	naissiez	naîtrez	naîtriez	naissez	naissiez	naquîtes	naquissiez
	naissent	naissaient	naîtront	naîtraient		naissent	naquirent	naquissent
ouvrir	ouvre	ouvrais	ouvrirai	ouvrirais		ouvre	ouvris	ouvrisse
(to open)	ouvres	ouvrais	ouvriras	ouvrirais	ouvre	ouvres	ouvris	ouvrisses
	ouvre	ouvrait	ouvrira	ouvrirait		ouvre	ouvrit	ouvrît
ouvert	ouvrons	ouvrions	ouvrirons	ouvririons	ouvrons	ouvrions	ouvrîmes	ouvrissions
ouvrant	ouvrez	ouvriez	ouvrirez	ouvririez	ouvrez	ouvriez	ouvrîtes	ouvrissiez
	ouvrent	ouvraient	ouvriront	ouvriraient		ouvrent	ouvrirent	ouvrissent

Infinitif / Participes	Présent	Imparfait	Futur	Conditionnel	Impératif	Subjonctif	Passé simple	Imparfait du subjonctif
partir (*to leave*)	pars	partais	partirai	partirais		parte	partis	partisse
	pars	partais	partiras	partirais	pars	partes	partis	partisses
	part	partait	partira	partirait		parte	partit	partît
parti	partons	partions	partirons	partirions	partons	partions	partîmes	partissions
partant	partez	partiez	partirez	partiriez	partez	partiez	partîtes	partissiez
	partent	partaient	partiront	partiraient		partent	partirent	partissent
plaire (*to please*)	plais	plaisais	plairai	plairais		plaise	plus	plusse
	plais	plaisais	plairas	plairais	plais	plaises	plus	plusses
	plaît	plaisait	plaira	plairait		plaise	plut	plût
plu	plaisons	plaisions	plairons	plairions	plaisons	plaisions	plûmes	plussions
plaisant	plaisez	plaisiez	plairez	plairiez	plaisez	plaisiez	plûtes	plussiez
	plaisent	plaisaient	plairont	plairaient		plaisent	plurent	plussent
pleuvoir (*to rain*)	il pleut	il pleuvait	il pleuvra	il pleuvrait		il pleuve	il plut	il plût
plu								
pleuvant								
pouvoir (*to be able*)	peux, puis	pouvais	pourrai	pourrais		puisse	pus	pusse
	peux	pouvais	pourras	pourrais		puisses	pus	pusses
	peut	pouvait	pourra	pourrait		puisse	put	pût
pu	pouvons	pouvions	pourrons	pourrions		puissions	pûmes	pussions
pouvant	pouvez	pouviez	pourrez	pourriez		puissiez	pûtes	pussiez
	peuvent	pouvaient	pourront	pourraient		puissent	purent	pussent
prendre (*to take*)	prends	prenais	prendrai	prendrais		prenne	pris	prisse
	prends	prenais	prendras	prendrais	prends	prennes	pris	prisses
	prend	prenait	prendra	prendrait		prenne	prit	prît
pris	prenons	prenions	prendrons	prendrions	prenons	prenions	prîmes	prissions
prenant	prenez	preniez	prendrez	prendriez	prenez	preniez	prîtes	prissiez
	prennent	prenaient	prendront	prendraient		prennent	prirent	prissent

INFINITIF ET PARTICIPES / Présent	INDICATIF / Imparfait	Futur simple	CONDITIONNEL / Présent	IMPERATIF	SUBJONCTIF / Présent	TEMPS LITTERAIRES / Passé simple	Imparfait du subjonctif
recevoir reçois	recevais	recevrai	recevrais		reçoive	reçus	reçusse
(*to receive*) reçois	recevais	recevras	recevrais	reçois	reçoives	reçus	reçusses
reçoit	recevait	recevra	recevrait		reçoive	reçut	reçût
reçu recevons	recevions	recevrons	recevrions	recevons	recevions	reçûmes	reçussions
recevant recevez	receviez	recevrez	recevriez	recevez	receviez	reçûtes	reçussiez
reçoivent	recevaient	recevront	recevraient		reçoivent	reçurent	reçussent
résoudre résous	résolvais	résoudrai	résoudrais		résolve	résolus	résolusse
(*to resolve,* résous	résolvais	résoudras	résoudrais	résous	résolves	résolus	résolusses
to solve) résout	résolvait	résoudra	résoudrait		résolve	résolut	résolût
résolu résolvons	résolvions	résoudrons	résoudrions	résolvons	résolvions	résolûmes	résolussions
résolvant résolvez	résolviez	résoudrez	résoudriez	résolvez	résolviez	résolûtes	résolussiez
résolvent	résolvaient	résoudront	résoudraient		résolvent	résolurent	résolussent
rire ris	riais	rirai	rirais		rie	ris	risse
(*to laugh*) ris	riais	riras	rirais	ris	ries	ris	risses
rit	riait	rira	rirait		rie	rit	rît
ri rions	riions	rirons	ririons	rions	riions	rîmes	rissions
riant riez	riiez	rirez	ririez	riez	riiez	rîtes	rissiez
rient	riaient	riront	riraient		rient	rirent	rissent
savoir sais	savais	saurai	saurais		sache	sus	susse
(*to know*) sais	savais	sauras	saurais	sache	saches	sus	susses
sait	savait	saura	saurait		sache	sut	sût
su savons	savions	saurons	saurions	sachons	sachions	sûmes	sussions
sachant savez	saviez	saurez	sauriez	sachez	sachiez	sûtes	sussiez
savent	savaient	sauront	sauraient		sachent	surent	sussent

	sortir (to go out)	**suivre** (to follow)	**tenir** (to hold, to keep)	**vaincre** (to beat)	**valoir** (to be worth)
	sorti	suivi	tenu	vaincu	valu
	sortant	suivant	tenant	vainquant	valant
	sors	suis	tiens	vaincs	vaux
	sors	suis	tiens	vaincs	vaux
	sort	suit	tient	vainc	vaut
	sortons	suivons	tenons	vainquons	valons
	sortez	suivez	tenez	vainquez	valez
	sortent	suivent	tiennent	vainquent	valent
	sortais	suivais	tenais	vainquais	valais
	sortais	suivais	tenais	vainquais	valais
	sortait	suivait	tenait	vainquait	valait
	sortions	suivions	tenions	vainquions	valions
	sortiez	suiviez	teniez	vainquiez	valiez
	sortaient	suivaient	tenaient	vainquaient	valaient
	sortirai	suivrai	tiendrai	vaincrai	vaudrai
	sortiras	suivras	tiendras	vaincras	vaudras
	sortira	suivra	tiendra	vaincra	vaudra
	sortirons	suivrons	tiendrons	vaincrons	vaudrons
	sortirez	suivrez	tiendrez	vaincrez	vaudrez
	sortiront	suivront	tiendront	vaincront	vaudront
	sortirais	suivrais	tiendrais	vaincrais	vaudrais
	sortirais	suivrais	tiendrais	vaincrais	vaudrais
	sortirait	suivrait	tiendrait	vaincrait	vaudrait
	sortirions	suivrions	tiendrions	vaincrions	vaudrions
	sortiriez	suivriez	tiendriez	vaincriez	vaudriez
	sortiraient	suivraient	tiendraient	vaincraient	vaudraient
	sors	suis	tiens	vaincs	vaux
	sortons	suivons	tenons	vainquons	valons
	sortez	suivez	tenez	vainquez	valez
	sorte	suive	tienne	vainque	vaille
	sortes	suives	tiennes	vainques	vailles
	sorte	suive	tienne	vainque	vaille
	sortions	suivions	tenions	vainquions	valions
	sortiez	suiviez	teniez	vainquiez	valiez
	sortent	suivent	tiennent	vainquent	vaillent
	sortis	suivis	tins	vainquis	valus
	sortis	suivis	tins	vainquis	valus
	sortit	suivit	tint	vainquit	valut
	sortîmes	suivîmes	tînmes	vainquîmes	valûmes
	sortîtes	suivîtes	tîntes	vainquîtes	valûtes
	sortirent	suivirent	tinrent	vainquirent	valurent
	sortisse	suivisse	tinsse	vainquisse	valusse
	sortisses	suivisses	tinsses	vainquisses	valusses
	sortît	suivît	tînt	vainquît	valût
	sortissions	suivissions	tinssions	vainquissions	valussions
	sortissiez	suivissiez	tinssiez	vainquissiez	valussiez
	sortissent	suivissent	tinssent	vainquissent	valussent

INFINITIF ET PARTICIPES / Présent	INDICATIF Imparfait	Futur simple	CONDITIONNEL Présent	IMPERATIF	SUBJONCTIF Présent	TEMPS LITTERAIRES Passé simple	Imparfait du subjonctif
venir							
(to come)							
viens	venais	viendrai	viendrais		vienne	vins	vinsse
viens	venais	viendras	viendrais	viens	viennes	vins	vinsses
vient	venait	viendra	viendrait		vienne	vint	vînt
venu — venons	venions	viendrons	viendrions	venons	venions	vînmes	vinssions
venant — venez	veniez	viendrez	viendriez	venez	veniez	vîntes	vinssiez
viennent	venaient	viendront	viendraient		viennent	vinrent	vinssent
vivre							
(to live)							
vis	vivais	vivrai	vivrais		vive	vécus	vécusse
vis	vivais	vivras	vivrais	vis	vives	vécus	vécusses
vit	vivait	vivra	vivrait		vive	vécut	vécût
vécu — vivons	vivions	vivrons	vivrions	vivons	vivions	vécûmes	vécussions
vivant — vivez	viviez	vivrez	vivriez	vivez	viviez	vécûtes	vécussiez
vivent	vivaient	vivront	vivraient		vivent	vécurent	vécussent
voir							
(to see)							
vois	voyais	verrai	verrais		voie	vis	visse
vois	voyais	verras	verrais	vois	voies	vis	visses
voit	voyait	verra	verrait		voie	vit	vît
vu — voyons	voyions	verrons	verrions	voyons	voyions	vîmes	vissions
voyant — voyez	voyiez	verrez	verriez	voyez	voyiez	vîtes	vissiez
voient	voyaient	verront	verraient		voient	virent	vissent
vouloir							
(to wish,							
to want)							
veux	voulais	voudrai	voudrais		veuille	voulus	voulusse
veux	voulais	voudras	voudrais		veuilles	voulus	voulusses
veut	voulait	voudra	voudrait		veuille	voulut	voulût
voulu — voulons	voulions	voudrons	voudrions		voulions	voulûmes	voulussions
voulant — voulez	vouliez	voudrez	voudriez	veuillez	vouliez	voulûtes	voulussiez
veulent	voulaient	voudront	voudraient		veuillent	voulurent	voulussent

Lexique français-anglais

This vocabulary includes all French words that appear in *Par ici* except for pronouns, possessive adjectives, and numbers. For words with multiple definitions, only the meaning used in this text is provided. The gender of nouns is indicated by either the definite article or the abbreviation *(m.)* or *(f.)*; adjectives are indicated by the abbreviation *(adj.)*. An asterisk (*) is used to indicate non-noun words that begin with an aspirate **h.** For nouns beginning with **h,** the definite article indicates whether or not the **h** is aspirate.

a

à   *at, to*
abandonner   *to abandon*
abdiquer   *to abdicate*
abominable *(adj.)*   *abominable*
d' abord   *first*
aborder   *to approach*
aboutir   *to result in, to lead to*
aboyer   *to bark*
abruti *(adj.)*   *stupid*
l' absence *(f.)*   *absence*
absolument   *absolutely*
abstrait *(adj.)*   *abstract*
absurde *(adj.)*   *absurd*
l' absurdité *(f.)*   *absurdity*
académique *(adj.)*   *academic*
l' Acadie *(f.)*   *Acadia (former French-Canadian area)*
acadien(ne) *(adj.)*   *from Acadia*
l' accélérateur *(m.)*   *accelerator*
l' accélération *(f.)*   *acceleration*
l' accent *(m.)*   *accent*
acceptable *(adj.)*   *acceptable*
accepter   *to accept*
l' accès *(m.)*   *access*
l' accessoire *(m.)*   *accessory*
l' accident *(m.)*   *accident*
accompagner   *to accompany*
accomplir   *to accomplish*
l' accord *(m.)*   *agreement, accord*
accorder   *to grant*
accrocher   *to hang up*
l' accroissement *(m.)*   *growth*
l' accueil *(m.)*   *welcome*
l' accusateur (-trice) *(m., f.)*   *accuser*
accuser   *to accuse*
l' achat *(m.)*   *purchase*
acheter   *to buy*

l' acheteur (-euse) *(m., f.)*   *buyer*
l' acidification *(f.)*   *acidification*
acquérir   *to acquire*
l' acquisition *(f.)*   *acquisition, purchase*
l' acteur (-trice) *(m., f.)*   *actor*
actif (-ive) *(adj.)*   *active*
l' action *(f.)*   *action*
actuel(le) *(adj.)*   *present-day*
l' adaptation *(f.)*   *adaptation*
adapter   *to adapt*
additionner   *to add*
l' adhésion *(f.)*   *adhesion, membership*
l' adjectif *(m.)*   *adjective*
l' administrateur (-trice) *(m., f.)*   *administrator*
l' administration *(f.)*   *administration*
l' admiration *(f.)*   *admiration*
l' adolescence *(f.)*   *adolescence, youth*
adopter   *to adopt*
adorer   *to adore*
l' adresse *(f.)*   *address*
l' adulte *(m., f.)*   *adult*
l' adverbe *(m.)*   *adverb*
l' aérobic *(m.)*   *aerobic exercise*
l' affaire *(f.)*   *affair, business*
affectif (-ive) *(adj.)*   *affective*
l' affiche *(f.)*   *poster*
affirmer   *to affirm*
afin   *in order to*
africain *(adj.)*   *African*
l' Afrique *(f.)*   *Africa*
agacer   *to bother*
l' âge *(m.)*   *age*
l' agence *(f.)*   *agency*
l' agent *(m.)*   *agent*
aggraver   *to worsen*
agile *(adj.)*   *agile*
agir   *to act*
l' agitation *(f.)*   *agitation*

agrandir   *to make bigger*
agréable *(adj.)*   *agreeable, nice*
agréer   *to accept, to approve*
agressif (-ive) *(adj.)*   *aggressive*
l' agression *(f.)*   *aggression*
agricole *(adj.)*   *agricultural*
l' agriculteur (-trice) *(m., f.)*   *farmer*
l' agriculture *(f.)*   *agriculture*
l' aide *(f.)*   *aid*
aider   *to help*
aigu(ë) *(adj.)*   *sharp*
l' aiguille *(f.)*   *needle*
ailleurs   *elsewhere*
aimable *(adj.)*   *lovable*
aimer   *to love, to like*
l' aîné(e) *(m., f.)*   *eldest*
ainsi   *so*
l' air *(m.)*   *manner, appearance*
l' aise *(f.)*   *ease*
ajouter   *to add*
l' alarme *(f.)*   *alarm*
l' alcool *(m.)*   *alcohol*
alcoolique *(adj.)*   *alcoholic*
alcoolisé *(adj.)*   *containing alcohol*
les alentours *(m.)*   *surroundings*
l' Algérie *(f.)*   *Algeria*
algérien(ne) *(adj.)*   *Algerian*
l' alimentation *(f.)*   *food*
l' allégorie *(f.)*   *allegory*
l' allégresse *(f.)*   *happiness*
l' Allemagne *(f.)*   *Germany*
allemand *(adj.)*   *German*
aller   *to go*
l' alliance *(f.)*   *alliance*
allier   *to ally*
allonger   *to elongate, to lengthen*
allumer   *to light*
l' allumette *(f.)*   *match*
l' allure *(f.)*   *look, demeanor*
l' allusion *(f.)*   *allusion*
alors   *then*
alpin *(adj.)*   *alpine*
l' Alsace *(f.)*   *Alsace (French province)*
alsacien(ne) *(adj.)*   *Alsacian*
altruiste *(adj.)*   *altruistic*
l' aluminium *(m.)*   *aluminum*
l' amant *(m.)*   *lover*
l' amateur *(m.)*   *amateur*
l' ambassadeur (-drice) *(m., f.)*   *ambassador*
l' ambiance *(f.)*   *atmosphere*
ambigu(ë) *(adj.)*   *ambiguous*

l' ambiguïté *(f.)*   *ambiguity*
ambitieux (-euse) *(adj.)*   *ambitious*
l' ambulance *(f.)*   *ambulance*
l' âme *(f.)*   *soul*
l' amélioration *(f.)*   *improvement, betterment*
améliorer   *to improve*
l' amende *(f.)*   *fine*
amener   *to bring (someone) along*
amer (-ère) *(adj.)*   *bitter*
américain *(adj.)*   *American*
américanisé *(adj.)*   *Americanized*
l' Amérique *(f.)*   *America*
l' ami(e) *(m., f.)*   *friend*
amical *(m. pl. -aux) (adj.)*   *friendly*
amicalement   *in a friendly way*
l' amitié *(f.)*   *friendship*
amonceler   *to pile up*
l' amour *(m.)*   *love*
amoureux (-euse) *(adj.)*   *in love*
amplifier   *to amplify*
amusant *(adj.)*   *amusing*
s' amuser   *to have fun*
l' an *(m.)*   *year*
l' analyse *(f.)*   *analysis*
analyser   *to analyze*
l' anarchiste *(m., f.)*   *anarchist*
ancien(ne) *(adj.)*   *old, former*
l' âne *(m.)*   *donkey*
l' anecdote *(f.)*   *anecdote, story*
anglais *(adj.)*   *English*
l' Angleterre *(f.)*   *England*
l' angoisse *(f.)*   *anguish*
l' animal *(pl. -aux) (m.)*   *animal*
animer   *to enliven*
l' anis *(m.)*   *aniseed*
l' année *(f.)*   *year*
l' annexe *(f.)*   *annex*
l' annexion *(f.)*   *annexation*
l' annonce *(f.)*   *announcement*
annoncer   *to announce*
l' annuaire *(m.)*   *telephone directory, yearbook*
annuler   *to annul, to cancel*
l' anonymat *(m.)*   *anonymity*
antérieur *(adj.)*   *previous*
l' anthème *(m.)*   *anthem*
anticiper   *to anticipate*
antillais *(adj.)*   *from the Antilles*
antipathique *(adj.)*   *not likeable*
août *(m.)*   *August*
l' apogée *(f.)*   *apogee, highest point*
apparaître   *to appear*

l' appareil *(m.)*   *apparatus*
l' appareil-photo *(m.)*   *camera*
apparemment   *apparently*
l' apparence *(f.)*   *appearance*
l' appartement *(m.)*   *apartment*
l' appartenance *(f.)*   *appurtenance, accessory*
appartenir   *to belong*
l' appel *(m.)*   *call*
s' appeler   *to call oneself, to be named*
l' application *(f.)*   *application*
s' appliquer   *to apply oneself, to work hard*
apporter   *to bring*
l' apposition *(f.)*   *apposition*
appréciable *(adj.)*   *appreciable*
l' appréciation *(f.)*   *appreciation*
apprécier   *to appreciate*
apprendre   *to learn*
l' apprentissage *(m.)*   *apprenticeship*
s' approcher   *to get closer*
approximatif (-ive) *(adj.)*   *approximate*
appuyer   *to push, to lean on*
âpre *(adj.)*   *harsh, rugged, bitter*
après   *after*
l' après-midi *(m.)*   *afternoon*
l' aptitude *(f.)*   *aptitude*
l' aqueduc *(m.)*   *aqueduct*
l' Aquitaine *(f.)*   *Aquitaine (French province)*
arabe *(adj.)*   *Arab*
l' arbre *(m.)*   *tree*
l' architecte *(m., f.)*   *architect*
l' arène *(f.)*   *arena*
l' argent *(m.)*   *money, silver*
l' Argentine *(f.)*   *Argentina*
l' argument *(m.)*   *argument*
l' argumentation *(f.)*   *argumentation*
l' aristocratie *(f.)*   *aristocracy*
Arles   *Arles (French city)*
l' arme *(f.)*   *weapon*
l' armée *(f.)*   *army*
l' armement *(m.)*   *armament*
l' armure *(f.)*   *armor*
l' arnaqueur *(m.)*   *swindler*
arpenter   *to measure, to survey*
s' arranger   *to prepare oneself*
s' arrêter   *to stop*
arrière *(adj.)*   *behind, backward*
l' arrivée *(f.)*   *arrival*
arriver   *to arrive*
arrogant *(adj.)*   *arrogant*
l' arsenal *(m.)*   *arsenal*
l' art *(m.)*   *art*

l' article *(m.)*   *article*
artificiel(le) *(adj.)*   *artificial*
l' artisanat *(m.)*   *persons involved in handicrafts*
l' artiste *(m., f.)*   *artist*
artistique *(adj.)*   *artistic*
l' ascenseur *(m.)*   *elevator*
l' Asie *(f.)*   *Asia*
l' aspect *(m.)*   *aspect*
l' aspirateur *(m.)*   *vacuum cleaner*
l' aspiration *(f.)*   *aspiration, wish*
l' assassin *(m.)*   *assassin*
l' assemblée *(f.)*   *assembly*
s' asseoir   *to sit down*
assez   *enough*
l' assistant(e) *(m., f.)*   *assistant*
assister   *to attend, to assist*
l' association *(f.)*   *association*
associer   *to associate*
assurable *(adj.)*   *insurable*
l' assurance *(f.)*   *insurance*
assurer   *to insure*
l' assureur *(m.)*   *insurance agent*
l' athlète *(m.)*   *athlete*
athlétique *(adj.)*   *athletic*
l' atmosphère *(f.)*   *atmosphere*
atomique *(adj.)*   *atomic*
attacher   *to attach*
l' attaque *(f.)*   *attack*
attaquer   *to attack*
atteindre   *to reach*
attendre   *to wait for*
l' attente *(f.)*   *wait*
l' attention *(f.)*   *attention*
attentivement   *attentively*
l' attitude *(f.)*   *attitude*
l' attraction *(f.)*   *attraction*
attribuer   *to attribute*
l' attribut *(m.)*   *attribute*
l' aube *(f.)*   *dawn*
l' auberge *(f.)*   *inn*
aucun   *none*
audacieux (-euse) *(adj.)*   *bold*
l' audience *(f.)*   *hearing, reception*
l' auditeur (-trice) *(m., f.)*   *listener*
l' augmentation *(f.)*   *increase, raise*
aujourd'hui   *today*
auprès   *near, nearby*
aussi   *also*
aussitôt   *as soon as*
australien(ne) *(adj.)*   *Australian*
autant   *as much*

l' auteur *(m.)*   author
l' autobus *(m.)*   bus
l' autographe *(m.)*   autograph
   automatique   automatic
l' automobile *(f.)*   car
l' autonomie *(f.)*   autonomy
l' autorité *(f.)*   authority
   autour   around
   autre *(adj.)*   other
   autrefois   formerly, in former times
   autrement   otherwise
l' Autriche *(f.)*   Austria
   auxiliaire *(adj.)*   auxiliary
l' avancement *(m.)*   advancement
   avancer   to advance
   avant   before
l' avantage *(m.)*   advantage
l' avare *(m., f.)*   miser
   avec   with
l' avenir *(m.)*   future
l' aventure *(f.)*   adventure
   aventureux (-euse) *(adj.)*   adventurous
   avertir   to warn
l' aveugle *(m., f.)*   blind person
l' avion *(m.)*   airplane
l' avis *(m.)*   advice, notice
l' avocat(e) *(m., f.)*   lawyer
   avoir   to have; avoir tort   to be wrong

b

le baccalauréat (bac)   baccalaureate degree
le badge   badge
la bagarre   fight
   bagarreur(-euse) *(adj.)*   feisty
le bain   bath
le baiser   kiss
   baiser   to kiss
le baladeur   Walkman
le balai   broom
la balance   balance
   balancer   to balance, to weigh
la balle   ball
le ballet   ballet
le ballon   ball
le banc   bench
   bancaire *(adj.)*   pertaining to banking
la bande   band, gang; bande dessinée   cartoon
la banderole   streamer, pennant
la banlieue   suburb

la banque   bank
le banquier, la banquière   banker
le bar   bar
la baraque   shack
   barbare *(adj.)*   barbaric
la barbe   beard
le barde   bard, poet
la barrière   barrier
   bas   low
   baser   to base
le basket-ball   basketball
   basque *(adj.)*   Basque (from the Basque region)
le bassin   basin, pond
la Bastille   Bastille (fortress)
le bateau *(pl. -x)*   boat
   bâtir   to build
le bâton   stick
la batterie   drum set, battery
   battre   to beat
   bavard *(adj.)*   talkative
   béatement   devoutly, sanctimoniously
   beau (bel, belle, beaux) *(adj.)*   beautiful, pretty, handsome
   beaucoup   much, a lot
la beauté   beauty
le bébé   baby
   belge *(adj.)*   Belgian
la Belgique   Belgium
la belle-mère   mother-in-law
le bénéfice   benefit, gain
   bénéficier   to benefit
   bénéfique *(adj.)*   beneficial
   bénévole *(adj.)*   volunteer
la berge   bank of river or lake
le besoin   need
le bétail   cattle
la bête   beast
la bêtise   silliness
le Beur   North African, Algerian
la bicyclette   bicycle
   bien   well
le bien-être   well-being
   bientôt   soon
la bière   beer
le bijou *(pl. -x)*   jewel
la bijouterie   jewelry
   bilingue *(adj.)*   bilingual
le bilinguisme   bilingualism
le billet   ticket
   biographique *(adj.)*   biographical

le, la biologiste *biologist*
le bistrot *café, restaurant*
bizarre *(adj.)* *bizarre*
bizarrement *in a bizarre way*
la blague *joke*
blanc(he) *(adj.)* *white*
Blanche-neige *Snow White*
le blessé, la blessée *wounded*
blessé *(adj.)* *hurt, wounded*
la blessure *wound*
bleu *(adj.)* *blue*
blond *(adj.)* *blond*
bloquer *to block*
le blue-jean *blue jeans*
boire *to drink*
la boisson *drink*
la boîte *box*
boiteux (-euse) *(adj.)* *lame, limping*
la bombe *bomb*
bon(ne) *(adj.)* *good*
le bonbon *candy*
le bond *leap*
le bonheur *happiness*
le bonjour *hello*
le bonsoir *good evening, good night*
la botte *boot*
la bouche *mouth*
la boucle *curl*
le bouclier *shield*
la bouffée *puff*
le bouleversement *confusion, disorder*
bourdonnant *(adj.)* *buzzing*
la bourgeoisie *bourgeoisie, middle class*
le bourreau *(pl. -x)* *executioner*
bourrer *to stuff, to pack*
la boussole *compass*
le bout *end, tip*
la bouteille *bottle*
le bouton *button*
branché *(adj.)* *connected*
brave *(adj.)* *brave, courageous*
bref *brief, in brief*
la Bretagne *Brittany (French province)*
breton(ne) *(adj.)* *Breton (from Brittany)*
brièvement *briefly, shortly*
la brigade *squad, gang*
brillamment *brilliantly*
briller *to shine*
le briquet *cigarette lighter*
briser *to break*
britannique *(adj.)* *British*

la brochure *brochure, advertisement*
broder *to embellish, to elaborate on*
le bronze *bronze*
bronzer *to tan*
brosser *to brush*
le brouillon *draft*
le bruit *noise*
à brûle-pourpoint *point blank*
brûler *to burn*
brun *(adj.)* *brown*
brusquement *abruptly*
brutal *(m. pl. -aux) (adj.)* *brutal*
la brute *brute*
Bruxelles *Brussels*
le budget *budget*
le buisson *bush, thicket*
le bureau *(pl. -x)* *desk, bureau*
la bureaucratie *bureaucracy*

C

ça *this, that*
le cabinet *closet, office*
le câble *cable*
cacher *to hide*
le cactus *cactus*
le cadavre *body, cadaver*
le cadeau *(pl. -x)* *gift*
le cadre *frame*
le café *café, coffee*
le cahier *notebook*
la caisse *cashier*
le caissier, la caissière *cashier*
cajun *(adj.)* *Cajun (Louisianian of French-Canadian ancestry)*
Calais *Calais (French port)*
le calcul *calculation, arithmetic, calculus*
la calculatrice *calculator*
calculer *to calculate*
calme *(adj.)* *calm*
calmer *to calm*
le, la camarade *friend, comrade*
le cambriolage *break-in, burglary*
cambrioler *to break in, to rob*
le cambrioleur *thief*
camerounais *(adj.)* *from Cameroon*
le camion *truck*
camoufler *to hide, to camouflage*
la campagne *countryside*
le camping *camping*

canadien(ne) *(adj.)*   *Canadian*
le canapé   *sofa, couch*
le cancer   *cancer*
le candidat, la candidate   *candidate*
la candidature   *candidacy*
le canot   *canoe*
la cantatrice   *singer (female)*
capable *(adj.)*   *capable, able*
la capacité   *capacity*
capital *(m.pl. -aux) (adj.)*   *capital, essential*
la capitale   *capital city*
le caprice   *whim*
la capuche   *hood*
car   *for*
le caractère   *character*
caractériser   *to characterize*
caractéristique *(adj.)*   *characteristic*
la caravane   *camper, trailer*
la caricature   *caricature*
carré *(adj.)*   *square*
la carrière   *career*
la carte   *map*
le cas   *case*
casanier (-ière) *(adj.)*   *stay-at-home*
le casque   *helmet*
casser   *to break*
la cassette   *cassette*
catalan *(adj.)*   *from Catalonia (French-Spanish region)*
la catastrophe   *catastrophe*
la catégorie   *category*
la cathédrale   *cathedral*
la cause   *cause*
causer   *to chat, to speak*
la caverne   *cavern*
la ceinture   *belt*
célèbre *(adj.)*   *famous*
le célibataire   *single, unmarried*
la Cellophane   *cellophane*
celtique *(adj.)*   *Celtic*
celui (celle)   *the one*
la cendre   *ash*
le cendrier   *ashtray*
Cendrillon   *Cinderella*
cent   *one hundred*
central *(m. pl. -aux) (adj.)*   *central, main*
la centrale   *power station*
la centralisation   *centralization*
le centre   *center*
le centurion   *centurion (Roman foot soldier)*
cependant   *meanwhile*

céramique *(adj.)*   *ceramic*
cerclé *(adj.)*   *encircled*
le cercueil   *casket*
la cérémonie   *ceremony*
certain *(adj.)*   *certain*
certainement   *certainly*
certes   *surely*
la certitude   *certainty*
cesser   *to cease, to stop*
le cétacé   *cetacean (animal of the whale family)*
ceux (celles)   *those*
Cévennes   *Cévennes (French region)*
chacun(e)   *each one*
le chagrin   *sadness, grief*
la chaîne-stéréo   *stereo*
la chaise   *chair*
la chaleur   *heat*
chaleureux (-euse) *(adj.)*   *warm, friendly*
la chambre   *bedroom*
le championnat   *championship*
la chance   *chance, luck*
le change   *change*
le changement   *change*
changer   *to change*
la chanson   *song*
le chansonnier   *(political or satirical) singer*
chanter   *to sing*
le chanteur, la chanteuse   *singer*
le chapeau *(pl. -x)*   *hat*
le chapitre   *chapter*
le char   *carriage, chariot*
le charbon   *coal*
charger   *to charge*
le chariot   *shopping cart*
Charlemagne   *Charlemagne (early French king)*
charmant *(adj.)*   *charming*
chasser   *to hunt*
le chat   *cat*
le château *(pl. -x)*   *castle*
chaud *(adj.)*   *warm*
le chauffage   *heating*
chauffer   *to heat*
le chauffeur   *driver*
la chaussette   *sock*
la chaussure   *shoe*
chauve *(adj.)*   *bald*
le chauvinisme   *chauvinism*
le chef   *chief, head*
le chef-d'œuvre   *masterpiece*
le chemin   *road*

la chemise *shirt*
le chèque *check*
cher (-ère) *(adj.)* *expensive, dear*
chercher *to look for*
le chercheur, la chercheuse *searcher, researcher*
chéri *(adj.)* *dear*
la chevelure *hair, head of hair*
les cheveux *(m.)* *hair*
la cheville *ankle*
chez *at, at the home of*
chic *(adj.)* *chic, elegant*
le chien *dog*
chiffonner *to wrinkle*
chimique *(adj.)* *chemical*
la Chine *China*
chinois *(adj.)* *Chinese*
la chirurgie *surgery*
choisir *to choose*
le choix *choice*
le chômage *unemployment*
la chose *thing*
chrétien(ne) *(adj.)* *Christian*
chronologique *(adj.)* *chronological*
la chute *fall*
la cible *target*
la cicatrice *scar*
le ciel *(pl.* cieux*)* *sky*
le cigare *cigar*
la cigarette *cigarette*
le cinéaste *moviemaker*
le cinéma *movies*
cinématographique *(adj.)* *cinematographic*
la circonstance *circumstance*
circulaire *(adj.)* *circular*
circuler *to circulate*
cirer *to wax, to shine shoes*
citer *to cite*
le citoyen, la citoyenne *citizen*
civil *(adj.)* *civil*
la civilisation *civilization*
clair *(adj.)* *clear*
la clarification *clarification*
clarifier *to clarify*
la classe *class*
le classement *rank*
le classeur *notebook*
classifier *to classify*
classique *(adj.)* *classical*
la clé (clef) *key*
le client, la cliente *client, customer*

cligner *to bat an eye, to wink*
le climat *climate*
climatisé *(adj.)* *air conditioned*
le clip *music video*
Clovis *Clovis (early French king)*
cocher *to check*
le cochon *pig*
le cocktail *cocktail*
le code *code*
le cœur *heart*
la coexistence *coexistence*
la coiffure *hairdo*
le coin *corner*
la coïncidence *coincidence*
la colère *anger, ire*
coléreux (-euse) *(adj.)* *easily angered*
le colis *package*
la collaboration *collaboration*
collaborer *to collaborate*
le collant *tights, pantyhose*
la collection *collection*
collectionner *to collect*
la collective *collective*
le collège *intermediate school*
le collègue *colleague*
colonial *(m. pl.* -aux*)* *(adj.)* *colonial*
le colonialisme *colonialism*
la colonisation *colonization*
la colonne *column*
combattre *to combat*
combien *how much*
combiner *to combine*
le comble *height*
la comédie *comedy*
commander *to command*
comme *like, as*
le commencement *beginning*
commencer *to begin*
comment *how*
le commentaire *commentary*
le commerce *commerce, business*
le commis *errand runner, gofer*
le commissariat *police station*
la commission *commission, errand*
commun *(adj.)* *common*
la communauté *community*
communicatif (-ive) *(adj.)* *communicative*
la communication *communication*
communiquer *to communicate*
communiste *(adj.)* *communist*
compact *(adj.)* *compact*

la compagnie   *company*
le compagnon   *companion*
comparable *(adj.)*   *comparable*
la comparaison   *comparison*
comparatif (-ive) *(adj.)*   *comparative*
comparer   *to compare*
la compétition   *competition*
le complément   *complement*
complet (-ète) *(adj.)*   *complete, full*
le complet   *suit of clothes*
complètement   *completely*
compléter   *to complete*
complexe *(adj.)*   *complex*
la complexité   *complexity*
le compliment   *compliment*
le complot   *plot*
le comportement   *behavior*
composé *(adj.)*   *composed, made of parts*
la composition   *composition, essay*
composter   *to stamp, to date*
compréhensif (-ive) *(adj.)*   *comprehensive,*
   understandable
la compréhension   *comprehension*
comprendre   *to understand*
la comptabilité   *accounting*
le, la comptable   *accountant*
comptant   *in cash*
le compte   *account*
compter   *to count*
la comptine   *counting song*
le concept   *concept*
la conception   *conception*
concernant   *about*
concerner   *to concern*
le concert   *concert*
le, la concessionnaire   *reseller, dealer*
conclure   *to conclude*
la conclusion   *conclusion*
la condition   *condition*
le conditionnel   *conditional*
le conducteur, la conductrice   *driver, conductor*
conduire   *to drive*
la confédération   *confederation*
la conférence   *conference, lecture*
confesser   *to confess*
la confiance   *confidence*
confier   *to confide*
la confirmation   *confirmation*
confirmer   *to confirm*
la confiture   *jam, preserves*
la conflagration   *conflagration, explosion*

le conflict   *conflict*
conforme *(adj.)*   *conforming*
conformer   *to conform*
le conformisme   *conformism*
conformiste *(adj.)*   *conformist*
la conformité   *conformity*
le confort   *comfort*
confortable *(adj.)*   *comfortable*
confus *(adj.)*   *confused, muddled*
le congé   *vacation, day off*
le congélateur   *freezer*
congelé *(adj.)*   *frozen*
le Congo   *Congo (African country)*
conique *(adj.)*   *conical*
la conjonction   *conjunction*
la conjugaison   *conjugation*
conjuguer   *to conjugate*
la connaissance   *acquaintance, knowledge*
connaître   *to know*
la connexion   *connection*
le conquérant   *conqueror*
la conquête   *conquest*
consciemment   *consciously*
la conscience   *conscience*
consciencieux (-euse) *(adj.)*   *conscientious*
conscient *(adj.)*   *aware*
le conseil   *counsel, advice*
consentir   *to consent*
la conséquence   *consequence*
conservateur (-trice) *(adj.)*   *conservative*
considérable *(adj.)*   *considerable*
considérablement   *considerably*
considérer   *to consider*
consoler   *to console*
le consommateur, la consommatrice   *consumer*
la consommation   *consumption*
consommer   *to consume, to use*
constater   *to state, to verify*
consterné *(adj.)*   *dismayed, overwhelmed*
constituer   *to constitute*
la constitution   *constitution*
constructif (-ive) *(adj.)*   *constructive*
la construction   *construction*
construire   *to build*
le consul   *consul*
consulter   *to consult*
le contact   *contact*
contacter   *to contact*
le conte   *story, tale*
contemporain *(adj.)*   *contemporary*
content *(adj.)*   *happy*

contenter   *to make happy*
le contexte   *context*
le continent   *continent*
continuellement   *continually*
continuer   *to continue*
contourner   *to go around*
la contradiction   *contradiction*
la contrainte   *constraint*
le contraire   *contrary, opposite*
le contraste   *contrast*
le contrat   *contract*
contre   *against*
le contrôle   *control*
convaincre   *to convince*
convenable *(adj.)*   *suitable, convenient*
convenablement   *suitably, fittingly*
la conversation   *conversation*
la convocation   *convocation, summons*
convoquer   *to summon, to call together*
la coopération   *cooperation*
coopérer   *to cooperate*
la coordination   *coordination*
coordonner   *to coordinate*
le copain, la copine   *friend, pal*
le coquillage   *shell*
la Corée   *Korea*
la corne   *horn*
le corps   *body*
correct *(adj.)*   *correct*
correspondre   *to correspond*
la Corse   *Corsica (French island)*
costaud *(adj.)*   *well-built, strong*
le costume   *suit*
la côte   *coast*
le côté   *side*
le coton   *cotton*
le cou   *neck*
coucher   *to put to bed*
coudre   *to sew*
couler   *to leak, to sink*
la couleur   *color*
le couloir   *hallway*
le coup   *blow*
coupable *(adj.)*   *guilty*
la coupe   *cup, trophy*
le couple   *couple*
la cour   *courtyard, court*
le courage   *courage*
courageux (-euse) *(adj.)*   *courageous*
courant *(adj.)*   *everyday*
courir   *to run*

couronner   *to crown*
le courrier   *mail*
le cours   *course*
la course   *race;* les courses   *errands*
court *(adj.)*   *short*
courtiser   *to court*
le cousin, la cousine   *cousin*
coûter   *to cost*
coûteux (-euse) *(adj.)*   *expensive, costly*
la coutume   *custom*
craindre   *to be afraid of, to fear*
le crâne   *skull*
craquer   *to crack*
la cravate   *tie*
la création   *creation*
la crèche   *creche, preschool*
le crédit   *credit*
créer   *to create*
crever   *to pop, to burst*
le crime   *crime*
la crise   *crisis*
le critère   *criterion*
la critique   *critique, criticism*
le, la critique   *critic*
critiquer   *to critique, to criticize*
croire   *to believe*
la croix   *cross*
Cro-Magnon   *Cro-Magnon (early human)*
crouler   *to collapse, to give way*
cubique *(adj.)*   *cubical*
cueillir   *to gather, to pick*
la cuillère   *spoon*
le cuir   *leather*
la cuisine   *kitchen*
cuisiner   *to cook*
le cuisinier, la cuisinière   *cook*
la culture   *culture*
culturel(le) *(adj.)*   *cultural*
curieux (-euse) *(adj.)*   *curious*
la curiosité   *curiosity*
le cycle   *cycle*
cylindrique *(adj.)*   *cylindrical*

d

Dakar   *Dakar (capital of Senegal)*
la dame   *lady*
le Danemark   *Denmark*
le danger   *danger*
dangereux (-euse) *(adj.)*   *dangerous*

danser   *to dance*
le danseur, la danseuse   *dancer*
la date   *date*
davantage   *more, further*
le débat   *debate*
débloquer   *to unblock*
debout   *standing, upright*
débrouillard *(adj.)*   *resourceful*
débrouiller   *to clear up a problem, to manage*
le début   *beginning*
décembre *(m.)*   *december*
le déchet   *waste*
décider   *to decide*
la décision   *decision*
la déclaration   *declaration*
déclarer   *to declare*
déclencher   *to unleash, to set off*
le déclic   *click*
le déclin   *decline*
décontracter   *to relax*
le décor   *decor, surroundings*
découragé *(adj.)*   *discouraged*
découvrir   *to discover*
décrire   *to describe*
déçu *(adj.)*   *disappointed*
dedans   *inside*
la défaite   *defeat*
le défaut   *defect*
défavorable *(adj.)*   *unfavorable*
défavorisé *(adj.)*   *disadvantaged, discredited*
défendre   *to protect, to forbid*
la défense   *protection, prohibition*
définir   *to define*
la définition   *definition*
le dégât   *damage*
le dégoût   *disgust*
dehors   *outside*
déjà   *already*
le déjeuner   *lunch*
délavé *(adj.)*   *faded*
le délégué   *delegate*
délibérément   *deliberately*
délicat *(adj.)*   *delicate*
la délinquance   *delinquency*
demain   *tomorrow*
demander   *to ask, to ask for*
la démarche   *gait, step*
demeurer   *to live*
démissionner   *to resign*
la démocratie   *democracy*
démontrer   *to demonstrate*

dénommé *(adj.)*   *named*
la densité   *density*
la dent   *tooth*
le, la dentiste   *dentist*
le départ   *departure, start*
le département   *department*
dépasser   *to pass*
se dépêcher   *to hurry*
dépendre   *to depend on*
dépenser   *to spend*
déposer   *to put down, to depose*
le dépôt   *warehouse*
depuis   *since*
déranger   *to bother*
le dernier, la dernière   *last*
dérouler   *to display, to spread out*
désagréable *(adj.)*   *disagreeable*
le désastre   *disaster*
le désavantage   *disadvantage*
descendre   *to go down, to descend*
la description   *description*
désigner   *to designate, to point out*
le désir   *desire*
désirer   *to want, to desire*
désolé *(adj.)*   *sad, saddened*
désordonné *(adj.)*   *unkempt, messy*
désormais   *from now on*
le dessin   *drawing*
le dessinateur   *artist, draftsman*
dessiner   *to draw*
la déstabilisation   *destabilization*
la destination   *destination*
détachable *(adj.)*   *detachable*
le détail   *detail*
se détendre   *to relax*
déterminer   *to determine*
détester   *to hate, to detest*
détourner   *to divert, to turn away*
le détritus   *residue, refuse*
détrôner   *to unseat, to dethrone*
détruire   *to destroy*
devant   *in front of*
le développement   *development*
développer   *to develop*
devenir   *to become*
le devin, la devineresse   *fortune-teller, soothsayer*
deviner   *to guess*
le devoir   *homework, duty*
dévorer   *to devour*
le diagnostic   *diagnosis*

le dialogue *dialogue*
la dictature *dictatorship*
le dictionnaire *dictionary*
Dieu *(m.)* *God*
différemment *differently*
la différence *difference*
différent *(adj.)* *different*
difficile *(adj.)* *difficult*
la difficulté *difficulty*
diffuser *to diffuse*
la diffusion *diffusion*
digne *(adj.)* *worthy*
la dignité *dignity*
diligent *(adj.)* *diligent, efficient*
la dimension *dimension*
diminuer *to diminish*
la dinde *turkey*
le dîner *dinner*
le, la diplomate *diplomat*
le diplôme *diploma*
dire *to say*
en direct *live*
le directeur, la directrice *director*
la direction *direction*
le discours *speech*
discret (-ète) *(adj.)* *discreet*
la discussion *discussion*
discuter *to discuss*
disparaître *to disappear*
disparate *(adj.)* *disparate*
la disparition *disappearance*
disponible *(adj.)* *available*
disputer *to dispute, to fight over*
le disque *record, disk*
dissimuler *to hide, to dissimulate*
distant *(adj.)* *distant*
distinct *(adj.)* *distinct*
la distinction *dictinction*
distinguer *to distinguish*
divers *(adj.)* *diverse, varied*
la diversité *diversity*
le divertissement *amusement*
diviser *to divide*
la division *division*
divorcer *to divorce*
le doctorat *doctorate*
le document *document*
le doigt *finger*
le dollar *dollar*
le domaine *domain*
le, la domestique *servant*

dominer *to dominate*
dommage *too bad*
donc *then*
la donnée *fact*
donner *to give*
dont *whose, of whom, of which*
dorénavant *from now on*
dormir *to sleep*
le dos *back*
la douane *customs*
double *(adj.)* *double*
la douleur *pain*
le doute *doubt*
douter *to doubt*
douteux (-euse) *(adj.)* *doubtful*
doux (douce) *(adj.)* *sweet*
le doyen, la doyenne *dean*
le dragon *dragon*
dramatique *(adj.)* *dramatic*
dramatiquement *dramatically*
le drame *drama*
dresser *to stand up*
la drogue *drug*
le droit *right*
drôle *(adj.)* *funny*
le druide *druid*
dur *(adj.)* *hard*
durer *to last*
dynamique *(adj.)* *dynamic*
dynamiter *to blast*

e

l' eau *(pl. -x) (f.)* *water*
écarquillé *(adj.)* *wide open*
écarter *to spread apart*
l' échange *(m.)* *exchange*
s' échapper *to escape*
l' échec *(m.)* *failure*
les échecs *(m.)* *chess*
éclater *to explode*
l' école *(f.)* *school*
l' écologie *(f.)* *ecology*
écologique *(adj.)* *ecological*
l' économie *(f.)* *economy*
l' Ecosse *(f.)* *Scotland*
écouter *to listen*
l' écouteur *(m.)* *earphone*
l' écran *(m.)* *screen*
écrire *to write*

l' écrivain *(m.)*   *writer*
l' écurie *(f.)*   *stable*
l' édition *(f.)*   *edition*
l' éditorial *(m.)*   *editorial*
l' éducation *(f.)*   *education*
   effectivement   *effectively, in fact, actually*
   effectuer   *to effect, to bring about*
l' effervescence *(f.)*   *effervescence*
l' effet *(m.)*   *effect*
   efficace *(adj.)*   *effective*
l' efficacité *(f.)*   *effectiveness*
   effondrer   *to collapse*
l' effort *(m.)*   *effort*
   effrayer   *to scare*
   égal *(m. pl. -aux) (adj.)*   *equal*
   également   *equally, as well*
   égaler   *to equal*
l' égalité *(f.)*   *equality*
   égoïste *(adj.)*   *egotistic, selfish*
   égyptien *(adj.)*   *Egyptian*
   elaborer   *to elaborate*
   élargir   *to widen*
l' élastique *(m.)*   *rubber band*
   élastique *(adj.)*   *elastic*
l' élection *(f.)*   *election*
l' électricité *(f.)*   *electricity*
l' électroménager *(m.)*   *household appliances*
   électronique *(adj.)*   *electronic*
   élégant *(adj.)*   *elegant*
l' élément *(m.)*   *element*
l' éléphant *(m.)*   *elephant*
l' élève *(m., f.)*   *pupil*
   élever   *to raise*
   éliminer   *to eliminate*
   éloigner   *to distance, to remove*
l' émanation *(f.)*   *emanation*
   embarquer   *to embark*
   embêtant *(adj.)*   *bothersome, annoying*
l' embryon *(m.)*   *embryo*
l' émeute *(f.)*   *riot*
l' émotion *(f.)*   *emotion*
   empêcher   *to prevent, to hinder*
l' empereur *(m.)*   *emperor*
l' empire *(m.)*   *empire*
l' emploi *(m.)*   *use*
l' employé(e) *(m., f.)*   *employee*
   employer   *to use*
   empoisonner   *to poison*
   emporter   *to carry away*
   emprisonner   *to imprison*
   emprunter   *to borrow*

   enchaîner   *to chain up*
   enchanté *(adj.)*   *enchanted, happy to meet you*
   encore   *more*
   encourager   *to encourage*
   encrasser   *to soil, to dirty*
l' encyclopédie *(f.)*   *encyclopedia*
   endetter   *to get into debt*
   endormir   *to put to sleep*
l' endroit *(m.)*   *place*
l' énergie *(f.)*   *energy*
s' énerver   *to become irritable*
l' enfance *(f.)*   *childhood*
l' enfant *(m., f.)*   *child*
   enfantin *(adj.)*   *childish*
l' enfer *(m.)*   *hell*
   enfin   *finally*
   enflammer   *to enflame*
   engager   *to engage*
   engendrer   *to produce, to give rise to*
l' ennemi *(m.)*   *enemy*
l' ennui *(m.)*   *boredom*
s' ennuyer   *to be bored*
   ennuyeux (-euse) *(adj.)*   *boring*
   énorme *(adj.)*   *enormous*
l' enquête *(f.)*   *inquiry, investigation*
l' enracinement *(m.)*   *deep-rootedness*
l' enregistrement *(m.)*   *recording*
   enrhumé *(adj.)*   *stuffed up (with a cold)*
s' enrichir   *to enrich, to become rich*
l' enseignement *(m.)*   *teaching*
   enseigner   *to teach*
   ensemble   *together*
   ensevelir   *to bury*
l' ensoleillement *(m.)*   *sunshine*
   ensuite   *then*
s' entendre   *to agree*
   enterrer   *to bury*
   entier (-ière) *(adj.)*   *whole, entire*
   entraîner   *to train*
   entre   *between*
l' entrée *(f.)*   *entrance*
   entrer   *to enter*
l' entrevue *(f.)*   *interview*
   envers   *toward*
l' envie *(f.)*   *envy*
   environ   *about*
l' environnement *(m.)*   *environment*
   envisager   *to consider, to envision*
   envoyer   *to send*
l' épaisseur *(f.)*   *thickness*
l' épaule *(f.)*   *shoulder*

l' épée *(f.)* *sword*
épeler *to spell*
l' épiderme *(m.)* *epidermis, skin*
l' épine *(f.)* *thorn*
l' épisode *(m.)* *episode*
l' époque *(f.)* *era*
l' épouvante *(f.)* *horror*
l' époux (-ouse) *(m., f.)* *spouse*
l' épreuve *(f.)* *test*
l' équilibre *(m.)* *equilibrium*
l' équipe *(f.)* *squad, team*
l' équipement *(m.)* *equipment*
l' équitation *(f.)* *horseback riding*
équivalent *(adj.)* *equivalent*
l' ère *(f.)* *era*
l' erreur *(f.)* *error*
l' escalade *(f.)* *climb*
l' escalier *(m.)* *stairs*
l' escarpin *(m.)* *dancing shoe, slipper*
l' esclave *(m., f.)* *slave*
l' espace *(m.)* *space*
l' Espagne *(f.)* *Spain*
espagnol *Spanish*
l' espèce *(f.)* *species;* payer en espèces *to pay cash*
l' espérance *(f.)* *hope*
espérer *to hope*
l' espionnage *(m.)* *spying*
l' espoir *(m.)* *hope*
l' esprit *(m.)* *spirit, soul*
l' essai *(m.)* *essay, trial*
essayer *to try*
l' essence *(f.)* *essence; gasoline*
essentiel(le) *(adj.)* *essential*
essuyer *to wipe*
l' est *(m.)* *east*
établir *to establish*
l' étage *(m.)* *floor*
l' étagère *(f.)* *shelves*
l' étape *(f.)* *stage*
l' état *(m.)* *state*
éteindre *to extinguish, to put out*
ethnique *(adj.)* *ethnic*
l' étincelle *(f.)* *spark*
l' étiquette *(f.)* *etiquette, label*
l' étoile *(f.)* *star*
l' étourderie *(f.)* *thoughtlessness*
étrange *(adj.)* *strange*
l' étranger *(m.)* *foreigner, stranger*
être *to be*
l' étude *(f.)* *study*

l' étudiant(e) *(m., f.)* *student*
étudier *to study*
l' Europe *(f.)* *Europe*
européen(ne) *(adj.)* *European*
l' Eurotunnel *(m.)* *tunnel between France and England*
l' évaluation *(f.)* *evaluation*
évanoui *(adj.)* *fainted*
s' évanouir *to vanish*
éveiller *to wake up*
l' événement *(m.)* *event*
l' éventail *(m.)* *fan*
éventuel(le) *(adj.)* *eventual*
évidemment *evidently*
l' évidence *(f.)* *evidence*
évident *(adj.)* *evident*
éviter *to avoid*
évoluer *to evolve*
l' évolution *(f.)* *evolution*
exact *(adj.)* *exact*
exactement *exactly*
exagérer *to exaggerate*
l' examen *(m.)* *test*
excellent *(adj.)* *excellent*
excepté *(adj.)* *except*
l' exception *(f.)* *exception*
exceptionnel(le) *(adj.)* *exceptional*
exclusif (-ive) *(adj.)* *exclusive*
exclusivement *exclusively*
l' excursion *(f.)* *excursion, trip*
s' excuser *to excuse oneself*
l' exemple *(m.)* *example*
l' exercice *(m.)* *exercise*
exhiber *to exhibit*
l' exigence *(f.)* *need, requirement*
exiger *to require, to demand*
l' exil *(m.)* *exile*
exiler *to exile*
l' existentialisme *(m.)* *existentialism*
exister *to exist*
exotique *(adj.)* *exotic*
l' expansion *(f.)* *expansion*
l' expédition *(f.)* *expedition*
l' expérience *(f.)* *experience, test*
l' expert *(m.)* *expert*
l' explication *(f.)* *explanation*
expliquer *to explain*
l' exploitation *(f.)* *exploitation*
exploiter *to exploit*
l' exploration *(f.)* *exploration*
exploser *to explode*

l' explosion *(f.)* *explosion*
exposer   *to expose*
l' expression *(f.)* *expression*
exprimer   *to express*
expulser   *to expel, to eject*
extérieur *(adj.)* *exterior*
l' extrait *(m.)* *extract*
extraordinaire *(adj.)* *extraordinary*
l' extra-terrestre *(m., f.)* *alien*
extravagant *(adj.)* *extravagant*
l' Extrême-Orient *(m.)* *Far East*

f

la fable *fable*
la fabrication *fabrication*
fabriquer   *to make, to fabricate*
la façade *façade, face of a building*
la face *face, surface*
fâcher   *to anger*
facile *(adj.)* *easy*
facilement   *easily*
la façon *way, manner*
le facteur *mail carrier*
la facture *bill*
faible *(adj.)* *weak*
la faim *hunger*
faire   *to make, to do*
familial *(m. pl. -aux) (adj.)* *pertaining to family*
familier *(-ière) (adj.)* *familiar*
la famille *family*
la fantaisie *fantasy*
le, la fantaisiste *fantasist*
le fantasme *fantasm*
fantastique *(adj.)* *fanciful*
le fantôme *ghost, phantom*
la farce *farce*
le fast-food *fast food*
la fatalité *fatality*
fatigué *(adj.)* *tired*
la faute *error, fault*
faux *(fausse) (adj.)* *false*
la faveur *favor*
favori(te) *(adj.)* *favorite*
favorisé *(adj.)* *favored*
le favoritisme *favoritism*
la fécondation *fertilization*
fédéral *(m. pl. -aux) (adj.)* *federal*
la fée *fairy*

féminin *(adj.)* *feminine*
féministe *(adj.)* *feminist*
la femme *woman*
la fenêtre *window*
le fer *iron, steel*
la ferme *farm*
fermé *(adj.)* *closed*
fermer   *to close*
fervent *(adj.)* *fervent*
le festival *festival*
la fête *feast, holiday, party*
le feu *fire;* avoir du feu   *to have a light*
la feuille *sheet, leaf*
le feuillet *sheet*
le feuilleton   *soap opera, series*
le feutre *felt*
fiable *(adj.)* *reliable*
fiancer   *to engage*
le fibre *fiber*
fictif *(-ive) (adj.)* *fictitious*
la fiction *fiction*
fidèle *(adj.)* *faithful*
la fidélité   *fidelity, faithfulness*
fier *(fière) (adj.)* *proud*
fièrement   *proudly*
la fierté *pride*
la fièvre *fever*
figé *(adj.)* *fixed*
la figure *face*
le fil *thread*
la file *file*
la fille *girl, daughter*
le film *film*
le fils *son*
la fin *end*
final *(adj.)* *final*
finalement   *finally*
les finances *finances*
le financier *financier*
finir   *to finish, to end*
flamand *(adj.)* *Flemish*
flambant *(adj.)* *flaming*
la flamme *flame*
flatteur *(-euse) (adj.)* *complimentary*
la flèche *arrow*
la fleur *flower*
flexible *(adj.)* *flexible*
le flic *police officer, cop*
flotter   *to float*
fluorescent *(fluo) (adj.)* *fluorescent*

la fois   *time, occurrence*
la folie   *madness*
   folklorique *(adj.)*   *folk*
   foncé *(adj.)*   *dark (color)*
la fonction   *function*
le, la fonctionnaire   *government worker*
   fonctionner   *to function*
le fond   *bottom, end*
   fondamental *(m. pl. -aux) (adj.)*   *fundamental*
   fonder   *to establish*
la fontaine   *fountain*
le football (foot)   *soccer*
la force   *force*
   forcément   *necessarily, inevitably*
   forcené *(adj.)*   *furious, frantic*
la forêt   *forest*
le forfait   *travel package*
la formation   *training, formation*
la forme   *form*
   formel(le) *(adj.)*   *formal*
   former   *to form*
   formidable *(adj.)*   *great*
la formule   *formula, form*
   fort *(adj.)*   *strong*
la forteresse   *fortress*
la fortune   *fortune*
   fou (folle) *(adj.)*   *crazy, mad*
le foulard   *scarf*
se fouler   *to twist, to sprain*
le four   *oven, stove*
le fourreur   *furrier*
   fragile *(adj.)*   *fragile*
la fragilité   *fragility*
le fragment   *fragment*
   frais (fraîche) *(adj.)*   *fresh*
le franc   *French money*
   franc(he) *(adj.)*   *frank*
   français *(adj.)*   *French*
la franchise   *frankness*
   francophone *(adj.)*   *French-speaking*
la fréquence   *frequency*
la fréquentation   *association with, presence at*
   fréquenter   *to keep company with*
le frère   *brother*
   friand *(adj.)*   *dainty, delicate*
   frisé *(adj.)*   *curly*
la frite   *French fry*
la frivolité   *frivolity*
le froid   *cold*

la froidure   *cold*
le front   *forehead, front*
la frontière   *border*
le fruit   *fruit*
la fuite   *flight, escape*
   fumer   *to smoke*
   furieux (-euse) *(adj.)*   *furious*
la fusion   *fusion*
le futur   *future*

g

le gadget   *gadget*
   gagner   *to earn*
   gai *(adj.)*   *gay, merry*
la gamme   *scale, range*
le gangster   *gangster*
le gant   *glove*
le garagiste   *car repairman*
   garantir   *to guarantee*
le garçon   *boy, servant*
   garder   *to keep*
le gardien, la gardienne   *custodian, keeper*
la gare   *station*
le gars   *guy, boy*
la Gascogne   *Gascony (French province)*
le gaspillage   *waste*
   gaspiller   *to waste*
   gâter   *to spoil*
la gauche   *left*
   gauchiste *(adj.)*   *leftist*
la Gaule   *Gaul (former name of France)*
   gaulois *(adj.)*   *Gaul*
   gausser   *to banter, to make a game of*
le gaz   *gas*
le gendarme   *police officer*
la gendarmerie   *police station*
la gêne   *bother, difficulty*
   gêner   *to bother*
   général *(m. pl. -aux) (adj.)*   *general*
   généralement   *generally*
la génération   *generation*
   généreux (-euse) *(adj.)*   *generous*
la générosité   *generosity*
   génétique *(adj.)*   *genetic*
   génial *(m. pl. -aux) (adj.)*   *great, smart*
le genre   *kind*
les gens   *people*
   gentil(le) *(adj.)*   *nice, gentle*

la géographie   *geography*
géographique *(adj.)*   *geographic*
le geôlier   *jailer*
germain *(adj.)*   *first cousin*
germanique *(adj.)*   *Germanic*
le geste   *gesture*
la glace   *ice cream*
le glacier   *glacier*
globalement   *globally*
glorieux (-euse) *(adj.)*   *glorious*
gominé *(adj.)*   *slicked down*
gonfler   *to blow up*
la gorgée   *mouthful*
le gorille   *gorilla*
le, la gosse   *kid, child*
le goût   *taste*
goûter   *to taste*
la goutte   *drop*
le gouvernail   *rudder*
le gouvernement   *government*
le gouverneur   *governor*
grâce à   *thanks to*
la grammaire   *grammar*
grammatical *(m. pl. -aux) (adj.)*   *grammatical*
grand *(adj.)*   *large, tall*
la Grande-Bretagne   *Great Britain*
grandir   *to grow*
la grand-mère   *grandmother*
le grand-parent   *grandparent*
le grand-père   *grandfather*
la grange   *barn*
gratter   *to scratch*
gratuit *(adj.)*   *free*
grave *(adj.)*   *grave, serious*
la Grèce   *Greece*
grelotter   *to shiver*
la grenouille   *frog*
la grève   *strike*
grillé *(adj.)*   *grilled*
la grimace   *grimace*
grincer   *to creak*
la grippe   *flu*
gris *(adj.)*   *gray*
gros(se) *(adj.)*   *fat, big*
grossir   *to put on weight*
le groupe   *group*
guère   *scarcely*
guérir   *to heal*
la guerre   *war*
le guerrier, la guerrière   *warrior*
le gui   *mistletoe*

le guichet   *ticket window*
le guide   *guide*
guider   *to guide*
la guitare   *guitar*

h

habile *(adj.)*   *skillful, clever*
l' habillement *(m.)*   *clothes*
s' habiller   *to get dressed*
l' habitant(e) *(m., f.)*   *inhabitant*
l' habitation *(f.)*   *housing*
habiter   *to live*
l' habitude *(f.)*   *habit*
habituel(le) *(adj.)*   *habitual*
s' habituer   *to become used to*
*haïr   *to hate*
les haltères *(m.)*   *weights for lifting*
*handicapé *(adj.)*   *handicapped*
*hanter   *to haunt*
l' harmonisation *(f.)*   *harmonisation, agreement*
le hasard   *fate, chance*
la hausse   *increase*
*haut *(adj.)*   *tall, high*
le haut-parleur   *loudspeaker*
héberger   *to lodge*
helvétique *(adj.)*   *Swiss*
héréditaire *(adj.)*   *hereditary*
hériter   *to inherit*
l' hermite *(m.)*   *hermit*
héroïque *(adj.)*   *heroic*
le héros, l'héroïne *(m., f.)*   *hero*
l' hésitation *(f.)*   *hesitation*
hésiter   *to hesitate*
l' heure *(f.)*   *hour*
heureusement   *luckily*
heureux (-euse) *(adj.)*   *happy, glad*
hier   *yesterday*
hilarant *(adj.)*   *funny*
l' hippopotame *(m.)*   *hippopotamus*
l' histoire *(f.)*   *history, story*
historique *(adj.)*   *historical*
l' hiver *(m.)*   *winter*
l' hommage *(m.)*   *hommage*
l' homme *(m.)*   *man*
honnête *(adj.)*   *honest*
honnêtement   *honestly*
l' honneur *(m.)*   *honor*
la honte   *shame*
*honteux (-euse) *(adj.)*   *shameful*

l' hôpital *(m.)* *hospital*
l' horaire *(m.)* *schedule*
l' horizon *(m.)* *horizon*
l' horreur *(f.)* *horror*
  *hors *outside*
l' hôtage *(m.)* *hostage*
l' hôte *(m.)* *host*
l' hôtel *(m.)* *hotel*
  humain *(adj.)* *human*
  humble *(adj.)* *humble*
l' humeur *(f.)* *mood*
  humoristique *(adj.)* *funny*
l' humour *(m.)* *humor*
le hurlement *(m.)* *howl, scream*
  hypocrite *(adj.)* *hypocritical*
l' hypothèse *(f.)* *hypothesis*

i

  ici *here*
  idéal *(adj.)* *ideal*
l' idéalisme *(m.)* *idealism*
l' idéaliste *(m., f.)* *idealist*
l' idée *(f.)* *idea*
s' identifier *to identify*
l' identité *(f.)* *identity*
l' île *(f.)* *island*
  illégal *(m. pl. -aux) (adj.)* *illegal*
  illimité *(adj.)* *unlimited*
l' illusion *(f.)* *illusion*
l' illustration *(f.)* *illustration*
  illustre *(adj.)* *famous*
  illustrer *to illustrate*
l' image *(f.)* *image*
  imaginaire *(adj.)* *imaginary*
  imaginatif *(-ive) (adj.)* *imaginative*
l' imagination *(f.)* *imagination*
  imaginer *to imagine*
  imbibé *(adj.)* *soaked*
  immanquablement *certainly, without fail*
  immédiat *(adj.)* *immediate*
  immédiatement *immediately*
  immense *(adj.)* *huge*
l' immeuble *(m.)* *building*
l' immigrant(e) *(m., f.)* *immigrant*
l' immigration *(f.)* *immigration*
l' immigré(e) *(m., f.)* *immigrant*
  immoral *(m. pl. -aux) (adj.)* *immoral*
  immortel(le) *(adj.)* *immortal*
l' impact *(m.)* *impact*

  imparfait *(adj.)* *imperfect*
  impatient *(adj.)* *impatient*
s' impatienter *to be or become impatient*
  impératif *(-ive) (adj.)* *imperative*
l' imperméable *(m.)* *raincoat*
  impersonnel(le) *(adj.)* *impersonal*
  implacable *(adj.)* *implacable*
  implanter *to implant*
  impliquer *to imply*
l' importance *(f.)* *importance*
  important *(adj.)* *important*
l' importation *(f.)* *import*
  importer *to import*
s' imposer *to impose on*
  impossible *(adj.)* *impossible*
les impôts *(m.)* *taxes*
l' impression *(f.)* *impression*
  impressionner *to impress*
  imprimé *(adj.)* *printed*
  impuissant *(adj.)* *powerless*
  impulsif *(-ive) (adj.)* *impulsive*
  incalculable *(adj.)* *incalculable*
  incapable *(adj.)* *incapable*
  incarner *to embody*
  incendier *to set on fire*
  incertain *(adj.)* *incertain*
l' incident *(m.)* *incident*
  incontestable *(adj.)* *incontestable*
l' inconvénient *(m.)* *disadvantage*
  incorporer *to incorporate*
  incrédule *(adj.)* *incredulous, disbelieving*
  incroyable *(adj.)* *unbelievable*
  incurvé *(adj.)* *curved (in)*
l' indécision *(f.)* *indecision*
  indépendamment *independently*
l' indépendance *(f.)* *independence*
  indépendant *(adj.)* *independent*
  indésirable *(adj.)* *undesirable*
  indestructible *(adj.)* *indestructible*
  indicatif *(-ive) (adj.)* *indicative*
l' indice *(m.)* *clue, indication*
l' Indien(ne) *(m., f.)* *Indian*
  indifférent *(adj.)* *indifferent*
l' indigène *(m.)* *native*
l' indigestion *(f.)* *indigestion*
  indiquer *to point out, to indicate*
  indirect *(adj.)* *indirect*
  indiscret *(-ète) (adj.)* *indiscreet*
  indispensable *(adj.)* *indispensable*
l' individu *(m.)* *individual*
l' individualisme *(m.)* *individualism*

individualiste *(adj.)*   *individualist*
l' individualité *(f.)*   *individuality*
individuel(le) *(adj.)*   *individual*
individuellement   *individually*
l' indulgence *(f.)*   *indulgence*
l' industrie *(f.)*   *industry*
industriel(le) *(adj.)*   *industrial*
inévitable *(adj.)*   *inevitable*
infirme *(adj.)*   *disabled, incapacitated*
l' infirmier (-ière) *(m., f.)*   *nurse*
l' infirmité *(f.)*   *infirmity*
l' influence *(f.)*   *influence*
influencer   *to influence*
l' information *(f.)*   *information*
l' informatique *(f.)*   *computer science*
l' ingénieur *(m.)*   *engineer*
inimitable *(adj.)*   *inimitable*
l' initiative *(f.)*   *initiative*
injustement   *unjustly*
l' injustice *(f.)*   *injustice*
innocent *(adj.)*   *innocent*
innommable *(adj.)*   *unspeakable*
l' innovation *(f.)*   *innovation*
s' inquiéter   *to become worried*
l' inquiétude *(f.)*   *worry*
l' inscription *(f.)*   *inscription*
s' inscrire   *to sign up*
l' insecte *(m.)*   *insect*
l' insémination *(f.)*   *insemination*
inséparable *(adj.)*   *inseparable*
insérer   *to insert*
insincère *(adj.)*   *insincere*
l' insistance *(f.)*   *insistence, emphasis*
insister   *to insist*
l' inspecteur *(m.)*   *inspector*
l' inspiration *(f.)*   *breathing in, inspiration*
l' instabilité *(f.)*   *instability*
instable *(adj.)*   *unstable*
l' installation *(f.)*   *installation*
s' installer   *to settle oneself, to become comfortable*
l' instance *(f.)*   *instance*
instaurer   *to establish, to found*
l' instituteur (-trice) *(m., f.)*   *teacher*
l' institution *(f.)*   *institution*
l' instruction *(f.)*   *instruction*
l' instrument *(m.)*   *instrument*
insupportable *(adj.)*   *unbearable*
l' insurrection *(f.)*   *insurrection*
intact *(adj.)*   *intact*
s' intégrer   *to integrate*
intellectuel(le) *(adj.)*   *intellectual*

l' intelligence *(f.)*   *intelligence*
intelligent *(adj.)*   *intelligent*
l' intention *(f.)*   *intention*
interdit *(adj.)*   *forbidden*
intéressant *(adj.)*   *interesting*
s' intéresser   *to be or become interested in*
l' intérêt *(m.)*   *interest*
l' intérieur *(m.)*   *interior*
interminable *(adj.)*   *interminable*
international *(m. pl. -aux) (adj.)*   *international*
l' interprétation *(f.)*   *interpretation*
interpréter   *to interpret*
l' interrogation *(f.)*   *interrogation, questioning*
l' interrogatoire *(m.)*   *examination*
interroger   *to interrogate*
interrompre   *to interrupt*
l' interruption *(f.)*   *interruption*
intervenir   *to intervene*
l' intervention *(f.)*   *intervention*
l' interview *(f.)*   *interview*
interviewer   *to interview*
intime *(adj.)*   *intimate*
l' intimité *(f.)*   *intimacy*
intitulé *(adj.)*   *entitled*
introduire   *to introduce*
inutile *(adj.)*   *useless*
l' invasion *(f.)*   *invasion*
l' inventaire *(m.)*   *inventory*
inventer   *to invent*
l' invention *(f.)*   *invention*
l' investigation *(f.)*   *investigation*
invisible *(adj.)*   *invisible*
inviter   *to invite*
l' Irlande *(f.)*   *Ireland*
irréductible *(adj.)*   *impossible to reduce*
irrégulier (-ière) *(adj.)*   *irregular*
l' isolement *(m.)*   *isolation*
Israël *(m.)*   *Israel*
l' Italie *(f.)*   *Italy*
italien(ne) *(adj.)*   *italian*
italique *(adj.)*   *italic*
l' ivresse *(f.)*   *drunkenness*

j

la jalousie   *jealousy*
jaloux (-ouse) *(adj.)*   *jealous*
jamais   *never*
la jambe   *leg*

janvier *(m.)*   *January*
le Japon   *Japan*
japonais *(adj.)*   *Japanese*
le jardin   *garden*
jaune *(adj.)*   *yellow*
jetable *(adj.)*   *disposable*
jeter   *to throw (away)*
le jeu *(pl. -x)*   *game*
jeune *(adj.)*   *young*
le jogging   *jogging*
la joie   *joy*
joindre   *to join*
joli *(adj.)*   *pretty*
jouer   *to play*
la jouissance   *joy*
le jour   *day*
le journal   *newspaper*
le, la journaliste   *journalist*
la journée   *day*
le jugement   *judgment*
juger   *to judge*
juillet *(m.)*   *July*
juin *(m.)*   *June*
jurer   *to swear*
juridique *(adj.)*   *juridical*
juste *(adj.)*   *just, fair*
justement   *precisely*
la justice   *justice*
la justification   *justification*
justifier   *to justify*

k

kidnapper   *to kidnap*
le kilomètre   *kilometer*
le kiosque   *kiosk*

l

le lac   *lake*
lâche *(adj.)*   *cowardly*
lâcher   *to let go*
laid *(adj.)*   *ugly*
la laideur   *ugliness*
la laine   *wool*
laisser   *to let*
le lait   *milk*
lamenter   *to lament*
la lampe   *lamp*

le lancement   *throwing, inauguration*
lancer   *to throw*
le langage   *language*
la langue   *tongue*
le Languedoc   *Languedoc (French province)*
languissant *(adj.)*   *languishing*
la lanterne   *lantern*
le Laos   *Laos*
large *(adj.)*   *broad, large*
la lassitude   *lassitude*
le latin   *Latin*
laver   *to wash*
le lave-vaisselle   *dishwasher*
la leçon   *lesson*
le lecteur, la lectrice   *reader*
la lecture   *reading*
légal *(m. pl. -aux) (adj.)*   *legal*
la légende   *legend*
léger *(-ère) (adj.)*   *light*
légèrement   *lightly*
la législature   *legislature*
le lendemain   *the next day*
lent *(adj.)*   *slow*
la lettre   *letter*
se lever   *to get up*
la lèvre   *lip*
la liaison   *liaison*
libéral *(m. pl. -aux) (adj.)*   *liberal*
la libération   *liberation*
la liberté   *freedom, liberty*
la librairie   *bookstore*
libre *(adj.)*   *free*
la licence   *license*
le lien   *link, tie*
le lieu *(pl. -x)*   *place*
la ligne   *line*
Lille   *Lille (French town)*
la limite   *limit*
le linge   *laundry, garments*
la linguistique   *linguistics*
le lion   *lion*
le liquide   *lion*
liquide *(adj.)*   *liquid*
lire   *to read*
lisse *(adj.)*   *smooth, sleek*
la liste   *list*
le lit   *bed*
littéraire *(adj.)*   *literary*
littéral *(m. pl. -aux) (adj.)*   *literal*
la littérature   *literature*
la livre   *pound*

le livre   *book*
le livret   *booklet*
local *(m. pl. -aux) (adj.)*   *local*
le logement   *housing*
logique *(adj.)*   *logic*
la loi   *law*
loin   *far*
le loisir   *free time*
Londres   *London*
long(ue) *(adj.)*   *long*
longtemps   *long time*
la longueur   *length*
lors   *then*
lorsque   *when*
louer   *to rent*
la Louisiane   *Louisiana*
lourd *(adj.)*   *heavy*
loyal *(m. pl. -aux) (adj.)*   *loyal*
le loyer   *rent*
la lucidité   *lucidity, clarity*
ludique *(adj.)*   *about playing*
la lueur   *glow*
la lumière   *light*
le lundi   *Monday*
les lunettes *(f.)*   *eyeglasses*
la lutte   *fight*
le luxe   *luxury*
le Luxembourg   *Luxembourg*
le lycée   *high school*
Lyon   *Lyons (French city)*

m

le machin   *thing*
la machine   *machine*
Madagascar   *Madagascar (African country)*
madame *(f.)*   *madam, Mrs.*
mademoiselle *(f.)*   *Miss*
le magasin   *store*
le magazine   *magazine*
le magicien, la magicienne   *magician*
la magie   *magic*
magique *(adj.)*   *magic*
le magnétophone   *tape recorder*
le magnétoscope   *videotape recorder*
magnifique *(adj.)*   *magnificent*
mai   *May*
maigre *(adj.)*   *skinny*
maigrelet(te) *(adj.)*   *weakling*

maigrir   *to lose weight*
le maillot   *jersey, swimsuit*
la main   *hand*
maintenant   *now*
maintenir   *to maintain*
la mairie   *city hall*
mais   *but*
la maison   *house*
le maître, la maîtresse   *master, mistress*
la maîtrise   *mastery*
majestueux (-euse) *(adj.)*   *majestic*
majeur *(adj.)*   *major*
la majorité   *majority*
le mal *(pl. maux)*   *hurt, evil*
malade *(adj.)*   *sick*
la maladie   *illness*
maladroit *(adj.)*   *awkward*
malaisément   *uneasily*
la malchance   *bad luck*
le malentendu   *misunderstanding*
le malfaiteur   *offender, wrongdoer*
malgré   *in spite of*
le malheur   *misfortune, bad luck*
malheureusement   *unfortunately*
malheureux (-euse) *(adj.)*   *unhappy*
malhonnête *(adj.)*   *dishonest*
malin (-igne) *(adj.)*   *sly*
la maman   *mother*
la Manche   *English Channel*
la manche   *sleeve*
la manchette   *headline*
la manette   *control, lever*
manger   *to eat*
maniable *(adj.)*   *maneuverable*
la manière   *manner*
la manifestation (manif)   *demonstration*
le manifeste   *manifesto*
la manipulation   *manipulation*
la manœuvre   *maneuver*
le manque   *lack*
manquer   *to lack; to miss (someone)*
le manteau *(pl. -x)*   *coat*
manuel(le) *(adj.)*   *manual*
la manufacture   *manufacture*
le manuscrit   *manuscript*
maquiller   *to put on makeup*
la marchandise   *merchandise*
marcher   *to walk*
le mari   *husband*
le mariage   *marriage*

marier   *to marry*
marin *(adj.)*   *marine*
maritime *(adj.)*   *maritime*
le Maroc   *Morocco*
marocain *(adj.)*   *Moroccan*
la marque   *brand*
marquer   *to mark*
mars *(m.)*   *March*
la Marseillaise   *The Marseillaise (French national anthem)*
masculin *(adj.)*   *masculine*
le masque   *mask*
le massacre   *massacre*
la masse   *mass*
le Massif central   *Massif Central (French mountain range)*
le mât   *mast*
le match   *match, game*
matérialiste *(adj.)*   *materialist*
le matériel   *material*
maternel(le) *(adj.)*   *maternal*
les mathématiques (maths) *(f.)*   *mathematics*
la matière   *matter*
le matin   *morning*
la matinée   *morning*
mauvais *(adj.)*   *bad, evil*
les maux *(m.)*   *aches, pains, ills*
le maximum   *maximum*
le mécanicien, la mécanicienne   *mechanic*
méchant *(adj.)*   *bad, nasty*
la mèche   *lock (of hair)*
mécontent *(adj.)*   *unhappy*
le mécontentement   *unhappiness*
la médaille   *medal*
le médecin   *doctor*
la médecine   *medicine*
les médias *(m.)*   *media*
médical *(m. pl. -aux) (adj.)*   *medical*
médiéval *(m. pl. -aux) (adj.)*   *medieval*
la médiocrité   *mediocrity*
la méditation   *meditation*
se méfier   *to be suspicious of, to distrust*
le mégalithe   *megalith, large stone*
le mégot   *cigarette butt*
meilleur *(adj.)*   *best*
le mélange   *mixture*
la mélodie   *melody*
le melon   *melon, hat*
le membre   *member*
la mémoire   *memory*

la menace   *menace*
le ménage   *household*
ménager (-ère) *(adj.)*   *pertaining to the household, frugal*
mener   *to lead*
le menhir   *prehistoric stone*
le mensonge   *lie*
mental *(m. pl. -aux) (adj.)*   *mental*
mentionner   *to mention*
le menton   *chin*
le menu   *menu*
la mer   *sea*
merci   *thanks*
la mère   *mother*
le mérite   *merit*
merveilleux (-euse) *(adj.)*   *marvelous*
le message   *message*
la messagerie   *message service*
la mesure   *measure*
le métal *(pl. -aux)*   *metal*
métallique *(adj.)*   *metallic*
la métallurgie   *metallurgy*
métamorphoser   *to metamorphose*
la météo   *weather report*
la méthode   *method*
le métier   *job, career*
métis(se) *(adj.)*   *of mixed race*
le mètre   *meter*
le métro   *metro (subway)*
mettre   *to put;* mettre le couvert   *to set the table*
le meuble   *furniture*
le meurtre   *murder*
le meurtrier, la meurtrière   *murderer*
midi *(m.)*   *noon*
le Midi   *South of France*
mieux   *better, best*
mignon(ne) *(adj.)*   *cute*
le milieu *(pl. -x)*   *milieu, surroundings*
militaire *(adj.)*   *military*
le militantisme   *militantism*
le militarisme   *militarism*
milliard *(m.)*   *billion*
mince *(adj.)*   *thin*
mineur *(adj.)*   *minor*
minimiser   *to minimize*
le ministère   *ministry*
le ministre   *minister*
le Minitel   *Minitel (phone-linked computer terminal)*
la minorité   *minority*

minuit *(m.)* *midnight*
minuscule *(adj.)* *tiny*
la minute *minute*
le miracle *miracle*
misérable *(adj.)* *miserable*
la misère *misery*
la mission *mission*
le mobile *motive*
la mobylette (mob) *moped, motorized bicycle*
la mode *fashion*
le modèle *model*
modéré *(adj.)* *moderate*
moderne *(adj.)* *modern*
modeste *(adj.)* *modest*
la modification *modification*
les mœurs *(f.)* *customs*
moindre *(adj.)* *least*
le mois *month*
la moitié *half*
le moment *moment*
la monarchie *monarchy*
mondain *worldly*
le monde *world*
mondial *(m. pl. -aux) (adj.)* *worldwide*
monétaire *(adj.)* *monetary*
le moniteur, la monitrice *coach, instructor*
la monnaie *change*
le monologue *monologue*
monotone *(adj.)* *monotonous*
monsieur *(m.)* *Mr., sir*
le monstre *monster*
monter *to climb*
Montmartre *Montmartre (Parisian neighborhood)*
la montre *watch*
montrer *to show*
le monument *monument*
moquer *to mock*
moral *(m. pl. -aux) (adj.)* *moral*
la moralité *morality*
la mort *death*
le mot *word*
le moteur *motor*
le motif *motive*
la motivation *motivation*
la moto *motorcycle*
le mouchoir *handkerchief*
mouillé *(adj.)* *wet*
le moulin *windmill*
mourir *to die*
la moustache *mustache*

le mouton *sheep*
le mouvement *movement*
moyen(ne) *(adj.)* *average*
la mule *mule*
le mulet *small mule*
multiple *(adj.)* *multiple*
la multiplicité *multiplicity*
le mur *wall*
musclé *(adj.)* *muscular*
le muscle *muscle*
le musée *museum*
musical *(m. pl. -aux) (adj.)* *musical*
le musicien, la musicienne *musician*
la musique *music*
la mutation *mutation*

n

nager *to swim*
naïf (-ïve) *(adj.)* *naive*
la naissance *birth*
naître *to be born*
le narrateur, la narratrice *narrator*
la natation *swimming*
la nation *nation*
national *(m. pl. -aux) (adj.)* *national*
nationaliser *to nationalize*
le nationalisme *nationalism*
la nationalité *nationality*
la nature *nature*
naturel(le) *(adj.)* *natural*
naturellement *naturally*
la navette *shuttle, space shuttle*
le navire *ship*
néanmoins *nevertheless*
nécessaire *(adj.)* *necessary*
la nécessité *necessity*
négatif (-ive) *(adj.)* *negative*
la négation *negation*
négliger *to neglect*
négocier *to negociate*
la neige *snow*
nerveux (-euse) *(adj.)* *nervous*
nettoyer *to clean*
neuf (neuve) *(adj.)* *new*
neutre *(adj.)* *neutral*
la névrose *neurosis*
le nez *nose*
Nice *Nice (French city)*
Nîmes *Nimes (French city)*

le niveau (*pl.* -x) *level*
la noblesse *nobility*
  noir *(adj.)* *black*
le nom *name*
le nombre *number*
  nombreux (-euse) *(adj.)* *numerous*
  nommer *to name*
le nord *north*
  nord-africain *(adj.)* *North African*
  normal (*m. pl.* -aux) *(adj.)* *normal*
la note *note, grade*
  noter *to note, to grade*
la notice *notice*
la notion *notion*
  Notre-Dame *Notre-Dame (French cathedral)*
la nouille *noodle*
  nourrir *to nourish*
  nouveau (nouvel, nouvelle, nouveaux)
    (adj.) *new*
la Nouvelle-Angleterre *New England*
la Nouvelle-Ecosse *Nova Scotia*
les nouvelles *(f.)* *news*
  novembre *(m.)* *November*
le nuage *cloud*
  nucléaire *(adj.)* *nuclear*
la nuit *night*
  nul(le) *(adj.)* *nothing, void, zero*
le numéro *number*
le nylon *nylon*

O

  obéir *to obey*
l' objectif *(m.)* *objective*
l' objet *(m.)* *object*
  obligatoire *(adj.)* *mandatory*
  obliger *to oblige*
  obscur *(adj.)* *dark*
  obsédé *(adj.)* *obsessed*
l' observation *(f.)* *observation*
  observer *to observe*
l' obstacle *(m.)* *obstacle*
  obstiné *(adj.)* *obstinate, stubborn*
  obtenir *to obtain*
l' occasion *(f.)* *occasion*
  occidental (*m. pl.* -aux) *(adj.)* *occidental,*
    western
l' Occitanie *(f.)* *Occitania (French region)*
l' occupation *(f.)* *occupation*
s' occuper *to be busy with*

l' océan *(m.)* *ocean*
  octobre *(m.)* *October*
  odieux (-euse) *(adj.)* *odious*
l' œil (*pl.* yeux) *(m.)* *eye*
l' œuf *(m.)* *egg*
l' œuvre *(f.)* *work*
  offenser *to offend*
  officiel(le) *(adj.)* *official*
l' officier *(m.)* *officer*
  offrir *to offer*
l' oie *(f.)* *goose*
l' oiseau (*pl.* x) *(m.)* *bird*
  ombrageux (-euse) *(adj.)* *cloudy, dark,*
    touchy (of people)
l' ombre *(f.)* *shadow*
  omniprésent *(adj.)* *omnipresent, always present*
  ondulé *(adj.)* *wavy*
  opaque *(adj.)* *opaque*
l' opéra *(m.)* *opera*
l' opinion *(f.)* *opinion*
  opposer *to oppose*
l' optimisme *(m.)* *optimism*
  optimiste *(adj.)* *optimistic*
l' or *(m.)* *gold*
l' orage *(m.)* *storm*
  oral (*m. pl.* -aux) *(adj.)* *oral*
  orange *(adj.)* *orange*
l' orchestre *(m.)* *orchestra*
  ordinaire *(adj.)* *ordinary*
l' ordinateur *(m.)* *computer*
l' ordonnance *(f.)* *prescription*
  ordonner *to prescribe, to order*
l' ordre *(m.)* *order*
l' ordure *(f.)* *garbage*
l' oreille *(f.)* *ear*
l' organisation *(f.)* *organization*
  organiser *to organize*
  originaire *(adj.)* *from (place)*
  original (*m. pl.* -aux) *(adj.)* *original*
l' originalité *(f.)* *originality*
l' origine *(f.)* *origin*
l' orthographe *(f.)* *spelling*
  où *where*
  ou *or*
l' oubli *(m.)* *forgetfulness, oblivion*
  oublier *to forget*
l' ouest *(m.)* *west*
  oui *yes*
l' outil *(m.)* *tool*
  ouvert *(adj.)* *open*
l' ouverture *(f.)* *opening*

ouvrable *(adj.)* working
l' ouvrage *(m.)* work
l' ouvrier (-ière) *(m., f.)* worker
ouvrir *to open*
ovale *(adj.)* oval

P

pacifier *to pacify*
pacifiste *(adj.)* pacifist
le pacte *pact*
la pagaille *disorder, mess*
la page *page*
le paiement *payment*
le pain *bread*
la paire *pair*
paisible *(adj.)* peaceful
la paix *peace*
pâle *(adj.)* pale
le panache *panache, showy style*
la pancarte *sign*
la panne *breakdown*
le panneau *(pl. -x)* road sign
panser *to bandage*
le pantalon *pants*
le papa *father*
le papier *paper*
par *by*
le paragraphe *paragaph*
paraître *to appear*
le parapluie *umbrella*
le parcours *course, route*
pardi *mild expression of swearing*
le pardon *pardon, excuse*
pareil(le) *(adj.)* same, similar
le parent *parent*
la parenthèse *parenthesis*
paresseux (-euse) *(adj.)* lazy
parfait *(adj.)* perfect
parfois *sometimes*
le parfum *perfume, flavor*
Paris *Paris*
parisien(ne) *(adj.)* Parisian
parler *to speak*
parmi *among*
la parole *speech*
partager *to share*
le, la partenaire *partner*
le parti *political party*
la participation *participation*

le participe *participle*
participer *to participate*
particulier (-ière) *(adj.)* particular
la partie *party*
partiel(le) *(adj.)* partial
le partipris *set purpose, direction, decision*
partir *to leave*
partout *everywhere*
le pas *pace, step*
le passage *passage*
le passager, la passagère *passenger*
le passeport *passport*
passer *to pass*
passif (-ive) *(adj.)* passive
la passion *passion*
passionnant *(adj.)* exciting, thrilling
la patate *potato*
la paternité *paternity*
la patience *patience*
patient *(adj.)* patient
la patrie *fatherland*
le patrimoine *patrimony*
le patriote *patriot*
le patron, la patronne *boss*
la patte *paw*
la pause *pause*
pauvre *(adj.)* poor
le pavillon *house, pavilion*
payer *to pay*
le pays *country*
le paysage *vista, surroundings*
le paysan, la paysanne *farmer, peasant*
la peau *skin*
la pêche *fishing*
la pédagogie *pedagogy, teaching*
pédant *(adj.)* pedantic
le peignoir *peignoir, negligee*
la peine *trouble*
la peinture *painting*
le pelage *skin*
pélagique *(adj.)* of sea birds
pénal *(m. pl. -aux) (adj.)* penal
pendant *during*
la pendule *clock*
la péninsule *peninsula*
penser *to think*
la pension *pension*
le, la pensionnaire *inhabitant of a boarding house*
perdre *to lose*
le père *father*
perfectionner *to perfect*

la performance *performance*
la période *period*
la permanence *permanence*
permettre *to permit*
le perroquet *parrot*
la persistance *persistence*
le personnage *great person, character in a literary work*
la personnalité *personality*
la personne *person*
personnel(le) *(adj.)* *personal*
la perspective *perspective*
persuader *to persuade*
la persuasion *persuasion*
la perte *loss*
pessimiste *(adj.)* *pessimist*
le pesticide *pesticide*
petit *(adj.)* *small*
le pétrole *petroleum*
peu *few, little*
le peuple *people*
la peur *fear*
le phare *headlight*
le pharmacien, la pharmacienne *pharmacist*
le phénomène *phenomenon*
le, la philanthrope *philanthropist*
le, la philosophe *philosopher*
la philosophie *philosophy*
la photographie (photo) *photograph*
la phrase *sentence*
physique *(adj.)* *physical*
le, la pianiste *pianist*
la pièce *room, piece*
le pied *foot*
le piège *trap*
la pierre *stone*
piller *to pillage*
le pin *pine*
piquer *to prick*
pire *(adj.)* *worse*
la piste *track*
le piston *piston*
pistonner *to push*
la place *place*
placer *to place, to put*
la plage *beach*
se plaindre *to complain*
la plaine *plain*
plaire *to please*
le plaisir *pleasure*
le plan *map, plan*

la planche *plank*
planétaire *(adj.)* *planetary*
la planète *planet*
la plante *plant*
planter *to plant*
le plastique *plastic*
le plat *dish, plate*
le plateau (*pl.* -x) *platter, serving tray, movie set*
plausible *(adj.)* *plausible*
plein *(adj.)* *full*
pleurer *to cry*
pleuvoir *to rain*
le pli *fold, pleat*
plonger *to dive*
la plume *feather*
la plupart *most*
la pluralité *plurality*
plus *more*
plusieurs *(adj.)* *several*
plutôt *rather*
la poche *pocket*
le poème *poem*
la poésie *poetry*
le poète *poet*
le poids *weight*
le point *point, cape*
la pointe *point*
pointu *(adj.)* *pointy, sharp*
le poison *poison*
le poisson *fish*
poli *(adj.)* *polite*
policier (-ière) *(adj.)* *pertaining to the police, detective*
la politesse *politeness*
la politique *(adj.)* *politics*
polluer *to pollute*
la pollution *pollution*
la Pologne *Poland*
la pomme *apple*
Pompidou *Pompidou (French president; building in Paris)*
le pompier *fire fighter*
le pont *bridge*
populaire *(adj.)* *popular*
la population *population*
le port *port*
portable *(adj.)* *portable*
le portefeuille *wallet*
porter *to carry, to bear*
le portrait *portrait*
portugais *(adj.)* *Portuguese*

le Portugal   *Portugal*
poser   *to put, to pose*
positif (-ive) *(adj.)*   *positive*
la position   *position*
posséder   *to own, to possess*
le possesseur   *owner*
la possession   *possession*
la possibilité   *possibility*
possible *(adj.)*   *possible*
postal *(m. pl. -aux) (adj.)*   *postal*
la poste   *mail*
le pote   *friend, pal*
la potion   *potion*
la poudrerie   *powder snow*
le pouls   *pulse*
pour   *for*
le pourcentage   *percentage*
pourquoi   *why*
la poursuite   *pursuit*
pourtant   *however*
la poussière   *dust*
pouvoir   *to be able to*
pratiquement   *practically*
pratiquer   *to practice, to do*
la précaution   *precaution*
le précédent   *precedent*
la précipitation   *precipitation*
précipiter   *to hurry on, to precipitate*
précis *(adj.)*   *precise*
précisément   *precisely*
préciser   *to point out, to make precise*
la précision   *precision*
la prédiction   *prediction, foretelling*
prédire   *to predict, to foretell*
préférable *(adj.)*   *preferable*
la préférence   *preference*
préférer   *to prefer*
le préfixe   *prefix*
le préjugé   *prejudice*
premier (-ière) *(adj.)*   *first*
premièrement   *first*
prendre   *to take*
le prénom   *first name*
préoccuper   *to preoccupy*
la préparation   *preparation*
préparer   *to prepare*
la préposition   *preposition*
près   *near*
la présence   *presence*
présent *(adj.)*   *present*
présenter   *to introduce, to present*

préserver   *to preserve*
le président, la présidente   *president*
presque   *almost*
pressé *(adj.)*   *in a hurry*
le prestige   *prestige*
prêt *(adj.)*   *ready*
prétendre   *to pretend*
prêter   *to loan, to lend*
le prêtre   *priest*
la preuve   *proof*
prévoir   *to foresee*
la prière   *prayer*
primaire *(adj.)*   *primary*
le prince   *prince*
principal *(m. pl. -aux) (adj.)*   *principal*
principalement   *principally*
le principe   *principle*
le printemps   *spring*
la prise   *taking, capture*
la prison   *prison*
le prisonnier, la prisonnière   *prisoner*
priver   *to deprive*
le prix   *price*
la probabilité   *probability*
probable *(adj.)*   *probable*
probablement   *probably*
le problème   *problem*
procéder   *to proceed*
prochain *(adj.)*   *near, next*
proche *(adj.)*   *near*
la procuration   *procuration, power of attorney*
procurer   *to procure*
le prodige   *marvel, prodigy*
le producteur   *producer*
la production   *production*
produire   *to produce*
le produit   *product*
le professeur   *teacher, professor*
la profession   *profession*
professionnel(le) *(adj.)*   *professional*
le profil   *profile*
le profit   *profit*
profiter   *to profit*
profond *(adj.)*   *deep*
programmable *(adj.)*   *programmable*
le programme   *program*
le progrès   *progress*
le projet   *project*
le prolétariat   *proletariat, working class*
prolonger   *to prolong*
la promenade   *walk*

promener   *to walk*
la promesse   *promise*
promettre   *to promise*
la promotion   *promotion*
le pronom   *pronoun*
prononcer   *to pronounce*
la proportion   *proportion*
le propos   *proposal*
proposer   *to propose*
la proposition   *proposition*
propre *(adj.)*   *clean, own*
le, la propriétaire   *owner*
la propriété   *property*
la prose   *prose*
la protection   *protection*
le protectorat   *protectorate*
protéger   *to protect*
protester   *to protest*
prouver   *to prove*
la provenance   *origin, source*
provençal *(m. pl. -aux) (adj.)   from Provence (French province)*
la Provence   *Provence (French province)*
proverbial *(m. pl. -aux) (adj.)   proverbial*
la province   *province*
provisoire *(adj.)   temporary, provisional*
provoquer   *to provoke*
prudent *(adj.)   prudent, wise*
la psychanalyse   *psychoanalysis*
la psychologie   *psychology*
public (-ique) *(adj.)   public*
publicitaire *(adj.)   advertising*
la publicité   *advertisement*
publier   *to publish*
la pudeur   *modesty, decency*
puis   *then*
puiser   *to draw up, to imbibe*
la puissance   *power*
le pull-over   *sweater*
la punition   *punishment*
pur *(adj.)   pure*
la pureté   *purity*

q

la qualification   *qualification*
qualifier   *to qualify*
la qualité   *quality*
quand   *when*
le quart   *quart*

le quartier   *neighborhood*
le quartz   *quartz*
le Québec   *Quebec (Canadian province)*
québécois *(adj.)   from Quebec*
la question   *question*
questionner   *to question*
la queue   *tail, line;* faire la queue   *to wait in line*
quitter   *to quit*
quoi   *what*
quoique   *even though*
quotidien(ne) *(adj.)   daily*

r

la race   *race, ancestry*
la racine   *root*
le racisme   *racism*
raciste *(adj.)   racist*
raconter   *to tell*
la radio   *radio*
la rafale   *gust, squall*
la rage   *rage*
raide *(adj.)   stiff*
railler   *to mock*
la raison   *reason*
raisonnable *(adj.)   reasonable*
raisonner   *to reason*
râler   *to complain*
ramasser   *to gather, to pick up*
le rang   *rank*
ranger   *to put away*
ranimer   *to restore to life, to revive*
rapide *(adj.)   fast*
rapidement   *fast*
la rapidité   *speed, rapidity*
rappeler   *to recall*
le rapport   *report*
rapporter   *to report*
rapprocher   *to bring together*
la raquette   *racket*
rarement   *rarely*
rassurer   *to reassure*
rater   *to miss*
rationnel(le) *(adj.)   rational*
rattachement   *reattachment*
ravi *(adj.)   happy, glad*
ravissant *(adj.)   ravishing*
le rayon   *department, aisle*
rayonnant *(adj.)   radiating*
la rayure   *stripe*

la réaction   *reaction*
réadapter   *to readapt*
réagir   *to react*
la réalisation   *realization, selling-out; movie direction*
réaliser   *to realize, to come true*
réaliste *(adj.)*   *realist*
la réalité   *reality*
rebelle *(adj.)*   *rebellious*
rebondir   *to rebound*
récemment   *recently*
récent *(adj.)*   *recent*
recevoir   *to receive*
rechercher   *to research*
le récit   *account, tale*
la recommandation   *recommendation*
recommander   *to recommend*
recommencer   *to begin again*
réconcilier   *to reconcile*
réconfortant *(adj.)*   *reassuring*
reconnaître   *to recognize*
reconstituer   *to reconstitute*
reconstruire   *to reconstruct*
recopier   *to recopy*
le record   *record*
la récréation   *recreation, amusement, recess (school)*
recruter   *to recruit*
rectangulaire *(adj.)*   *rectangular*
rectifier   *to rectify*
le reçu   *receipt*
récupérer   *to recuperate*
recycler   *to recycle*
redoutable *(adj.)*   *formidable, terrible;*
redouter   *to fear*
la réduction   *reduction*
réduire   *to reduce*
réel(le) *(adj.)*   *real*
la référence   *reference*
réfléchir   *to think about, to reflect on*
le reflet   *reflection*
la réforme   *reform*
le refrain   *refrain, chorus*
le réfrigérateur   *refrigerator*
le refus   *refusal, denial*
refuser   *to refuse*
le regard   *look, glance*
regarder   *to look*
le reggae   *reggae*
le régime   *diet, regimen*
la région   *region*

régional *(m. pl. -aux) (adj.)*   *regional*
le registre   *register*
la règle   *rule*
régler   *to regulate, to adjust*
le règne   *reign*
le regret   *regret*
regrettable *(adj.)*   *regrettable*
regretter   *to regret*
régulariser   *to regularize, to put in order*
régulier (-ière) *(adj.)*   *regular*
régulièrement   *regularly*
Reims   *Reims (French city)*
la reine   *queen*
rejeter   *to reject*
rejoindre   *to rejoin*
la relation   *relation*
le relief   *relief*
relier   *to link together, to relate*
religieux (-euse) *(adj.)*   *religious*
la religion   *religion*
relire   *to reread*
remarier   *to remarry*
remarquable *(adj.)*   *remarkable*
remarquer   *to remark*
remercier   *to thank*
remettre   *to give to*
remonter   *to go up again, to go back*
remplacer   *to replace*
remplir   *to fill*
la renaissance   *renaissance, rebirth*
Renault   *Renault (French car manufacturer)*
rencontrer   *to meet*
rendre   *to return, to give back*
renforcer   *to reinforce*
la renommée   *fame*
renommer   *to rename*
renouveler   *to renew*
le renseignement   *information*
renseigner   *to inform*
rentrer   *to reenter*
renverser   *to turn upside down*
renvoyer   *to send back*
réorganiser   *to reorganize*
la réparation   *repair*
réparer   *to repair*
la répartition   *distribution, division*
le repas   *meal*
repasser   *to iron*
répéter   *to repeat*
la répétition   *repetition*
la réplique   *reply*

répondre *to answer*
la réponse *answer*
le reportage *report*
le reporter *reporter*
le repos *rest*
reposer *to rest*
repousser *to push back*
reprendre *to retake*
le représentant, la représentante *representative, sales person*
représenter *to represent*
le reproche *reproach*
reprocher *to reproach*
républicain *(adj.)* *republican*
la république *republic*
la réputation *reputation*
la réserve *reserve*
la résidence *housing, residence*
le résident, la résidente *resident*
la résistance *resistance*
la résolution *resolution*
résoudre *to solve, to resolve*
respectueux (-euse) *(adj.)* *respectful*
la responsabilité *responsibility*
responsable *(adj.)* *responsible*
ressembler *to ressemble, to look like*
la ressource *resource*
le restaurant *restaurant*
rester *to stay*
le résultat *result*
le résumé *résumé, summary*
résumer *to sum up*
le retard *lateness*
le retour *return*
retourner *to return*
retracer *to retrace*
retractable *(adj.)* *retractable*
la retraite *retirement*
rétro *(adj.)* *retro, backward-looking*
retrouver *to find again*
la réunion *reunion*
réunir *to unite*
réussir *to succeed*
la réussite *success*
la revanche *revenge, return match*
le rêve *dream*
révélateur (-trice) *(adj.)* *revealing*
revendiquer *to claim*
revenir *to return*
rêver *to dream*
le revers *reverse, obverse*

revivre *to relive*
revoir *to see again*
révoltant *(adj.)* *revolting*
la révolte *revolt*
révolté *(adj.)* *rebel*
révolter *to revolt*
la révolution *revolution*
révolutionner *to revolutionize*
la revue *review, magazine*
riche *(adj.)* *rich*
ridicule *(adj.)* *ridiculous*
rien *nothing*
rigoler *to laugh*
le rire *laughter*
le risque *risk*
le rival, la rivale *rival*
rivaliser *to rival*
la robe *dress*
le robot *robot*
le rock *rock*
le roi *king*
le rôle *role*
le roman *novel*
le romancier, la romancière *novelist*
romantique *(adj.)* *romantic*
Rome *Rome*
rompre *to break*
rond *(adj.)* *round*
la roquette *rocket*
rose *(adj.)* *pink*
le rossignol *nightingale*
le rouage *wheelwork, machinery*
la roue *wheel*
rouge *(adj.)* *red*
rougir *to become red, to blush*
rouler *to roll*
la Roumanie *Rumania*
le Roussillon *Roussillon (French province)*
la route *road*
la routine *routine*
routinier (-ière) *(adj.)* *routine*
roux (rousse) *(adj.)* *red-headed*
le royaume *kingdom*
la rubrique *heading, rubric*
rudimentaire *(adj.)* *rudimentary*
la rue *street*
rugir *to roar*
rugueux (-euse) *(adj.)* *rough*
la ruine *ruin*
la rupture *rupture*
rural (*m. pl.* -aux) *(adj.)* *rural*

rusé *(adj.)*   *crafty*
rustre *(adj.)*   *rude, boorish*
le rythme   *rhythm*

S

le sabotage   *sabotage*
le sac   *bag;* sac à dos   *backpack*
la sacoche   *briefcase*
sacré *(adj.)*   *sacred*
le sacrement   *sacrament*
le safari   *safari*
sage *(adj.)*   *wise*
le saint, la sainte   *saint*
   Sainte-Hélène   *Saint Helena (island)*
le Saint-Laurent   *Saint Lawrence River*
saisir   *to seize, to grab*
la saison   *season*
le salaire   *salary*
sale *(adj.)*   *dirty*
la salle   *room, hall*
saluer   *to salute, to greet*
le salut   *salute*
la salutation   *greeting*
le samedi   *Saturday*
le sandwich   *sandwich*
le sang   *blood*
le sanglier   *wild pig, boar*
sanitaire *(adj.)*   *sanitary*
la santé   *health*
sarcastique *(adj.)*   *sarcastic*
le satellite   *satellite*
satirique *(adj.)*   *satirical*
satisfaire   *to satisfy*
satisfait *(adj.)*   *satisfied*
sauf   *except*
sauter   *to jump*
sauvage *(adj.)*   *savage, wild*
sauvegarder   *to safeguard*
la Savoie   *Savoy (French province)*
savoir   *to know*
la saynète   *skit*
le scénario   *scenario*
le, la scénariste   *scriptwriter*
la scène   *scene*
le schéma   *outline, schema*
la schizophrénie   *schizophrenia*
la science   *science*
la science-fiction   *science fiction*

scientifique *(adj.)*   *scientific*
scolaire *(adj.)*   *scholarly*
la sculpture   *sculpture*
la séance   *show, seance*
sec (sèche) *(adj.)*   *dry*
la sécession   *secession*
sèchement   *dryly*
second *(adj.)*   *second*
secondaire *(adj.)*   *secondary*
la seconde   *second*
secret(-ète) *(adj.)*   *secret*
le, la secrétaire   *secretary*
la section   *section*
la sécurité   *security*
séduire   *to seduce*
le seigneur   *lord*
le sein   *breast*
selon   *according*
la semaine   *week*
semblable *(adj.)*   *similar (to)*
sembler   *to seem*
le Sénégal   *Senegal (African country)*
sénégalais *(adj.)*   *Senegalese*
le sens   *meaning*
la sensation   *sensation*
sensationnel(le) (sensas) *(adj.)*   *sensational*
la sensibilité   *sensitivity*
sensible *(adj.)*   *sensitive*
sensiblement   *sensitively*
sensuel(le) *(adj.)*   *sensual*
le sentiment   *sentiment*
sentir   *to feel, to smell*
la séparation   *separation*
le séparatisme   *separatism*
le, la séparatiste   *separatist*
septembre *(m.)*   *September*
la séquence   *sequence*
la sérénité   *serenity*
la série   *series*
sérieux (-euse) *(adj.)*   *serious*
le serpent   *serpent, snake*
la serrure   *lock*
le serveur, la serveuse   *server*
le service   *service*
servir   *to serve*
la session   *session*
le seuil   *doorstep*
seul *(adj.)*   *alone*
seulement   *only*
sévère *(adj.)*   *severe, harsh*

la sexualité   *sexuality*
le short   *short*
le SIDA   *AIDS*
sidéré *(adj.)*   *struck down, dead*
le siècle   *century*
le siège   *seat*
signaler   *to signal*
la signature   *signature*
signer   *to sign*
significatif (-ive) *(adj.)*   *significant*
la signification   *meaning*
le silence   *silence*
silencieux (-euse) *(adj.)*   *quiet*
similaire *(adj.)*   *similar*
la similarité   *similarity*
simple *(adj.)*   *simple*
simplifier   *to simplify*
sincère *(adj.)*   *sincere*
le singe   *monkey*
le sirop   *syrup*
la situation   *situation*
le ski   *ski, skiing*
le slogan   *slogan*
snob *(adj.)*   *snobbish*
le snobisme   *snobbery*
social *(m. pl. -aux) (adj.)*   *social*
la société   *society*
la socquette   *ankle sock*
la sœur   *sister*
la soie   *silk*
la soif   *thirst*
soigner   *to care for*
soigneusement   *carefully*
le soin   *care*
le soir   *evening*
la soirée   *evening*
solaire *(adj.)*   *solar*
le soleil   *sun*
solennel(le) *(adj.)*   *solemn*
la solennité   *solemnity*
la solidarité   *solidarity*
solide *(adj.)*   *solid*
solitaire *(adj.)*   *solitary, alone*
la solitude   *solitude*
solliciter   *to solicit*
la solution   *solution*
sombre *(adj.)*   *dark*
la somme   *sum*
le sommet   *summit*
le sommier   *bed spring*

le somnifère   *sleeping pill*
le sondage   *opinion poll*
le songe   *dream*
songer   *to dream, to reflect on*
sonner   *to ring*
la sonnerie   *doorbell*
la sonorité   *resonance*
sophistiqué *(adj.)*   *sophisticated*
le sorcier, la sorcière   *witch*
le sort   *fate, destiny*
la sorte   *kind*
la sortie   *exit*
le sortilège   *sorcery, magic*
sortir   *to leave*
la souciance   *trouble, worry*
se soucier   *to worry about*
soudain   *suddenly*
le Soudan   *Sudan (African country)*
le souffle   *breath*
le souhait   *wish*
souhaiter   *to wish*
le soulagement   *relief*
le soulier   *shoe*
souligner   *to underline*
soumarin *(adj.)*   *submarine*
le soupçon   *doubt, suspicion*
soupçonner   *to suspect*
le soupir   *sigh*
souple *(adj.)*   *supple*
la source   *source*
le sourcil   *eyebrow*
sourd *(adj.)*   *deaf*
le sourire   *smile*
la souris   *mouse*
sous   *under*
soutenir   *to uphold*
le soutien   *support*
le souvenir   *memory, remembrance*
souvent   *often*
le souverain   *sovereign*
spécial *(m. pl. -aux) (adj.)*   *special*
la spécialisation   *specialization, major*
se spécialiser   *to specialize, to major*
la spécialité   *specialty*
spécifique *(adj.)*   *specific*
le spectacle   *spectacle, show*
spectaculaire *(adj.)*   *spectacular*
le spectateur, la spectatrice   *spectator*
sphérique *(adj.)*   *spherical*
spirituel(le) *(adj.)*   *spiritual, witty*

le sport   *sport*
sportif (-ive) *(adj.)*   *athletic*
la stabilité   *stability*
stable *(adj.)*   *stable*
le stage   *internship*
standard *(adj.)*   *standard*
le standing   *social standing*
le star   *star*
la statistique   *statistic*
le statut   *statute*
le steak   *steak*
le stéréo   *stereo system*
le stéréotype   *stereotype*
la stratégie   *strategy*
strictement   *strictly*
la strophe   *stanza*
la structure   *structure*
le studio   *studio*
stupide *(adj.)*   *stupid*
le style   *style*
le stylo   *pen*
la subjectivité   *subjectivity*
sublime *(adj.)*   *sublime*
la subordination   *subordination*
substituer   *to substitute*
subtil *(adj.)*   *subtle*
subvertir   *to subvert*
le succès   *success*
le sud   *south*
la Suède   *Sweden*
le suffixe   *suffix*
suggérer   *to suggest*
le suicide   *suicide*
se suicider   *to commit suicide*
la Suisse   *Switzerland*
la suite   *continuation*
suivant *(adj.)*   *following, next*
suivre   *to follow*
le sujet   *subject*
superficiel(le) *(adj.)*   *superficial*
supérieur *(adj.)*   *superior*
superposer   *to superimpose*
supplémentaire *(adj.)*   *supplementary*
le support   *support*
supporter   *to support, to endure*
supposer   *to suppose*
supprimer   *to eliminate*
sur   *on*
sûr *(adj.)*   *sure*
surmonter   *to overcome*

surprenant *(adj.)*   *surprising*
la surprise   *surprise*
surréaliste *(adj.)*   *surrealist*
survivre   *to survive*
susceptible *(adj.)*   *susceptible, likely to*
susciter   *to raise, to create*
suspect *(adj.)*   *suspect*
le symbole   *symbol*
sympathique (sympa) *(adj.)*   *likeable*
sympatisant *(adj.)*   *sympathetic*
le synonyme   *synonym*
systématique *(adj.)*   *systematic*
le système   *system*

t

la table   *table*
le tableau *(pl. -x)*   *board*
le tabou   *taboo*
la tâche   *task*
tâcher   *to attempt*
Tahiti   *Tahiti*
tahitien(ne) *(adj.)*   *Tahitian*
la taille   *size*
se taire   *to be quiet*
le talent   *talent*
tandis que   *while*
tangible *(adj.)*   *tangible*
tant   *so much*
tard   *late*
tarder   *to be late*
le tarif   *tarif*
le tas   *pile*
le tatouage   *tattoo*
la taxe   *tax*
le Tchad   *Chad (African country)*
le technicien, la technicienne   *technician*
la technique   *technique*
le, la technocrate   *technocrat*
la technologie   *technology*
technologique *(adj.)*   *technological*
le teint   *tint, shade*
tel(le)   *such*
la télécommande   *remote control*
la télécommunication   *telecommunications*
téléphoner   *to phone*
le téléviseur   *television*
la télévision (télé)   *television*
tellement   *so much*

le témoin   *witness*
le tempérament   *temperament*
la température   *temperature*
le temps   *time*
tenace *(adj.)*   *tenacious*
la tendance   *tendency*
tenir   *to hold*
le tennis   *tennis*
la tente   *tent*
tenter   *to attempt*
le terme   *term*
terminer   *to terminate, to finish*
le terrain   *terrain*
terrasser   *to floor*
la terre   *earth*
terrestre *(adj.)*   *terrestrial*
terrible *(adj.)*   *terrible*
le territoire   *territory*
le terrorisme   *terrorism*
le, la terroriste   *terrorist*
le test   *test*
le testament   *testament*
la tête   *head*
têtu *(adj.)*   *head-strong, stubborn*
le texte   *text*
le textile   *textile*
le TGV (train à grande vitesse)   *fast French train*
le thé   *tea*
théâtral *(m. pl. -aux) (adj.)*   *theatrical*
le théâtre   *theater*
le thème   *theme*
le théoricien, la théoricienne   *theorist*
thermal *(m. pl. -aux) (adj.)*   *thermal*
la thèse   *thesis*
timide *(adj.)*   *timid, shy*
timidement   *timidly, shyly*
la timidité   *shyness*
tirer   *to pull*
le tiret   *dash*
le tiroir   *drawer*
la tisane   *tea, infusion*
le tissu   *material, fabric*
le titre   *title*
la tombe   *grave*
tomber   *to fall*
le torse   *torso*
le tort   *wrong, harm*
tôt   *soon*
le total   *total*

totalement   *totally*
toucher   *to touch*
toujours   *always*
le tour   *turn, tour*
le tourisme   *tourism*
le, la touriste   *tourist*
touristique *(adj.)*   *touristic*
le tournant   *bend, turn*
tourner   *to turn*
tous (toutes)   *all*
tousser   *to cough*
tout (toute, tous) *(adj.)*   *all*
toutefois   *however, nevertheless*
la toux   *cough*
la tracasserie   *annoyance, bother*
la trace   *trace*
tracer   *to trace*
la tradition   *tradition*
traditionnel(le) *(adj.)*   *traditional*
traduire   *to translate*
la tragédie   *tragedy*
le train   *train*
le trait   *trait*
traiter   *to treat*
le trajet   *trajectory*
la tranche   *slice, part*
tranquille *(adj.)*   *quiet, tranquil*
le transfert   *transfer*
transformer   *to transform*
le transistor   *transistor, radio*
le transport   *transport*
le travail   *work*
travailler   *to work*
traverser   *to cross*
trembler   *to tremble*
très   *very*
triangulaire *(adj.)*   *triangular*
la tribu   *tribe*
tricher   *to cheat*
le triomphe   *triumph*
triplement   *three times*
triste *(adj.)*   *sad*
tromper   *to fool*
la trompette   *trumpet*
trop   *too much*
le troubadour   *troubadour, minstrel*
la troupe   *troop*
trouver   *to find*
le truc   *trick, knack*
tuer   *to kill*

la Tunisie   *Tunisia (north African country)*
   tunisien(ne) *(adj.)*   *Tunisian*
le tunnel   *tunnel*
le type   *type, kind*
   typique *(adj.)*   *typical*

U

   uni *(adj.)*   *unified, one color*
   unifier   *to unify*
l' uniforme *(m.)*   *uniform*
l' union *(f.)*   *union*
   unique *(adj.)*   *unique*
   uniquement   *uniquely*
l' unité *(f.)*   *unit*
   universel(le) *(adj.)*   *universal*
   universitaire *(adj.)*   *academic, of the university*
l' université *(f.)*   *university*
   urbain *(adj.)*   *urban*
   urgent *(adj.)*   *urgent*
l' usager *(m.)*   *user*
l' usine *(f.)*   *factory*
   utile *(adj.)*   *useful*
   utiliser   *to use*

V

les vacances *(f.)*   *vacation*
la vache   *cow*
   vachement   *very (colloquial)*
   vague *(adj.)*   *vague*
   vain *(adj.)*   *vain*
   vaincre   *to vanquish*
la vaisselle   *dishes*
   valable *(adj.)*   *valuable*
la valeur   *value*
la vallée   *valley*
   vaniteux (-euse) *(adj.)*   *vain*
la variation   *variation*
   varier   *to vary*
   vasculaire *(adj.)*   *vascular*
la vedette   *star*
   végétal *(m. pl. -aux) (adj.)*   *vegetal*
le véhicule   *vehicle*
la veille   *previous night*
   veiller   *to sit up, to watch over; to take care*
la veine   *luck*
le vélo   *bicycle*

le vendeur, la vendeuse   *vendor*
   vendre   *to sell*
le vendredi   *Friday*
   vénérable *(adj.)*   *venerable*
   venir   *to come*
le vent   *wind*
le verbe   *verb*
   Vercingétorix   *Vercingetorix (early French king)*
   vérifier   *to verify*
   véritable *(adj.)*   *true*
la vérité   *truth*
   vers   *toward*
   Versailles   *Versailles (Parisian suburb)*
la version   *version*
   vert *(adj.)*   *green*
   vertigineux (-euse) *(adj.)*   *dizzying*
   vertueux (-euse)   *virtuous*
la veste   *vest*
le vêtement   *article of clothing*
   veuf (veuve) *(adj.)*   *widowed*
la viande   *meat*
   vice versa   *vice versa*
la victime   *victim*
   victorieux (-euse) *(adj.)*   *victorious*
   vide *(adj.)*   *empty*
le vidéodisque   *videodisc*
la vie   *life*
le vieillard   *old man*
   vietnamien(ne) *(adj.)*   *Vietnamese*
   vieux (vieil, vieille) *(adj.)*   *old*
   vif (vive) *(adj.)*   *alive, bright (color)*
   vigoureux (-euse) *(adj.)*   *healthy, vigorous*
le village   *village*
la ville   *town*
la violence   *violence*
   violet(te) *(adj.)*   *violet, purple*
le violon   *violin*
le, la violoniste   *violinist*
le virus   *virus*
   vis-à-vis   *with respect to*
le visage   *face*
   viser   *to aim*
la vision   *vision*
   visiter   *to visit*
la vitamine   *vitamin*
   vite   *fast*
la vitesse   *speed*
la vitrine   *store window*
la vivacité   *liveliness*
   vivre   *to live*

le vocabulaire   *vocabulary*
voici   *here is*
la voie   *path, train track*
voilà   *here is*
la voile   *sail*
voir   *to see*
voire   *indeed*
le voisin, la voisine   *neighbor*
la voiture   *car*
la voix   *voice*
le vol   *theft*
voler   *to fly, to steal*
le voleur, la voleuse   *thief*
volontaire *(adj.)*   *voluntary*
la volonté   *will*
volontiers   *gladly*
la volute   *swirl*
voter   *to vote*
vouloir   *to want to*
voyager   *to travel*
le, la voyageur   *traveler*
vrai *(adj.)*   *true*
vraiment   *truly*
vraisemblablement   *very likely, probably*

W

le week-end   *weekend*

X

la xénophobie   *xenophobia (fear of strangers)*

Y

y   *there*
le yacht   *yacht*
la yaourtière   *yogurt maker*
les yeux *(m.)*   *eyes*
la Yougoslavie   *Yugoslavia*

Z

le Zaïre   *Zaire (African country)*
zéro   *zero*
le zoo   *zoo*

Index

Table des fonctions communicatives

Le Monde francophone

1. l'Algérie
2. Andorre
3. les Petites Antilles (la Guadeloupe, la Martinique, Saint-Martin)
4. la Belgique
5. le Bénin
6. le Burkina Faso
7. le Burundi
8. le Cameroun
9. le Canada (Nouveau-Brunswick, Nouvelle-Ecosse, Québec, Terre-Neuve)
10. les Comores
11. le Congo
12. la Corse
13. la Côte-d 'Ivoire
14. Djibouti
15. les Etats-Unis (la Louisiane, la Nouvelle-Angleterre)
16. la France
17. le Gabon
18. la Guinée
19. la Guyane française
20. Haïti
21. l'Indochine (le Cambodge, le Laos, le Viêt-Nam)
22. les îles Kerguelen
23. le Liban
24. le Luxembourg
25. Madagascar
26. le Mali
27. le Maroc
28. l'île Maurice
29. la Mauritanie
30. Monaco
31. le Niger
32. la Nouvelle-Amsterdam
33. la Nouvelle-Calédonie
34. la Polynésie française (îles de la Société, les Marquises, les Tuamotu et les Gambier, les îles Australes, Tahiti)
35. Pondichéry
36. la République Centrafricaine
37. la Réunion
38. le Ruanda
39. Saint-Pierre-et-Miquelon
40. Saint-Paul
41. le Sénégal
42. les Seychelles
43. la Suisse
44. le Tchad
45. le Togo
46. la Tunisie
47. Vanuatu
48. le Zaïre

AMERIQUE DU NORD

9

39

OCEAN ATLANTIQUE

15

20

3

19

OCEAN PACIFIQUE

AMERIQUE DU SUD

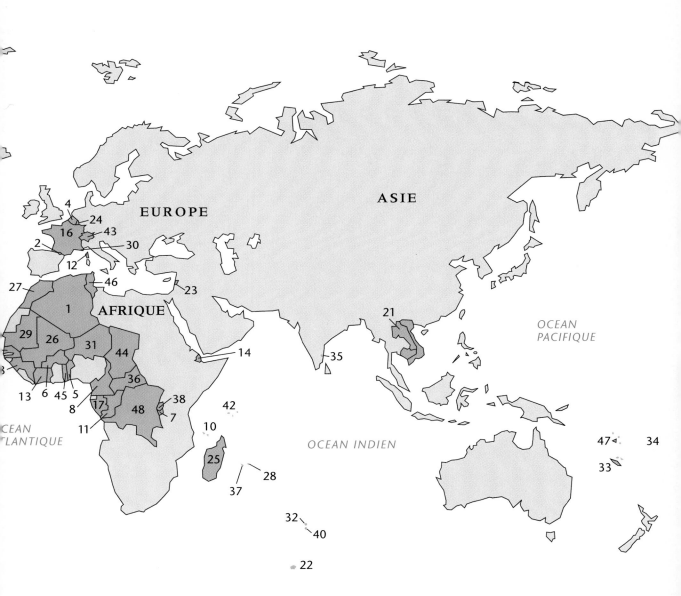

EUROPE

ASIE

AFRIQUE

OCEAN
PACIFIQUE

OCEAN INDIEN

OCEAN
ATLANTIQUE

4
24
16
43
2
30
12
46
27
23
1
21
29
26
31
44
14
35
3
36
13 6 45 5
38
8 17
11
48
7
42
10
47
34
25
33
28
37
32
40
22